HARALD WELZER
HANS J. MARKOWITSCH (HRSG.)

Warum Menschen sich erinnern können

Fortschritte in der interdisziplinären Gedächtnisforschung

Übersetzung der englischsprachigen Beiträge
von Karoline Tschuggnall

KLETT-COTTA

Dieses Buch ist mit freundlicher Unterstützung durch die Volkswagen-stiftung entstanden.

Klett-Cotta
www.klett-cotta.de

Printed in Germany
Schutzumschlag: Roland Sazinger, Stuttgart
Foto: Photocase.com
Gesetzt aus der Minion von topset Computersatz, Nürtingen
Auf säure- und holzfreiem Werkdruckpapier gedruckt und gebunden
von fgb – freiburger graphische betriebe
ISBN-13: 978-3-608-94422-8
ISBN-10: 3-608-94422-2

Bibliographische Information Der Deutschen Bibliothek
Die Deutsche Bibliothek verzeichnet diese Publikation in der Deutschen
Nationalbibliographie; detaillierte bibliographische Daten sind im Internet
über <http://dnb.ddb.de> abrufbar.

Inhalt

HARALD WELZER & HANS J. MARKOWITSCH

Reichweiten und Grenzen interdisziplinärer Gedächtnisforschung

1. Warum Interdisziplinarität?

Eric Kandel, Nobelpreisträger für Medizin und der bedeutendste Neurowissenschaftler der Gegenwart, hatte zunächst Geschichte und Literaturwissenschaft studiert, war dann zur Psychoanalyse übergewechselt, bevor er schließlich zur Biologie kam. Norbert Elias, der Soziologe des Zivilisationsprozesses, hatte ursprünglich Medizin studiert. Raul Hilberg, der wichtigste Historiker des Holocaust, ist gar keiner, sondern Politikwissenschaftler. Und Jean Piaget, der berühmteste aller Entwicklungspsychologen, war ursprünglich Biologe. Was besagen diese Beispiele? Daß zentrale Anstöße zur Weiterentwicklung von Disziplinen in der Regel von Wissenschaftlerinnen und Wissenschaftlern kommen, die ursprünglich nicht »vom Fach« sind oder die erst über verschiedene andere Disziplinen zu jenem Fachgebiet gestoßen sind, das sie dann revolutioniert haben. Zugleich geben die Biographien solcher Personen einen Hinweis darauf, was Interdisziplinarität besonders produktiv macht – nämlich die Zusammenführung verschiedener Kompetenzen, um ein und denselben Gegenstand umfassender zu erschließen. Kandel hat sein Literaturstudium ebenso wie der psychoanalytische Begriff des Unbewußten dabei geholfen, das Gedächtnis neurowissenschaftlich und molekularbiologisch zu erschließen, und die Systematik biologischer Untersuchungsmethoden war ausschlaggebend für Piagets Revolutionierung der Entwicklungspsychologie.

Während die Fächer sich also disziplinär entwickeln und beständig spezialistische Bindestrich-Verästelungen wie die Psycho-Neuro-Immunologie entstehen, werden ihre zentralen theoretischen und systematischen Perspektiven nicht selten von Personen entworfen, die ursprünglich nicht aus dem Inneren der Disziplin kommen, sondern von außen. Was einen distanzierteren, vielleicht weiteren, jedenfalls aber anderen Blick auf die Dinge erlaubt.

Nun ist die Ausdifferenzierung der Disziplinen keine Fehlentwicklung, sondern der Preis ihres spezialistischen Erfolgs; je tiefer man in ein Gebiet eindringt, desto esoterischer wird das methodische und begriffliche Instrumentarium, desto sophistischer das Spezialwissen und desto unzugänglicher für Außenstehende, worum es eigentlich geht. Der disziplinäre Fortschritt geht in die Tiefe, nicht in die Breite eines Forschungsgegenstands, und da daraus eine gewisse Sprachlosigkeit zwischen den Fächern entsteht, ist der Ruf nach Interdisziplinarität in den letzten Jahren immer lauter geworden – ohne daß unterdessen freilich klarer wäre, was damit eigentlich gemeint sein soll.

Die Volkswagenstiftung hat vor einigen Jahren ein Förderprogramm aufgelegt, das vor allem Vertreterinnen und Vertreter der Geisteswissenschaften dazu ermutigen sollte, sich mit Medizinern, Ingenieuren oder Neurowissenschaftlern zusammenzutun, um selbstdefinierte »Schlüsselthemen« wie Gedächtnis, Bewußtsein, Wille usw. interdisziplinären Studien zu unterziehen. Dieses Programm führte in unserem Fall zur gemeinsamen Konzeption eines Forschungsprojektes, das aus neuro- wie aus sozialwissenschaftlicher Perspektive die Entwicklung jenes Gedächtnissystems untersuchte, das den Menschen zum Menschen macht: nämlich des autobiographischen Gedächtnissystems. Gedächtnis ist ein Untersuchungsgegenstand, der für interdisziplinäre Zugänge deshalb prädestiniert erscheint, weil es eine biologische Basis hat, die Menschen auf vielerlei Ebenen mit anderen Lebewesen teilen, zugleich aber die Inhalte des humanspezifischen Gedächtnisses sozial gebildet sind. Das autobiographische Gedächtnis stellt mithin eine biosoziale Funktionseinheit dar, und diese kann, wie wir glauben, zureichend nur in interdisziplinärer Zusammenarbeit erschlossen werden. Entsprechend führten wir unser gemeinsames Projekt zur Entwicklung des autobiographischen Gedächtnisses zusammen mit einem Team junger Kolleginnen und Kollegen durch, das sich aus zwei Literaturwissenschaftlerinnen, zwei Neuropsychologinnen und zwei Soziologen zusammensetzte.[1] Auch dieses Buch ist ein Produkt jenes interdisziplinären Unterfangens, bei dem uns eine ganze Reihe von hervorragenden Wissenschaftlerinnen und Wissenschaftlern unterstützt haben.[2]

---

[1] Diese jungen Wissenschaftlerinnen und Wissenschaftler, die das nicht risikolose Abenteuer Interdisziplinarität auf sich genommen und wesentliche Teile der Projektergebnisse erarbeitet haben, sind Dr. Ariane Eichenberg, Torsten Koch, Dr. Anja Lemke, Dr. Olaf Jensen, Silvia Oddo und Anne Schwab. Zusätzlich haben uns noch Silke Matura, Dr. Karoline Tschuggnall und Leon Wansleben bei einzelnen Untersuchungsabschnitten unterstützt. Ihnen allen sei ganz herzlich gedankt. Bei der Volkswagenstiftung, insbesondere bei Prof. Dr. Axel Horstmann und Dr. Vera Szoelloesi-Brenig, möchten wir uns für die großzügige Förderung des Projekts und die beständige nicht-materielle Unterstützung bedanken.

[2] Neben den vielen Kolleginnen und Kollegen, die Beiträge für die verschiedenen von uns durchgeführten Tagungen und Workshops und für diesen Band verfaßt haben, verdanken wir zahlreiche Anregungen Katherine Nelson einerseits und Colwyn Trevarthen andererseits, die mit uns ausführliche Forschungsseminare durchgeführt haben.

2. Gedächtnis als Konvergenzzone zwischen den Disziplinen

Bevor wir auf die Probleme interdisziplinärer Forschung einerseits und unsere Ergebnisse andererseits zu sprechen kommen, noch ein paar allgemeinere Bemerkungen zur Wahl unseres Forschungsgegenstandes: Die Themen Gedächtnis und Erinnerung erfreuen sich seit mittlerweile einem Vierteljahrhundert einer anscheinend immer noch steigenden Konjunktur – und zwar über die Grenzen zwischen den natur- und kulturwissenschaftlichen Disziplinen hinweg und bis in Alltagsdiskurse hinein. Die Ursachen hierfür sind vielfältig: So machen die Kontingenzbedingungen und Gestaltungszwänge von Lebensläufen in hochindividualisierten Gesellschaften eine permanente Auseinandersetzung mit der persönlichen Vergangenheit erforderlich. Ähnliches gilt, wenn Kollektive auf Geschichtsbestände Bezug nehmen (vgl. die Beiträge von Assmann und Shore in diesem Band). Besonders die Systemtransformationen Ende des 20. Jahrhunderts haben dabei offenbar ein wachsendes Bedürfnis nach historischer Selbstvergewisserung und Neuerfindung hervorgerufen. Schließlich hängt das wachsende Interesse am Phänomen Gedächtnis mit den altersdemographischen Veränderungen in den meisten westlichen Gesellschaften zusammen: Es gibt – und zwar mit steigender Tendenz – mehr Menschen, die eher zurück- als nach vorn blicken, und die altersbedingten Gedächtnispathologien stellen die Gesundheits- und Sozialpolitik vor Aufgaben, deren Tragweite heute noch gar nicht recht überblickt wird (Seidl et al. in diesem Band).

Zudem hat die Medizintechnik vor einigen Jahren sogenannte bildgebende Verfahren bereitgestellt, mit deren Hilfe Gehirnaktivitäten ›sichtbar‹ gemacht werden können, was die neurowissenschaftliche Gedächtnisforschung mit einem enormen Schub versehen hat. Während man zuvor auf Tests, Tierversuche und hirngeschädigte Patienten angewiesen war, um Gedächtnissysteme und -funktionen zu differenzieren, haben die Abbildungsmöglichkeiten von aufgabenbezogenen Aktivitätsmustern im Gehirn zu so gewaltigen Fortschritten in der Forschung geführt, daß das letzte Jahrzehnt des vergangenen Jahrhunderts zum »Jahrzehnt des Gehirns« ausgerufen wurde und die Neurowissenschaften seither Erklärungsansprüche für Fragen des Bewußtseins, des Willens und des Gedächtnisses für sich reklamieren, die zuvor den Geisteswissenschaften vorbehalten zu sein schienen.

Die Fortschritte in der neurowissenschaftlichen Gedächtnisforschung sind in der Tat beeindruckend. Wir können mit den Verfahren der Bildgebung inzwischen unterschiedlichste Verarbeitungsformen von Gedächtnisaktivitäten differenzieren: Wir können zum Beispiel emotionale von neutraler Erinnerung unterscheiden (Markowitsch in diesem Band), wir können eine Reihe unterschiedlicher Gedächtnissysteme mit ganz verschiedenen Funktionen identifizieren (Tulving in diesem

Band), wir können die Verarbeitung fremdsprachlicher und muttersprachlicher Erinnerungserzählungen auf Hirnebene unterscheiden und vieles mehr. Wir können die Rolle der verschiedenen Gehirnorgane wie Hippocampus, Amygdala und Thalamus bei der Einspeicherung, Aufbewahrung und beim Abruf von Erinnerungen viel besser verstehen als früher, und wir können auch, wie unser Projekt zeigt, Verarbeitungsprozesse von Erinnerungsinhalten je nach dem Lebensalter der sich erinnernden Person differenzieren. Dies alles ist nicht nur wissenschaftlich interessant, sondern bietet eine Menge Ansatzpunkte für verbesserte medizinische Interventionen von der Mikrochirurgie bis hin zur Therapie von Alzheimerpatienten oder Epileptikern.

Daß die Neurowissenschaften mit ihren Befunden in die Kernbereiche der Sozial- und Kulturwissenschaften (Pauen in diesem Band) eindringen, scheint uns eine begrüßenswerte Entwicklung: Denn erstens können diese Wissenschaften von den Erkenntnissen der Neurowissenschaften im Bereich der Geistes-, Bewußtseins- und Gedächtnisforschung ungeheuer profitieren, und zweitens können sie die neurowissenschaftlichen Befunde mit ihren Mitteln viel besser kontextualisieren und hinsichtlich ihrer Reichweite einschätzen, als das die Neurowissenschaftler allein könnten. Gedächtnis bildet eine *Konvergenzzone* zwischen den Disziplinen, und wir möchten kurz benennen, wo aus unserer Sicht die Konvergenzen im einzelnen liegen.

Die Neurowissenschaften sprechen eigentlich nicht über Geist, Bewußtsein oder Gedächtnis, sondern über »Information«, die in den neuronalen Netzwerken des Gehirns prozessiert wird. Menschliche Gehirne verarbeiten nun aber nicht nur Informationen im Sinne von reaktionsauslösenden Wahrnehmungsreizen, sondern vor allem Bedeutung tragende Wahrnehmungen. Die Fähigkeit, einer Wahrnehmung Bedeutung zu geben, ist wiederum etwas, das nur Menschen eigen ist: Zwischen die unmittelbare Abfolge von Reiz und Reaktion, Impuls und Handlung schiebt sich hier ein Vorgang der Interpretation, der ein optimiertes Ausnutzen der gegebenen Handlungsmöglichkeiten erlaubt. Zwar messen auch Tiere bestimmten Signalen bestimmte ›Bedeutungen‹ bei – sonst würde der Pawlowsche Hund keinen Speichel absondern, wenn die Glocke klingelt –, aber das ist keine reflexive Bedeutung im menschlichen Sinn, sondern Ergebnis von Konditionierungslernen: Dem Hund ist dabei keineswegs bewußt, daß er Appetit bekommt, weil die Glocke läutet, sondern er hat lediglich eine Reizverknüpfung gelernt.

Reflexive Bedeutung ist nichts, was die Natur bereitstellt, sondern sie wird sozial und kulturell gebildet, und zwar in der Interaktion zwischen einem Kind und seiner sozialen Umwelt. Im Fall des menschlichen Gehirns haben wir es bei dem, was unser Bewußtsein und unser Gedächtnis bewegt und unseren Willen motiviert, also mit sozial und kulturell gebildeten Bewußtseins- und Gedächtnisinhalten zu tun, die unsere Wahrnehmung von Welt und damit auch das, was wir erinnern, nach Kriterien von Sinn und Bedeutung selektieren.

Es ist schwer vorstellbar, daß wir auf der Grundlage des Informationsbegriffes ein hinreichendes Verständnis vom menschlichen Gedächtnis gewinnen können. Sich zu erinnern, sich etwas vorzustellen, etwas zu bewerten, etwas zu planen – all das setzt nicht nur Information voraus, sondern eben die Bedeutung, die der Information gegeben wird. An dieser Stelle ist es unabdingbar, die neurowissenschaftliche Perspektive um eine sozialwissenschaftliche zu erweitern: Sobald man sich für *Gedächtnisinhalte* interessiert, befindet man sich in einer Konvergenzzone zwischen den Disziplinen.

Bedeutungen werden nun aber nicht individuell entwickelt oder erworben, sondern in Prozessen sozialer Interaktion – im Zusammensein mit anderen – vermittelt. Katherine Nelson hat in einer inzwischen klassischen Studie dargelegt, wie ein kleines Mädchen sich in der Interaktion mit seinen Eltern die Bedeutung sprachlicher Ausdrücke erschließt (vgl. auch Nelson in diesem Band), und wir verfügen inzwischen über eine Unzahl von Untersuchungen darüber, wie die Interaktion mit kleinen Kindern das prägt, woran sie sich später erinnern (vgl. auch die Beiträge von Habermas, Hayne, Siegel und Trevarthen in diesem Band). Um also zu verstehen, wie Bedeutung konstituiert wird und damit zum Beispiel unterscheidbar wird, welche Information wichtig oder unwichtig, welches potentielle Verhalten funktional bzw. dysfunktional ist, müssen wir den sozialen Vorgang der interaktiven Herstellung und Weitergabe von Bedeutung verstehen.

Bedeutung wird nun aber nicht von jeder Generation neu erfunden, sondern intergenerationell tradiert, weiter ausgeformt, ausgehandelt, modifiziert. Essentiell dafür ist Kommunikation (Freeman in diesem Band). Ein Gehirn allein ist konstitutiv überhaupt nicht in der Lage, Bedeutung zu bilden; es bliebe an voreingestellte Reaktionsmuster gebunden und könnte diese allenfalls, wie es bei Tieren der Fall ist, durch Erfahrungslernen und Beobachtung modifizieren und optimieren (Schwartz in diesem Band).

Nun ist es aber so, daß das epistemische Objekt der Neurowissenschaften das Individuum, also das einzelne Gehirn ist. Untersuchungen mittels bildgebender Verfahren, Vergleichsstudien an hirngeschädigten Patienten und Tierversuche gewinnen Befunde an einzelnen Gehirnen; methodologisch verfügen wir gegenwärtig über so gut wie keine Möglichkeiten, neuronale Korrelate von Interaktionen in actu zu messen. Die neurowissenschaftliche Theoriebildung ist strikt individualistisch und weist damit eine harte disziplinäre Grenze auf, die inzwischen auch von prominenten Fachvertretern klar benannt wird. Gerald Edelman und Giulio Tononi etwa formulieren in der Einleitung ihrer Untersuchung zur Bewußtseinsgenese, »daß das Gehirn allein zur Entstehung von Bewußtsein nicht ausreicht, denn wir sind davon überzeugt, daß die höheren Hirnfunktionen Interaktionen sowohl mit der Welt als auch mit anderen Menschen unabdingbar voraussetzen« (2002, S. 8). Wolf Singer hat verschiedentlich ähnlich klar formuliert, daß menschliches Bewußtsein den Dialog zwischen Gehirnen voraussetze und daß etwa die Selbstwahrnehmung, eine autonom handelnde Person zu sein, auf eine kulturelle Konstruktion zurückgehe und deshalb »der neurobiologischen Erklärung nicht direkt zugänglich« sei (2002, S. 62; vgl. auch Singer in diesem Band). Die *interaktive Genese von Bewußtseins- und Gedächtnisinhalten* bildet mithin eine weitere Konvergenzzone zwischen den Disziplinen. In diesen Zusammenhang gehört auch, daß das menschliche Gedächtnis nicht auf interne Zugriffe auf Erinnerungsbestände beschränkt ist, sondern beständig externe Archive unterschiedlichster Art nutzt (Welzer in diesem Band).

Bislang verfügen wir aber noch nicht über experimentelle Designs, um die interaktive Bildung von Gedächtnis- oder Bewußtseinsinhalten zu untersuchen; das Fehlen der technischen Möglichkeiten für solche Untersuchungen scheint Überlegungen in diese Richtung von vornherein auszuschließen. Andere Disziplinen können aber sehr wohl Verfahren bereitstellen, mit deren Hilfe wir solche Bildungsprozesse auf der Basis von Experimenten, Beobachtungen, Videoaufzeichnungen etc. zumindest rekonstruieren und beschreiben können. Es sind insbesondere die Entwicklungspsychologie, die Sozialisationsforschung und die Neurolinguistik, die mit ihren experimentellen, phänomenologischen und konversationsanalytischen Verfahren zeigen können, wie im Vorgang der sozialen Interaktion bei Säuglingen und Kindern zunehmend die Fähigkeit ausgebildet wird, Erfahrungen nach Bedeutungen zu strukturieren.

In diesen Disziplinen geht es um Entwicklung, und an dieser Stelle kann ein zentrales Postulat für alle Disziplinen, die sich mit Fragen des Geistes, des Bewußtseins und des Gedächtnisses befassen, formuliert werden: Da wir an ›fertigen‹ Gehirnen, zumindest im Augenblick und gewiß noch auf absehbare Zeit, nicht ablesen können, welche Korrelation zwischen einer bestimmten neuronalen Aktivierung und der Erinnerung an ein bedeutsames Lebensereignis – den ersten Kuß, das bestandene Examen, eine tiefe Enttäuschung – besteht, müssen wir uns mit sich entwickelnden Gehirnen beschäftigen (Singer in diesem Band). An ihnen können wir ›beobachten‹, wo und wann überhaupt die Entwicklungsbedingungen für Empfindungen, Reflexionen, autonoetische Erinnerungen usw. vorliegen (Vandekerckhove et al. in diesem Band) und welches Zusammenspiel von biologischen Reifungsprozessen und sozialen Erfahrungen bzw. Determinierungen dafür verantwortlich ist, wie diese Entwicklungsbedingungen jeweils genutzt werden.

Entwicklung ist per se eine Konvergenzzone zwischen den Disziplinen – ohne neurowissenschaftliche Befunde können wir die Bedingungen der Entstehung eines episodischen Gedächtnissystems nicht verstehen; ohne sozialwissenschaftliche nicht, wie es sich strukturiert und was es verarbeitet. Deshalb sind wir der Auffassung, daß die bislang gemachten Fortschritte innerhalb der jeweiligen Disziplinen in bezug auf das Gedächtnis selbst zu einem Punkt geführt haben, an dem die disziplinären Grenzen verflüssigt werden müssen, um sowohl methodologisch als auch theoretisch vernünftig weiterzukommen.

3. Vor- und Nachteile interdisziplinärer Forschung

Die in diesem Band versammelten Beiträge versuchen jeder auf seine Weise und insbesondere in ihrem Zusammenhang ihren Teil zur Verflüssigung disziplinärer Grenzen zu leisten, und unser eingangs erwähntes Forschungsprojekt hat diesen Versuch auf sehr intensive Weise unternommen (vgl. Markowitsch & Welzer, 2005). Ein solches Stück konkreter fachübergreifender Forschungsarbeit ist höchst lehrreich, denn kaum eines der Probleme, denen man im wirklichen Forschungsleben begegnet, taucht jemals auf, wenn auf Kongressen mehr »Interdisziplinarität« gefordert wird: So weicht zum Beispiel das disziplinäre Verständnis darüber, was eine wissenschaftliche Veröffentlichung ist, so sehr voneinander ab, daß es fast unmöglich ist, gemeinsam einen Text zu verfassen. Während die Kulturwissenschaften nach wie vor weitgehend konversationell und vergleichsweise episch argumentieren, stellen die Naturwissenschaften Evidenz durch die standardisierte und daher knappe Auflistung experimenteller Untersuchungsschritte und Ergebnisse her. Die damit verbundenen Kooperationsprobleme bilden sich in den Vortragsformaten ebenso ab wie in den Nomenklaturen der Autorennennungen bei Veröffentlichungen oder in der Einschätzung, welches die jeweils maßgeblichen Journale und Verlage sind. Und die Probleme setzen sich fort, wenn es um die Nutzung bzw. weitere Etablierung von Forschungsnetzwerken, das Einwerben von Fördermitteln und die Qualifikation des wissenschaftlichen Nachwuchses geht, dem man hinsichtlich der Karrierewünsche immer noch keinen Gefallen tut, wenn man ihn interdisziplinär forschen läßt.

Solche Probleme sehen aus wie technische Hindernisse – in Wahrheit zeigen sie aber die kulturelle Unterschiedlichkeit der Fächer und Subdisziplinen, die über methodologische und erkenntnistheoretische Fragen weit hinausgeht. Das alles läßt sich in der konkreten Forschungspraxis suspendieren, sofern die Kooperationspartner vor allem eine Eigenschaft mitbringen: eine pragmatische Offenheit, die auch dafür sorgt, daß man gelassen damit umzugehen lernt, daß sich grundlegende Differenzen auf begrifflicher und epistemologischer Ebene weder vollständig überbrücken noch gar ausräumen lassen. Die Grundregel praktischer interdisziplinärer Forschungsarbeit lautet daher: Nie über Grundsätzliches sprechen – also keine erkenntnistheoretischen, keine begrifflichen, keine im weitesten Sinn philosophischen Probleme aufwerfen. Interdisziplinarität funktioniert nur pragmatisch, in der exakten Definition eines gemeinsam erschließbaren Gegenstandsbereichs und in der Abstimmung erprobter Instrumente und Methoden aufeinander. Da autobiographisches Gedächtnis ein Bewußtseinsphänomen ist, waren für uns also Fragen danach, was Bewußtsein, Willensfreiheit, Sinn und ähnliches *seien*, systematisch ausgeschlossen. Vor diesem Hintergrund war die Entwicklung eines gemeinsamen Zugangs relativ einfach: Wenn man schlicht davon ausgeht, daß nur Menschen autobiographisch erinnern können, daß diese Form des Erinnerns gelernt werden muß und daß dieses Gedächtnis eine biologische Basis hat, aber aus kulturellen Inhalten besteht, landen wir bei der besagten »biosozialen Entwicklung des Gedächtnisses«, bei etwas also, das aus sich heraus nur interdisziplinär erschlossen werden kann.

Methodisch liegen die Dinge genauso einfach: Wir haben die psychologischen und kulturellen Dimensionen des Gedächtnisses mit freien Interviews und standardisierten Tests ausgeleuchtet und anschließend neurowissenschaftlich betrachtet, was wo im Gehirn aktiviert wird, wenn Menschen sich an ein Ereignis von gestern oder aus der frühen Kindheit erinnern. Man sieht dabei, daß Gedächtnis je nach Lebensalter unterschiedlich arbeitet. Ältere Menschen behandeln ihre autobiographischen Erinnerungen eher wie stabiles Wissen, was eine gewisse Starrheit mit sich bringt, während jüngere Menschen mit ihren Erinnerungen ziemlich flexibel umgehen und sie ihren jeweiligen Gegenwarten geschmeidig anpassen.

Was uns auf der Ebene der Hirnbildgebung besonders interessierte, war, welches Netzwerk an Hirnregionen in welchem Alter beim Abruf autobiographischer Erinnerungen aktiv wird. Hierbei fand sich neben Regionen im Schläfenlappenbereich, die vermutlich die Engramme speichern, und Regionen in der mittleren hinteren Hirnrinde (Präcuneus), die für das bildhafte Vorstellen von Bedeutung sind, insbesondere bei den emotional intensiv erlebten, jüngsten Lebenserinnerungen eine orbitofrontale Aktivierung, d. h. eine Aktivierung in dem Stirnhirnbereich, der für die Repräsentanz des Selbst und für die affektive Konnotierung von Erinnerungen zentral ist. Damit läßt sich mit Hilfe der funktionellen bildgebenden Verfahren belegen, was wir mit Endel Tulving als zentrale Elemente autobiographischer Erinnerungen ansehen: die Selbstbezogenheit, die »autonoetische« Repräsentanz und das Eingebettetsein in eine akkurate Zeitebene. Somit findet sich im Rahmen dieses interdisziplinären Forschungsansatzes eine stringente Konvergenz zwischen sozialwissenschaftlichen Annahmen und neurobiologischen Vorstellungen und Erkenntnissen.

Neben Ergebnissen, die disziplinären oft deutlich überlegen sind, weil sie in weitere Zusammenhänge gestellt werden können, sind es besonders reflexive Effekte, die fächerübergreifende Forschung äußerst fruchtbar machen: Wohl niemals sonst legt man mehr Rechenschaft über die eigenen Annahmen, Begriffe und Konzepte ab, als wenn man einem Kollegen aus einer anderen Disziplin zu erklären versucht, warum man diesen oder jenen Untersuchungsschritt vorschlägt. Dabei lernt man zugleich viel über die Reichweite und die Begrenztheit der eigenen Perspektive. Daß etwa die Aussagen von Zeitzeugen oft nur eine lockere Verbindung zu den historischen Umständen haben, über die sie angeblich Zeugnis ablegen, läßt sich neurowissenschaftlich gut erklären: falsche Erinnerungen fühlen sich subjektiv nicht anders an als wahre und werden auch ähnlich verarbeitet. Das hat zugleich aber fundamentale Auswirkungen darauf, was man sozialwissenschaftlich unter einem »lebensgeschichtlichen Interview« verstehen sollte: gewiß nichts, was vergangene Wirklichkeiten abbildet, sondern allenfalls eine heutige Sicht auf etwas, das jemand erlebt zu haben glaubt.

Eine solche pragmatisch verstandene Interdisziplinarität bringt also erheblich mehr Realismus ins Spiel, als es im Rahmen der einzelwissenschaftlichen Forschung der Fall sein könnte, und führt auch zu ganz neuen Heuristiken, die im Rahmen disziplinärer Forschung sicher nie entwickelt würden, weil der sichtbare Phänomenbereich einfach schmaler ausfällt. Dieser Realismus bedeutet auch, die Grenzen fächerübergreifenden Forschens gelassen zu akzeptieren; hinsichtlich spezialistischer Grundlagenforschung oder direkter Anwendbarkeit sind die Einzelwissenschaften sicherlich effizienter. Es käme also in Zukunft darauf an, die Gegenstandsbereiche zu bestimmen, in denen konvergente Betrachtungsweisen und Untersuchungsstrategien der Sache nach erforderlich sind, und interdisziplinäre und disziplinäre Erkenntnisproduktion in ein komplementäres Verhältnis zu rücken.

Literatur:

Edelman, G. & Tononi, G. (2002). *Gehirn und Geist. Wie aus Materie Bewußtsein entsteht.* München: Beck.

Markowitsch, H. J. & Welzer, H. (2005). *Das autobiographische Gedächtnis. Hirnorganische Grundlagen und biosoziale Entwicklung.* Stuttgart: Klett-Cotta.

Singer, W. (2002). *Der Beobachter im Gehirn.* Frankfurt am Main: Suhrkamp.

I. Soziales und individuelles Gedächtnis

DANIEL J. SIEGEL

Entwicklungspsychologische, interpersonelle und neurobiologische Dimensionen des Gedächtnisses. Ein Überblick

Gedächtnis und Erinnerung sind Themen, die eine Vielzahl von akademischen Disziplinen beschäftigen, wie beispielsweise die Kognitions-, Entwicklungs- und Neurospsychologie, die Kognitiven Neurowissenschaften, die Psychiatrie, Neurologie, Anthropologie und die Psycholinguistik. Mein Beitrag, der einen Überblick über das Forschungsfeld gibt, versucht, zwischen diesen verschiedenen Disziplinen zu ›vermitteln‹ und eine Brücke zwischen einigen für gewöhnlich voneinander unabhängigen Forschungsbereichen wie der Bindungsforschung, den Kognitiven Neurowissenschaften und der Klinischen Psychiatrie zu schlagen sowie zu zeigen, wie sinnvoll ein solcher, unterschiedliche Forschungsfelder integrierender Ansatz ist. Der Schwerpunkt liegt dabei auf den neurobiologischen, entwicklungspsychologischen, interpersonellen und subjektiven Dimensionen des Gedächtnisses. Eine ausführlichere Darstellung dieses multidisziplinären Ansatzes einer »interpersonellen Neurobiologie« findet sich in »The developing mind: Toward a neurobiology of interpersonal experience« (Siegel, 1999). Ein solcher Ansatz ermöglicht es uns, die Entwicklung des menschlichen Bewußtseins an den Schnittstellen von Neurophysiologie und interpersoneller Erfahrung zu untersuchen. Gedächtnis wird im Folgenden als Beispiel dafür dienen, wie sich das Bewußtsein im Laufe des gesamten Lebens entwickelt.

Gedächtnistests, die in einem klinischen Zusammenhang verwendet werden – und auf Konzepte, die für diesen Zusammenhang relevant sind, werde ich mich im weiteren konzentrieren –, setzen dem jeweiligen Entwicklungsstand angemessene Aufgabenstellungen voraus, die in Form von kognitiven Testverfahren, Gedächtnistests, neuropsychologischen Testbatterien und anderen Meßmethoden vorliegen (die Details zu Durchführung der Tests und Interpretation der Ergebnisse finden sich in psychiatrischen Lehrbüchern). Dabei werden häufig unterschiedliche Dimensionen des Gedächtnisses überprüft, wie zeitliche Aspekte (Kurz-, Mittel- oder

Langfristigkeit von Erinnerungen), Aspekte der Verarbeitung (Enkodierung, Speicherung und Abruf von Inhalten), der dabei benutzten Strategien (wie häufiges Wiederholen und Abruftechniken), der notwendigen Wahrnehmungsmodalitäten (visuell, auditiv), der Kontextabhängigkeit (in welchen Zusammenhängen vermindern sich Gedächtnisleistungen?) und der Formen, in denen sich Gedächtnisleistungen auf das Alltagsleben der untersuchten Personen auswirken. Mein Beitrag wird eine Brücke schlagen zwischen den unterschiedlichen empirischen Methoden zur Erforschung des Gedächtnisses und den Implikationen, die die Ergebnisse der Forschungen für die klinische Arbeit haben.

Eine allgemeine Definition des Gedächtnisses

Erst seit kurzem ist es möglich, die Bausteine des Gedächtnisses mit wissenschaftlichen Methoden zu untersuchen (Milner et al., 1998; Tulving & Craik, 2000). Gängige Mißverständnisse in Hinblick auf das Gedächtnis konnten damit ausgeräumt werden: daß wir uns unserer Erfahrungen immer bewußt sind, daß Erinnerung immer mit einem Gefühl des Sich-Erinnerns einhergeht und daß wir genaue Abbilder unserer Erfahrungen ohne weitere Modifikationen im Gedächtnis bewahren können. Die Struktur des Gedächtnisses jedoch ist komplex und reagiert im Prozeß der Konstruktion der Vergangenheit, Gegenwart und antizipierten Zukunft empfindlich sowohl auf externe wie interne Faktoren (Ingvar, 1985; Johnson-Laird, 1983).

Das Gedächtnis kann im weitesten Sinne als die Art und Weise definiert werden, in der vergangene Ereignisse zukünftiges Handeln bestimmen. Hier zeigt sich, wie das Gehirn durch Erfahrung beeinflußt wird und in der Folge seine Reaktionen daraufhin abstimmt. In anderen Worten, das Gehirn interagiert mit seiner Umwelt, und diese Interaktion wird so abgespeichert, daß zukünftige Reaktionsweisen verändert werden. Dieser Prozeß wirkt sich sowohl auf die Informationen selbst aus wie auf jene Prozesse, mittels derer diese Informationen abgespeichert werden.

Eine Möglichkeit, die Überschneidungen von Entwicklungs- und Gedächtnisprozessen zu verstehen, liegt darin, anzunehmen, daß das Gehirn auf Erfahrung mit einer Veränderung der Stärke synaptischer Verbindungen oder mit zusätzlichen synaptischen Verbindungen reagiert. Auch die Gehirnentwicklung kann anhand dieser synaptischen Veränderungen beschrieben werden. Mehr noch, häufig ist Erfahrung notwendig, um die Transkription bestimmter Gene in Gang zu setzen und jene Proteine zu erzeugen, die strukturelle Veränderungen auf neuraler Ebene möglich machen. Dies bedeutet, daß die Entwicklung von Gehirnstrukturen von der Aktivierung der Neuronen abhängt. Erfahrungen führen zu neuraler Aktivität, die – im

Gegenzug – die genetische Maschinerie in Gang setzt, die die Veränderung synaptischer Verbindungen ermöglicht.

Informationsverarbeitung und Neurobiologie

Informationsverarbeitung findet in spinnennetzartigen neuralen Netzwerken statt, die in einer Vielzahl von Mustern feuern können, dem sogenannten *neuralen Netzprofil* (Tucker, 1992). Ein neurales Netz ist ›lernfähig‹ – beim Einspeichern wird ein bestimmtes Set von miteinander assoziierten, über das gesamte Gehirn verteilten neuronalen Erregungsmustern gebildet (McClelland et al., 1995; Morris, 1989). Indem die Komponenten dieses Netzwerkes, die neuronalen Schaltkreise, feuern, verändern sie die Wahrscheinlichkeit, daß bestimmte Muster auch in Zukunft feuern. Ist ein bestimmtes Muster in der Vergangenheit stimuliert worden, erhöht sich die Wahrscheinlichkeit, daß ein ähnliches Profil in der Zukunft aktiviert wird. Feuert dieses Muster wiederholt, erhöht sich nochmals die Wahrscheinlichkeit einer zukünftigen Aktivierung. Die erhöhte Wahrscheinlichkeit entsteht durch Veränderungen in den synaptischen Verbindungen innerhalb eines Netzwerkes von Neuronen. Veränderungen auf der Ebene der Zellmembran verändern die Wahrscheinlichkeit, daß bestimmte Kombinationen von Neuronen feuern (Kandel & Abel, 1995; Martin & Kandel, 1996). Solche Veränderungen der Stärken der Verbindungen zwischen Neuronen können durch den Prozeß der »Langzeitpotenzierung« stattfinden (Milner et al., 1998). Dieser Prozeß scheint die koordinierte Aktivität der prä- und postsynapischen Neuronen und die Freisetzung von Stickoxid zu benötigen. Die Dauer der Veränderungen in den Stärken der synaptischen Verbindungen kann variieren, von einigermaßen kurzen zu längeren Intervallen chemischer Veränderungen, die von strukturellen Veränderungen in neuralen Verbindungen abhängen.

Das spezifische Erregungsmuster – die ›Energie‹, die in bestimmten neuralen Netzprofilen aktivierter Neuronen enthalten ist – enthält auch ›Information‹. Diese Information wird häufig als »Repräsentation« bezeichnet. Das visuelle System kann visuelle Bilder repräsentieren, wohingegen das auditive System Repräsentationen von Klängen erzeugen kann. Zudem können in bestimmten Hirnregionen unterschiedliche Formen der Informationsverarbeitung stattfinden. Sprachverarbeitung mag so gesehen vor allem auf Schaltkreisen in der linken Hemisphäre aufbauen, nonverbale Repräsentation – wie der Gesichtsausdruck von anderen Personen – hauptsächlich in der rechten Hemisphäre angesiedelt sein. Komplexere Repräsentationen, beispielsweise von Konzepten und Kategorien, werden vermutlich in Assoziationsregionen des Neokortex gebildet, während einfachere Prozesse, die Information über den Körper einspeichern (wie Atmung und Herzschlag), in tieferen Hirnstammregionen lokalisiert sind.

Man nimmt an, daß die Aktivierung neuraler Erregungsmuster zu Informationsverarbeitung im Gehirn führt. Basierend auf Aktivierungsmustern ändert das komplexe neurale Netzwerk die Stärke von Verbindungen. Auf diese Art und Weise lernt das Netzwerk aus früheren Erfahrungen. Es ›erinnert sich‹, indem die Wahrscheinlichkeit steigt, daß ein ähnliches Erregungsmuster entsteht. Durch synaptische Veränderungen, die den Energiefluß im Gehirn steuern, wird Information eingespeichert und wieder abgerufen.

Wie sich das Gehirn entwickelt, hängt davon ab, welche Erfahrungen es macht. Im Vergleich zu den in hohem Maße ausdifferenzierten Verbindungen, die im Laufe der ersten Lebensjahre entstehen werden, verfügt das kindliche Gehirn bei der Geburt zwar über eine Fülle von Neuronen, aber über relativ wenige synaptische Verbindungen. Auf Fragen der Entwicklung spezialisierte Neurowissenschaftler beschreiben eine Interaktion zwischen genetisch determinierter und primär auf Erfahrung basierender Synaptogenese. Einige Forscher haben den Begriff einer *Erfahrung erwartenden Entwicklung (experience-expectant development)* vorgeschlagen, um den Prozeß zu beschreiben, in dem Verbindungen zwischen Neuronen zwar primär aufgrund genetischer Information entstehen, in der Folge aber nur aufrechterhalten werden, wenn es zu einer Stimulation – etwa durch Klänge oder Licht – kommt (Greenough & Black, 1992). Sowohl Gene als auch Erfahrung können den Mechanismus in Gang setzen, der zu einer Synaptogenese führt. Einfluß auf die Entwicklung von Gehirnstrukturen nehmen zudem auch Prozesse der Rückbildung (»Pruning«) von synaptischen Verbindungen, die nicht durch Erfahrung stimuliert werden bzw. die durch toxische Einflüsse – wie etwa die Überproduktion von Streßhormonen – zerstört werden.

Das Gedächtnis basiert ebenso wie die Gehirnentwicklung auf Veränderungen der Verbindungen zwischen Neuronen (Barnes et al., 1995; Merzenich & Sameshima, 1993; Merzenich et al., 1991; Rakic et al., 1994). Chemische Veränderungen stärken die Verbindungen zwischen Neuronen für das kurzzeitige Einspeichern von Information; das Langzeitgedächtnis erfordert die Aktivierung der genetischen Maschinerie, die dazu dient, neue synaptische Verbindungen zu etablieren. Erfahrung führt zur Aktivierung neuraler Erregungsmuster. Dadurch wiederum können Gene in den Zellkernen aktiviert werden, die zur Synaptogenese und Entwicklung und Stärkung der Verbindung zwischen funktional verknüpften Neuronen führen (Kandel, 1998). Der Begriff *erfahrungsabhängig* bezeichnet so gesehen den Prozeß, durch den neuronale Verbindungen durch Erfahrung aufrechterhalten, gestärkt oder geschaffen werden.

»Neuere Forschungen zur Plastizität in den sensorischen Rindenbereichen haben gezeigt, daß die Struktur des Gehirns – auch im sensorischen Kortex – bei jedem Menschen anders und abhängig von den Erfahrungen ist, die er oder sie gemacht hat« (Milner et al., 1998, S. 463). Was wir also gewöhnlich für das Gedächtnis halten, bezeichnet die Art und Weise, in der Ereignisse das Gehirn und seine zukünftigen Aktivitäten beeinflussen können.

Gedächtnisprozesse

Erfahrung führt dazu, daß Neuronen feuern, was Teil des *Einspeicherns* einer Erinnerung ist. Der nächste Schritt besteht darin, eine Erfahrung im Gedächtnis zu behalten *(storage of memory)*, was gleichzusetzen ist mit der erhöhten Wahrscheinlichkeit, daß ein ähnliches Profil wieder aktiviert wird. Dabei gibt es keinen ›Lagerraum‹ im Gehirn, in den man etwas stellt, um es bei Bedarf wieder herauszuholen. Etwas im Gedächtnis zu behalten bedeutet, die Wahrscheinlichkeit zu verändern, daß ein spezifisches Netzwerkmuster zukünftig aktiviert wird. Abruf wiederum ist die tatsächliche Aktivierung dieses möglichen neuralen Netzprofils, das dem Profil ähnelt, das in der Vergangenheit aktiviert wurde, aber nicht identisch mit ihm ist.

Das neurale Netz im Gehirn kann als Reaktion auf die Umwelt ein Set von anatomisch und chronologisch miteinander verbundenen Neuronen zum Feuern bringen. Dieses Profil kann dem von Donald Hebb (1949) stammenden Grundsatz folgend, daß »Neuronen, die einmal zusammen feuern, dazu tendieren werden, dies auch in Zukunft zu tun«, eingespeichert, gelagert und wieder abgerufen werden: »neurons which fire together, wire together«. Damit ist im Kern die Art und Weise beschrieben, wie neurale Netze erinnern.

Neuere Forschungen haben gezeigt, daß die Visualisierung eines Objekts jene Teile des Gehirns aktiviert, die für die Verarbeitung visueller Information verantwortlich zeichnen (Kosslyn, 1994). Etwas zu sehen oder sich vorzustellen läßt also neurale Erregungsmuster entstehen. Repräsentationen können vielerlei Formen annehmen: perzeptuelle (wenn man sich das Bild des Eiffelturms in Erinnerung ruft), semantische (wie das Wort »Eiffelturm« zu sehen und seine Bedeutung zu erkennen) und sensorische (wie hungrig zu sein) (Perner, 1991).

Unsere Erinnerungen basieren auf Verbindungen zwischen unterschiedlichen Aspekten dieser neuronalen Aktivierungsmuster. Diese Verbindungen erhöhen die Wahrscheinlichkeit, daß bestimmte Inhalte zeitgleich während des Abrufprozesses aktiviert werden. Dies führt wiederum dazu, daß Repräsentationen mit vielfältigen und bei jedem Individuum unterschiedlichen mentalen Prozessen verknüpft werden. Bildgebungsstudien legen die Annahme nahe, daß die Repräsentation einer Erfahrung in jenen Regionen des Gehirns erfolgt, die ursprünglich in Reaktion auf die Erfahrung aktiviert wurden. Einspeicherungs- und Abrufprozesse sind vermutlich an unterschiedliche Regionen gebunden (wie dem linken bzw. rechten orbitofrontalen Kortex; Wheeler et al., 1997). So gesehen ermöglichen bestimmte Regionen einen Prozeß, bei dem neurale Muster (Repräsentationen) aktiviert und dann im Akt des Einspeicherns und Erinnerns verknüpft werden (Buckner, 1996; Kapur et al., 1994; Shimamura, 1995). Was also bewahrt wird, sind die Wahrscheinlichkeiten, daß Neuronen in einem bestimmten Muster feuern – und nicht so etwas wie ein »Erinnerungsgegenstand«.

Das der Sprache zugängliche Gedächtnis wurde *explizites* oder *deklaratives* Gedächtnis genannt. Die andere Gedächtnisform wird als *implizites* oder *nichtdeklaratives* Gedächtnis bezeichnet. In der Forschungsliteratur werden dem Gedächtnis unterschiedliche Namen gegeben: *frühes* versus *spätes*, *nichtdeklaratives* versus *deklaratives*, und *implizites* versus *explizites* Gedächtnis (Buckner et al., 1995; Schacter, 1992; Squire, 1992). Im Rahmen dieses Beitrags werden die Begriffe *implizit* und *explizit* benutzt, um diese funktionell unterschiedlichen Systeme zu bezeichnen (siehe Übersicht auf der folgenden Seite).

Die auf den Begriff von Gedächtnisspuren aufbauende Theorie beschreibt ähnliche Einspeicherprozesse. Aus dieser Perspektive betrachtet, setzt sich ein Engramm oder eine Gedächtnisspur aus dem *Wesentlichen (gist*[1]*)* und den spezifischen Details zusammen (Schacter, 1996). Mit der Zeit können die Details verblassen. Das Wesentliche einer Erfahrung kann jedoch weitestgehend unangetastet und recht einfach zugänglich bleiben. Wenn man versucht, sich eine Erfahrung ins Gedächtnis zu rufen, mag einem dementsprechend zunächst das Wesentliche in den Sinn kommen, und erst dann versucht man, die Details zu *rekonstruieren*. Dieser Prozeß der Rekonstruktion ist vermutlich durch die Umstände, in denen man gegenwärtig lebt – also den Kontext, der zur Erinnerung aufruft –, beeinflußt, aber auch durch andere Faktoren wie die aktuelle emotionale Befindlichkeit und unsere Wahrnehmung der Erwartungen von jenen, die unseren Erinnerungserzählungen zuhören (Christianson, 1991). Erinnerung ist ein aktiver Prozeß, bei dem auch den »konkretesten« Erfahrungen – wie etwa dem Erinnern einer architektonischen Struktur – dynamische Repräsentationsprozesse zugrunde liegen. Erinnerung meint nicht, daß ein einmal

[1] (Anm. zur Übers.: »Gist« ist ein nahezu unübersetzbares Wort, das etwa den allgemeinsten Charakter einer Erinnerung und das mit ihr verbundene Hintergrundgefühl, im Deutschen eben »das Wesentliche« bezeichnet, hinsichtlich seiner Konkretion aber unspezifisch sein kann – wie etwa in der Redewendung: »Ich glaube, ich habe das Wesentliche verstanden.«)

Formen und Charakteristiken des Gedächtnisses

- Formen des Gedächtnisses
  - Früh, nichtdeklarativ, prozedural, implizit *versus*
  - Spät, deklarativ, episodisch/semantisch, explizit.
- Entwicklungsbiologie des Gedächtnisses
  - Implizite Verarbeitungssysteme (frühes Gedächtnis): ab der Geburt intakt.
  - Explizite Verarbeitungssysteme (spätes Gedächtnis):
    - Semantisch: Entsteht im Alter von 1-2 Jahren.
    - Autobiographisch: Stetige Entwicklung; setzt nach dem 2. Lebensjahr ein.
- Implizites Gedächtnis
  - Eine Form des Gedächtnisses, die nicht von der subjektiven Erfahrung, sich zu erinnern, bzw. der Erfahrung von Selbst und Zeit begleitet wird. Baut auf mentalen Modellen und *Priming* auf.
  - Umfaßt das prozedurale, emotionale, perzeptuelle und vielleicht somatosensorische Gedächtnis.
  - Die Einspeicherung verlangt *keine* gerichtete Aufmerksamkeit.
  - Wird von Schaltkreisen im Gehirn gesteuert, die beim Einspeichern aktiviert waren; funktioniert unabhängig vom medialen Schläfenlappen/Hippocampus.
- Explizites Gedächtnis
  - Eine Form des Gedächtnisses, die auf bewußtem Einspeichern und einem subjektiven Gefühl für Erinnerung (und, im Falle des autobiographischen Gedächtnisses, für Selbst und Zeit) aufbaut.
    - Umfaßt das semantische (Tatsachen-) und episodische (autobiographische) Gedächtnis.
    - Die Einspeicherung verlangt gerichtete Aufmerksamkeit.
    - Speicherung erfordert hippocampale Verarbeitung.
    - Kortikale Konsolidierung führt dazu, daß bestimmte Ereignisse permanent erinnert werden.

(aus Siegel, 1999, Kap. 2)

abgespeichertes Engramm reaktiviert wird; es meint vielmehr, daß ein neues neurales Netzprofil zusammengesetzt wird – aus Merkmalen des abgespeicherten, alten Engramms, Elementen, die von Erinnerungen an andere Erfahrungen stammen, und Momenten, die mit gegenwärtigen Befindlichkeiten zu tun haben.

Vor allem, wenn man Kinder zu früheren Erfahrungen – traumatische eingeschlossen – befragt, sollte man diesen Umstand im Kopf behalten. Das Wesentliche einer Situation mag mit großer Genauigkeit erinnert werden, aber die Details können aufgrund aktueller Erfahrungen verzerrt dargestellt werden. Erinnerung kann sehr genau sein; sie kann jedoch auch Gegenstand sozialer Beeinflussung und Bestandteil eines weitreichenderen narrativen Projekts sein.

Implizites Gedächtnis: Mentale Modelle, Verhaltensweisen, Bilder und Emotionen

Kleine Kinder nehmen ihre Umgebung vom ersten Tag ihres Lebens an aktiv wahr. Forschungen haben gezeigt, daß sie Erfahrungen erinnern; sie lernen auf der Ebene des Verhaltens, der Wahrnehmungen und Emotionen und vielleicht auch somatosensorisch (Bauer, 1996; Schacter, 1996). Die Forschung kann zeigen, daß beispielsweise Säuglinge ihren Kopf entsprechend einem gelernten Reiz ausrichten können. Sie können visuelle Muster erkennen und sie mit anderen Wahrnehmungsmodalitäten – wie Berührung oder Klang – verbinden (Stern, 1985). Wenn sie durch ein mit einem bestimmten Spielzeug assoziiertes lautes Geräusch verängstigt werden, werden sie in Aufregung geraten, wenn sie dieses Spielzeug in Zukunft zu Gesicht bekommen. Dies wird als *implizite Erinnerung* bezeichnet. Implizite Erinnerungen entstehen sehr früh im Leben, und wenn sie abgerufen werden, dann nicht in Verbindung mit dem subjektiven Gefühl, daß etwas erinnert wird.

Implizite Erinnerung ist in Teilen des Gehirns lokalisiert, die keine bewußten Einspeicherungs- oder Abrufprozesse benötigen (Squire et al., 1993). Werden solche Erinnerungen abgerufen, dann sind Schaltkreise beteiligt, die bei Alltagserfahrungen – Verhaltensweisen, Emotionen und Bildern – eine fundamentale Rolle spielen. Diese impliziten Elemente sind Teil unseres subjektiven Selbstsinns: Wir handeln, fühlen oder entwickeln Vorstellungen, ohne daß wir uns des Einflusses bewußt sind, den vergangene Erfahrungen auf unsere Gegenwart nehmen.

Das implizite Gedächtnis ist auf Gehirnstrukturen angewiesen, die bei der Geburt bereits entwickelt sind und uns unser gesamtes Leben über zur Verfügung stehen. Zu diesen Strukturen zählen die Amygdala und andere limbische Regionen für das emotionale Gedächtnis, die Basalganglien und der motorische Kortex für das prozedurale Gedächtnis und die für Sinneswahrnehmung zuständigen Rindenbereiche für das perzeptuelle Gedächtnis.

Durch wiederholte Erfahrungen ist das kindliche Gehirn fähig, Ähnlichkeiten und Unterschiede sowohl über Erfahrungen wie über Wahrnehmungsmodalitäten hinweg aufzuspüren. Diese Vergleiche wiederum ermöglichen dem kindlichen

Bewußtsein, generalisierte Repräsentationen zu bilden. Dies ist ein grundlegender Aspekt des Lernens. Die Generalisierungen bilden dann die Basis für mentale Modelle oder Schemata, die helfen, gegenwärtige Erfahrungen zu interpretieren und zukünftige zu antizipieren. Und schließlich sind mentale Modelle ein wesentlicher Bestandteil des impliziten Gedächtnisses.

Mentale Modelle helfen, vertraute Objekte oder Erfahrungen aufzuspüren und zu erkennen, was man von der Umgebung zu erwarten hat. Abweichungen vom sonst Üblichen können so erfaßt werden – die Welt wird zum vertrauten Lebensraum. Untersuchungen an Kindern und Erwachsenen legen die Annahme nahe, daß es diese nichtbewußten mentalen Modelle sind, nach denen man die eigene Wahrnehmung ausrichtet (Johnson-Laird, 1983). Das Gehirn kann man als »Antizipationsmaschine« bezeichnen, die die Umwelt ständig abtastet und festzustellen versucht, was als nächstes kommt (Freyd, 1987). Frühere Erfahrungen formen unsere antizipatorischen Modelle; daher wird der Begriff der *prospektiven Erinnerung* für die Versuche benutzt, auf der Grundlage der Ereignisse der Vergangenheit, »die Zukunft zu erinnern« (Ingvar, 1985). Indem der jeweils nächste Zeitpunkt und das, was er bringen wird und wie man ihm begegnen soll, antizipiert wird, wird auch die Bereitschaft erhöht, eine Reaktion zu zeigen.

Mentale Modelle – die aufgrund von vergangenen Erfahrungen gebildeten Generalisierungen – sind das Wesentliche am Lernen. Die Zukunft zu *antizipieren* mag ein wichtiger Baustein des impliziten Gedächtnisses sein, der sich von komplexeren und willentlichen Zukunftsplanungen unterscheidet.

Entwicklungspsychologische Dimensionen des impliziten Gedächtnisses: Bindung und die ersten Jahre des Lebens

Wenn das Kind ein Jahr alt ist, sind Muster des impliziten Lernens bereits tief im Gehirn verankert. Tatsächlich haben Studien gezeigt, daß das Verhalten des Kindes auffallend unterschiedlich sein kann, je nachdem, mit welchem Elternteil es zusammen ist. Die mit der Mutter bzw. mit dem Vater verbundenen Gemütszustände können unterschiedliche Auswirkungen auf das Kind haben. Dies mag der Ursprung für die Unterschiede in der Bindung eines Kindes an die Elternteile sein. Wenn das Kind 18 Monate alt ist, ist sein Gehirn soweit gereift, daß sich die Fähigkeit, zu sprechen und Sprache zu verstehen, zu voller Blüte entwickelt.

Wiederkehrende Gemütslagen des Kindes werden als implizite Form des Gedächtnisses abgespeichert. Die wiederholte Erfahrung von Angst und Schrecken kann in die Schaltkreise des Gehirns eingeschrieben werden. Wenn sie immer wieder vorkommen, können diese Zustände in Zukunft leichter aktiviert (abgerufen) werden, so daß sie charakteristische Eigenschaften eines Individuums werden (Perry et al., 1995). Auf diese Art und Weise kann unser Leben durch Reaktivierungen von impliziten Erinnerungen beeinflußt werden, ohne daß wir das Gefühl haben, uns zu erinnern. Wir geraten in einen bestimmten Zustand, den wir als unsere gegenwärtige Realität erleben.

Einsichten in die Art und Weise, in der frühe Erfahrungen das implizite Gedächtnissystem beeinflußt haben, können helfen, viele Aspekte menschlicher Beziehungen zu verstehen. Wenn man mit einem bestimmten Menschen zusammen ist, können mentale Modelle aktiviert werden, die die Wahrnehmungen, Emotionen, Verhaltensweisen und Überzeugungen in Hinblick auf einen anderen Menschen beeinflussen. Jeder von uns sieht die Interaktionen mit anderen durch die Linse mentaler Modelle, die sich aufgrund von Erfahrungsmustern der Vergangenheit herausgebildet haben. Diese Modelle können sehr schnell dem Bewußtsein entgleiten und manchmal zu abrupten Wechseln in Gefühls- und Gemütslagen und Interaktionen mit anderen führen. So gesehen passieren »Übertragungen« – die Aktivierung alter mentaler Modelle und Gefühlszustände, die den Beziehungen zu wichtigen Figuren unserer Vergangenheit entstammen – immer wieder, und zwar sowohl innerhalb wie außerhalb der psychotherapeutischen Praxis.

Das explizite Gedächtnis: Fakten, Ereignisse und das autobiographische Bewußtsein

Wenn Kinder zwei Jahre alt werden, haben sie eine neue Fähigkeit erworben: über ihre Erinnerungen an die Ereignisse des Tages zu sprechen und auch weiter zurückliegende Erfahrungen zu erinnern. Diese Fähigkeit zur *expliziten Erinnerung* geht mit der Reifung des medialen Schläfenlappens (einschließlich des Hippocampus) und des orbitofrontalen Kortex einher (Kelley et al., 1998; Perner & Ruffman, 1995; Schacter et al., 1996; Squire & Zola-Morgan, 1991; Tulving, 1993). Wenn man explizite Erinnerungen abruft, hat man die subjektive Empfindung »ich erinnere mich«. Formen des expliziten Gedächtnisses sind das *semantische* Gedächtnis (Gedächtnis für Fakten) und das *episodische* (autobiographische) Gedächtnis.

Die Entwicklung des expliziten Gedächtnisses bezieht eine Vielzahl von Bereichen der kindlichen Erfahrung mit ein. Ein Gefühl für Ereignisabläufe *(sequencing)*, das als Funktion des Hippocampus gilt, entwickelt sich im Laufe des zweiten Lebensjahrs (Bauer, 1996; Edelman, 1992). Sich an den Ablauf eines Ereignisses zu erinnern ermöglicht es dem Kind auch, ein Gefühl für Zeit und Reihenfolgen auszubilden. Kinder beginnen zudem, Erwartungen zu entwickeln, welche Ereignisse oder Handlungen aufeinander folgen – mit manchmal heftigen und leidenschaftlichen Reaktionen, wenn es zu Abweichungen kommt. Damit verbunden ist die Entwicklung einer inneren Landkarte. Bei Tieren beispielsweise, bei denen der Hippocampus nicht mehr funktionsfähig ist, geht auch die Erinnerung daran verloren, ein Labyrinth durchlaufen zu haben (Squire, 1987). Im Gegensatz dazu konnte gezeigt werden, daß »reiz-volle« Umgebungen die Anzahl von Neuronen im Hippocampus erhöhen (Kempermann et al., 1997). Der Hippocampus, der »Kognitionskartograph« *(cognitive mapper)*, ist es auch, der es möglich macht, über die Zeit hinweg ein Gefühl für die Welt zu entwickeln. Und das explizite Gedächtnis erlaubt es dem Bewußtsein, ein Gefühl für Raum und Zeit herauszubilden und sich zu erinnern, wo Dinge sind und wann sie dort waren.

Mit dem zweiten Lebensjahr beginnen Kinder komplexere Vorstellungen von sich in der Welt zu entwickeln. Dieser »Selbst-Sinn« *(sense of self)* wurde im Zuge von Studien beschrieben, die beispielsweise der Frage nachgingen, wie Kinder reagieren, wenn sie sich selbst im Spiegel mit einem roten Fleck auf dem Gesicht sehen. Sie erkennen, daß etwas an ihrem Spiegelbild anders ist, was die Annahme nahelegt, daß sie eine Vorstellung *(mental image)* davon haben, wie sie für gewöhnlich aussehen. Mit 18 Monaten können sie auch sich selbst statt des Spiegels berühren, wenn sie den roten Fleck erkunden. Im zweiten Lebensjahr entwickelt das Kind ein Gefühl für die physische Welt, für Zeit und Abfolge und für das Selbst; all das bildet die Grundlage für das explizite autobiographische Gedächtnis (Wheeler et al., 1997). Vor dieser Zeit mögen dem Kind zwar Ereignisse in Erinnerung geblieben sein (»Ereignisgedächtnis«); man nimmt jedoch an, daß mit diesen erinnerten Erfahrungen kein Gefühl für sich selbst in der Zeit einhergeht, womit das zentrale Charakteristikum autobiographischer Erinnerung fehlt.

Bildgebungsstudien zeigten, daß das Gedächtnis für Fakten (das semantische Gedächtnis) funktionell durchaus verschieden vom episodischen Gedächtnis ist (Wheeler et al., 1997). Das semantische Gedächtnis ermöglicht propositionale Repräsentationen – Zeichen für externe oder interne Fakten, die sprachlich oder bildlich kommuniziert und als »wahr« oder »falsch« angesehen werden können. Dieses semantische Wissen wurde als *Noesis* bezeichnet. Im Unterschied dazu erfordert das autobiographische oder episodische Gedächtnis die Fähigkeit zur *Autonoesis* (Wissen um sich selbst) und scheint von der Entwicklung der frontalen Rindenbereiche abhängig zu sein. Diese Regionen unterliegen in den ersten Lebensjahren (Schore, 1994) – und vielleicht auch noch bis ins Erwachsenenalter hinein – einer rasanten erfahrungsabhängigen Entwicklung. Das autonoetische Bewußtsein ermöglicht »mentale Zeitreisen«, das subjektive Gefühl, sich an das, was man zu bestimmten Zeitpunkten in der Vergangenheit getan hat, zu erinnern, ein Gefühl für sein gegenwärtiges Selbst und für diejenige Person, die man in der antizipierten Zukunft sein könnte (Wheeler et al., 1997; vgl. Tulving in diesem Band).

Mit zweieinhalb Jahren hat das Kind schon angefangen, mit seinen Eltern gemeinsam Geschichten zu entwickeln, in die Ereignisse des realen Lebens und der Phantasie eingewoben sind (Myers et al., 1987; K. Nelson, 1993). Wie reich autobiographische Geschichten und das Wissen um sich selbst sind, hängt von den Dialogen ab, in denen die Bezugspersonen Erzählungen über externe Ereignisse und interne, subjektive Erfahrungen der Figuren der Geschichte co-konstruieren (Miller et al., 1990; Ochs & Capps, 1996; Oppenheim et al., 1997). Insofern können wir annehmen, daß Bindungserfahrungen – das heißt, die Kommunikation mit Eltern und anderen Bezugspersonen – sich unmittelbar auf die Fähigkeit zum autonoetischen Bewußtsein auswirken. Das zeigt sich vor allem bei »abweisenden« Eltern und ihren Kindern, die »vermeidende« Bindungen zu ihnen haben (Hesse, 1999; Siegel, 1999).

Von flüchtigen zu dauerhaften Erinnerungen: Unterschiedliche Phasen, unterschiedliches Timing

Der Einspeicherprozeß scheint bei beiden Formen des expliziten Gedächtnisses – beim semantischen wie beim episodischen – bewußte und gerichtete Aufmerksamkeit zu erfordern, um den Hippocampus zu aktivieren (Moscovitch, 1995). Beim Einspeichern werden Reize zunächst im *sensorischen Gedächtnis* abgelegt, was ungefähr eine Viertel- bis halbe Sekunde dauert. Dieser »sensorische Puffer« umfaßt die anfänglichen neuralen Aktivierungen des Wahrnehmungssystems. Nur ein ausgewählter Teil der Elemente dieses umfangreichen sensorischen Prozesses wird dann in das *Arbeitsgedächtnis* überführt, wo sie (ohne Wiederholung) bis zu einer halben Minute »online« bleiben. Mit Wiederholung – wenn man sich beispielsweise eine Telefonnummer immer wieder vorsagt – kann etwas entweder länger im Arbeitsgedächtnis bleiben oder ins Langzeitgedächtnis überführt werden.

Das Arbeitsgedächtnis wurde auch »Kreidetafel des Geistes« genannt. Wenn wir sagen, daß wir »über etwas nachdenken« und über die Vergangenheit und Gegenwart reflektieren, dann ist das Arbeitsgedächtnis in diese mentalen Prozesse involviert (Baddeley, 1992; Goldman-Rakic, 1993). Denken wir bewußt an ein Problem oder ein Ereignis, dann erlaubt uns das Arbeitsgedächtnis, unterschiedliche Repräsentationen mental miteinander zu verbinden und zu verändern. Bildgebungsstudien zeigen den dorsolateralen präfrontalen Kortex als jene Region, die vermutlich die zentrale Rolle beim Arbeitsgedächtnis spielt (Andreasen et al., 1995; Arnsten, 2000; Hendren et al., 2000).

Das Arbeitsgedächtnis beruht nicht auf den Transkriptions- und Translationsprozessen, die es den Genen ermöglichen, die Eiweißproduktion voranzutreiben (Milner et al., 1998). Man nimmt vielmehr an, daß vorübergehende chemische Veränderungen in den synaptischen Vernetzungen oder der funktionellen Stärke der Verbindungen zwischen den Neuronen eine Rolle spielen. Im Gegensatz dazu ist die Abspeicherung ins Langzeitgedächtnis abhängig von der Genaktivierung und der daraus resultierenden Proteinproduktion und Veränderung in der synaptischen Struktur und folglich strukturellen neuronalen Vernetzung. Solche Einspeicherung und neurale Verarbeitung führt schließlich zu dem dauerhafteren und stabileren *Langzeitgedächtnis.*

Das *explizite Langzeitgedächtnis* wird als Prozeß betrachtet, mit dessen Hilfe Inhalte längerfristig jenseits des Arbeitsgedächtnisses abgespeichert werden (Bailey & Kandel, 1995). Erinnere ich mich beispielsweise an die Telefonnummer eines Freundes, so setzt dies voraus, daß sie im Langzeitgedächtnis abgespeichert ist. Soll ich mich hingegen an die Telefonnummer eines Geschäfts erinnern, das ich nur ein einziges Mal anrufen muß, muß ich die Zahlen nur so lange im Arbeitsgedächtnis behalten, bis ich gewählt habe. Nach dem Anruf verschwindet die Telefonnummer aus jeder Form von explizitem Gedächtnis. Wäre das Arbeitsgedächtnis längerfristig angelegt, würden wir ständig mit irrelevanter Information bombardiert werden. So erlaubt es uns, wichtige Information zu erinnern. Bitten wir andere, sich an die Erfahrungen des letzten Monats zu erinnern, dann bitten wir sie tatsächlich, Repräsentationen zu aktivieren, die als erhöhte Wahrscheinlichkeit des Feuerns innerhalb eines neuralen Netzes ›abgespeichert‹ waren. Dies wird durch Veränderungen in den synaptischen Stärken innerhalb des Netzwerks unterstützt. Erinnerung kann von daher als tatsächliche Aktivierung potentieller oder latenter Repräsentationen betrachtet werden.

Der Hippocampus spielt sowohl beim Einspeichern ins wie beim Abruf aus dem expliziten Langzeitgedächtnis eine zentrale Rolle. Die Koppelung an die Schaltkreise des dorsolateralen präfrontalen Kortex mag der Zugangsmechanismus zum Arbeitsgedächtnis sein, wodurch Repräsentationen bewußt überprüft, manipuliert und anderen mitgeteilt werden können (Incisa della Rocchetta & Milner, 1993; Gershberg & Shimamura, 1995).

Damit ein Element des Langzeitgedächtnisses Teil des permanenten *expliziten* Gedächtnisses wird, braucht es einen Prozeß, den man *kortikale Konsolidierung* nennt (Abel et al., 1998). Obwohl man den genauen Mechanismus noch nicht entdeckt hat, scheint die kortikale Konsolidierung auf einem Prozeß der nichtbewußten Aktivierung bzw. Wiederholung von Inhalten zu beruhen, der es Repräsentationen ermöglicht, im »Assoziationskortex« abgespeichert zu werden (Kandel, 1989). Diese Region der Großhirnrinde führt Repräsentationen aus unterschiedlichen Teilen des

Gehirns zusammen. Während der kortikalen Konsolidierung wird der Hippocampus schließlich nicht mehr für den Abruf von Information gebraucht. Dieser Konsolidierungsprozeß scheint von der REM-Phase während des Schlafes abzuhängen, von der man annimmt, daß in ihr den Aktivitäten des Tages Bedeutung zugemessen wird (Karni et al., 1992; Winson, 1993). Und obwohl Träume angefüllt sind mit scheinbar nebensächlichen Dingen, mit Resten der Erfahrungen des Tages und Elementen aus früheren Zeiten, ermöglichen sie es dem Bewußtsein, die unzähligen expliziten Erinnerungen in ein kohärentes Set von Repräsentationen zu überführen, um sie dauerhaft im Gedächtnis zu behalten.

Die Forschung zu den Einzelheiten des Konsolidierungsprozesses steckt noch in den Kinderschuhen (Milner et al., 1998). Der Konsolidierungsprozeß mag Wochen, Monate, ja, vielleicht Jahre dauern. Hat sich ein Jugendlicher beispielsweise eine Kopfverletzung bei einem Motorradunfall am 1. Dezember zugezogen, kann es sein, daß er das, was sich im November und Oktober ereignet hat, vergessen hat, nicht aber das, was im September und früher passiert ist. Dies wird als *retrograde Amnesie* bezeichnet und schließt eine Störung der Fähigkeit seines Hippocampus ein, noch nicht konsolidierte Erinnerungen abzurufen. Es kann auch sein, daß der Jugendliche große Schwierigkeiten hat, Ereignisse nach dem Unfall zu erinnern – was als *anterograde Amnesie* bezeichnet wird. Grund dafür ist die Unfähigkeit seines verletzten Hippocampus, neue Erfahrungen ins Langzeit- und explizite Gedächtnis einzuspeichern. Im Unterschied dazu mag die Fähigkeit des Jugendlichen, Erfahrungen ins implizite Gedächtnis einzuspeichern und daraus abzurufen, intakt geblieben sein. Dies läßt sich ›indirekt‹ feststellen, etwa mit Tests zu »Priming«. So kann es beispielsweise sein, daß er zwar neue Fertigkeiten erlernen und emotionale Assoziationen zu aktuellen Ereignissen bilden kann, ihm aber das Gefühl für Zeit oder Selbst in Verbindung mit den Erinnerungen und die Fähigkeit fehlen, sich zu erinnern, wann er neues Wissen erlernt hat.

Für gewöhnlich kommt es zu einer Assoziation zwischen impliziter und expliziter Erinnerung. Das Einspeichern expliziter Erinnerungen beruht auf gerichteter, bewußter Aufmerksamkeit. Die Anfangsphasen spielen sich im Arbeitsgedächtnis ab; auf ihrem Weg zur kortikalen Konsolidierung werden explizite Erinnerungen dann im Langzeitgedächtnis verarbeitet. In bestimmten Situationen jedoch kommt es zur Dissoziation zwischen implizitem und explizitem Gedächtnis. Bei der *kindlichen Amnesie*, die ich unten noch diskutieren werde, ist das implizite Gedächtnis intakt, aber die explizite Erinnerung, vor allem das episodische Gedächtnis, nicht gegeben. Eine solche Dissoziation kann auch in anderen Zusammenhängen auftreten: bei hypnotischer Amnesie, als Folge von bestimmten medikamentösen Behandlungen (wie etwa mit Benzodiazepinen), von Anästhesien bei Operationen, neurologischen Krankheiten wie etwa dem Korsakow-Syndrom und bei geteilter Aufmerksamkeit. Indirekte Erinnerung ist eine Methode, das implizite Gedächtnis zu studieren (Schacter, 1996). Das Gehirn speichert Information implizit ein, so daß es zu *Priming* kommt, es also wahrscheinlicher wird, daß die Information wieder abgerufen wird, ohne daß man ein Gefühl dafür hat, daß eine Erfahrung erinnert wird. Ohne gerichtete Aufmerksamkeit werden Inhalte nicht explizit abgespeichert. So mag das implizite Gedächtnis noch intakt sein, wenn das explizite Gedächtnis schon gestört ist (Schacter, 1992).

Die subjektive Erinnerungserfahrung

Wenn man die eigene Lebensgeschichte erzählt, so ist dieser Prozeß unmittelbar sowohl vom impliziten wie vom expliziten Gedächtnis beeinflußt. Das autonoetische Bewußtsein erlaubt es uns, »mentale Zeitreisen« anzutreten und Repräsentationen unseres Selbst in der Vergangenheit, Gegenwart und Zukunft zu entwickeln (Wheeler et al., 1997). Zu Beginn des dritten Lebensjahres ist der orbitofrontale Kortex soweit entwickelt, daß episodisches Gedächtnis und Autonoesis möglich werden. Verfügte das Kind zunächst nur über semantisches (Tatsachen-)Wissen, so entwikkelt sich nun das episodische (autobiographische) Gedächtnis (mit einem Sinn für Selbst und Zeit), und es wird möglich, Ereignisse so einzuspeichern, wie sie subjektiv erfahren werden. Sowohl implizite mentale Modelle wie explizite Autonoesis versetzen das Bewußtsein in die Lage, sich auf die Zukunft vorzubereiten.

Wenn semantische oder episodische explizite Erinnerungen abgerufen werden, hat man selber den spontanen Eindruck: »Ich erinnere mich«. Das unterscheidet explizite von impliziter Erinnerung, bei der es kein subjektives Gefühl von Erinnerung gibt. Explizite Erinnerungen nehmen eine Vielzahl von Formen an. Im semantischen Gedächtnis ist zunächst Faktenwissen abgelegt (wie etwa die Namen der europäischen Hauptstädte). Wenn wir zwar wissen, daß wir bestimmte Orte schon besucht haben, sich das Gefühl von einem selbst in der Zeit während der Reise jedoch nicht einstellt, dann handelt es sich um die semantische Erinnerung einer persönlichen Erfahrung. Neurowissenschaftliche Studien stützen die These, daß die semantische Erinnerung an ein Ereignis sich von episodischer Erinnerung unterscheidet (Wheeler et al., 1997). Das noetische Bewußtsein (das Wissen darum, daß man schon in Europa war) wird als verschieden vom autonoetischen Bewußtsein (der Erinnerung an die Erfahrungen der Reise) betrachtet. Die episodische Erinnerung aktiviert autobiographische Repräsentationen und erzeugt ein Gefühl für das Selbst in der Zeit, das sie von semantischen Erinnerungen abhebt.

Auch das explizite, autobiographische Gedächtnis zeigt sich in einer Vielzahl von

Variationen. So kann eine Jugendliche beispielsweise ein allgemeines Bild von sich im, sagen wir, letzten Jahr der *Highschool* erinnern. Diese allgemeine episodische Erinnerung kann man sich als eine Art Zusammenfassung von spezifischen Episoden eines Jahres vorstellen. In gewisser Hinsicht haben wir es hier mit einem bewußt gemachten Selbstkonzept oder einem Selbstschema zu tun. Sie mag auch ein bestimmtes Ereignis während dieser Zeit erinnern, wie ihren letzten Schultag. Wenn sie sich diese Erinnerung ins Gedächtnis ruft, kann es sein, daß sie das Ereignis aus der Distanz beobachtet. Diese Erinnerung aus der Beobachterperspektive wird von manchen als eine weitere Verwandte des episodischen Abrufs betrachtet, von anderen jedoch als Ereigniserinnerung im Rahmen des semantischen Abrufs (Schacter, 1996; Wheeler et al., 1997). Im Gegensatz dazu kann sie das Ereignis auch aus der Perspektive der tatsächlich Beteiligten erinnern *(participant or field recollection)*. In diesem Falle würde sie die Dinge aus ihrer damaligen Perspektive sehen können. Die emotionale Intensität ist bei Beobachtererinnerungen geringer als bei sogenannten Felderinnerungen. Autonoesis baut so gesehen auf Elementen der gelebten Erfahrung einer Person auf, und nicht auf den bloß propositionalen (Tatsachen-)Repräsentationen des noetischen Bewußtseins.

Unterschiedliche Erfahrungsaspekte von Erinnerung lassen sich unterschiedlichen Zentren der Aktivierung auf Hirnebene zuordnen (Fink et al., 1996). Zum Beispiel scheint beim semantischen Erinnern die linke über die rechte hippocampale Aktivierung zu dominieren. Autobiographische Erinnerung hingegen bezieht den rechten Hippocampus und den rechten orbitofrontalen Kortex stärker mit ein (Wheeler et al., 1997). Während der Erinnerung an traumatische Erfahrungen ist eine stärkere Aktivierung der rechten Hemisphäre des visuellen Kortex festgestellt worden (Rauch et al., 1996).

Untersuchungen haben gezeigt, wo die wichtigen Unterschiede zwischen semantischem und episodischem Gedächtnis liegen (Moscovitch, 1995). Für das semantische Gedächtnis ist es das noetische Bewußtsein, das es erlaubt, Faktenwissen über die Welt zu generieren. Mit noetischem Bewußtsein ist das Fokussieren der Aufmerksamkeit auf einen bestimmten Aspekt semantischer Repräsentationen gemeint. Obwohl das semantische und das episodische Gedächtnis sehr viel gemeinsam haben – ihre Kapazitäten, ›Daten‹ zu repräsentieren, sind nahezu unbegrenzt, sie sind flexibel abrufbar, werden zusammen mit kontextuellen Merkmalen eingespeichert und können in deklarativer Form erinnert werden, indem Sprache oder Bilder benutzt werden –, werden sie doch durch unterschiedliche Mechanismen gesteuert (Wheeler et al., 1997).

Das autonoetische Bewußtsein entsteht auf unterschiedlichen Ebenen der Stirnlappenfunktion (Buckner, 1996). Dies schließt die Fähigkeit zu Selbstreflexion und sozialen Kognitionen ein sowie die Möglichkeit, später abgespeicherte Information in ein bestehendes Set von Repräsentationen zu integrieren und die Kontrolle über weit verstreute Hirnprozesse auszuüben (Tucker et al., 1995). Episodische Erinnerungen basieren auf neuronalen Schaltkreisen, die in großer Nähe zu jenen liegen, die mit sozialem Bewußtsein und dem Bewußtsein für das eigene Selbst zu tun haben. Mehrere voneinander unabhängige Forschungsrichtungen verweisen auf präfrontale Regionen – vor allem den orbitofrontalen Kortex in der rechten Hemisphäre – als zentrale Bereiche zur Integration von Erinnerung (Wheeler et al., 1997), Bindung (Schore, 1994), Emotion (Tucker et al., 1995), körperlicher Repräsentation und Regulierung (Damasio, 1994) und sozialer Kognition (Baron-Cohen, 1995). Daß Kinder in ihrer Fähigkeit zur autonoetischen Reflexion klare Unterschiede zeigen, mag zum Teil mit der unterschiedlichen Entwicklung der präfrontalen Regionen zu tun haben. Die Bindungsforschung wie auch entwicklungspsychologische Studien zum Gedächtnis zeigen, daß Interaktionen zwischen Eltern und Kindern einen direkten Einfluß auf die autobiographische Erinnerung des Kindes haben. Eine plausible Erklärung dafür ist, daß die präfrontalen Regionen besonders auf soziale Erfahrungen reagieren und es sich bei ihnen auch um die Regionen handelt, die für die Autonoesis zuständig sind.

Die Reaktivierung von Repräsentationen, die im expliziten Gedächtnis abgespeichert sind, ist nicht selten von Merkmalen der inneren und äußeren Umwelt abhängig. Wenn Abrufreiz *(retrieval cue)* und Repräsentation zusammenpassen, so wird dieser Prozeß *Ekphorie* genannt (Tulving, 1993). Ekphorie hängt von den Merkmalen des Abrufreizes und der Form ab, in der die Repräsentation im Gedächtnis ›gelagert‹ ist. Dieser Effekt, den der Kontext auf den Abruf einer expliziten Erinnerung hat, zeigt, um wieviel leichter man sich erinnert, wenn die physischen Bedingungen (Geräusche, Gerüche, Anblicke) oder die eigenen Gemütszustände (Gefühle, mentale Modelle, allgemeine Erregungszustände) denen beim Einspeichern einer Erfahrung ähneln. Vor diesem Hintergrund kann das explizite Gedächtnis als *kontextabhängig* bezeichnet werden. Der Hippocampus kann Erfahrungen in bereits existierende kognitive Landkarten eintragen und ihnen so einen Kontext verschaffen, in dem sie sowohl eingespeichert wie gelagert werden. Man nimmt an, daß die tatsächlichen Repräsentationen solcher Erfahrungen in evolutionär jüngeren Teilen der hinteren Hirnrindenbereiche gespeichert sind und daß die präfrontalen Regionen dafür verantwortlich sind, einen episodischen ›Abrufzustand‹ herzustellen, in dem es zu einer Übereinstimmung (Ekphorie) zwischen Abrufreiz und abgespeicherter Repräsentation kommen kann (Wheeler et al., 1997). Die Fähigkeit von Kindern, ›Abrufstrategien‹ zu entwickeln, die ihnen elaboriertere Erinnerungen ermöglichen, hängt vermutlich von der Entwicklung der präfrontalen Hirnregionen ab. Diese Entwicklung läßt sich erstmals in der Vorschulzeit beobachten (Nelson & Carver, 1998).

Manchmal hat man Erinnerungen, bei denen man selbst nicht versteht, welche kontextuellen Faktoren dazu geführt haben, daß gerade diese Ereignisse wieder auftauchen. Geht man diesen Fragen nach, kann man nach Übereinstimmungen zwischen dem Kontext, in dem das Ereignis erinnert wird, und dem ursprünglichen Ereigniskontext selbst suchen. Eine solche Suche kann manchmal die zugrunde liegende emotionale Bedeutung oder das Wesentliche einer bestimmten Erinnerung zutage fördern. Allein jedoch das Gefühl, daß man in der Zeit zurückreist, bedeutet noch nicht, daß die Erinnerung auch exakt ist: Es bedeutet nur, daß die präfrontalen Schaltkreise des autonoetischen Bewußtseins in die Aktivierung der gespeicherten oder mental erzeugten Repräsentationen involviert sind (nicht aber, daß man es mit Ekphorie zu tun hat). Auf diese Art und Weise mögen die präfrontalen Regionen versuchen, miteinander verbundene, die Vergangenheit exakt widerspiegelnde Repräsentationen zu schaffen. Aber gleichviel ob sie exakt sind oder nicht, sie können mit dem Gefühl einhergehen, daß Vergangenheit erinnert wird. Dies kann man eine »ekphorische Empfindung« nennen, die auf der Überzeugung beruht, daß die Erinnerung tatsächlich genau ist. Wir können aber auch ein klares Gefühl dafür haben, daß etwas passiert ist, ohne daß dies tatsächlich der Fall war. Solche subjektiven Empfindungen können Teil von Vorstellungen sein, von Träumen oder ungenauen Erinnerungen.

Wenn wir über vergangene Erfahrungen nachdenken, mögen wir mit einer Fülle von Erinnerungen konfrontiert sein, die durch innere oder äußere kontextuelle Merkmale hervorgerufen werden und dann wiederum zu einem Feuerwerk von weiteren damit verbundenen Erinnerungen führen. Auf die anfängliche Ekphorie (die Übereinstimmung von Abrufreiz und abgespeicherter repräsentierter Erinnerung) folgt eine Serie von manchmal unvorhersehbaren assoziativen Verknüpfungen, die sowohl von Erinnerungen wie von gegenwärtigen Erfahrungen beeinflußt sind. Die Assoziationen und Abrufreize können in den Prozeß der Erinnerung verwoben und so Teil der ›rekonstruierten‹ Erinnerung werden. Repräsentationen, die denen der Vergangenheit ähneln, werden im Prozeß der Erinnerung wieder hervorgeholt. Abruf ist so gesehen eine Art ›Erinnerungsumwandler‹: Der Akt der Reaktivierung einer Repräsentation kann dazu führen, daß sie in veränderter Form wieder abgespeichert wird (Bjork, 1989). Die Stirnlappen können so auf die Natur der autobiographischen Erinnerung und auf Lebensgeschichten Einfluß nehmen. Dies zeigt, wie unsere Erinnerungen – Dinge, die wir gerne als Fakten betrachten – sich mit der Zeit tatsächlich ändern können. Und es kann auch erklären, wie das wiederholte Befragen eines Kindes zu einem vermuteten Mißbrauch dazu führen kann, daß es

Erinnerungen an erzählte Geschichten mit dem Abruf von Aspekten einer tatsächlichen Erfahrung verwechselt.

Eine explizite Erinnerung wird uns und anderen oft in Form von Berichten oder von Bildern mitgeteilt, die eine Geschichte oder Abfolge von Ereignissen darstellen. Wenn dabei ein Gefühl für das Selbst zu einem bestimmten Zeitpunkt der Vergangenheit auftaucht, haben wir es mit einer expliziten autobiographischen Erinnerung zu tun. Wir hören die Worte und empfangen eine sprachliche Botschaft oder machen uns eine bildliche Vorstellung und haben ein bewußtes Gefühl für die Geschichte, die erzählt wird. Für gewöhnlich geht mit der Erinnerung die Verknüpfung dieser expliziten Elemente mit ihren impliziten Gegenstücken einher. Um dies zu erkennen, ist es wichtig, sich (explizit) daran zu erinnern, daß die Aktivierung impliziter Erinnerungen nicht von dem Gefühl begleitet wird, daß »etwas erinnert wird«. Wir empfinden, erkennen oder sortieren unsere expliziten Erinnerungen vor dem Hintergrund der mentalen Modelle des impliziten Gedächtnisses. Aber wir können die Schatten auszumachen versuchen, die diese impliziten ›Erinnerungen‹ sowohl auf die Geschichten werfen, die wir erzählen, als auch auf nonverbale Aspekte der Kommunikation und des Verhaltens.

»Kindliche Amnesie«

Seit mehr als einem Jahrhundert sind sich Kliniker bewußt, daß die Fähigkeit von Erwachsenen oder älteren Kindern, sich an die ersten Lebensjahre zu erinnern, gestört ist. Anfänglich dachte man, daß diese »Gedächtnissperre« im Alter von ungefähr fünf Jahren endet. Frühe psychoanalytische Schriften legten die Annahme nahe – die von der modernen analytischen Theorie nicht mehr unterstützt wird –, daß die »infantile Amnesie« ihren Ursprung in schweren traumatischen Erfahrungen hat, die verdrängt wurden, und daß der Schwerpunkt der Behandlung darauf gelegt werden müsse, diese Verdrängungen aufzudecken (Freud, 1895).

Aus Sicht der Entwicklungspsychologie stellt sich die kindliche Amnesie anders dar; hier geht man davon aus, daß mehrere Bereiche – einschließlich des Gefühls für das Selbst und für Zeit, verbale und narrative Fähigkeiten – erst spät ausreifen und damit den Grund abgeben, warum Erinnerung erst in einem Alter von zwei bis drei Jahren einsetzt (Fivush & Hudson, 1990; Newcombe & Fox, 1994; Rovee-Collier, 1993). Neurobiologen haben die Entwicklung des Hippocampus bzw. des medialen Schläfenlappens und der präfrontalen Regionen während der ersten Lebensjahre verfolgt, um ihren möglichen Beitrag zur kindlichen Amnesie feststellen zu können (Bachevelier, 1992; Perner & Ruffman, 1995). Dabei werden die entwicklungspsychologischen Beobachtungen gestützt, indem die wahrscheinlichen neurobiologischen Grundlagen dieser normalen Form von Amnesie aufgezeigt werden. Vor diesem Hintergrund betrachtet, braucht es vermutlich die neurale Reifung des Hippocampus, damit das explizite Gedächtnis – erst das semantische und dann, mit der Entwicklung der präfrontalen Regionen, das episodische Gedächtnis – zur vollen Blüte gelangen kann.

Das implizite Gedächtnis ist bereits bei der Geburt funktionsfähig; das explizite Gedächtnis setzt vor dem zweiten Geburtstag des Kindes ein (Bauer et al., 1994, 1995). Eine Einjährige kann alle möglichen Erfahrungen implizit erinnern (sie wird beispielsweise aufgeregt reagieren, wenn sie hört, daß das Auto in die Garage fährt, weil sie emotional bereits ›weiß‹, daß dann ihre Mutter nach Hause kommt). Sie hat auch bereits die Fähigkeit zu generalisierten Erinnerungen entwickelt (Bauer & Dow, 1994; C. A. Nelson, 1993). Noch bevor sie 18 Monate sein wird, wird sie auch Ereignissequenzen erinnern können (Bauer, 1996). Sie kann Fakten, die mit spezifischen Erfahrungen in Zusammenhang stehen, einspeichern und wieder abrufen. Dies kann man als eine Form des semantischen Gedächtnisses betrachten, bei der Wissen um spezifische Ereignisse auch noch nach langen Zeiträumen erinnert werden kann (Bauer et al., 1994). Diese Sichtweise wird durch Studien unterstützt, die zeigen, daß Kinder – auch schon in ihrem zweiten Lebensjahr – über erstaunliche Fähigkeiten verfügen, Faktenwissen über neue Erfahrungen mit ziemlicher Genauigkeit zu erinnern (Bauer, 1996).

Ab einem Alter von ungefähr 18 Monaten entwickelt ein Kind selbstreferentielles Verhalten, das auf ein Gefühl für die Kontinuität des Selbst in der Zeit schließen läßt. Ab ungefähr 24 Monaten fängt das Kind dann an, über Dinge, die ihm zugestoßen sind, zu sprechen. Im Laufe der weiteren Entwicklung reift das Selbstgefühl voll heran und läßt das episodische Gedächtnis und die Fähigkeit zur mentalen Zeitreise – zur Erinnerung an sich selbst in bestimmten Erfahrungen der Vergangenheit – entstehen. Und da die präfrontalen Regionen weiter reifen, wird auch diese Fähigkeit immer komplexer und differenzierter. Diese Regionen entwickeln sich bis ins Erwachsenenalter hinein weiter, womit erklärt sein mag, warum im Laufe des Lebens Selbstbewußtheit und autonoetisches Bewußtsein zunehmen. Noch bevor es in den Kindergarten kommt, kann ein Kind berichten, daß es morgens einen Hund gesehen und den Großvater im Park getroffen hat. Es kann über aktuelle Erfahrungen erzählen und Erwartungen in Hinblick auf zukünftige Ereignisse verbalisieren. Obwohl es nun über seine Erinnerungen reden kann, hat das Kind keine episodischen Erinnerungen an die frühe Kindheit. Nichtsdestotrotz sind ihm einige Fakten, die es im Laufe des zweiten Lebensjahrs gelernt hatte – wie etwa Namen von Gegenständen – innerhalb des semantischen Gedächtnisses noch zugänglich. Auch ist und bleibt das reiche und vielfältige implizite Lernen intakt.

Einige Autoren vertreten die These, daß die kindliche Amnesie nicht als Störung der expliziten Erinnerung beschrieben werden sollte; sie bringen sie vielmehr mit der späten Entwicklung des episodischen Gedächtnisses in Verbindung (Perner & Ruffman, 1995; Wheeler et al., 1997). Aus dieser Perspektive betrachtet, sind es die für die Autonoesis notwendigen neurobiologischen Substrate – der Hippocampus und die orbitofrontalen Regionen –, die festlegen, wann autobiographische Erinnerung einsetzt, und auch für ihre von Erfahrungen und Bindungen abhängige Entwicklung verantwortlich zeichnen.

Die Forschung hat bislang noch nicht erklären können, warum ältere Kinder (ab fünf Jahren) nur begrenzten Zugang zu Erinnerungen haben können, die früher durchaus abrufbar waren. So kann es Kindern mit drei oder vier Jahren zwar leichtfallen, Aspekte ihres Alltagslebens explizit zu erinnern; ein paar Jahre später jedoch haben sie oft trotzdem keine kontinuierlichen Erinnerungen an diese Lebensperiode. Eine mögliche Erklärung dafür ist, daß der Konsolidierungsprozeß, der Langzeit- in permanente Erinnerungen transformiert, erst mit ungefähr fünf Jahren voll zum Tragen kommt. Doch es wird noch weitere Forschungen brauchen, um festzustellen, ob diese Erklärung richtig ist.

Die Entwicklung des expliziten Gedächtnisses scheint unmittelbar von interpersonellen Erfahrungen beeinflußt. Forschungen haben gezeigt, daß Kinder, die mehr Erfahrung darin haben, über ihre Erinnerungen mit ihren Eltern zu sprechen, sich später auch detailreicher an ihr Leben erinnern können (Bauer & Wewerka, 1995; Fivush, 1996; Nelson in diesem Band). Im Zuge des Gesprächs über die Vergangenheit *(memory talk)* lenken Eltern die Aufmerksamkeit auf die Inhalte der Erinnerungen ihrer Kinder. Kinder, deren Eltern in einer *elaborierten* Form mit ihnen kommunizieren, verfügen meist über detailliertere autobiographische Erinnerungen. ›Elaborierte‹ Eltern sprechen beispielsweise mit ihren Kindern über Geschichten, die sie gemeinsam lesen, und fragen nach, was sie davon halten. Im Gegensatz dazu stehen Eltern, die hauptsächlich an Fakten und weniger an der Phantasie des Kindes und an seiner Reaktion auf eine Geschichte interessiert sind (Dunn & Brown, 1991; McCabe & Peterson, 1991; Reese & Fivush, 1993). Vermutlich gibt es noch eine Reihe von kommunikativen Stilen, die zwischen diesen beiden Polen anzusiedeln sind. Dennoch zeigen die Untersuchungen, daß interpersonelle Erfahrungen direkte Auswirkungen auf die Entwicklung des expliziten Gedächtnisses haben. Könnte das etwas mit der erfahrungsabhängigen Entwicklung der für Einspeicherung und Abruf episodischer Erinnerungen zuständigen orbitofrontalen Hirnregionen zu tun haben? Es gibt noch keine Studien, die dieser Frage nachgehen.

Haben wir es hier bloß mit vererbten Eigenschaften zu tun? Um dies zu klären, muß man weitere Studien abwarten, zum Beispiel solche, die die Erzählungen von eineiigen, aber nicht von denselben Eltern erzogenen Zwillingen untersuchen, um herauszufinden, wo der Ursprung der Unterschiede in den Erzählstilen liegt. Ungeachtet dessen, woher sie kommen, gibt es sicherlich Unterschiede in den narrativen Erfahrungen: In einigen Familien wird häufig und elaboriert über vergangene Ereignisse miteinander geredet. Damit unterstützen Eltern die Fähigkeit ihrer Kinder, ihre Erinnerungen und Vorstellungen zu beschreiben. Ähnlich ist es mit Kindern, die in Familien groß werden, in denen häufig über Gefühle und Bewertungen gesprochen wird; sie tendieren dazu, sich mehr für die Emotionen anderer zu interessieren und sie besser zu verstehen (Bretherton, 1993; C. A. Nelson, 1993). Diese Kinder lernen auch, daß das, was sie über die Inhalte ihres Bewußtseins zu sagen haben, von Bedeutung ist.

Trauma und Erinnerung

Zu traumatischen Erfahrungen können intra- und interpersonale Prozesse gehören, die umfangreiche Auswirkungen auf Erinnerungen haben (Cicchetti & Toth, 1998). Frühe und schwere traumatische Erfahrungen können zu einer verstärkten Ausschüttung von Streßhormonen führen. Studien haben gezeigt, daß sowohl das Gehirnwachstum darunter leidet (De Bellis et al., 1999a, 1999b) wie auch die Verarbeitung von Erinnerungen (Diamond & Rose, 1994). Untersuchungen haben auch ergeben, daß bei Erwachsenen mit einer posttraumatischen Belastungsstörung der Hippocampus verkleinert ist, was zu Beeinträchtigungen in der Verarbeitung expliziter Erinnerungen führen kann (Bremner et al., 1995). Auf diese Art und Weise kann ein Trauma unmittelbare Auswirkungen auf jene Gehirnstrukturen haben, die für die Einspeicherung, Ablagerung und den Abruf von Erinnerungen zuständig sind.

Selbst wenn neurale Strukturen intakt bleiben, kann die Verarbeitung von Erinnerungen unter posttraumatischen Bedingungen beeinträchtigt sein (Bower & Sivers, 1998). So kann beispielsweise ein nicht verarbeitetes Trauma mit Störungen im kortikalen Konsolidierungsprozeß einhergehen, was dazu führt, daß die Erinnerung an die traumatischen Ereignisse nicht in das permanente, explizite Gedächtnis überführt werden kann. Eine solche Blockade auf dem Wege zur Konsolidierung einer Erinnerung kann wiederum negative Auswirkungen auf die Schaffung eines kohärenten Selbstbildes haben (Siegel, 1999). Bilder der schrecklichen Ereignisse können immer wieder vor dem inneren Auge oder in Alpträumen auftauchen. Alpträume (vor allem in der REM-Phase) spiegeln wohl die vergeblichen Versuche des Gehirns wider, Blockaden aufzulösen und Erinnerungen zu konsolidieren. Es wird auch vermutet, daß Traumphasen eine zentrale Rolle spielen, wenn es darum geht,

Erinnerungen zu reorganisieren und die Verbindungen zwischen Erinnerung und Emotion zu stärken (Hobson, 1992).

Das autonoetische Bewußtsein der traumatischen Ereignisse mag bei Menschen gestört sein, deren traumatische Erfahrungen ›un(auf)gelöst‹ bleiben (Siegel, 1999, 2001). Dies hat wichtige Implikationen für die Art und Weise, wie jemand Beziehungen und Bindungen lebt. Manche Menschen werden überflutet von impliziten Erinnerungen; ihnen geht das selbstreflexive Moment episodischer Erinnerung verloren, was dazu führt, daß sie nicht das Gefühl haben, ein vergangenes Ereignis intensiv zu erinnern, sondern immer noch mittendrin zu sein (Siegel, 1995, 1996). Unter solchen Bedingungen kann sich ein Elternteil nicht mehr flexibel auf ein Kind einstellen. Das mag auch erklären, warum die Kinder von Eltern mit der Diagnose »ungelöstes Trauma oder ungelöste Trauer« eher Bindungsschwierigkeiten haben. Main und Hesse (1990) haben die These entwickelt, daß das gleichzeitig angsterfüllte und angsteinjagende sowie verwirrende Verhalten eines Elternteils zu der paradoxen Umkehrung führen kann, daß das Kind vor jemandem Angst hat, der oder die eigentlich eine Quelle des Trostes und der Beruhigung sein sollte (vgl. auch Main, 1999). Es wurde auch gezeigt, daß die Wahrscheinlichkeit größer ist, daß solche Kinder später an dissoziativen Symptomen erkranken (Carlson, 1998).

Im Kern kann ein ungelöstes Trauma als ausbleibende kortikale Konsolidierung dieses Aspekts einer Lebensgeschichte und klinisch als Fehlen einer kohärenten narrativen Version der traumatischen Erfahrung betrachtet werden. Die Fähigkeit eines Individuums, flexibel auf seine Umwelt zu reagieren, kann gestört und die Entwicklung eines kohärenten Selbstgefühls beeinträchtigt werden. Die Person bleibt anfällig für implizite Aktivierungen, die in intrapersonale Erfahrungen und interpersonelle Beziehungen einfließen. Für Kinder von Eltern mit einem ungelösten Trauma kann dies verheerende Folgen für die eigene Bindungsgeschichte und psychische Gesundheit haben. Den Eltern therapeutisch zu helfen, kann somit eine effektive Strategie darstellen, die psychische Gesundheit der Kinder präventiv zu schützen.

Wie genau sind Erzählungen?

Autobiographische explizite Erinnerungen zu erzählen ist eine Erfahrung, die sehr stark von der sozialen Interaktion beeinflußt ist. Von daher ist das, was erzählt wird, nicht deckungsgleich mit der ursprünglichen Erinnerung und nicht notwendigerweise in jedem Detail vollkommen genau. Vor allem Kinder können das Wesentliche einer Erfahrung oft sehr exakt erinnern, aber ungenau werden, wenn es um Details vergangener Ereignisse geht. Therapeuten, Rechtsanwälte, Richterinnen und andere, die in Streite um und Untersuchungen von Fällen von Kindesmißbrauch verstrickt sind, tun gut daran, die Studien wahrzunehmen, die die Genauigkeit von kindlichen Erinnerungen auch angesichts unvollständiger und – manchmal – inkonsistenter Berichte dokumentieren (Goodman & Fivush, 1993).

Manche Menschen, vor allem kleine Kinder, sind weniger gegen Suggestion gefeit als andere (Schumacher, 1991). Die verhältnismäßig wenig ausgereiften Abrufstrategien der frühen Lebensjahre machen, daß Kinder dem Druck, der bei Befragungen ausgeübt wird, oft besonders wenig entgegensetzen können (Ceci & Bruck, 1993; Ceci & Huffman, 1997). Das kann dazu führen, daß auch ihre genauen Zeugnisse verzerrt und inkonsistent erscheinen.

Darüber hinaus zeigen Studien, daß es möglich ist, persönlich von der Genauigkeit und Wahrhaftigkeit einer ›Erinnerung‹ an ein Ereignis überzeugt zu sein, das niemals stattgefunden hat. Wie sehr wir von der Genauigkeit einer Erinnerung überzeugt sind, hängt also nicht von ihrer Authentizität ab (Ceci & Bruck, 1993). Um zu verstehen, wie vergangene Ereignisse das Leben eines Patienten beeinflußt haben, ist es für Therapeuten also sinnvoll, sich theoretische Unterstützung zu holen – zum Beispiel Wissen um die Struktur von Gedächtnissystemen und die Beziehung zwischen impliziten und expliziten Erinnerungen an ein Ereignis. Um sich ein vollständigeres Bild zu machen, mag es jedoch auch sinnvoll sein, sich externer Unterstützung – Erfahrungen anderer Familienmitglieder, Polizeiberichte, Fotoalben, Tagebücher – zu bedienen.

Erinnerung und Erzählung

In der Interaktion zwischen Erwachsenem und Kind spielt das Erzählen von Geschichten eine zentrale Rolle (Ochs & Capps, 1996). Schon sehr früh in ihrer Entwicklung beginnen Kinder mit autobiographischen Geschichten, indem sie Ereignisabfolgen und ihre alltäglichen Erfahrungen erzählen (Nelson, 1989; Britton & Pellegrini, 1990).

Der Entwicklungspsychologe Lev Wygotski (1974) hat das Denken der Kinder als Internalisierung der Erfahrungen mit ihren Eltern verstanden. Das läßt die Möglichkeit zu, daß einige unserer scheinbar ureigensten *intrapersonalen Prozesse*, wie Denken oder Selbstreflexion, ihre Ursprünge in *interpersoneller Kommunikation* haben.

Viele Formen der Kommunikation innerhalb der Psychotherapie – vom Spielen und Zeichnen mit kleinen Kindern zu autobiographischen Reflexionen mit älteren Kindern und Erwachsenen – bauen darauf auf, daß Erzählungen im Zuge von Gesprächen über die Vergangenheit gemeinsam konstruiert werden.

Der narrative Prozeß mag ein Ausdruck der zentralen menschlichen Fähigkeit sein, über viele Gefühls- und Gemütslagen und unterschiedliche Zeiten hinweg Kohärenz herzustellen. Dies ist vielleicht auch eine mögliche Erklärung dafür, warum die Kohärenz, mit der ein Vater oder eine Mutter ihr eigenes Leben erzählen (z. B. im Rahmen eines *Adult Attachment Interview*; vgl. Hesse, 1999; Siegel, 1999), der beste Indikator für die Bindungssicherheit ihres Kindes ist. Die Erzählungen der Erwachsenen scheinen also einen Prozeß offenzulegen, der sich auch auf ihre interpersonelle Kommunikation auswirkt. Als eine Funktion des impliziten wie des expliziten Gedächtnisses zeigen Erzählungen, wie das Bewußtsein Unmengen von Erfahrungen über die Zeit hinweg miteinander verwebt. Es geht also um weit mehr als um bloße Berichterstattung, wenn wir als Therapeuten mit unseren Patienten ihre Lebensgeschichten erforschen. Es geht tatsächlich um den Kern ihres Selbst und darum, gemeinsam mit ihnen die Vergangenheit mit der Gegenwart zu verknüpfen, während sie zukünftige Erfahrungen antizipieren.

Literatur:

Abel, T., Martin, K. C., Bartsch, D. & Kandel, E. R. (1998). Memory suppressor genes: Inhibitory constraints on the storage of long-term memory. *Science, 279,* 338–341.

Andreasen, N. C., O'Leary, D. S., Cizadlo, T. et al. (1995). Remembering the past: Two facets of episodic memory explored with positron emission tomography. *American Journal of Psychiatry, 152,* 1576–1585.

Arnsten, A. F. T. (2000). Genetics of childhood disorders, XVIII: ADHD, part 2: norepinephrine has a critical modulatory influence on prefrontal cortical function. *Journal of the American Academy of Child & Adolescent Psychiatry, 39,* 1201–1203.

Bachevelier, J. (1992). Cortical versus limbic immaturity: Relationship to infantile amnesia. In M. R. Gunnar & C. A. Nelson (Hrsg.), *Developmental behavioral neuroscience: Minnesota symposium on child psychology* (Bd. 24, S. 129–154). Hillsdale, NJ: Erlbaum.

Baddeley, A. (1992). Working memory. *Science, 255,* 556–559.

Bailey, C. H. & Kandel, E. R. (1995). Molecular and structural mechanisms underlying long-term memory. In M. S. Gazzaniga (Hrsg.), *The cognitive neurosciences* (S. 19–36). Cambridge, MA: MIT Press.

Barnes, C. A., Erickson, C. A., Davis, S. & McNaughton, B. L. (1995). Hippocampal synaptic enhancement as a basis for learning and memory: A selected review of current evidence from behaving animals. In J. L. McGaugh, N. M. Weinberger & G. Lynch (Hrsg.), *Brain and memory: Modulation and mediation of neuroplasticity* (S. 259–276). New York: Oxford University Press.

Baron-Cohen, S. (1995). *Mindblindness: An essay on autism and theory of mind.* Cambridge, MA: MIT Press.

Bauer, P. J. (1996). What do infants recall of their lives? Memory for specific events by one to two-year-olds. *American Psychologist, 51,* 29–41.

Bauer, P. J. & Dow, G. A. (1994). Episodic memory in sixteen- and twenty-month-old children: Specifics are generalized but not forgotten. *Developmental Psychology, 30,* 403–417.
Bauer, P. J., Hertsgaard, L. A. & Dow, G. A. (1994). After eight months have passed: Long-term recall of events by one- and two-year-old children. *Memory, 2,* 353–382.
Bauer, P. J., Hertsgaard, L. A. & Wewerka, S. S. (1995). Effects of experience and reminding on long-term recall in infancy: Remembering not to forget. *Journal of Experimental Child Psychology, 59,* 260–298.
Bauer, P. J. & Wewerka, S. S. (1995). One- to two-year-olds' recall of events: The more expressed, the more impressed. *Journal of Experimental Child Psychology, 59,* 475–496.
Bjork, R. (1989). Retrieval inhibition as an adaptive mechanism in human memory. In H. L. Roediger & F. I. M. Craik (Hrsg.), *Varieties of memory and consciousness: Essays in honor of Endel Tulving* (S. 283–288). London: Wiley.
Bremner, J. D., Randall, P., Scott, T. M. et al. (1995). MRI-based measures of hippocampal volume in patients with combat-related posttraumatic stress disorder. *American Journal of Psychiatry, 152,* 973–981.
Bretherton, I. (1993). From dialogue to internal working models: The co-construction of self in relationships. In C. A. Nelson (Hrsg.), *Memory and affect in development: The Minnesota symposia on child psychology* (Bd. 26, S. 237–264). Hillsdale, NJ: Erlbaum.
Britton, B. K. & Pellegrini, A. D. (1990). *Narrative thought and narrative language.* Hillsdale, NJ: Erlbaum.
Bower, G. H. & Sivers, H. (1998). Cognitive impact of traumatic events. *Development & Psychopathology, 10,* 625–654.
Buckner, R. L. (1996). Beyond HERA: Contributions of specific prefrontal brain areas to long-term memory. *Psychonomic Bulletin & Review, 3,* 149–158.
Buckner, R. L., Petersen, S. E., Ojemann, J. G., Miezin, F. M., Squire, L. R. & Raichle, M. E. (1995). Functional anatomical studies of explicit and implicit memory retrieval tasks. *Journal of Neuroscience, 15,* 12–29.
Carlson, E. A. (1998). A prospective longitudinal study of attachment disorganization/disorientation. *Child Development, 69,* 1107–1128.
Ceci, S. & Bruck, M. (1993). Suggestibility of the child witness: A historical review and synthesis. *Psychological Bulletin, 113,* 403–439.
Ceci, S. & Huffman, M. L. (1997). How suggestible are preschool children? Cognitive and social factors. *Journal of the American Academy of Child & Adolescent Psychiatry, 36,* 948–958.
Christianson, S. A. (Hrsg.) (1991). *Handbook of emotion and memory.* Hillsdale, NJ: Erlbaum.
Cicchetti, D. & Toth, S. (Hrsg.) (1998). Risk, trauma, and memory (special issue). *Development & Psychopathology, 10 (4).*
Damasio, A. (1994). *Descartes' error: Emotion, reason, and the human brain.* New York: Grosset/Putnam; dt. (1995): *Descartes' Irrtum. Fühlen, Denken und das menschliche Gehirn.* München/Leipzig: List.
De Bellis, M. D., Baum, A. S., Bermaher, B. et al. (1999a). AE Bennett Research Award: Developmental traumatology, part I: Biological stress systems. *Biological Psychiatry, 45,* 1259–1270.

De Bellis, M. D., Keshavan, M. S., Clark, D. B. et al. (1999b). AE Bennett Research Award: Developmental traumatology, part II: Brain development. *Biological Psychiatry, 45,* 1271–1284.

Diamond, K. M. & Rose, G. (1994). Stress impairs LTP and hippocampal dependent memory. *Annals of the New York Academy of Science, 746,* 411–414.

Dunn, J. & Brown, J. (1991). Relationships, talk about feelings, and the development of affect regulation in early childhood. In J. Garber & K. A. Dodge (Hrsg.), *The development of emotion regulation and dysregulation* (S. 89–110). Cambridge (UK): Cambridge University Press.

Edelman, G. (1992). *Bright air, brilliant fire.* New York: Basic Books.

Fink, G. R., Markowitsch, H. J., Reinkemeier, M., Bruckbauer, T., Kessler, J. & Heiss, W.-D. (1996). Cerebral representation of one's own past: Neural networks involved in autobiographical memory. *Journal of Neuroscience, 16,* 4275–4282.

Fivush, R. (1996). Constructing narrative, emotion, and self in parent-child conversations about the past. In U. Neisser & R. Fivush (Hrsg.), *The remembering self: Construction and accuracy in the self-narrative* (S. 136–157). Cambridge (UK): Cambridge University Press.

Fivush, R. & Hudson, J. A. (Hrsg.) (1990). *Knowing and remembering in young children.* New York: Cambridge University Press.

Freud, S. (1895). Entwurf einer Psychologie. In ders., *Gesammelte Werke, Nachtragsband* (S. 373–486). Frankfurt am Main: Fischer.

Freyd, J. J. (1987). Dynamic mental representations. *Psychological Review, 94,* 427–438.

Gershberg, F. B. & Shimamura, A. P. (1995). The role of the frontal lobes in the use of organizational strategies in free recall. *Neuropsychologia, 13,* 1305–1333.

Goldman-Rakic, P. S. (1993). Working memory and the mind. In W. H. Freeman (Hrsg.), *Mind and brain: Readings from Scientific American Magazine* (S. 66–77). New York: Freeman.

Goodman, L. & Fivush, R. (1993). *Child victims, child witnesses.* New York: Guilford.

Greenough, W. T. & Black, J. E. (1992). Induction of brain structure by experience: Substrates for cognitive development. In M. R. Gunnar & C. A. Nelson (Hrsg.), *Developmental behavioral neuroscience: The Minnesota symposia on child psychology* (S. 155–200). Hillsdale, NJ: Erlbaum.

Hebb, D. O. (1949). *The organization of behavior: A neuropsychological theory.* New York: Wiley.

Hendren, R. L., De Backer, I. & Pandina, G. J. (2000). Review of neuroimaging studies of child and adolescent psychiatric disorders from the past 10 years. *Journal of the American Academy of Child & Adolescent Psychiatry, 39,* 815–828.

Hesse, E. (1999). The Adult Attachment Interview: Historical and current perspectives. In J. Cassidy & P. R. Shaver (Hrsg.), *Handbook of attachment: Theory, research, and clinical applications* (S. 395–433). New York: Guilford.

Hobson, J. (1992). The brain as a dream machine: An activation-synthesis hypothesis of dreaming. In M. Lansky (Hrsg.), *Essential papers on dreams* (S. 452–473). New York: New York University Press.

Incisa della Rocchetta, A. & Milner, B. (1993). Strategic search and retrieval inhibition: The role of the frontal lobes. *Neuropsychologia, 31,* 503–524.

Ingvar, D. H. (1985). »Memory of the future«: An essay on the temporal organization of conscious awareness. *Human Neurobiology, 4,* 127–136.

Johnson-Laird, P. N. (1983). *Mental models: Towards a cognitive science of language, inference, and consciousness.* Cambridge, MA: Harvard University Press.

Kandel, E. R. (1989). Genes, nerve cells, and the remembrance of things past. *Journal of Neuropsychiatry & Clinical Neuroscience, 1,* 103–125.

Kandel, E. R. (1998). A new intellectual framework for psychiatry. *American Journal of Psychiatry, 155,* 457–469.

Kandel, E. R. & Abel, T. (1995). Neuropeptides, adenylyl cyclase, and memory storage. *Science, 268,* 825–826.

Kapur, N., Craik, F. I. M., Tulving, E., Wilson, A. A., Houle, S. & Brown, G. M. (1994). Neuroanatomical correlates of encoding in episodic memory: Levels of processing effect. *Proceedings of the National Academy of Sciences of the United States of America, 91,* 2008–2011.

Karni, A., Tanne, D., Rubenstein, B. S., Askenasi, J. J. & Sagi, D. (1992). No dreams, no memory: The effect of REM sleep deprivation on learning a new perceptual skill. *Society of Neuroscience Abstracts, 18,* 387.

Kelley, W. M., Miezin, F. M., McDermott, K. B., Buckner, R. L., Raichle, M. E. et al. (1998). Hemispheric specialization in human dorsal frontal cortex and medial temporal lobe for verbal and nonverbal memory encoding. *Neuron, 20,* 927–936.

Kempermann, G., Kuhn, H. G. & Cage, F. H. (1997). More hippocampal neurons in adult mice living in an enriched environment. *Nature, 386,* 493–495.

Kosslyn, S. M. (1994). *Image and brain: The resolution of the imagery debate.* Cambridge, MA: MIT Press.

Main, M. (1999). Epilogue: Attachment theory: Eighteen points with suggestions for future studies. In J. Cassidy & P. R. Shaver (Hrsg.), *Handbook of attachment: Theory, research, and clinical applications* (S. 845–884). New York: Guilford.

Main, M. & Hesse, E. (1990). Parents' unresolved traumatic experiences are related to infant disorganized status: Is frightened and/or frightening parental behavior the linking mechanism? In M. Greenberg, D. Cicchetti & M. Cummings (Hrsg.), *Attachment in the preschool years* (S. 161–182). Chicago: University of Chicago Press.

Martin, K. C. & Kandel, E. R. (1996). Cell adhesion molecules, CREB, and the formation of new synaptic connections (comment). *Neuron, 4,* 567–570.

McCabe, A. & Peterson, C. (1991). Getting the story: A longitudinal study of parental styles in eliciting narratives and developing narrative skill. In A. McCabe & C. Peterson (Hrsg.), *Developing narrative structure* (S. 217–253). Hillsdale, NJ: Erlbaum.

McClelland, J. L., McNaughton, B. L. & O'Reilly, R. C. (1995). Why there are complementary learning systems in the hippocampus and neocortex: Insights from the successes and failures of connectionist models of learning and memory. *Psychological Review, 102,* 419–457.

Merzenich, M. M., Grajski, K. A., Jenkins, W. M., Pecanzone, G. H. & Peterson, B. (1991). Functional cortical plasticity: Cortical network origins of representations changes. *Cold Spring Harbor Symposia on Quantitative Biology, 55,* 873–887.

Merzenich, M. M. & Sameshima, K. (1993). Cortical plasticity and memory. *Current Opinion in Neurobiology, 3,* 187–196.

Miller, P. J., Potts, R., Fung, H., Hoogstra, L. & Mintz, J. (1990). Narrative practices and the social construction of self in childhood. *American Ethnologist, 17,* 292–311.

Milner, B., Squire, L. R. & Kandel, E. R. (1998). Cognitive neuroscience and the study of memory. *Neuron, 20,* 445–468.

Morris, R. G. M. (1989). *Parallel distributed processing: Implications for psychology and neurobiology.* Oxford: Clarendon.

Moscovitch, M. (1995). Recovered consciousness: A hypothesis concerning modularity and episodic memory. *Journal of Clinical and Experimental Neuropsychology, 17,* 276–290.

Myers, N. A., Clifton, R. K. & Clarkson, M. G. (1987). When they were very young: Almost threes remember two years ago. *Infant Behavior & Development, 10,* 123–132.

Nelson, C. A. (Hrsg.) (1993). *Memory and affect in development: The Minnesota symposia on child psychology* (Bd. 26). Hillsdale, NJ: Erlbaum.

Nelson, C. A. & Carver, L. J. (1998). The effects of stress and trauma on brain and memory: A view form developmental cognitive neuroscience. *Development & Psychopathology, 10,* 793–810.

Nelson, K. (1989). *Narratives from the crib.* Cambridge, MA: Harvard University Press.

Nelson, K. (1993). Events, narratives, memory: What develops? In C. A. Nelson (Hrsg.), *Memory and affect in development: The Minnesota symposia on child psychology* (Bd. 26, S. 124). Hillsdale, NJ: Erlbaum.

Newcombe, N. & Fox, N. A. (1994). Infantile amnesia: Through a glass darkly. *Child Development, 65,* 31–40.

Ochs, E. & Capps, L. (1996). Narrating the self. In W. Durham, E. Valentine Daniels & B. Schieffelin (Hrsg.), *Annual review of anthropology* (S. 19–43). Palo Alto, CA: Annual Reviews Inc.

Oppenheim, D., Nir, A., Warren, A. & Emde, R. N. (1997). Emotion regulation in mother-child narrative co-construction: Associations with children's narratives and adaptation. *Developmental Psychology, 33,* 284–294.

Perner, J. (1991). *Understanding the representational mind.* Cambridge, MA: MIT Press.

Perner, J. & Ruffman, T. (1995). Episodic memory and autonoetic consciousness: Developmental evidence and a theory of childhood amnesia. *Journal of Experimental Child Psychology, 59,* 516–548.

Perry, B. D., Pollard, R. A., Blakely, T. L., Baker, W. L. & Viglinate, D. (1995). Childhood trauma, the neurobiology of adaptation, and »use-dependent« development of the brain: How states become traits. *Infant Mental Health Journal, 16,* 217–291.

Rakic, P., Bourgeois, J. P. & Goldman-Rakic, P. S. (1994). Synaptic development of the cerebral cortex: Implications for learning, memory, and mental illness. *Progress in Brain Research, 102,* 227–243.

Rauch, S. L., van der Kolk, B. A., Fisler, R. E. et al. (1996). A symptom provocation study of posttraumatic stress disorder using positron emission tomography and script-driven imagery. *Archives of General Psychiatry, 53,* 380–387.

Reese, E. & Fivush, R. (1993). Parental styles of talking about the past. *Developmental Psychology, 29,* 596–606.

Rovee-Collier, C. (1993). The capacity for long-term memory in infancy. *Current Directions in Psychological Science, 2,* 130–135.
Schacter, D. L. (1992). Understanding implicit memory: A cognitive neuroscience approach. *American Psychologist, 47,* 559–569.
Schacter, D. L. (1996). Searching for memory: The brain, the mind, and the past. New York: Basic Books; dt. (2001): *Wir sind Erinnerung. Gedächtnis und Persönlichkeit.* Reinbek: Rowohlt.
Schacter, D. L., Alpert, N. M., Savage, C. R. & Rauch, S. L. (1996). Conscious recollection and the human hippocampal formation: Evidence from positron emission tomography. *Proceedings of the National Academy of Sciences of the United States of America, 93,* 321–325.
Schore, A. N. (1994). *Affect regulation and the origin of the self: The neurobiology of emotional development.* Hillsdale, NJ: Erlbaum.
Schumacher, J. F. (1991). *Human suggestibility: Advances in theory, research and applications.* New York: Routledge.
Shimamura, A. P. (1995). Memory and frontal lobe function. In M. S. Gazzaniga (Hrsg.), *The cognitive neurosciences* (S. 803–814). Cambridge, MA: MIT Press.
Siegel, D. J. (1995). Memory, trauma, and psychotherapy: A cognitive science view. *Journal of Psychotherapy Practice & Research, 4,* 93–122.
Siegel, D. J. (1996). Cognition, memory, and dissociation. *Child and Adolescent Psychiatric Clinics of North America, 5,* 509–536.
Siegel, D. J. (1999). *The developing mind: Toward a neurobiology of interpersonal experience.* New York: Guilford.
Siegel, D. J. (2001). Toward an interpersonal neurobiology of the developing mind: Attachment relationships, »mindsight«, and neural integration. *Infant Mental Health Journal, 22,* 67–94.
Squire, L. R. (1987). *Memory and brain.* New York: Oxford University Press.
Squire, L. R. (1992). Declarative and nondeclarative memory: Multiple brain systems supporting learning and memory. *Journal of Cognitive Neuroscience, 4,* 232–243.
Squire, L. R., Knowlton, B. & Musen, G. (1993). The structure and organization of memory. *Annual Review of Psychology, 44,* 453–495.
Squire, L. R. & Zola-Morgan, S. (1991). The medial temporal lobe memory system. *Science, 153,* 2380–2386.
Stern, D. N. (1985). *The interpersonal world of the infant.* New York: Basic Books (dt.: Die Lebenserfahrung des Säuglings. Stuttgart: Klett-Cotta, 8. Aufl. 2003).
Tucker, D. M. (1992). Developing emotions and cortical networks. In M. R. Gunnar & C. A. Nelson (Hrsg.), *Developmental behavioral neuroscience: Minnesota symposium on child psychology* (Bd. 24, S. 75–128). Hillsdale, NJ: Erlbaum.
Tucker, D. M., Luu, P. & Pribram, K. H. (1995). Social and emotional self-regulation. *Annals of the New York Academy of Science, 769,* 213–239.
Tulving, E. (1993). Varieties of consciousness and levels of awareness in memory. In A. Baddeley & L. Weiskrantz (Hrsg.), *Attention, selection, awareness, and control: A tribute to Donald Broadbent* (S. 283–299). London: Oxford University Press.
Tulving, E. & Craik, F. I. M. (Hrsg.) (2000). *The Oxford handbook of memory.* New York: Oxford University Press.

Wheeler, M. A., Stuss, D. T. & Tulving, E. (1997). Toward a theory of episodic memory: The frontal lobes and autonoetic consciousness. *Psychological Bulletin, 121,* 331–354.
Winson, J. (1993). The biology and function of rapid eye movement sleep. *Current Opinion in Neurobiology, 3,* 243–248.
Wygotski, L. S. (1974). *Denken und Sprechen.* Frankfurt am Main: Fischer (Original erschienen 1934).

ENDEL TULVING

Das episodische Gedächtnis: Vom Geist zum Gehirn[1]

Von einer einzigen Ausnahme abgesehen, verläuft Zeit immer in eine Richtung. Das ist eines der fundamentalsten Naturgesetze. Es regiert schonungslos alles, was im Universum passiert – kosmisch, geologisch, physikalisch, psychologisch –, und zwar seit Beginn an. Galaxien und Sterne entstehen und vergehen, Lebewesen sind jung, bevor sie alt werden, Ursachen gehen Wirkungen immer voraus, es gibt kein Zurück zum Gestern, und so weiter und so fort. Der Fluß der Zeit ist unumkehrbar.

Die einzige Ausnahme besteht in der menschlichen Fähigkeit, sich an Ereignisse der Vergangenheit zu erinnern. Wenn jemand heute darüber nachdenkt, was er oder sie gestern getan hat, verläuft die Zeit andersherum. Wer sich erinnert, reist mental in die eigene Vergangenheit zurück und verletzt damit das Gesetz der Unumkehrbarkeit des Zeitflusses. Natürlich gelingt dieses Kunststück nicht in der materiellen Welt, sondern allein in der Wirklichkeit des Bewußtseins. Die ist jedoch – wie wir alle wissen – für Menschen mindestens ebenso wichtig wie die physische Realität. Wenn Mutter Natur den Menschen dabei zusieht, wie sie eines ihrer unumstößlichen Gesetze auf den Kopf stellen, dann muß sie mit ihrer eigenen Schöpfung zufrieden sein.

Wie kam das zustande? Wir wissen es noch nicht – nicht nur, weil diejenigen, die die Naturgesetze studieren, sich mit dieser Frage selten beschäftigt haben, sondern auch, weil die Neuro- und Kognitionswissenschaften, die Licht ins Dunkel dieser Frage bringen könnten, noch in den Kinderschuhen stecken und viele wichtige Forschungsfragen noch gar nicht gestellt sind. In hundert oder tausend Jahren werden wir mehr Klarheit haben. Aber es gibt auch heute schon einige Anhaltspunkte, und wir können Gebrauch davon machen.

Den ersten Anhaltspunkt liefert etwas, das offensichtlich fehlt. Es gibt kein An-

[1] Dieser Beitrag ist unter dem Titel »Episodic Memory: From Mind to Brain« 2002 in der *Annual Review of Psychology* erschienen. Wir danken dem Verlag für die Erlaubnis zur Übersetzung.

zeichen dafür, daß irgendein nichtmenschliches Lebewesen – einschließlich dessen, was wir höhere Lebewesen nennen mögen – jemals über die sogenannte subjektive Zeit nachdenkt. Tiere sind genau wie Menschen fähig, ihre Art zu vermehren. Sie haben Kognitionen, sind sich ihrer Welt bewußt und sind genauso auf Lernen und Erinnerung angewiesen wie wir auch, wenn es darum geht, die zum Überleben notwendigen Fähigkeiten zu erwerben (Weiskrantz, 1985); sie scheinen jedoch nicht die Fähigkeit zu haben, in ihrem Bewußtsein in der Zeit zurückzureisen – vielleicht, weil es für sie keine Notwendigkeit dazu gibt. Somit liegt es nahe anzunehmen, daß das Gefühl für subjektive Zeit biologisch nicht notwendig ist. Menschen besitzen es als eine Art Zugabe der Evolution, weil es für mentale Zeitreisen unentbehrlich ist. Kein Gefühl für subjektive Zeit, keine mentale Zeitreise.

Ein zweiter Anhaltspunkt ergibt sich aus der Feststellung, daß sich unser Bewußtsein für die Erfahrung einer mentalen Zeitreise von dem normalen »Online«-Bewußtsein für unsere Umwelt unterscheidet. Nur selten verwechseln wir das Gefühl, das mit der Erinnerung an ein vergangenes Ereignis verbunden ist, mit jenem anderen Gefühl, das aufkommt, wenn wir uns die Welt anschauen; oder die Vorstellung, was auf der anderen Seite des Berges ist, mit der, daß wir träumen. Diese und andere mentale Aktivitäten gehen auch mit Bewußtsein einher, aber das Bewußtsein dafür ist einfach und erkennbar anders. Der Begriff »autonoetisch« bezeichnet diese besondere Art des Bewußtseins, die es uns ermöglicht, um die subjektive Zeit, in der Dinge passieren, zu wissen. Das autonoetische Bewußtsein (oder die Autonoesis) brauchen wir für das Erinnern. Keine Autonoesis, keine mentale Zeitreise.

Drittens braucht eine mentale Zeitreise einen Reisenden. Kein Reisender, keine Reise. Der Reisende wird in diesem Falle als »Selbst« bezeichnet. Allerdings genügt hier kein gewöhnliches Selbst. Auch einige nichtmenschliche Primaten (Schimpansen und Gorillas) haben – zumindest was manche Kriterien anbelangt – ein Bewußtsein von ihrem Selbst als einer vom Rest der Welt unterschiedenen Entität; nimmt man jedoch an, daß sie nicht wie Menschen zu einer Zeitreise fähig sind, existiert ihr Selbst nur in der Gegenwart und nicht wie unseres in der subjektiven Zeit.

Diese drei Anhaltspunkte – das Gefühl für subjektive Zeit, das autonoetische Bewußtsein und das Selbst – verweisen auf drei zentrale Komponenten eines neurokognitiven Systems, das mentale Zeitreisen ermöglicht. Dieses (hypothetische) System wird episodisches Gedächtnis genannt, und in meinem Beitrag werde ich seine Geschichte erzählen. Wie die Psychologie, so verfügt das episodische Gedächtnis über eine lange Vergangenheit, aber über eine nur kurze Geschichte. Vor 30 Jahren wurde das Konzept vorgestellt (Tulving, 1972), hat sich jedoch seit damals erheblich gewandelt und gegenwärtig einen Punkt erreicht, an dem jemand – wie ich es hier tue – über ein wahres Wunder der Natur nachdenken kann.

In meinem Beitrag werde ich zunächst kurz die Geschichte des Konzepts des episodischen Gedächtnisses erzählen, anschließend seinen gegenwärtigen Status als nicht allein psychologische, sondern neurokognitive Entität beschreiben, dann auf Kritiken eingehen und schließlich diskutieren, welche Belege es für dieses Konzept gibt. In meiner Darstellung liegt die Betonung deutlich auf der Gehirnseite der Geist/Gehirn-Gleichung. Die Probleme, die es zu Anfang mit dem Konzept des episodischen Gedächtnisses gab, hingen vor allem mit dem Fehlen von einschlägigen Belegen zusammen. Zudem war es – wie fast immer, wenn wir es mit reinen Verhaltensdaten zu tun haben – auch hier in vielen Fällen möglich, Ergebnisse zu erklären, ohne die Unterscheidung zwischen episodischem und semantischem Gedächtnis zu treffen. Gibt es jedoch auf der Ebene der Gehirnaktivität Belege für die Eigenständigkeit des episodischen Gedächtnisses, kann man diese nicht so leicht abtun oder unberücksichtigt lassen. Seit den letzten Jahren stehen uns Belege dieser Art zur Verfügung (sie werden unten zusammengefaßt).

Frühgeschichte

Bei der ersten Konzeption der Unterscheidung zwischen episodischem und semantischem Gedächtnis (Tulving, 1972) lag die Betonung auf verschiedenen Arten und Quellen der zu erinnernden Information (persönlich erfahrene Episoden versus allgemeine Fakten). Die Unterscheidung wurde in der psychologischen Welt bereitwillig akzeptiert und von vielen als sinnvolles heuristisches Instrument betrachtet. Die anfänglichen Schwierigkeiten lagen in den Beschränkungen, die sich aus der damals tonangebenden Tradition des verbalen Lernens wie auch aus dem völligen Fehlen einschlägiger Daten ergaben.

Als ich dann *Elements of Episodic Memory* (Tulving, 1983) schrieb, war es bereits möglich, mit dem Gedanken zu spielen, daß die heuristische Unterscheidung zwischen episodisch und semantisch schon allein deshalb sinnvoll war, weil sie die biologische Realität abbildet. Ich habe deshalb die These vertreten, daß das episodische und das semantische Gedächtnis zwei funktional unterscheidbare Gedächtnissysteme darstellen. Ich mußte jedoch auch etwas eingestehen: Ich lag 1972 mit meiner Annahme falsch, daß sich die traditionellen, von Ebbinghaus inspirierten Lern-Test-Laborexperimente zu verbalem Lernen und Erinnern mit dem episodischen Gedächtnis beschäftigt haben. Haben sie nicht. Es fehlten zwei wichtige Merkmale des episodischen Gedächtnisses.

Eines hatte mit den Inhalten zu tun, die die Versuchspersonen im Zuge der Experimente zu lernen hatten. Das episodische Gedächtnis handelt davon, was an bestimmten Orten zu bestimmten Zeiten passiert – dem »Was«, »Wo« und »Wann«

(Clayton & Dickinson, 1998; Nyberg et al., 1996b). In traditionellen Laborexperimenten jedoch ging es fast ausschließlich um das »Was«. Versuchspersonen werden gefragt: »Was erinnern Sie von dem, was wir Ihnen gezeigt haben?« In Tests zu freiem und geleitetem Erinnern (Erinnern mit Hinweisreizen) und Wiedererkennungstests sagen Versuchspersonen, was sie wissen. Ihre Erinnerung für das »Wo« und »Wann« wurde kaum jemals erforscht. Die fast einzige Ausnahme bilden Untersuchungen zu »Erinnerungsentscheidungen« (Hintzman, 2000), die jedoch vom Großteil der Gedächtnisforscher ignoriert wurden – vielleicht weil sie sich nicht sogleich in irgendeinen einschlägigen theoretischen Rahmen einpassen ließen. Die Geschichte hat in der Folge dieses Versehen korrigiert. Zur Zeit finden sich tatsächlich hunderte von Untersuchungen zum »Was«, »Wo« und »Wann«.

Das andere fehlende Merkmal war, was ich die »Erinnerungserfahrung« (Tulving, 1972) oder das Bewußtsein für das, was in der Vergangenheit geschehen ist, genannt hatte. In traditionellen Experimenten wird angenommen, daß das Verhalten einer Versuchsperson ihre mentalen Zustände widerspiegelt, mit anderen Worten: daß Verhalten zuverlässig auf Kognition schließen läßt. Die zugrunde liegende Überlegung kann etwa wie folgt beschrieben werden: Wenn eine Versuchsperson im Rahmen eines Experiments ein Element wiedererkennt, bedeutet dies zweifelsohne, daß sie sich daran erinnert, es auf der zuvor gelernten Liste gesehen zu haben, mit anderen Worten: daß sie eine bewußte Erinnerung daran hat, daß das Element auf der Liste stand. Wie könnte es auch anders sein?

Wie sich in der Folge gezeigt hat, konnte es auch anders sein. Studien zum impliziten Gedächtnis (Roediger & McDermott, 1993; Schacter, 1987a) oder zum sogenannten nichtbewußten Erinnern (Jacoby, 1991; Toth, 2000) haben überwältigende Beweise dafür geliefert, daß ein und dasselbe Verhalten in einer experimentellen Lern-Test-Situation heißen kann, daß der Versuchsperson bewußt ist, daß das erinnerte Element aus dem experimentellen Kontext stammt, wie auch, daß dieses Bewußtsein vollkommen fehlt. Im weiteren hat sich herausgestellt, daß auch das Bewußtsein der Versuchspersonen dafür, daß ein Element schon früher in der zu lernenden Liste aufgetaucht war, von unterschiedlicher Art sein kann. Die eine Art wurde als »autonoetisch« bezeichnet, die andere als »noetisch«. Der Begriff autonoetisch wurde, wie schon erwähnt, benutzt, um die Erfahrung des Sich-Erinnerns oder der Erinnerung zu beschreiben; »noetisch« bezeichnet den Bewußtseinszustand, der das Nachdenken über das Wissen um die Welt begleitet. Auch in so sterilen Situationen wie den Experimenten, in denen es darum ging, Wortlisten zu lernen, konnten sich die Versuchspersonen entweder daran erinnern, daß ein Element in einer Liste vorgekommen war, oder wußten, ohne daß sie sich erinnern konnten, daß dies der Fall war, und trafen entsprechend die richtigen Entscheidungen

(Gardiner, 1988; Gardiner & Richardson-Klavehn, 2000; Knowlton & Squire, 1995; Rajaram, 1993; Tulving, 1985b). Den Lektionen, die man aus den Studien zum impliziten Gedächtnis gelernt hatte, konnte damit etwas hinzugefügt werden: Ein und dasselbe Verhalten kann für zwei unterschiedliche Bewußtseinszustände in bezug auf Vergangenheit stehen. Was all diese Studien zeigten – und was zum Zeitpunkt, als ich *Elements of Episodic Memory* schrieb, kaum bekannt war –, war, daß es keinen eindeutigen Zusammenhang zwischen Verhalten und bewußter Erfahrung gibt (Tulving, 1989) und daß es so gesehen in der traditionellen Forschung nicht um das episodische Gedächtnis ging.

Im Folgenden geht es mir zum Teil darum, wie das Konzept des episodischen Gedächtnisses zu dem wurde, was es heute ist, zum Teil darum, was es heute ist, und vor allem darum, wie wir wissen oder glauben zu wissen, was es heute ist. Ein relativ kurzer Beitrag wie dieser ermöglicht es uns, das Augenmerk nur auf die zentralen Punkte dessen zu richten, was ich – in Ermangelung eines besseren Ausdrucks – die Theorie des episodischen Gedächtnisses, oder einfach die episodische Theorie nennen möchte, obwohl wir es hier hauptsächlich mit konzeptuellen und weniger mit theoretischen Fragen zu tun haben. Die Theorie stellt den Versuch dar, eine Reihe von miteinander in Beziehung stehenden Thesen zum Gedächtnis zu formulieren, die in sich schlüssig und eng verbunden mit den grundlegenden empirischen Fakten sind. Eine ausführlichere Darstellung der Theorie des episodischen Gedächtnisses geben Wheeler et al. (1997); eine auf den neuesten Stand gebrachte Liste der Ähnlichkeiten und Unterschiede zwischen episodischem und semantischem Gedächtnis findet sind in Tulving und Markowitsch (1998) wie auch in Griffiths et al. (1999); eine mögliche Ausweitung der Theorie hinsichtlich der Verbindung zwischen dem Bereich der subjektiven Zeit und der Evolution der menschlichen Kultur wurde an anderer Stelle vorgeschlagen (Tulving, 2002).

Das episodische Gedächtnis heute

Heute halten wir das episodische Gedächtnis für eines der zentralen neurokognitiven Gedächtnissysteme (Schacter & Tulving, 1994), die sich hinsichtlich ihrer besonderen Funktionen und Eigenschaften definieren lassen. Es hat viele gemeinsame Merkmale mit dem semantischen Gedächtnis, aus dem heraus es sich entwickelt hat (Tulving, 1984), besitzt jedoch auch Eigenschaften, die das semantische Gedächtnis nicht hat (Tulving & Markowitsch, 1998).

Das episodische Gedächtnis ist ein relativ junges, sich spät entwickelndes und früh beeinträchtigtes vergangenheitsorientiertes Gedächtnissystem, anfälliger als andere Gedächtnissysteme für neuronale Dysfunktion und wahrscheinlich ausschließlich beim Menschen anzutreffen. Es ermöglicht eine mentale Zeitreise durch die subjektive Zeit – von der Gegenwart in die Vergangenheit – und erlaubt uns so, mittels des autonoetischen Bewußtseins die eigenen früheren Erfahrungen wieder zu durchleben. Seine Operationen bauen auf dem semantischen Gedächtnis auf, gehen jedoch darüber hinaus. Um Information aus dem episodischen Gedächtnis abzurufen (sich zu erinnern oder etwas bewußt ins Gedächtnis zurückzuholen), braucht es eine bestimmte mentale Haltung, die als episodischer »Abrufmodus« bezeichnet werden kann. Das episodische Gedächtnis wird von einem weit verzweigten Netzwerk kortikaler und subkortikaler Hirnregionen unterstützt, die sich mit den Netzwerken, die andere Gedächtnissysteme stützen, überlappen, aber auch darüber hinausgehen. Der Kern des episodischen Gedächtnisses ist die Verbindung dreier Konzepte – des Selbst, der autonoetischen Bewußtheit und der subjektiv empfundenen Zeit.

Ich möchte nun kurz auf einige der Vorstellungen, die dieser Definition des episodischen Gedächtnisses zugrunde liegen, genauer eingehen.

Erstens ist das episodische Gedächtnis ein hypothetisches Gedächtnissystem. Es zeigt sich nicht in Zusammenhang mit bestimmten Formen von Gedächtnisaufgaben oder Tests. Laut der episodischen Theorie gibt es, wenn überhaupt, nur wenige im Labor oder im klinischen Kontext eingesetzte Aufgaben, die nur ein einziges Gedächtnissystem aktivieren. Hinsichtlich der Gedächtnissysteme sind alle Aufgaben »mehrfach determiniert« (Tulving, 1991). Die Logik, die hinter der Idee von Gedächtnissystemen steckt, ist etwas subtiler als jene, die der Annahme einer eindeutigen Entsprechung zwischen Aufgaben und Systemen zugrunde liegt (vgl. Tulving, 1983, S. 55, 77 f.). Das episodische Gedächtnis ist nicht einfach eine bestimmte Art von gespeicherter und wieder abgerufener Information, und es ist auch keine besondere Form mentaler Erfahrung, obwohl es systematisch sowohl mit dem einen wie dem anderen verbunden ist. Diese Unterscheidungen mögen spitzfindig wirken, sind jedoch wichtig. Wenn man sie akzeptiert, wird man beispielsweise nicht fragen: »(…) wie kann ein Systemtheoretiker ein bestimmtes Gedächtnis eindeutig als Teil des einen oder anderen Systems identifizieren (…)?« (Toth & Hunt, 1999, S. 233). Die Antwort darauf ist, daß ein Systemtheoretiker dies nicht tun würde, da solche Fragen uninteressant sind und nirgendwohin führen.

Das Konzept eines Gedächtnissystems ist, wie jedes andere echte Konzept in einem sich entwickelnden Wissenschaftszweig, im Fluß, und seine spezifischen Merkmale ändern sich mit der Zeit. Aber einige frühe Überlegungen sind immer noch von Belang. Da einer meiner Kritikpunkte an den Kritikern der multiplen Systeme im allgemeinen und des episodischen Gedächtnisses im Besonderen ist, daß sie das, was sie kritisieren, mißverstanden haben, ist es sinnvoll, hier das zu wiederholen, was ich zum Konzept der multiplen Systeme geschrieben habe, als es eingeführt wurde. In einem Artikel mit dem Titel »How many memory systems are there?« habe ich das Folgende zur Frage, was Gedächtnissysteme sind, gesagt:

> »Gedächtnissysteme sind geordnete Strukturen, die sich aus grundlegenderen Bausteinen zusammensetzen. Ein Baustein eines Systems besteht aus einem neuralen Substrat und seinen kognitiven oder Verhaltenskorrelaten. Einige Bausteine werden von allen Systemen in Anspruch genommen, andere nur von manchen und wieder andere sind einmalig nur bei bestimmten Systemen zu finden. Unterschiedliche Lern- oder Erinnerungssituationen erfordern unterschiedliche Verkettungen von Bausteinen aus einem oder mehreren Systemen (...). Obwohl es keine eineindeutige Übereinstimmung zwischen Gedächtnisaufgaben und Systemen gibt (...), sind sie nichtsdestotrotz systematisch miteinander verbunden: Ein bestimmtes Gedächtnissystem ermöglicht es Organismen, Aufgaben auszuführen, die die für dieses System charakteristischen Bausteine erfordern. Das heißt unter anderem, daß der Eingriff in die Arbeitsweise eines Systems – selbst dann, wenn ein einzelner Teil eines Systems dafür verantwortlich ist – Auswirkungen auf das Abschneiden bei allen Lern- und Gedächtnisaufgaben hat, die auf diesem System beruhen (...). Unterschiedliche Systeme sind auf unterschiedlichen Stufen der Evolution unserer Spezies entstanden, und tauchen in unterschiedlichen Entwicklungsphasen eines individuellen Organismus auf. So gesehen erfolgt die Abstufung von ›niederen‹ zu ›höheren‹ Systemen (oder von weniger zu mehr fortgeschrittenen) – vorausgesetzt, daß solche Zuschreibungen nur in Hinblick auf Vergleiche zwischen Systemkombinationen auf der einen Seite und einzelnen individuellen Systemen auf der anderen Seite für bedeutsam erachtet werden (...). Wenn ein neues Gedächtnissystem mit speziellen, neuartigen Qualitäten auftaucht oder sich entwickelt, versetzt es den Organismus in die Lage, die Zahl – und Perfektion – seiner Gedächtnisfunktionen zu erhöhen« (Tulving, 1985a, S. 386 f.).

Neuere und detailliertere Definitionen von Systemen finden sich an anderer Stelle (Schacter & Tulving, 1994; Sherry & Schacter, 1987; vgl. auch Schacter et al., 2000).

Das episodische Gedächtnis ist wie keine andere Form von Gedächtnis – oder Gedächtnissystem – vergangenheitsorientiert. Es ist das einzige Gedächtnissystem, das es Menschen ermöglicht, vergangene Erfahrungen bewußt wiederzuerleben. Sein besonderer und einmaliger Bezug zur Zeit ist – überraschenderweise – nicht allgemein bekannt. Er wird auch, wie mir scheint, nicht angemessen gewürdigt. Die meisten Menschen assoziieren jede Form von Erinnerung mit Vergangenheit und sind erstaunt, wenn sie erfahren, daß das nicht richtig ist.

Die Theorie besagt, daß das episodische Gedächtnis aus dem semantischen heraus entstanden ist: Das semantische Gedächtnis entwickelte sich viel früher als das episodische Gedächtnis. Viele nichtmenschliche Lebewesen, vor allem Säugetiere und Vögel, verfügen über ein gut entwickeltes Weltwissen (über ein deklaratives, semantisches Gedächtnissystem) und sind fähig, sich große Mengen flexibel einsetzbarer Information anzueignen. Die ersten Menschen waren wie diese Tiere, aber an einem Punkt der menschlichen Evolution – vielleicht ist es noch gar nicht so lang her – entstand das episodische Gedächtnis als Ausschmückung des semantischen Gedächtnissystems. Wie genau diese Entwicklung vonstatten ging, ist nicht bekannt und Gegenstand von Spekulation (Tulving, 2002). Selbst daß die Evolution des episodischen Gedächtnisses Teil der (Neo-)Darwinistischen Evolution war, ist nicht sicher. Das episodische Gedächtnis kann auch ein Beispiel für den sogenannten Baldwin-Effekt (Baldwin, 1902; Richards, 1987) sein.

Daß die Natur die neurokognitive Maschinerie, die die Vergangenheit in die Gegenwart holt, in Gang gesetzt hat, ist zweifellos ein noch größeres Werk, als das (wundervolle) visuelle System hervorgebracht zu haben. Viele Tiere haben Augen und visuelle Systeme, und es sind nicht wenige, die im Laufe der Evolution mehrmals unabhängig voneinander ›erfunden‹ wurden. Ein System, das den Zeitpfeil zur Umkehr zwingt, ist nur ein einziges Mal entstanden, bei einer einzigen Spezies, obwohl auch andere vermutlich davon genauso profitieren würden wie wir Menschen. Die Einmaligkeit des Vorkommens eines episodischen Gedächtnisses in der Natur spiegelt wahrscheinlich die Komplexität und den biologischen Preis wider, der für ein solches System zu zahlen ist, und zwar sowohl hinsichtlich der strukturellen Bausteine wie ihrer Funktionsweisen.

Die Annahmen, daß das episodische Gedächtnis auf ältere Systeme, einschließlich dem semantischen Gedächtnis, aufbaut, steht in Einklang mit anderen Vorstellungen und Fakten hinsichtlich des Gedächtnisses. Eine davon ist das SPI-Modell (SPI steht für »serial, parallel, independent«), das von Abhängigkeiten im Gedächtnisabruf zwischen den Systemen ausgeht (Tulving, 1995). Eine andere beruht auf dem wohlbekannten Umstand, daß Menschen mental Zugang zu ihrer eigenen Vergangenheit nicht nur über autonoetische Erinnerung, sondern auch über nichtautonoetisches Wissen finden können. Dieser Umstand spiegelt sich im Titel eines Beitrags von Suparna Rajaram (1993): »Remembering and knowing: Two means of access to the personal past«.

Die zugrunde liegende Annahme ist, daß Menschen auch schon Wissen über ihre eigene Vergangenheit erwerben und anwenden konnten, bevor das episodische Gedächtnis in der Evolution entstanden ist – obwohl es keine Autonoesis und vermutlich auch keine genauen temporalen »Marker« gab. Dasselbe Szenario gilt für nichtmenschliche Lebewesen. Auch sie können etwas über und von Ereignissen der

Vergangenheit lernen, wenn auch ohne autonoetisches Bewußtsein darüber, daß sie das tun (Suddendorf & Corballis, 1997). Ein besonders interessantes Beispiel für dieses dem episodischen Erinnern ähnliche Gedächtnis ist vor nicht allzu langer Zeit von Clayton und Dickinson anhand von Buschhähern beschrieben worden, die Futter verstecken (1998; vgl. Schwartz in diesem Band); sie haben damit geholfen, das evolutionäre Bindeglied zwischen den Menschen und vielen anderen Lebewesen zu finden, die fähig sind, von sich und der Zeit unabhängiges Wissen zu erwerben.

Das episodische Gedächtnis entwickelt sich (ontogenetisch) relativ spät. Wir wissen alle, daß kleine Kinder von Geburt an, und vielleicht auch schon früher, erstaunlich effiziente Lernmaschinen sind – nicht nur in Hinblick auf die Sprache, sondern auch hinsichtlich anderer Fähigkeiten und Wissensformen. Die Theorie besagt, daß dieses Lernen ohne Autonoesis erfolgt und kein Gefühl für das Selbst in subjektiver Zeit erfordert (etwa McCormack & Hoerl, 1999). Die späte Entwicklung des episodischen Gedächtnisses gibt einen erneuten Hinweis auf die Komplexität des Systems. Obwohl es schwer genau festzulegen ist, in welchem Alter Kinder über ein voll funktionierendes episodisches Gedächtnissystem verfügen, kann man über den Daumen gepeilt sagen, daß Kinder unter vier Jahren kein solches System besitzen (Nelson, 1993; Perner & Ruffman, 1995; Wheeler et al., 1997).

Das episodische Gedächtnis aus Sicht seiner Kritiker[2]

Wie schon erwähnt, waren die meisten Psychologen und Psychologinnen zufrieden damit, den Begriff des episodischen Gedächtnisses in einem rein deskriptiven Sinn zu benutzen, wenn sie sich auf die Art von Experimenten bezogen, die Psychologen seit Ebbinghaus durchgeführt hatten: Die Versuchspersonen lernen etwas, und der Versuchsleiter testet sie im Hinblick darauf, was sie von dem Gelernten behalten haben. Mein Vorschlag (Tulving, 1983), daß das episodische und das semantische Gedächtnis zwei »funktional unterschiedliche Gedächtnissysteme« sind, wurde jedoch sehr schnell kontrovers diskutiert. Während einige Gedächtnisforscher begannen, die Hypothese, daß es reale Unterschiede zwischen dem episodischen und dem semantischen Gedächtnis gibt, empirisch zu untersuchen, haben viele andere – einschließlich derjenigen, die kein Problem mit der heuristischen Unterscheidung gehabt hatten – die Hypothese zunächst kurzerhand abgelehnt (Blaxton, 1987; Cohen,

[2] Im Originaltext ist die Auseinandersetzung des Autors mit kritischen Positionen viel ausführlicher. Da die Theorie des episodischen Gedächtnisses mittlerweile aber stabil etabliert ist, hat die Beschäftigung mit ehemals kritischen Positionen nur mehr historischen Wert und kann daher hier entfallen (Anm. der Herausgeber).

1984; Hintzman, 1984; Horner, 1990; Kihlstrom, 1984; Ratcliff & McKoon, 1986; Roediger & Gorfein, 1987; Roediger et al.,1989).

Erstaunlicher ist, daß auch heute noch viele keine Verwendung für die Idee unterschiedlicher Gedächtnissysteme im allgemeinen und der Unterscheidung zwischen semantischem und episodischem Gedächtnis im Besonderen haben. So hat etwa Howe (2000) in einer Monographie zur Gedächtnisentwicklung bei kleinen Kindern die gesamte Idee multipler Gedächtnissysteme verworfen und statt dessen den Status quo eines einheitlichen Gedächtnisses verteidigt: »Da kaum Belege für die These vorliegen, daß es (a) separate Gedächtnissysteme gibt oder (b) daß sie zu unterschiedlichen Zeitpunkten in der Entwicklung auftauchen (...), ist es vermutlich immer noch ökonomischer, das Gedächtnis als ein einheitliches System zu betrachten, das eine Vielzahl von Erinnerungsmodi unterstützt« (Howe, 2000, S. 87). Andere stellen sich auf ähnliche Standpunkte (Craik, 2002; Glenberg, 1997; McClelland et al., 1995; Toth & Hunt, 1999; Weldon 1999).

Um die Gefahr, daß es zu Mißverständnissen kommt, zu minimieren, habe ich schon vor einigen Jahren geschrieben, daß »der systematisierende Zugang den prozeßorientierten Zugang zum Gedächtnis *ergänzt*; er stellt keine Alternative dazu dar« (Tulving, 1991; Hervorhebung im Original). Ich habe bislang keinen Grund gehabt, dieses Verständnis der Beziehung zwischen Prozessen und Systemen zu ändern.

Die biologische Realität des episodischen Gedächtnisses

Geht man von den Standards einer voll entwickelten Wissenschaft aus, ist die Anzahl der Belege für das episodische Gedächtnis weiterhin gering. In dieser Hinsicht bleibt noch viel zu tun. Geht man jedoch von den Standards der Psychologie oder der kognitiven Neurowissenschaft aus, gibt es beachtlich viele Belege. In dieser Hinsicht hat sich die Situation im Vergleich zu den Anfängen des episodischen Gedächtnisses stark verändert. Mit Befriedigung kann man den Trend beobachten, daß nicht nur die Quantität, sondern – viel wichtiger noch – die Qualität der Daten deutlich ansteigt.

Ich werde nun Belege für die biologische Realität des episodischen Gedächtnisses diskutieren. Ist das episodische Gedächtnis nur eine Kategorie in einem abstrakten Ordnungsschema, das auf das Gedächtnis angewandt wird, das heißt, das Produkt der Einbildung dessen, der die Kategorisierung vornimmt, oder existiert das episodische Gedächtnis tatsächlich als eine separate Struktur und Funktion im Gehirn?

Eine vollständige Antwort auf diese Frage gibt es natürlich zum gegebenen Zeitpunkt nicht und kann es auch nicht geben. Das Problem ist viel zu komplex, um in einigen wenigen Jahren gelöst zu werden. Von daher werde ich nachfolgend eine Art Werkstattbericht geben. Die Belege, die ich diskutieren werde, waren allesamt 1983, als ich *Elements of Episodic Memory* geschrieben habe, nicht verfügbar, und es findet sich neuerdings in der Forschungsliteratur noch weit mehr Belegmaterial.

Ich werde zwei Zugänge diskutieren. Zum einen die neuropsychologische Erforschung der Auswirkungen jener Art von Hirnschädigung, die selektiv Gedächtnisprozesse einschließt. Zum anderen die Untersuchung von gesunden Menschen mit funktionellen bildgebenden Verfahren.

Fallstudien zu neurologischen Patienten, die aufgrund einer durch Unfall oder Krankheit verursachten Hirnschädigung an Gedächtnisstörungen leiden, liefern häufig hilfreiche Information zur Frage nach der biologischen Realität des episodischen Gedächtnisses. Die Geschichte der hier einschlägigen Forschung illustriert sehr schön das Diktum, daß es für einen Forscher sehr schwer ist, etwas zu finden, von dessen Existenz er nichts weiß. Auch der glückliche Zufall hilft in einer Situation nicht weiter, in der ein Wissenschaftler ein Muster betrachtet, es aber nicht sieht. Selbst wenn ein Wissenschaftler es sieht und andere darüber in Kenntnis setzt, heißt das noch lange nicht, daß die anderen es auch sehen.

Im Jahr 1958 hat Nielsen, ein Neurologe an der UCLA *(University of California at Los Angeles)*, in einem Überblick über seine ausführlichen klinisch-neurologischen Untersuchungen zu Gedächtnis und Amnesie berichtet:

> »Eine Studie zu Verlaufsformen von Erinnerungsprozessen hat ein Faktum zutage gefördert, mit dem zu Beginn der Studie nicht gerechnet wurde – es gibt zwei unterschiedliche Verläufe für zwei unterschiedliche Arten von Erinnerungen. Das eine sind Erinnerungen an Lebenserfahrungen, die um die Person selbst kreisen und grundsätzlich das zeitliche Element einschließen. Das andere sind Erinnerungen an intellektuell erworbenes Wissen, das nicht erfahren, sondern erlernt und unpersönlich ist« (Nielsen, 1958, S. 25).

Mit diesen zwei Arten von Erinnerungen gehen, so Nielsen, zwei Arten von Amnesie einher: »Es gibt zwei Formen von Amnesie: (1) den Verlust des Gedächtnisses für persönliche Erfahrungen (temporale Amnesie), und (2) den Verlust des Gedächtnisses für erlernte Fakten (kategorische Amnesie). Das eine kann ohne das andere verlorengehen« (Nielsen, 1958, S. 15). Das war ein Jahr nach dem Erscheinen eines Berichts über eine beidseitige Entfernung großer Teile des medialen Schläfenlappengewebes bei einem jungen Mann mit epileptischen Anfällen, H. M., der einer der bekanntesten Amnestiker wurde (Scoville & Milner, 1957).

Nielsen, der sehr viele Patienten untersucht hatte, hatte also bereits die Unterscheidung zwischen dem heute sogenannten episodischen und dem semantischen Gedächtnis gefunden. Milner und später viele andere, die sich meist nur mit einem einzigen Patienten beschäftigt hatten, erkannten diese Unterscheidung nicht – und konnten sie vielleicht auch nicht erkennen, da die Amnesie, an der H. M. litt, anders war, und haben so das episodische und das semantische Gedächtnis über einen Kamm geschert. Es ist noch gar nicht lange her, daß die Unterscheidung zwischen »episodischer Amnesie für persönliche Erfahrungen und semantischer retrograder Amnesie für Wissensaspekte« (Kapur, 1999, S. 800) wieder einer genauen Prüfung unterzogen wurde.

In der Zwischenzeit dominierte in den Köpfen der Amnesie-Forscher der Fall von H. M., der unter einer Störung des deklarativen oder expliziten Gedächtnisses litt, also des Gedächtnisses für persönliche Erfahrungen *und* des Gedächtnisses für allgemeine Fakten (Squire, 1992), obwohl gegenwärtig die Möglichkeit erörtert wird, daß die Störungen des episodischen Gedächtnisses bei amnestischen Patienten mit Schädigungen des medialen Schläfenlappens mit Schädigungen des Hippocampus assoziiert sind, wohingegen Probleme mit dem semantischen Gedächtnis auf Schädigungen anderer kortikaler Regionen (im Umfeld des Hippocampus) zurückgehen (Aggleton & Brown, 1999; Mishkin et al., 1997).

Wenn es sich beim episodischen Gedächtnis um eine in anatomischer, hodologischer, physiologischer oder anderer, noch unbekannter Hinsicht separate Einheit im gesunden Gehirn handelt, kann sie von Hirnschädigungen betroffen sein, während andere Arten von Gedächtnis nicht oder nur gering betroffen sind. Da es gute Gründe gibt anzunehmen, daß die Arbeit aller Gedächtnissysteme von weitverteilten und eng miteinander verknüpften Hirnregionen unterstützt wird (Mesulam, 1990; Nyberg et al., 2000), ist die Wahrscheinlichkeit gering, daß es zu einer Art von Hirnschädigung kommt, die die Gehirnfunktion genau entlang der Linie solch komplexer Systeme spaltet. In den meisten Fällen betrifft die Schädigung Komponenten mehrerer Systeme, was zu der typischen, diffusen Störung sowohl des Gedächtnisses für Fakten wie des Gedächtnisses für Ereignisse führt (Squire, 1992). Aber hin und wieder passiert das wenig Wahrscheinliche. Der zentrale Punkt ist, daß es schwerfällt, sich vorzustellen, wie beispielsweise eine Hirnpathologie entstehen kann, bei der der Patient alle episodischen Gedächtnisfunktionen verliert, während jene erhalten bleiben, die auf anderen Systemen beruhen. Solche Fälle gibt es – wenn auch selten.

K. C., ein Mann, der sein episodisches Gedächtnis aufgrund einer traumatischen Gehirnverletzung 1981 verloren hat. Das Foto entstand 1986; zu diesem Zeitpunkt war er 35 Jahre alt.

Der Fall von K. C.

Wir haben einen solchen Patienten, K. C., an der Universität Toronto über mehrere Jahre hinweg untersucht (siehe Abb.). Sein episodisches Gedächtnis ist vollkommen dysfunktional, und er besitzt kein autonoetisches Bewußtsein. Ansonsten gleichen all seine intellektuellen Fähigkeiten nahezu jeder anderen, normalen, gesunden Person.

K. C. ist 1951 geboren. Im Alter von 30 Jahren hat er bei einem Motorradunfall ein schweres Schädel-Hirn-Trauma erlitten, mit Hirnverletzungen in mehreren kortikalen und subkortikalen Regionen, einschließlich des medialen Schläfenlappens (Rosenbaum et al., 2000), und anschließender weitreichender Amnesie (Tulving, 2001; Tulving et al., 1988). Wie bei allen amnestischen Patienten ist auch ein Großteil von K. C.s kognitiven Fähigkeiten intakt und von denen vieler gesunder Erwachsenen nicht zu unterscheiden. Seine Intelligenz und sprachlichen Fähigkeiten sind normal; er hat keine Probleme beim Lesen oder Schreiben; er kann sich normal konzentrieren und seine Aufmerksamkeit auf etwas richten; seine Gedankengänge sind klar; er spielt Orgel, Schach und verschiedene Kartenspiele; seine visuelle Vorstellungskraft ist intakt; und sein Abschneiden bei Kurzzeit-Gedächtnisaufgaben ist normal. Wenn es um sein eigenes Leben geht, kennt er viele objektive Fakten wie sein Geburtsdatum, die Adresse des Hauses, in dem er die ersten neun Lebensjahre verbracht hat, die Namen einiger Schulen, die er besucht hat, das Fabrikat und die Farbe des Autos, das er einmal hatte, und den Umstand, daß seine Eltern ein Sommerhaus besaßen und immer noch besitzen. Er kennt die Lage des Hauses und kann es problemlos auf einer Karte von Ontario finden. Er weiß, wie weit es von seiner Wohnung in Toronto entfernt ist und wie lange es im Wochenendverkehr dauert, dorthin zu fahren. Er weiß auch, daß er sehr viel Zeit dort verbracht hat.

Wie viele andere amnestische Patienten ist K. C. in seiner Fähigkeit beeinträchtigt, neue Information aus seiner Umgebung aufzunehmen und aktuelle Erfahrungen zu erinnern: Er leidet unter einer schweren anterograden Amnesie sowohl für persönliche Erfahrungen wie für semantische Information. Seine retrograde Amnesie jedoch ist in hohem Maße asymmetrisch: Er kann sich an keine persönlichen Erlebnisse erinnern, gleich ob sie einmalig waren oder sich wiederholten, wohingegen das semantische Wissen, das er *vor* dem Unfall erworben hatte, immer noch weitestgehend intakt war. Sein mathematisches, historisches, geographisches oder anderweitig ›schulisches‹ Wissen ist ebenso wie sein allgemeines Weltwissen nicht groß unterschieden von dem anderer Personen mit seinem Bildungshintergrund.

Das hervorstechende Merkmal von K. C.s mentaler Verfassung ist die völlige Unfähigkeit, Ereignisse, Umstände oder Situationen in seinem Leben zu erinnern. Seine episodische Amnesie umfaßt das ganze Leben, von der Geburt bis in die Gegenwart. Die einzige Ausnahme bilden die Erfahrungen, die er jeweils in den letzten ein bis zwei Minuten gemacht hat. Dabei spielt keine Rolle, wieviel Information ihm in Hinblick auf irgendein bestimmtes Ereignis der weiter zurückliegenden Vergangenheit vermittelt wird oder wie spezifisch sie ist, für wie denkwürdig das Ereignis im Normalfall gehalten wird, wie lange es gedauert hat oder wie oft er vorher schon dazu befragt wurde. Er behauptet immer, sich nicht erinnern zu können, und bestreitet selbst jedes Gefühl der Vertrautheit mit dem Ereignis (Tulving et al., 1988).

K. C. hat keine besonderen Schwierigkeiten damit, über sich oder physikalische Zeit zu sprechen. Er kennt viele Tatsachen über sich selbst. Er weiß auch, was die meisten anderen Menschen über physikalische Zeit wissen: Er kennt ihre Einheiten, ihre Struktur, ihre Meßinstrumente in Form von Uhren und Kalendern. Schwer beeinträchtigt hingegen ist sein Verständnis subjektiv erfahrener Zeit – das autonoetische (sich selbst kennende; *self-knowing*) Bewußtsein. Diese Beeinträchtigung umfaßt nicht nur die Vergangenheit; sie erstreckt sich auch in die Zukunft. Wird er daher gefragt, was er später am Tag machen wird, oder am nächsten Tag, oder zu irgendeiner Zeit in der Zukunft, kann er dem Fragenden keine Antwort geben. Er kann sich seine Zukunft ebensowenig vorstellen, wie er sich an seine Vergangenheit erinnern kann. Dies legt nahe, daß das Gefühl für Zeit, mit dem das autonoetische

Bewußtsein arbeitet, nicht nur die Vergangenheit, sondern auch die Zukunft umspannt (Tulving, 1985b).

Die Struktur seiner kognitiven Fähigkeiten legt nahe, daß K. C.s Hirnverletzung sein episodisches Gedächtnis sowie sein autonoetisches Bewußtsein schwer beeinträchtigt hat, während sein semantisches Gedächtnis und das noetische Bewußtsein größtenteils intakt blieben. Natürlich ist diese Interpretation nicht ohne Probleme. Ein offensichtliches ist, daß seine anscheinend größere Fähigkeit, vor dem Unfall erworbene semantische (im Vergleich zu episodischer) Information zu erinnern, weniger mit unterschiedlichen Formen von Gedächtnis als damit zu tun hat, daß die beiden Arten von Information unterschiedlich oft und unterschiedlich intensiv rekapituliert wurden. Gegen diese Möglichkeit sprechen Beispiele, bei denen er zwar Information erinnern kann, die er wohl kaum öfter rekapituliert hat (wie etwa sein Wissen um den Unterschied zwischen Stalaktiten und Stalagmiten), sich jedoch keine Ereignisse mehr in Erinnerung rufen kann, die mehrere Tage lang gedauert haben – wie beispielsweise, daß er zusammen mit Zehntausenden anderen evakuiert wurde, nachdem in der Nähe seines Wohnorts ein Zug mit hochgiftigen Chemikalien entgleist war. Nichtsdestotrotz ist die Hypothese der öfter versus weniger oft rekapitulierten Erfahrungen (statt der unpersönlichen versus persönlichen Erfahrungen), die bei Kritikern beliebt ist (z. B. Craik, 2002), logisch auch durchaus möglich.

Wir haben mit K. C. zwei ausführliche Experimente durchgeführt, um seine episodischen und semantischen Fähigkeiten unter kontrollierten Bedingungen miteinander zu vergleichen. Die Frage war, ob er neue Tatsacheninformation, die ihm mehrmals – jedesmal für ein paar Sekunden – präsentiert wurde, lernen konnte, obwohl es ihm nicht möglich war, sich die stundenlangen Sitzungen ins Gedächtnis zu rufen, während derer ein solches Lernen stattfand. In einem Experiment (Tulving et al., 1991) brachten wir ihm bei mehreren, zeitlich weit auseinanderliegenden Gelegenheiten 63 Drei-Wort-Sätze bei (wie »Reporter übersendet Bericht«, und »Student widerruft Anspielung«) und überprüften dann mit Satzfragmenten (z. B. »Reporter übersendet … «), inwieweit er sich an die fehlenden Worte erinnern konnte. Im zweiten Experiment (Hayman et al., 1993) brachten wir ihm 96 amüsante Definitionen (wie »Kumpels leben drinnen, Angestellte draußen: Gefängnis« und »massiert Dich täglich: Zahnbürste«) bei und überprüften dann mit den Definitionen, inwiefern er sich an das gesuchte Wort erinnern konnte. Beide Experimente zeigten, daß er langsam, aber sicher große Teile der Sätze und Definitionen erlernen und für gewöhnlich über Wochen und Monate hinweg behalten konnte, während es ihm unmöglich war, irgendeinen der Besuche im Labor, in dem er die Information bekommen hatte, zu erinnern.

Wir wissen daher, daß K. C. neue Tatsacheninformation – ohne gleichzeitiges episodisches Erinnern – erlernen kann, und zwar unter Bedingungen, unter denen es keine Verwechslung zwischen der Art von Erinnerung (episodisch versus semantisch) und der Häufigkeit der Wiederholungen gibt. Auch wurden andere Fälle beschrieben, in denen neue semantische Information durch schwer amnestische Patienten erworben wurde (Hamann & Squire, 1995; Schacter et al., 1984; Shimamura & Squire, 1987). Es muß jedoch hinzugefügt werden, daß es – wie zu erwarten – auch bei amnestischen Patienten zu großen Unterschieden beim Lernen kommt (Hamann & Squire, 1995; Rajaram & Coslett, 2000).

Ein Gesamtbild der bei K. C. auftretenden Gedächtnisstörung – die persönliche, autobiographische Erfahrungen sehr viel mehr betrifft als allgemeines Faktenwissen – ist von anderen nachgezeichnet worden. Kitchener et al. (1998) beschreiben ausführlich einen vom Krankheitsbild her erstaunlich ähnlichen Fall, obwohl eine andere Krankheitsursache und Hirnpathologie vorliegen. Ihr Patient, R. S., zeigte keine Anzeichen eines funktionierenden episodischen Gedächtnisses (das er aufgrund eines Ausbruchs von Herpes simplex-Encephalitis verloren hatte), konnte jedoch trotz allem auch nach seiner Krankheit nicht wenige Tatsacheninformationen über Menschen und Ereignisse hinzulernen.

Besonders interessant in diesem Zusammenhang sind die von Vargha-Khadem und ihren Mitarbeiterinnen (1997) beschrieben Fälle dreier Leute, die sehr jung aufgrund von Anoxien (also von Sauerstoffmangel im Gewebe) und daran anschließenden schweren beidseitigen hippocampalen Atrophien (also Abbau von Zell- und Gewebemasse im Hippocampus) amnestisch wurden. Auch bei ihnen zeigen sich beachtliche Unterschiede zwischen dem beeinträchtigten episodischen Gedächtnis und dem relativ gut erhaltenen semantischen Gedächtnis. Keiner von ihnen kann sich zuverlässig an aktuelle Erfahrungen erinnern und sich Ereignisse der persönlichen Geschichte ins Gedächtnis rufen. Ihr Abschneiden bei den meisten standardmäßig eingesetzten psychometrischen Gedächtnistests liegt in der für amnestische Patienten üblichen Bandbreite. Bemerkenswert ist jedoch, daß alle drei normale oder nahezu normale schulische Fortschritte gemacht haben, und auch ihr semantisches Wissen über die Welt weitgehend im Normalbereich liegt.

Es gibt noch andere Fälle von gestörtem episodischem bei weitgehend verschontem semantischen Gedächtnis. Diese Asymmetrie war immer einfach festzustellen, obwohl die wenigsten Fälle so aufsehenerregend sind wie der von K. C. (Calabrese et al., 1996; Cermak & O'Connor, 1983; Della Sala et al., 1993; Kopelman et al., 1999; Levine et al., 1998; Markowitsch et al., 1993; Rousseaux et al. 1997; Viskontas et al., 2000). Zusammenfassungen und Diskussionen dieser und anderer relevanter Fälle finden sich in Kapur (1999) und Wheeler und McMillan (2001).

Obwohl all diese Fälle mit der Unterscheidung zwischen episodischen und anderen Gedächtnisformen erklärt werden können, gibt es natürlich wie immer auch andere Interpretationen. So denken beispielsweise Squire und Zola (1998), daß das langsame und mühselige Lernen neuer Tatsacheninformation durch amnestische Patienten – einschließlich von Vargha-Khadems Schülern – mit beeinträchtigtem hippocampusabhängigem deklarativem Gedächtnis möglich ist, weil noch ein kleiner und schwer nachweisbarer Rest von episodischem Gedächtnis übrig ist.

Klinische Fälle wie die hier vorgestellten können überzeugend wirken – vor allem auf diejenigen, die diese Patienten getroffen und ausführlich untersucht haben. Aber auch hier gibt es Probleme. Ein zentrales ist, daß diejenigen, die solche Patienten nicht kennengelernt und mit ihnen gearbeitet haben, die Berichte oft nicht glauben und dazu tendieren, die darin aufgeführten Belege einfach zu ignorieren. Aus der Distanz heraus betrachtet ist es einfach, sich alle möglichen Gründe vorzustellen, warum ein bestimmter Fall nicht wirklich das ist, was er zu sein behauptet – von Patienten, die simulieren, bis hin zu Forschern, die Methoden schlampig anwenden. Ein anderes Problem hat mit dem Umstand zu tun, daß Studien mit ausgewählten Patienten eines der zentralen Kriterien von Wissenschaft nur mangelhaft erfüllen – das der unabhängigen Verifikation. Die meisten Forscher haben keinen Zugang zu den Patienten, über die sie in Fachzeitschriften lesen können, und auch wenn sie ihn haben, verhalten sich die Patienten vielleicht anders. Da es interessante und wirklich informative Fälle nur selten gibt, ist es für einen Skeptiker durchaus möglich, sie zu ignorieren. Unter diesen Umständen sickern die Erkenntnisse der Neuropsychologie zum Gedächtnis nur langsam ins Bewußtsein von Außenstehenden.

Funktionelle Bildgebung des Gedächtnisses

Inzwischen ermöglichen funktionelle bildgebende Verfahren – wie die Positronenemissionstomographie (PET) und die funktionelle Magnetresonanztomographie (fMRT) – und elektrophysiologische Messungen über Elektroden auf der Kopfhaut wie über implantierte Elektroden die Erforschung der mit mentalen Prozessen einhergehenden Gehirnaktivitäten. Die allgemeine Logik der funktionellen Bildgebungsstudien ist unkompliziert, im Unterschied zur Interpretation der Daten, die daraus hervorgehen. Unterschiedliche mentale Aktivitäten werden durch Aktivitäten in unterschiedlichen Hirnregionen unterstützt. Führt die Versuchsperson eine bestimmte kognitive Operation aus, zeigen die Verfahren den Grad des cerebralen Blutflusses (PET) oder des Sauerstoffgehalts im Blut (fMRT) in unterschiedlichen Hirnregionen. Da Veränderungen im Blutfluß oder im Sauerstoffgehalt bekanntlich mit Veränderungen in den neuronalen Aktivitäten einhergehen, lassen die cerebralen Landkarten, die sich ergeben, Rückschlüsse auf die neuronalen Aktivitäten an den unterschiedlichen Stellen im Gehirn zu, die diese Prozesse widerspiegeln (Raichle, 1994).

In der am häufigsten eingesetzten Methode, der Subtraktionsmethode, werden die cerebralen Landkarten, die mit dem Ausführen von zwei unterschiedlichen kognitiven Operationen assoziiert sind, miteinander verglichen. Die Unterschiede zwischen den beiden cerebralen Landkarten werden als Widerspiegelung der Unterschiede zwischen den kognitiven Operationen betrachtet. Was ein solches Wissen wert ist, hängt sicherlich davon ab, was über die Unterschiede zwischen den beiden Operationen bekannt ist oder wenigstens angenommen werden kann. Da jede Operation auf einer Vielzahl von (häufig interagierenden) Prozessen beruht, ist die Interpretation der cerebralen Landkarten, die sich aus der Subtraktionsmethode ergibt, abhängig von der Güte des eigenen Wissens um die kognitiven ›Zutaten‹ der zu vergleichenden Operationen (für eine detailliertere Analyse der Methoden und Beschränkungen von Bildgebungsstudien vgl. Buckner & Tulving, 1995; Cabeza & Nyberg, 2000; Raichle, 1994).

Die Launen der funktionellen Bildgebungstechniken und die Probleme, die die Interpretation der erzielten Ergebnisse mit sich bringen, können abgemildert werden, wenn man auf die traditionellen wissenschaftlichen Verfahren der Zusammenführung von Ergebnissen mehrerer Studien und auf theoretische Anleitung baut. Jede Studie kann auf unterschiedliche Arten interpretiert werden. Die Interpretation der Regelmäßigkeiten, die sich aus einer Vielzahl von Studien ergeben, ist notwendigerweise zwingender.

Eine der empirischen Regelmäßigkeiten, die sich aus PET- und fMRT-Studien des episodischen Gedächtnisses ergeben haben, wird als HERA-Modell *(hemispheric encoding/retrieval asymmetry)* bezeichnet: Der linke präfrontale Kortex ist vergleichsweise mehr als der rechte mit der Einspeicherung von Information ins episodische Gedächtnis befaßt, wohingegen der rechte präfrontale Kortex eine größere Rolle als der linke beim Abruf episodischer Erinnerungen spielt. Da Prozesse der Abspeicherung episodischer Erinnerungen gewöhnlicherweise auf dem Abruf semantischen Wissens beruhen, wird im Rahmen des HERA-Modells der Abruf semantischen Wissens auch im linken Stirnlappen verortet. Diese empirische Regelmäßigkeit wird als Modell bezeichnet, weil sie mit Hilfe der kognitiven Konzepte des Einspeicherns und des Abrufs von Erinnerungen und des episodischen und semantischen Gedächtnisses beschrieben wird. Ohne diese Konzepte wäre es schwierig, die Regelmäßigkeit überhaupt festzustellen.

HERA hat sich ursprünglich aus PET-Studien zum Einspeichern und Abrufen von episodischen Erinnerungen entwickelt, die in Toronto (Kapur et al., 1994; Moscovitch et al., 1995; Tulving et al., 1994a, 1994b), am Hammersmith Hospital in London (Fletcher et al., 1995; Shallice et al., 1994) und an der Washington University (Buckner et al., 1995; Squire et al., 1992) durchgeführt wurden. Eine Vielzahl von daran anschließenden Studien haben die ursprünglichen Befunde bestätigt. Das HERA-Modell gilt nicht nur für verbales Ausgangsmaterial, sondern auch für nonverbales (Buckner et al., 1996; Haxby et al., 1996; Köhler et al., 1998; Moscovitch et al., 1995; Nyberg et al., 1996a; vgl. auch Andreasen et al., 1996). Dies trifft trotz des Umstands zu, daß – quer zum HERA-Modell – Daten existieren, die zeigen, daß es eine hemisphärische Asymmetrie der kognitiven Verarbeitung unterschiedlicher Arten von Information gibt: Worte werden hauptsächlich in der linken Hemisphäre, Fakten in der rechten Hemisphäre verarbeitet (Kelley et al., 1998; Wagner et al., 1998b).

Das HERA-Modell besagt, daß die Stirnlappen bei episodischen Gedächtnisprozessen eine zentrale Rolle spielen, wodurch frühere Annahmen bestätigt werden (Schacter, 1987b; Squire, 1987). Die Beziehungen zwischen episodischem Gedächtnis, autonoetischem Bewußtsein und den Stirnlappen wurden ausführlich auch von Wheeler et al. (1997) diskutiert. Auf jeden Fall belegt HERA die biologische Realität der Unterscheidung zwischen dem episodischen und dem semantischen Gedächtnis – zusätzlich dazu, daß das Modell etwas über die Hirnregionen aussagt, die beim Einspeichern und Abrufen von Erinnerungen eine Rolle spielen. Der Umstand, daß der semantische Abruf im großen und ganzen links lokalisiert zu sein scheint, wohingegen der episodische Abruf zusätzlich Prozesse in Regionen in der rechten Hemisphäre einbezieht (Buckner, 1996), weist jedenfalls auf grundlegende Unterschiede in der Neuroanatomie der zwei Gedächtnissysteme hin (Desgranges et al., 1998; Fletcher et al., 1995, 1997).

Die Aktivierungen im rechten Stirnlappen, die mit dem Abruf von episodischen Erinnerungen assoziiert sind, stehen in auffälligem Widerspruch zum Abruf semantischer Erinnerungen, der nur selten in der rechten Hemisphäre zu beobachten ist (Cabeza & Nyberg, 2000; Nyberg, 1998). Studien, die konzipiert wurden, um der Bedeutung dieses Widerspruchs auf den Grund zu gehen, haben gezeigt, daß die frontale Aktivierung – vor allem in der rechten Hemisphäre – nicht notwendigerweise mit der Erinnerung an früher erfolgreich erlernte Inhalte assoziiert ist, sondern – zumindest zusätzlich – mit dem Abrufmodus episodischer Erinnerungen, der oben erwähnt wurde. Die Daten dieser Studien (Buckner et al., 1998; Kapur et al., 1995; Nyberg et al., 1995; Rugg et al., 1997; Schacter et al., 1996; Wagner et al., 1998a) zeigten frontale Aktivierungen nicht nur, wenn die Versuchspersonen früher erlerntes Material wiedererkannten, sondern auch, wenn sie dies versucht haben, aber gescheitert sind, weil sie mit dem Material vorher noch nie konfrontiert waren.

Die Struktur dieser Daten verweist auf die Möglichkeit, daß die Aktivierungen im rechten Stirnlappen weniger den Abruf von Erinnerungen spiegeln, sondern eher – oder zusätzlich dazu auch – den Versuch, Erinnerungen abzurufen: den episodischen Abrufmodus.

Der Abrufmodus repräsentiert einen mentalen (neurokognitiven) Zustand, ein ›Set‹, das notwendig ist, um frühere Erfahrungen ebenso zu erinnern wie den Umstand, daß etwas nicht passiert ist. In einer kürzlich durchgeführten Analyse von Daten aus mehreren PET-Studien, in denen insgesamt 53 Versuchspersonen episodische Wiedererkennungstests vorgelegt wurden (Lepage et al., 2000), konnten wir sechs unterschiedliche »retrieval mode sites« identifizieren, das sind Hirnregionen, die beim Abruf von episodischen (bzw. semantischen) Erinnerungen aktiver sind als beim Einspeichern von episodischen Erinnerungen und gleichermaßen aktiv sind, wenn es sich um erfolgreiche wie um fehlgeschlagene Erinnerung dreht. Diese Hirnregionen fanden sich alle in den Stirnlappen: fünf im präfrontalen Kortex – drei sehr starke in der rechten Hemisphäre, zwei schwächere in der linken – und eine im medialen anterioren cingulären Kortex. In anderen Teilen des Gehirns fand sich nichts Vergleichbares.

Der episodische Abrufmodus umfaßt eine Vielzahl von unterschiedlichen Prozessen (Lepage et al., 2000), aber da die Studie einen begrenzten Umfang hatte, wissen wir nicht, welche von ihnen in welchen Kombinationen mit den Aktivierungen in welchen Hirnregionen *(retrieval mode sites)* assoziiert sind. Mit der episodischen Theorie ist es möglich anzunehmen, daß zumindest einige dieser frontalen Aktivierungen den Aspekt der mentalen Zeitreise beim Ausführen des Wiedererkennungstests reflektieren. Damit eine Versuchsperson sich tatsächlich daran erinnert, daß sie etwas auf einer Liste gesehen – oder nicht gesehen – hat, muß sie zur ursprünglichen Situation ›zurückreisen‹. Sicherlich wird dieser Zusammenhang durch zukünftige Arbeiten erhellt werden. Heute ist es ermutigend zu sehen, wie die Daten auf die Wahrscheinlichkeit hinweisen, daß die Stirnlappen – noch junge Teilnehmer am evolutionären Geschehen – eine zentrale Rolle spielen (McIntosh, 1999), wenn es um das charakteristischste Merkmal des episodischen Gedächtnisses geht, die mentale Zeitreise.

Schlußfolgerungen

Ist die Frage nach dem besonderen Status des episodischen Gedächtnisses mittlerweile beantwortet? In zumindest einer Hinsicht kann man dies bejahen, und in vielerlei anderer Hinsicht läßt sie sich vielleicht nie klären. In meiner 1983 erschienenen Monographie habe ich als Antwort auf eine ähnliche Frage geschrieben:

> »Ein Problem, das so komplex ist wie das, mit dem wir uns beschäftigen, wird wahrscheinlich nicht aufgrund einer Handvoll Experimente und klinischer Beobachtungen gelöst werden. Die Diskussionen werden zweifellos anhalten, und weitere Belege werden auftauchen. Der Konsens, der schließlich erzielt werden wird, wird in seiner Form vom Ergebnis zahlreicher systematischer Studien, empirischer Beobachtungen, Evaluationen und rationalem Nachdenken abhängig sein. In diesem Prozeß wird sich vermutlich auch die Ausgangsfrage ändern; es wird nicht nur die Beziehung zwischen dem episodischen und dem semantischen Gedächtnis untersucht werden, sondern auch der Zusammenhang zwischen diesen beiden Systemen auf der einen und weiteren Gedächtnissystemen auf der anderen Seite« (Tulving, 1983, S. 99).

Damals drehte sich die Diskussion um eine Handvoll mehr oder minder einschlägiger Experimente und nur wenige einschlägige klinische Beobachtungen. Heute stehen uns im Vergleich dazu Unmengen von Daten zur Verfügung – viel zu wenige aber immer noch, wenn es um Lebendigkeit und Entwicklung von Wissenschaft gehen soll. Vor diesem Hintergrund wird die Diskussion weitergehen; in diesem Sinne gibt es auch noch keine abschließende Antwort.

Unumstritten ist jedoch, daß das Konzept des episodischen Gedächtnisses von Dauer ist. Es gehört zum festen Inventar vieler Gedächtnisforscher auf der ganzen Welt. Zudem vermittelt es nicht einfach nur eine Idee davon, wie das Gedächtnis strukturiert ist; es ist mittlerweile zu einem Konzept geworden, das sein Zuhause im Gehirn hat, auch wenn man immer noch nicht genau weiß, wo. Damit ist es Teil der objektiven Wirklichkeit.

Was hat es abschließend mit dem Zeitpfeil auf sich, der vom episodischen Gedächtnis umgedreht werden kann? Verletzt das episodische Gedächtnis oder der Umstand, daß gesunde Menschen über ihre eigene Vergangenheit nachdenken können, das Gesetz, das besagt, daß Zeit nur in eine Richtung verläuft? Haben wir es hier wirklich mit einem Wunder der Natur zu tun? Ein Ereignis findet statt, eine Person erlebt es, Gedächtnisspuren bilden sich, die das Ereignis repräsentieren, die Vergangenheit entschwindet und wird durch die Gegenwart ersetzt. Die Gedächtnisspuren, die das Ereignis hinterlassen hat, bestehen in der Gegenwart weiter, werden abgerufen und die Person erinnert sich an das Ereignis. Dies ist, kurz zusammengefaßt, die Antwort auf die Frage, wie Gedächtnis funktioniert. Einfach und direkt; es gibt keine Notwendigkeit und keinen Platz für Magie oder Wunder. Und es wird sicherlich kein Gesetz der Zeit verletzt.

Der gesunde Menschenverstand, der sich in dieser Theorie spiegelt, wird durch das Wort »erinnern« in die Irre geführt, das im alltäglichen Gebrauch nicht zwischen dem Wiedererleben der Vergangenheit auf der einen Seite und allen anderen zeitlich neutralen Folgen des Lernens auf der anderen unterscheidet. Zudem scheint der Umstand, daß jeder Mensch die Fähigkeit zur mentalen Zeitreise besitzt, gegen die Einmaligkeit dieser Fähigkeit zu sprechen. Könnte eine Schleiereule über ihre Stärken nachdenken, würde sie wahrscheinlich nicht viel auf die Fähigkeit geben, Mäuse im Dunkeln zu fangen. Auch würden Menschen, die in einer verkehrten Welt leben, in der alle Kinder im Laufe ihrer Entwicklung auf dem Wasser zu gehen lernen, sich nicht groß um diesen Umstand kümmern. Da es alle tun, kann es nichts Besonderes sein.

Eine angemessenere Einschätzung der Einmaligkeit des episodischen Gedächtnisses sowie des autonoetischen Bewußtseins wird vielleicht durch die Einsicht entstehen, daß eine mentale Zeitreise eben nicht nur einschließt, daß wir uns dessen bewußt sind, was war, sondern auch dessen, was kommen wird. Diese Bewußtheit erlaubt es autonoetischen Geschöpfen, über ihre eigene Zukunft und die Zukunft ihrer Nachkommenschaft in einer Art und Weise nachzudenken, sich Sorgen zu machen und Pläne zu schmieden, wie es ohne diese Fähigkeit wahrscheinlich nicht möglich wäre. Der *Homo sapiens* hat, indem er Nutzen aus dem Bewußtsein seiner zeitlichen Existenz zog, die Natur so in Kultur und Zivilisation überführt, wie es sich keine andere Gattung träumen lassen könnte.

Es hat lange gedauert, bis die biologische Evolution eine Zeitmaschine in unserem Gehirn gebaut hatte, und sie hat das nur ein einziges Mal geschafft, aber die daraus erwachsenden Konsequenzen sind bis heute immens: Aufgrund ihrer mentalen Kontrolle über die Zeit setzen Menschen auf der Erde mittlerweile Kräfte ein, die in vielerlei Hinsicht mit denen der Natur in Konkurrenz treten oder sie vielleicht sogar übertreffen. Es fällt schwer, sich ein noch größeres Wunder der Natur vorzustellen.

Literatur:

Aggleton, J. P. & Brown, M. W. (1999). Episodic memory, amnesia and the hippocampal-anterior thalamic axis. *Behavioral and Brain Sciences, 22,* 425–444.

Andreasen, N. C., O'Leary, D. S., Arndt, S., Cizadlo, T., Hurtig, R. et al. (1996). Neural substrates of facial recognition. *Journal of Neuropsychiatry & Clinical Neuroscience, 8,* 139–149.

Baldwin, J. M. (1902). *Development and evolution.* New York: Macmillan.

Buckner, R. L. (1996). Beyond HERA: Contributions of specific prefrontal brain areas to long-term memory. *Psychonomic Bulletin & Review, 3,* 149–158.

Buckner, R. L., Koutstaal, W., Schacter, D. L., Dale, A. M., Rotte, M. & Rosen B. R. (1998). Functional-anatomic study of episodic memory retrieval II. Selective averaging of event-related FMRI trails to test the retrieval success hypothesis. *NeuroImage, 7,* 163–175.

Buckner, R. L., Petersen, S. E., Ojemann, J. G., Miezin, F. M., Squire, L. R. & Raichle, M. E.

(1995). Functional anatomical studies of explicit and implicit memory retrieval tasks. *Journal of Neuroscience, 15,* 12–29.

Buckner, R. L., Raichle, M. E., Miezin, F. M. & Petersen, S. E. (1996). Functional anatomical studies of memory retrieval for auditory words and visual pictures. *Journal of Neuroscience, 16,* 6219–6235.

Buckner, R. L. & Tulving, E. (1995). Neuroimaging studies of memory: Theory and recent PET results. In F. Boller & J. Grafman (Hrsg.), *Handbook of neuropsychology* (Bd. 10, S. 439–466). Amsterdam: Elsevier.

Cabeza, R. & Nyberg, L. (2000). Imaging cognition. II. An empirical review of 275 PET and fMRI studies. *Journal of Cognitive Neuroscience, 12,* 1–47.

Calabrese, P., Markowitsch, H. J., Durwen, H. F., Widlitzek, H., Haupts, M. et al. (1996). Right temporofrontal cortex as critical locus for the ecphory of old episodic memories. *Journal of Neurology, Neurosurgery & Psychiatry, 61 (3),* 304–310.

Cermak, L. S. & O'Connor, M. (1983). The anterograde and retrograde retrieval ability of a patient with amnesia due to encephalitis. *Neuropsychologia, 21,* 213–234.

Clayton, N. S. & Dickinson, A. (1998). Episodic-like memory during cache recovery by scrub jays. *Nature, 395,* 272–274.

Cohen, N. J. (1984). Preserved learning capacity in amnesia: Evidence for multiple memory systems. In L. R. Squire & N. Butters (Hrsg.), *Neuropsychology of memory* (S. 83–103). New York: Guilford.

Craik, F. I. M. (2002). Human memory and aging. In L. Bäckman & C. von Hofsten (Hrsg.), *Psychology at the turn of the millennium. Cognitive, biological, and health pserspectives* (S. 261–280). Hove (UK): Psychology Press.

Della Sala, S., Laiacona, M., Spinnler, H. & Trivelli, C. (1993). Autobiographical recollection and frontal damage. *Neuropsychologia, 31 (8),* 823–839.

Desgranges, B., Baron, J. C. & Eustache, F. (1998). The functional neuroanatomy of episodic memory: The role of the frontal lobes, the hippocampal formation, and other areas. *NeuroImage, 8,* 198–213.

Fletcher, P. C., Dolan, R. J. & Frith, C. D. (1995). The functional anatomy of memory. *Experientia, 51,* 1197–1207.

Fletcher, P. C., Frith, C. D. & Rugg, M. D. (1997). The functional neuroanatomy of episodic memory. *Trends in Neuroscience, 20,* 213–218.

Gardiner, J. M. (1988). Functional aspects of recollective experience. *Memory & Cognition, 16,* 309–313.

Gardiner, J. M. & Richardson-Klavehn, A. (2000). Remembering and knowing. In E. Tulving & F. I. M. Craik (Hrsg.), *The Oxford handbook of memory* (S. 229–244). New York: Oxford University Press.

Glenberg, A. M. (1997). What memory is for. *Behavioral and Brain Sciences, 20,* 1–55.

Gorfein, D. S. (1987). Functional dissociation: Comments on the chapter by Roediger and Blaxton. In D. S. Gorfein & R. R. Hoffman (Hrsg.), *Memory and learning: The Ebbinghaus centennial conference* (S. 381–383). Hillsdale, NJ: Erlbaum.

Griffiths, D. P., Dickinson, A. & Clayton, N. S. (1999). Declarative and episodic memory: What can animals remember about their past? *Trends in Cognitive Sciences, 3 (2),* 74–80.

Hamann, S. B. & Squire, L. R. (1995). On the acquisition of new declarative knowledge in amnesia. *Behavioral Neuroscience, 109,* 1027–1044.

Haxby, J. V., Ungerleider, L. G., Horwith, B., Maisog, J. M., Rapoport, S. L. & Grady, C. L. (1996). Face encoding and recognition in the human brain. *Proceedings of the National Academy of Sciences of the United States of America, 93,* 922–927.

Hayman, C. A. G., Macdonald, C. A. & Tulving, E. (1993). The role of repetition and associative interference in new semantic learning in amnesia. *Journal of Cognitive Neuroscience, 5,* 375–389.

Hintzman, D. L. (1984). Episodic versus semantic memory: A distinction whose time has come – and gone? *Behavioral and Brain Sciences, 7,* 240–241.

Hintzman, D. L. (2000). Memory judgements. In E. Tulving & F. I. M. Craik (Hrsg.), *The Oxford handbook of memory* (S. 165–177). New York: Oxford University Press.

Horner, M. D. (1990). Psychobiological evidence for the distinction between episodic and semantic memory. *Neuropsychology Review, 1,* 281–321.

Howe, M. L. (2000). *The fate of early memories.* Washington, DC: American Psychological Association.

Jacoby, L. L. (1991). A process dissociation framework: Separating automatic from intentional uses of memory. *Journal of Memory & Language, 30,* 513–541.

Kapur, N. (1999). Syndromes of retrograde amnesia: A conceptual and empirical analysis. *Psychological Bulletin, 125,* 800–825.

Kapur, N., Craik, F. I. M., Jones, C., Brown, G. M., Houle, S. & Tulving, E. (1995). Functional role of the prefrontal cortex in retrieval of memories: A PET study. *NeuroReport, 6,* 1880–1884.

Kapur, N., Craik, F. I. M., Tulving, E., Wilson, A. A., Houle, S. & Brown, G. M. (1994). Neuroanatomical correlates of encoding in episodic memory: Levels of processing effect. *Proceedings of the National Academy of Sciences of the United States of America, 91,* 2008–2011.

Kelley, W. M., Miezin, F. M., McDermott, K. B., Buckner, R. L., Raichle, M. E. et al. (1998). Hemispheric specialization in human dorsal frontal cortex and medial temporal lobe for verbal and nonverbal memory encoding. *Neuron, 20,* 927–936.

Kihlstrom, J. F. (1984). A fact is a fact is a fact. *Behavioral and Brain Sciences, 7,* 243–244.

Kitchener, E. G., Hodges, J. R. & McCarthy, R. (1998). Acquisition of post-morbid vocabulary and semantic facts in the absence of episodic memory. *Brain, 121,* 1313–1327.

Knowlton, B. J. & Squire, L. R. (1995). Remembering and knowing: Two different expressions of declarative memory. *Journal of Experimental Psychology: Learning, Memory, and Cognition, 21,* 699–710.

Köhler, S., Moscovitch, M., Winocur, G., Houle, S. & McIntosh, A. R. (1998). Networks of domain-specific and general regions involved in episodic memory for spatial location and object identity. *Neuropsychologia, 36,* 129–142.

Kopelman, M. D., Stanhope, N. & Kingsley, D. (1999). Retrograde amnesia in patients with diencephalic, temporal lobe, or frontal lesions. *Neuropsychologia, 37,* 939–958.

Lepage, M., Ghaffar, O., Nyberg, L. & Tulving, E. (2000). Prefrontal cortex and episodic memory retrieval mode. *Proceedings of the National Academy of Sciences of the United States of America, 97,* 506–511.

Levine, B., Black, S. E., Cabeza, R., Sinden, M., McIntosh, A. R. et al. (1998). Episodic memory and the self in a case of isolated retrograde amnesia. *Brain, 121,* 1951–1973.

Markowitsch, H. J., Calabrese, P., Lies, J., Haupts, M., Durwen, H. F. & Gehlen, W. (1993). Retrograde amnesia after traumatic injury of the frontotemporal cortex. *Journal of Neurology, Neurosurgery & Psychiatry, 56 (9),* 988–992.

McClelland, J. L., McNaughton, B. L. & O'Reilly, R. C. (1995). Why there are complementary learning systems in the hippocampus and neocortex: Insights from the successes and failures of connectionist models of learning and memory. *Psychological Review, 102,* 419–457.

McCormack, T. & Hoerl, C. (1999). Memory and temporal perspective: The role of temporal frameworks in memory development. *Developmental Review, 19,* 154–182.

McIntosh, A. R. (1999). Mapping cognition to the brain through neural interaction. *Memory, 7,* 523–548.

Mesulam, M. M. (1990). Large-scale neurocognitive networks and distributed processing for attention, language, and memory. *Annals of Neurology, 28,* 597–613.

Mishkin, M., Suzuki, W. A., Gadian, D. G. & Vargha-Khadem, F. (1997). Hierarchical organization of cognitive memory. *Philosophical Transactions of the Royal Society B: Biological Sciences, 325,* 1461–1467.

Moscovitch, M., Kapur, S., Köhler, S. & Houle, S. (1995). Distinct neural correlates of visual long-term memory for spatial location and object identity: A positron emission tomography (PET) study in humans. *Proceedings of the National Academy of Sciences of the United States of America, 92,* 3721–3725.

Nelson, K. (1993). The psychological and social origins of autobiographical memory. *Psychological Science, 4,* 7–14.

Nielsen, J. M. (1958). *Memory and amnesia.* Los Angeles: San Lucas.

Nyberg, L. (1998). Mapping episodic memory. *Behavioural Brain Research, 90,* 107–114.

Nyberg, L., Cabeza, R. & Tulving, E. (1996a). PET studies of encoding and retrieval: The HERA model. *Psychonoic Bulletin & Review, 3,* 125–148.

Nyberg, L., Habib, R., Tulving, E., Cabeza, R., Houle, S. et al. (2000). Large scale neurocognitive networks underlying episodic memory. *Journal of Cognitive Neuroscience, 12,* 163–173.

Nyberg, L., McIntosh, A. R., Cabeza, R., Habib, R. & Tulving, E. (1996b). General and specific brain regions involved in encoding and retrieval of events: What, where, and when. *Proceedings of the National Academy of Sciences of the United States of America, 93,* 11280–11285.

Nyberg, L., Tuving, E., Habib, R., Nilsson, L.-G., Kapur, S. et al. (1995). Functional brain maps of retrieval mode and recovery of episodic information. *NeuroReport, 7,* 249–252.

Perner, J. & Ruffman, T. (1995). Episodic memory and autonoetic consciousness: Developmental evidence and a theory of childhood amnesia. *Journal of Experimental Child Psychology, 59,* 516–548.

Raichle, M. E. (1994). Images of the mind: Studies with modern imaging techniques. *Annual Review of Psychology, 45,* 333–356.

Rajaram, S. (1993). Remembering and knowing: Two means of access to the personal past. *Memory & Cognition, 21,* 89–102.

Rajaram, S. & Coslett, H. B. (2000). New conceptual associative learning in amnesia. *Journal of Memory and Language, 43,* 291–315.

Ratcliff, R. & McKoon, G. (1986). More on the distinction between episodic and semantic memories. *Journal of Experimental Psychology: Learning, Memory, and Cognition, 12,* 312–313.

Richards, R. J. (1987). *Darwin and the emergence of evolutionary theories of mind and behavior.* Chicago: University of Chicago Press.

Roediger, H. L. III. & Blaxton, T. A. (1987). Retrieval modes produce dissociations in memory for surface information. In D. S. Gorfein & R. R. Hoffman (Hrsg.), *Memory and learning: The Ebbinghaus centennial conference* (S. 349–379). Hillsdale, NJ: Erlbaum.

Roediger, H. L. III. & McDermott, K. B. (1993). Implicit memory in normal human subjects. In H. Spinnler & F. Boller (Hrsg.), *Handbook of neuropsychology* (S. 63–131). Amsterdam: Elsevier.

Roediger, H. L. III., Weldon, M. S. & Challis, B. H. (1989). Explaining dissociations between implicit and explicit measures of retention: A processing account. In H. L. Roediger III. & F. I. M. Craik (Hrsg.), *Varieties of memory and consciousness: Essays in honour of Endel Tulving* (S. 3–42). Hillsdale, NJ: Erlbaum.

Rosenbaum, R. S., Priselac, S., Köhler, S., Black, S., Gao, F. et al. (2000). Remote spatial memory in an amnesic person with extensive hippocampal lesions. *Nature Neuroscience, 3,* 1044–1048.

Rousseaux, M., Godfrey, O., Cabaret, M., Bernati, T. & Pruvo, J. P. (1997). Retrograde memory after rupture of aneurysms of the anterior communicating artery. *Revue de Neurologie, 153 (11),* 659–668.

Rugg, M. D., Fletcher, P. C., Frith, C. D., Frackowiak, R. S. & Dolan, R. J. (1997). Brain regions supporting intentional and incidental memory: A PET study. *NeuroReport, 8,* 1283–1287.

Schacter, D. L. (1987a). Implicit memory: History and current status. *Journal of Experimental Psychology: Learning, Memory, and Cognition, 13,* 501–518.

Schacter, D. L. (1987b). Memory, amnesia, and frontal lobe dysfunction. *Psychobiology, 15,* 21–36.

Schacter, D. L., Alpert, N. M., Savage, C. R. & Rauch, S. L. (1996). Conscious recollection and the human hippocampal formation: Evidence from positron emission tomography. *Proceedings of the National Academy of Sciences of the United States of America, 93,* 321–325.

Schacter, D. L., Harbluk, J. & McLachlan, D. (1984). Retrieval without recollection: An experimental analysis of source amnesia. *Journal of Verbal Learning & Verbal Behavior, 23,* 593–611.

Schacter, D. L. & Tulving, E. (1994). What are the memory systems of 1994? In D. L. Schacter & E. Tulving (Hrsg.), *Memory systems* (S. 1–38). Cambridge, MA: MIT Press.

Schacter, D. L., Wagner, A. D. & Buckner, R. (2000). Memory systems of 1999. In E. Tulving & F. I. M. Craik (Hrsg.), *The Oxford handbook of memory* (S. 627–643). New York: Oxford University Press.

Scoville, W. B. & Milner, B. (1957). Loss of recent memory after bilateral hippocampal lesions. *Journal of Neurology, Neurosurgery & Psychiatry, 20,* 11–21.

Shallice, T., Fletcher, P., Frith, C. D., Grasby, P., Frackowiak, R. S. I. & Dolan, R. J. (1994). Brain regions associated with acquisition and retrieval of verbal episodic memory. *Nature, 368,* 633–635.

Sherry, D. F. & Schacter, D. L. (1987). The evolution of multiple memory systems. *Psychological Review, 94,* 439–454.

Shimamura, A. P. & Squire, L. R. (1987). A neuropsychological study of fact memory and source amnesia. *Journal of Experimental Psychology: Learning, Memory, and Cognition, 13,* 464–473.

Squire, L. R. (1987). *Memory and brain.* New York: Oxford University Press.

Squire, L. R. (1992). Memory and the hippocampus: A synthesis from findings with rats, monkeys, and humans. *Psychological Review, 99,* 195–231.

Squire, L. R., Ojemann, J. G., Miezin, F. M., Petersen, S. E., Videen, T. O. & Raichle, M. E. (1992). Activation of the hippocampus in normal humans: A functional anatomical study of memory. *Proceedings of the National Academy of Sciences of the United States of America, 89,* 1837–1841.

Squire, L. R. & Zola, S. (1998). Episodic memory, semantic memory, and amnesia. *Hippocampus, 8,* 205–211.

Suddendorf, T. & Corballis, M. C. (1997). Mental time travel and the evolution of human mind. *Genetic, Social, and General Psychology Monographs, 123,* 133–167.

Toth, J. P. (2000). Nonconscious forms of memory. In E. Tulving & F. I. M. Craik (Hrsg.), *The Oxford handbook of memory* (S. 245–261). New York: Oxford University Press.

Toth, J. P. & Hunt, R. R. (1999). Not one versus many, but zero versus any: Structure and function in the context of the multiple memory systems debate. In J. K. Foster & M. Jelicic (Hrsg.), *Memory: Systems, process, or function?* (S. 232–272). Oxford: Oxford University Press.

Tulving, E. (1972). Episodic and semantic memory. In E. Tulving & W. Donaldson (Hrsg.), *Organization of memory* (S. 381–403). New York: Academic.

Tulving, E. (1983). *Elements of episodic memory*. Oxford: Clarendon.

Tulving, E. (1984). Relations among components and processes of memory. *Behavioral and Brain Sciences, 7,* 257–268.

Tulving, E. (1985a). How many memory systems are there? *American Psychologist, 40,* 385–398.

Tulving, E. (1985b). Memory and consciousness. *Canadian Psychology, 26,* 1–21.

Tulving, E. (1989). Memory: Performance, knowledge, and experience. *European Journal of Cognitive Psychology, 1,* 3–26.

Tulving, E. (1991). Concepts of human memory. In L. Squire, G. Lynch, N. M. Weinberger & J. L. McGaugh (Hrsg.), *Memory: Organization and locus of change* (S. 3–32). New York: Oxford University Press.

Tulving, E. (1995). Organization of memory: Quo vadis? In M. S. Gazzaniga (Hrsg.), *The cognitive neurosciences* (S. 839–847). Cambridge, MA: MIT Press.

Tulving, E. (2001). The origin of autonoesis in episodic memory. In H. L. Roediger, J. S. Nairne, I. Neath & A. M. Suprenant (Hrsg.), *The nature of remembering: Essays in honor of Robert G. Crowder* (S. 17–34). Washington, DC: American Psychological Association.

Tulving, E. (2002). Chronesthesia: Conscious awareness of subjective time. In D. T. Stuss & R. C. Knight (Hrsg.), *Principles of frontal lobe function* (S. 311–325). New York: Oxford University Press.

Tulving, E., Hayman, C. A. G. & Macdonald, C. A. (1991). Long-lasting perceptual priming and semantic learning in amnesia: A case experiment. *Journal of Experimental Psychology: Learning, Memory, and Cognition, 17,* 595–617.

Tulving, E., Kapur, S., Craik, F. I. M., Moscovitch, M. & Houle, S. (1994a). Hemispheric encoding/retrieval asymmetry in episodic memory: Positron emission tomography findings. *Proceedings of the National Academy of Sciences of the United States of America, 91,* 2016–2020.

Tulving, E., Kapur, S., Markowitsch, H. J., Craik, F. I. M., Habib, R. & Houle, S. (1994b). Neuroanatomical correlates of retrieval in episodic memory: Auditory sentence recognition. *Proceedings of the National Academy of Sciences of the United States of America, 91,* 2012–2015.

Tulving, E. & Markowitsch, H. J. (1998). Episodic and declarative memory: Role of the hippocampus. *Hippocampus, 8,* 198–204.

Tulving, E., Schacter, D. L., McLachlan, D. R. & Moscovitch, M. (1988). Priming of semantic autobiographical knowledge: A case study of retrograde amnesia. *Brain and Cognition, 8,* 3–20.

Vargha-Khadem, F., Gadian, D. G., Watkins, K. E., Connelly, A., Van Paesschen, W. & Mishkin, M. (1997). Differential effects of early hippocampal pathology on episodic and semantic memory. *Science, 277,* 376–380.

Viskontas, I. V., McAndrews, M. P. & Moscovitch, M. (2000). Remote episodic memory deficits in patients with unilateral temporal lobe epilepsy and excisions. *Journal of Neuroscience, 20,* 5853–5857.

Wagner, A. D., Desmond, J. E., Glover, G. H. & Gabrieli, J. D. E. (1998a). Prefrontal cortex and recognition memory: FMRI evidence for context-dependent retrieval processes. *Brain, 121,* 1985–2002.

Wagner, A. D., Poldrack, R. A., Eldridge, L. L., Desmond, J. E., Glover, G. & Gabrieli, J. D. E. (1998b). Material-specific lateralization of prefrontal activation during episodic encoding and retrieval. *NeuroReport, 9,* 3711–3717.

Weiskrantz, L. (Hrsg.) (1985). *Animal intelligence. Proceedings of a Royal Society Discussion Meeting.* Oxford: Clarendon.

Weldon, M. S. (1999). The memory chop shop: Issues in the search for memory systems. In J. K. Foster & M. Jelicic (Hrsg.), *Memory: Systems, process, or function?* (S. 162–204). Oxford: Oxford University Press.

Wheeler, M. A., Stuss, D. T. & Tulving, E. (1997). Toward a theory of episodic memory: The frontal lobes and autonoetic consciousness. *Psychological Bulletin, 121,* 331–354.

Wheeler, M. A. & McMillan, C. T. (2001). Focal retrograde amnesia and the episodic-semantic distinction. *Cognitive, Affective & Behavioral Neuroscience, 1,* 22–37.

KATHERINE NELSON

Über Erinnerungen reden: Ein soziokultureller Zugang zur Entwicklung des autobiographischen Gedächtnisses[1]

Das autobiographische Gedächtnis, so die Hauptaussage dieses Beitrags, ist ein spezifisch menschliches Gedächtnissystem, das sich im Laufe der frühen Kindheit innerhalb bestimmter sozialer und kultureller Milieus herausbildet. Aus dieser Perspektive betrachtet ist das autobiographische Gedächtnis weder bloß die kontinuierliche Weiterentwicklung einer Form von Gedächtnis, die bereits im Säuglings- und Kleinkindstadium existiert – ähnlich dem Gedächtnis anderer Lebewesen –, noch ist es eine Art spezifisch menschlicher, genetisch determinierter neuronaler ›Zusatz‹, wie manchmal in Hinblick auf das episodische Gedächtnis behauptet wird. Vielmehr ist es Teil unseres gemeinsamen kulturellen Erbes und damit in seiner Entwicklung abhängig von sozialen Beziehungen und sprachlichen Praktiken. Aus diesem Grunde variiert es je nach Individuum und Kultur.

Abbildung 1 stellt diesen Prozeß der Entstehung eines autobiographischen Gedächtnissystems auf der Grundlage eines elementareren, in der ersten Lebensphase eines Kindes bereits vorhandenen Gedächtnissystems dar und zeigt, welche kognitiven und sozialen Faktoren bei seiner Entwicklung eine Rolle spielen. Das Schaubild kann Verständnis für einige der vielfältigen, in diesen Prozeß involvierten Entwicklungen wecken; an dieser Stelle kann ich in Hinblick darauf nur einige wenige Punkte hervorheben:

1. Mit wenigen Ausnahmen zeigen die Pfeile, die die Kästchen miteinander verbinden, in beide Richtungen, womit angedeutet ist, daß wir es mit wechselseitigen Einflußnahmen und miteinander interagierenden Entwicklungen zu tun haben.

[1] Ich bin Robyn Fivush für die langjährige Zusammenarbeit und Freundschaft zu Dank verpflichtet. Vgl. Fivush und Nelson (2004); Nelson und Fivush (2004).

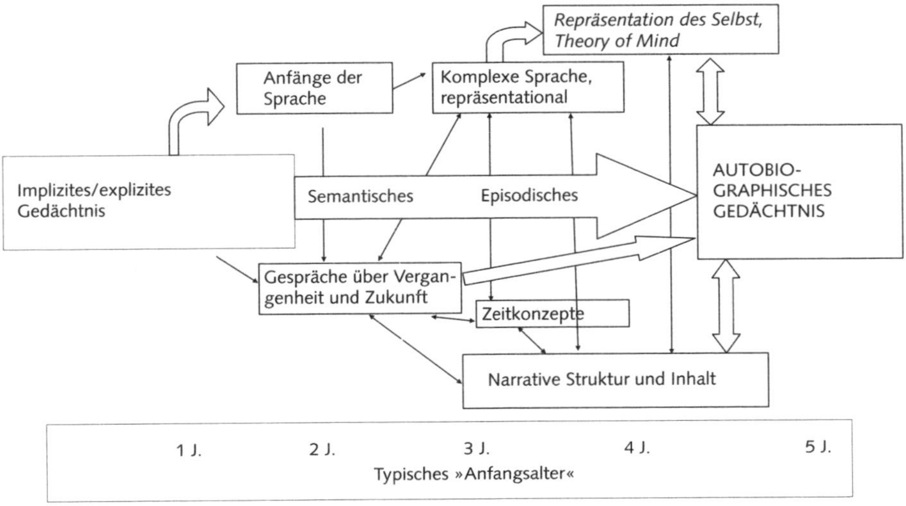

Abbildung 1: Die Entwicklung des autobiographischen Gedächtnisses bis zu einem Alter von 5 Jahren. Abgebildet werden sowohl kognitive wie soziokulturelle Einflußfaktoren (mit leichten Veränderungen übernommen aus Nelson & Fivush, 2004)

2. Gespräche sind zwar, wie im Folgenden gezeigt wird, eine zentrale, aber nicht die einzige Einflußgröße, wenn es um die Entwicklung des Wissens um sich selber und die Vergangenheit geht. Sie sind einerseits abhängig davon, wie gut das Kind bereits sprechen kann, umgekehrt tragen Gespräche dazu bei, daß sich sprachliche Fähigkeiten weiterentwickeln.
3. Narrative Fähigkeiten sind das Ergebnis von zahlreichen Erfahrungen mit Gesprächen über die Vergangenheit, dem Geschichtenerzählen anderer, und mit weiteren kulturellen Ressourcen.
4. Beim Geschichtenerzählen spielen Zeitvorstellungen, motivationale, emotionale, mentale Konzepte und andere Aspekte einer *Theory of Mind* ebenso eine Rolle wie Selbstkonzepte.
5. Das semantische Gedächtnis entsteht in einem frühen Entwicklungsstadium; das episodische Gedächtnis taucht etwa im Alter von drei Jahren auf. Meist wird dem episodischen Gedächtnis eine größere Bedeutung für das autobiographische Gedächtnis beigemessen; auf unterschiedliche Art und Weise jedoch sind sowohl semantisches wie episodisches Gedächtnis für das autobiographische Gedächtnis von Bedeutung.

Wie schon gesagt, verbinden sich im autobiographischen Gedächtnis episodisches und semantisches Gedächtnis (etwa wenn persönlich bedeutsame Daten erinnert werden). In der frühen Kindheit jedoch funktioniert das Gedächtnis anders – implizit und, in der aktuellen Begrifflichkeit, prozedural. Das strukturierende Moment ist nicht der Bezug auf die eigene Person, die Geschichte, die man – sei es in Episoden, sei es als übergreifende Lebensgeschichte – über sich selbst erzählt. Gegenwärtige Nachahmungsstudien zum Gedächtnis in den ersten drei Lebensjahren zeigen die zunehmende Fähigkeit, Aspekte eines Ereignisses über viele Monate hinweg im Gedächtnis zu behalten – mit 24 Monaten bereits für zwei Jahre (Bauer, 2002; vgl. auch Hayne, in diesem Band); nichts jedoch deutet darauf hin, daß es in diesem Alter ein episodisches Gedächtnis gibt. Zwar können schon so kleine Kinder Bruchstücke vergangener Erfahrungen erinnern. Diese Erinnerungen sind jedoch eher semantischer denn episodischer Art; nichts läßt vermuten, daß der Kontext, in dem die Erfahrungen gemacht wurden, miterinnert wird, daß die Erinnerungen also an bestimmte vergangene Episoden geknüpft sind. Mehr noch, auch wenn Sprache soweit beherrscht wird, daß sie das Gedächtnis unterstützen kann, wird sie nicht dazu benutzt, die eigene Person mit einer bestimmten Episode in Verbindung zu bringen.

Dieser Beitrag beschäftigt sich in erster Linie mit der Frage, wie das Reden – in Form von Eltern-Kind-Gesprächen – die Entwicklung des autobiographischen Gedächtnisses im späten Vorschulalter beeinflußt. Andere Aspekte dieser Entwicklung sind in neueren Veröffentlichungen ausgeführt (Fivush & Nelson, 2004; Nelson & Fivush, 2004).

Was ist mit »autobiographischem Gedächtnis« gemeint?

Das folgende Zitat beschreibt das autobiographische Gedächtnis in einer prägnanten und etwas provokativen Art und Weise:

> »Das Gedächtnis ist ein Geschichtenerzähler, und wie alle Geschichtenerzähler zwingt es der Rohmasse der Erfahrung Gestalt auf. Es *schafft Form und Bedeutung*, indem einige Dinge hervorgehoben, andere ausgelassen werden. Es *stiftet Zusammenhänge zwischen Ereignissen*, legt nahe, was Ursache und was Wirkung ist, macht *jeden von uns zur zentralen Figur in einer epischen Reise* ins Dunkel oder Licht« (Tobias Wolff, New York Times, 28. April 2001; Hervorhebungen KN).

Die kursiv gesetzten Satzteile betonen die narrative Dimension des Gedächtnisses, seinen Bezug zur Vergangenheit und die Rolle, die das Selbst als Protagonist der erzählten Geschichte und als Geschichtenerzähler spielt. Die »epische Reise« ist keine Sammlung einzelner Episoden, sondern ein Roman, der Kapitel und Ereignisse enthält, die für die eigene Lebensgeschichte von Bedeutung sind (auch wenn ihre Bedeutung vom Gedächtnis-Autor nicht immer verstanden werden muß).

Das autobiographische Gedächtnis kennt drei Dimensionen von Zeit. Zum einen sind die erinnerten Ereignisse sequentiell entlang einer Zeitschiene geordnet. Bereits kleine Kinder, so wurde gezeigt, reagieren sensibel auf die Abfolge von Ereignissen. Sie können Routinen folgen und die sie betreuenden Personen sogar korrigieren, wenn bestimmte Abfolgen nicht eingehalten werden. Bittet man dreijährige Kinder, Routinen zu beschreiben, erinnern sich diese im allgemeinen sehr genau an die zeitliche Ordnung der unterschiedlichen Elemente (Nelson, 1986). Die zweite Dimension erfordert, daß sich eine Erinnerung an einem spezifischen Punkt der Vergangenheit lokalisieren läßt. In dieser Hinsicht scheitern Kinder häufig. Von klein auf scheinen sie ganz auf die Gegenwart konzentriert zu sein; Vergangenheit und Zukunft werden zwar als Hintergrund für die Gegenwart, aber nicht als mit ihr in einem Kontinuum verbunden betrachtet. Einiges deutet darauf hin, daß es Kindern nicht möglich ist, Ereignisse mit einem bestimmten zeitlichen Ort in Verbindung zu bringen, solange sie in ihrem Spracherwerb noch nicht weit genug fortgeschritten sind, daß sie Zeitpunkte bestimmen können, indem sie die üblichen Uhrzeit- und Kalendersymbole benutzen. Die dritte zeitliche Dimension erfordert es, die Erinnerung sowohl in die sich immer weiter spinnende eigene Geschichte *(self-story)* einzuordnen wie sie auf die Sozial- und Kulturgeschichte zu beziehen. Dies setzt jedoch nicht nur eine Sprache voraus, in der die Bezugnahme ausgedrückt werden kann, sondern auch eine übergeordnete Konzeption von Lebensgeschichte, in der soziale Erfahrungen wie Schule, Beruf usw. Spuren hinterlassen haben.

Die Entwicklung des autobiographischen Gedächtnisses

Das Interesse an der Entwicklung des heute so genannten autobiographischen Gedächtnisses wurde zunächst aufgrund der *kindlichen Amnesie (childhood amnesia)* geweckt, der Erkenntnis, daß die Kindheitserinnerungen von Erwachsenen erst mit drei- bis dreieinhalb Jahren einsetzen. Diese Tatsache hat Freud in seiner Theorie der Verdrängung aufgegriffen. Auch William James hat sich in seinem Kapitel über das Selbst von 1890 damit beschäftigt. In der Folge hat die psychologische Forschung an Erwachsenen das Phänomen bestätigt, und so haben viele Gedächtnisforscher und Entwicklungspsychologinnen die These vertreten, daß es bis ungefähr zum Schuleintrittsalter kein autobiographisches Gedächtnis *(personal memory)* an sich gibt. Gegenteilige Erkenntnisse – daß Säuglinge und Kleinkinder durchaus Erinnerung, ja, Erinnerungen, besitzen – sind neu; sie stammen hauptsächlich aus den letzten 25 Jahren. Damit hat sich zwar die Idee überlebt, daß Kleinkinder kein Gedächtnis besitzen. Das nun sowohl durch empirische Daten wie theoretische Überlegungen aufgegebene Rätsel der kindlichen Amnesie jedoch wurde damit nicht zufriedenstellend gelöst (vgl. etwa Pillemer & White, 1989, für einen Überblick; auch Nelson & Fivush, 2004).

Die Theorie, die Abbildung 1 zugrunde liegt und die den Beitrag von Sprache und sozialer Praxis zur Entwicklung des autobiographischen Gedächtnisses betont, beruht auf umfangreichen Forschungen zu Eltern-Kind-Gesprächen über die Vergangenheit, aber auch über Ereignisse, an denen das Kind aktuell partizipiert und in Zukunft partizipieren wird (vgl. Nelson & Fivush, 2004). In amerikanischen Mittelschichtsfamilien beginnen Eltern, um es kurz zusammenzufassen, mit dem Kind über Vergangenes zu sprechen, wenn es ungefähr zwei Jahre alt ist. In diesem Alter beginnen Kinder zuzuhören und sich gelegentlich mit Einwürfen am Gespräch zu beteiligen. Das Folgende ist ein Beispiel für ein solches Gespräch, bei dem das Thema durch das Kind vorgegeben wurde (aus Engel, 1986; von der Autorin genehmigt).

Kind: Mami, das Chrysler-Hochhaus!
Mutter: Das Chrysler-Hochhaus?
Kind: Das Chrysler-Hochhaus?
Mutter: Ja, wer arbeitet im Chrysler-Hochhaus?
Kind: Papa.
Mutter: Warst Du da schon mal?
Kind: Ja, ich sehe das Chrysler-Hochhaus ... Bild vom Chrysler-Hochhaus.
Mutter: Ich weiß nicht, ob wir ein Bild vom Chrysler-Hochhaus haben. Haben wir eines?
Kind: Wir gingen nach ... mein Papa ging arbeiten.
Mutter: Kannst Du Dich dran erinnern, wie wir Papa besucht haben? Fuhren mit dem Aufzug, hoch hoch hinauf, damit wir durch das große Fenster runterschauen konnten?
Kind: Großes Fenster.
Mutter: Mmhm.
Kind: [...] Wann ... wir sind auf das große Haus gefahren.
Mutter: Mmhm, das große Haus. Hat das Spaß gemacht? Würdest Du das gern nochmal machen? Irgendwann.
Kind: Ich möchte auf das große Haus fahren.

Bemerkenswert ist, daß in diesem Gespräch das Kind das Thema vorgibt, das die Mutter weiter ausführt, indem sie eine Geschichte darüber erzählt, was sie beide zusammen erlebt hatten – eine Geschichte, die sowohl zeitliche (»wann«) wie kausale (»damit wir runterschauen konnten«) Verknüpfungen einschließt. Sie steuert auf einen Höhepunkt zu – durch das Fenster nach unten schauen, was für das Kind aufregend gewesen sein muß – und gibt eine Einschätzung der Erfahrung (»Hat das Spaß gemacht?«). Sie verbindet sie auch mit der Zukunft, indem sie vorschlägt, das Ganze zu wiederholen, was das Kind aufgreift, indem es erklärt, daß es noch einmal dorthin möchte.

Engel hat, wie Fivush und ihre Mitarbeiterinnen, herausgefunden, daß nicht alle Mütter (oder Väter) ihre Kinder auf diese Art und Weise ins Gespräch einbinden. Das heißt, sie sind nicht alle das, was Fivush als »elaboriert« *(elaborative)* bezeichnet. Vielmehr scheinen manche Eltern zu erwarten, daß Kinder ein Ereignis in derselben Form wahrnehmen wie sie selbst; sie versuchen deshalb dem Kind über Nachfragen Details einer Erfahrung zu entlocken, Details, die das Kind oft nicht erinnert und vielleicht auch nie wahrgenommen hat. In einer Reihe von Studien wurde gezeigt, daß diese Unterschiede im Gesprächsstil der Mütter die Art und Weise beeinflussen, in der Kinder sich zu erinnern und ihre Erinnerungen so zu organisieren lernen, daß sie sich die Vergangenheit gemeinsam mit anderen ins Gedächtnis rufen und darüber sprechen können. Die Thesen zur sozialen Konstruktion des autobiographischen Gedächtnisses finden hier eine wichtige Bestätigung.

Bevor diese Thesen weiter ausgeführt werden sollen, ist es jedoch wichtig festzustellen, daß die zur Geschichte gewordene Erinnerung *(the story of the memory)*, also das, was Kinder und Erwachsene im Gedächtnis behalten, um mit anderen darüber zu sprechen, nicht gleichzusetzen ist mit der zur Erinnerung gewordenen Erfahrung *(the experiential memory)*. Über das im Gedächtnis Behaltene sprechen lernen heißt – wie im Zitat zu Anfang des Beitrags nahegelegt – lernen, *wie* eine Geschichte erzählt wird. Man muß dazu einigermaßen mit den narrativen Strukturen vertraut sein, die das Wer, Was, Wie, Warum und Wann (einschließlich zeitlicher Abfolgen) dokumentieren. Dies erfordert den bewußten Umgang mit Zeit, aber auch die Möglichkeit, Wissen über Ziele, Motivationen, Emotionen usw. zu aktivieren – alles wichtige Bestandteile einer *Theory of Mind*, die Kindern jedoch für gewöhnlich erst im Alter von 4 oder 5 Jahren zur Verfügung stehen.

In mehreren Langzeitstudien haben Fivush und ihre Kolleginnen (vgl. etwa Reese, Haden & Fivush, 1993) Kinder im Alter zwischen 3 und 6 Jahren untersucht, um zu dokumentieren, wie sich ihre Erinnerungen an frühere Erfahrungen entwickeln und über die Zeit hinweg verändern. In diesen Untersuchungen hat sich gezeigt, daß der elterliche Interaktionsstil – elaboriert versus nichtelaboriert – spezifische Auswirkungen auf die Erinnerungen der Kinder in den späten Vorschuljahren hat. Kinder von Müttern mit einem elaborierten Interaktionsstil erinnern sich detailreicher an ihre Erfahrungen und steuern zu den Gesprächen über Vergangenes *(memory talk)* in dieser späten Phase mehr eigene Kommentare bei (zum Beispiel Details, die Mütter nicht erwähnen oder manchmal gar nicht erinnern). Korrelationsanalysen haben ergeben, daß sich der mütterliche Interaktionsstil mit Verzögerung auswirkt: Die Art und Weise, wie die Mutter mit ihrem 40 Monate alten Kind spricht, zeigt signifikante Auswirkungen auf die Erinnerungen des Kindes mit 58 und 70 Monaten. Umgekehrt ist dies nicht der Fall. Was das Kind erinnert, hat zu keiner Zeit Auswirkungen auf den späteren Gesprächsstil der Mutter. Zusammenfassend läßt sich also sagen, daß der mütterliche Gesprächsstil auf die Gedächtnisentwicklung des Kindes Einfluß nimmt und nicht umgekehrt.

In vergleichbaren Studien hat Reese (2002a, 2002b) herausgefunden, daß ein signifikanter Zusammenhang besteht zwischen der Mutter-Kind-Bindung, der Selbstwahrnehmung *(self-recognition)*, dem Sprachgebrauch, der Aufmerksamkeit des Kindes in den Gesprächen mit der Mutter im Alter von 18 Monaten und den Erinnerungen des Kindes im Alter von 3 Jahren. Eine aktuelle Studie von Reese zeigt, daß eine stabile Mutter-Kind-Bindung zum früheren Zeitpunkt (18 Monate) dazu führt, daß die Kinder im Alter von 3 Jahren in den Gesprächen über Vergangenes Geschichten erzählen, die zusammenhängender, evaluativer und kommunikativer in ihrer Form sind.

Der Einfluß von Interaktionsstilen, der in Studien zu Gesprächen über die Vergangenheit offensichtlich wurde, ist in anderen Studien auch dann nachgewiesen worden, wenn sich die Gespräche um die Gegenwart (Haden, Ornstein, Eckerman & Didow, 2001; Tessler & Nelson, 1994) und die Zukunft drehen (Hudson, 2004; Presler, 2000). Haden et al. (2001) untersuchten Gespräche, die Mütter und Kinder im Alter zwischen 2 und 3 Jahren während mehrerer unterschiedlicher, speziell in Hinblick auf hervorstechende und einprägsame Details entwickelter Spielsituationen zu Hause geführt haben. Sie haben – ähnlich wie bei Gesprächen über vergangene Ereignisse – Einflüsse des Gesprächsstils der Mutter in der aktuellen Situation auf die Erinnerung des Kindes nach einem Tag bzw. drei Wochen nachgewiesen. Besonders jene Gespräche, in die das Kind aktiv eingebunden war, übten einen erheblichen Einfluß auf die späteren Erinnerungen aus. Diese Studie replizierte Ergebnisse einer naturalistischen Beobachtungsstudie mit 4 Jahre alten Kindern, in der Tessler die Mütter vorweg als narrativ (vergleichbar dem elaborierten Stil) bzw. nichtnarrativ kategorisiert hatte (vgl. Tessler & Nelson, 1994). In beiden Studien erwiesen sich ein gemeinsames Gespräch und die geteilte Aufmerksamkeit als zentral für die Erinnerungen des Kindes. Presler (2000) berichtet von Einflüssen, die das Gespräch über ein für die Zukunft erwartetes Ereignis auf die Art und Weise nimmt, in der die Erfahrung erinnert wird – dies geschieht jedoch mit einer zeitlichen Verzögerung, was nahelegt, daß ein Konsolidierungseffekt notwendig ist, damit die Gespräche über zukünftige Erinnerungen *(»pre-memory« talk)* Wirkung entfalten können. All diese Studien geben wichtige Hinweise darauf, wie soziale Interaktionen über Erfahrungen das beeinflussen, was Kinder davon im Gedächtnis behalten, und es ist abzusehen, daß künftige Studien unser Wissen über diese Einflüsse beträchtlich erweitern werden.

In gewissem Sinne bestätigt die Unterscheidung zwischen elaborierten und nichtelaborierten (oder narrativen und nichtnarrativen) Müttern den Einfluß von Gesprächen über Vergangenes. Vor diesem Hintergrund ist es wichtig festzuhalten, daß Haden (1998) herausgefunden hat, daß Mütter, die als elaboriert kategorisiert wurden, ihren Gesprächsstil nicht verändern – weder über die Zeit hinweg mit denselben Kindern, noch wenn ihre Gesprächspartner unterschiedliche Kinder sind.

Bleiben Gespräche über Vergangenes aus, haben Kinder also nicht die Möglichkeit, an solchen Gesprächen zu partizipieren, so stellt sich der umgekehrte Effekt ein. Gegenwärtig weiß man wenig über die Erinnerungen gehörloser Kinder, die in Familien aufwachsen, in denen nicht über die Zeichensprache kommuniziert wird. Es gibt jedoch einige wenige Studien, die darauf hindeuten, daß gehörlose Erwachsene weniger Kindheitserinnerungen haben als hörende Erwachsene. Weigle und Bauer (2000) haben nichtgehörlose und gehörlose Erwachsene, die ohne Zeichensprache aufgewachsen sind, in Hinblick auf ihre beiden frühesten Erinnerungen verglichen. Die frühesten Erinnerungen von hörenden Erwachsenen sind durchschnittlich 19 Monate vor den frühesten Erinnerungen gehörloser Erwachsener datiert. Dies steht in Einklang mit der Vorannahme, daß ihnen Erfahrungen mit Gesprächen über die Vergangenheit fehlen. Goldman (2002) hat gezeigt, daß autistische Kinder, die an sozialen Interaktionen mit ihren Eltern oder anderen Personen nicht in derselben Art und Weise partizipieren wie sich normal entwickelnde Kinder, große Schwierigkeiten haben, über in der Vergangenheit gemachte Erfahrungen zu berichten. Natürlich haben diese Kinder auch in anderer Hinsicht Schwierigkeiten, ihrem Leben Bedeutung beizumessen. Nichtsdestotrotz sind dies interessante Ergebnisse, da die untersuchten zehnjährigen Kinder keine besonderen Schwierigkeiten damit hatten, Geschichten zu erinnern, die ihnen erzählt wurden.

Die Funktionen von »memory talk«

Bevor ich diesen Teil zum Einfluß des Gesprächs über die Vergangenheit auf das kindliche Gedächtnis abschließe, ist es wichtig, der Frage nachzugehen, warum und auf welche Weise das Gespräch mit den Eltern die Gedächtnisentwicklung beeinflußt. Mindestens drei Punkte sind hier vermutlich von Bedeutung. Der erste ist, daß das Gespräch über die Vergangenheit diese als Konstrukt in einem öffentlichen Raum wahrnehmbar und reflektierbar macht, und zwar in den Begriffen, die soziokulturell benutzt werden, um Bezüge zwischen Vergangenheit und Gegenwart herzustellen. Dies sind Begriffe wie »gestern« oder »morgen« und auch konkretere Bezugnahmen auf Tage, Wochen, Monate, Ferienzeiten usw. Damit werden dem Kind Wege aufgezeigt, um auf längere Sicht ein Verständnis von Zeitpunkten zu entwickeln, die zwar in der Vergangenheit und Zukunft liegen, aber mit der Gegenwart verbunden sind. Eines der wichtigen Ergebnisse dieses Prozesses ist ein Gefühl für die Eingebundenheit der eigenen Person in einer Kontinuität von Vergangenheit und Zukunft – ein Gefühl für ein Selbst, das geboren worden ist und erwachsen werden wird.

Der zweite Punkt, nämlich die Reflexion auf die eigene Erfahrung, ist damit aufs engste verbunden. Es scheint ohne weiteres plausibel, daß nichtreflektierte Erinnerung zwar Geschehnisse der Vergangenheit, jedoch kein Gefühl für die eigene Person als handelndes Subjekt *(agent)* einschließt. Das Gespräch verdeutlicht die Rolle der eigenen Person und mag so die Einmaligkeit der persönlichen Erfahrung betonen – vor allem dann, wenn Motivationen und Emotionen in den Blick kommen. Das trifft auch zu, wenn es darum geht, im Gespräch die unterschiedlichen Rollen zu erhellen, die man selbst und die anderen Personen einnehmen, und wenn sich zeigt, daß man selbst und andere unterschiedliche Sichtweisen auf ein Ereignis haben, was wiederum eine Differenzierung der Erinnerungen zur Folge haben muß. Damit wird die Entwicklung eines episodischen Gedächtnisses gefördert, das später als Quelle für Erinnerungen dient, die nicht nur Ereignisse in der Welt zum Gegenstand haben, sondern sich um die eigene Person drehen. Diese Überlegungen sind sicherlich spekulativer Art, stimmen aber damit überein, was wir über die Äußerungen von Kindern in den frühen Lebensjahren wissen.

Schließlich vermittelt das Gespräch mit den Eltern ein Modell dafür, wie eine Erinnerung erzählt wird – wobei man sich dessen bewußt sein sollte, daß die erzählte Erinnerung nicht gleichzusetzen ist mit der erinnerten Erfahrung. Im besten Falle ist das elterliche Modell ein narratives Modell, das nicht nur zeitliche Abfolgen und kausale Handlungszusammenhänge reflektiert, sondern vor allem das, was Bruner (1990) als »landscape of consciousness« bezeichnet hat: Ziele, Höhepunkte, Gefühle, Überzeugungen, Wünsche, Einschätzungen, die allesamt vermitteln, was ein Ereignis für die Beteiligten bedeutet. Mütter mit einem elaborierten oder narrativen Stil sagen das, was sie sagen, auf eine Art und Weise, die es den Kindern ermöglicht, an der im Werden begriffenen Geschichte aktiv zu partizipieren. So kann das Kind erkennen lernen, wie die Bruchstücke, die es erinnert, zu der Geschichte einer Erfahrung zusammengestellt werden können.

Individuelle Unterschiede und kulturelle Variationen im autobiographischen Gedächtnis

Einen Hinweis darauf, wie wichtig die soziale Erfahrung bei der Entwicklung des autobiographischen Gedächtnisses in der Kindheit ist, gibt der Umstand, daß das Alter, in dem dieses Gedächtnis einsetzt, individuell beträchtlich variiert. Unter den (meist europäischen und amerikanischen, mehrheitlich männlichen) Populationen, die im Laufe der letzten hundert (oder etwas mehr) Jahre untersucht wurden, zeigt sich eine große Spannweite in der Datierung der frühesten Erinnerung: angefangen von einem Alter von etwa 2 bis hin zu 8 Jahren (Dudycha & Dudycha, 1941). Diese große Spannweite legt nahe, daß das Auftreten dieser Form von Gedächtnis weder unmittelbar an biologische Reifungsprozesse und neurale Entwicklungen noch an sich entfaltende sprachliche Fähigkeiten geknüpft ist. Vielmehr hängt die Entwicklung des autobiographischen Gedächtnisses mit sozialen Faktoren zusammen, wie sie im Vorangegangenen beschrieben wurden.

Vor diesem Hintergrund wurde die Vermutung geäußert (Nelson, 1992), daß es kulturelle Differenzen sowohl in den Datierungen der frühesten Erinnerung als auch in den Ausprägungen des autobiographischen Gedächtnisses gibt – dies nicht zuletzt aufgrund des Zusammenhangs zwischen Gesprächspraktiken, Konzepten des Selbst wie der sozialen Welt und der Werte, die unterschiedlichen Kulturen eigen sind. So ist es in manchen Kulturen, wie der der Maya (Rogoff, 2003), nicht üblich, daß sich Kinder an den Gesprächen der Erwachsenen beteiligen. Zudem gilt es weithin als bestätigt, daß es große Unterschiede zwischen vielen asiatischen Kulturen und der amerikanischen Kultur in Hinblick auf Selbstkonzepte und das Verhältnis zwischen intra- und interpersonalen Werten gibt. Autobiographische Erinnerung ist im wesentlichen Erinnerung des Selbst in seiner sozialen und kulturellen Umgebung; von daher war es zu erwarten, daß diese Erinnerungen die sozialen und kulturellen Normen in bezug auf das Selbst unterschiedlich reflektieren und auch in unterschiedlicher Weise von der positiven oder negativen Bewertung des öffentlichen Redens über die eigene Erfahrung beeinflußt sind. Zu erwarten war, daß unter den amerikanischen Versuchspersonen die Betonung vor allem auf der Einmaligkeit ihrer persönlichen Geschichte liegen würde, wohingegen die asiatischen Versuchspersonen diese Geschichte größtenteils in einen Familien- und Gruppenkontext stellen würden.

Annahmen dieser Art haben zu zahlreichen Studien geführt, angefangen bei der bahnbrechenden Untersuchung von Mullen (1994), die Kindheitserinnerungen von asiatischen Studierenden in den USA mit denen euro-amerikanischer Studierender verglichen hat. Wie vorhergesagt, setzten bei der Gruppe der asiatischen Studierenden die Erinnerungen später ein als bei den Euroamerikanern. Qi Wang (2001; Wang & Leichtman, 2000) hat daran mit einer Serie von Untersuchungen sowohl zu Erwachsenen wie zu Kindern angeschlossen. Sie hat herausgefunden, daß die Erinnerungen chinesischer Kinder im Vergleich zu denen gleichaltriger amerikanischer Kinder weniger ausführlich, dafür stärker skriptorientiert (weniger individualisierend) sind und daß sich der Eltern-Kind-Dialog unterschiedlich gestaltet. Amerikanische Eltern tendieren dazu, das Kind mit seinen Eigenschaften, Vorlieben und Abneigungen ins Zentrum der gemeinsam erzählten Geschichte zu stellen und seine emotionalen Reaktionen zu kommentieren, wohingegen sich chinesische Eltern eher auf Normen, gesellschaftliche Regeln und auf Erwartung an das Verhalten des Kindes konzentrieren.

Zu einem spannenden Ergebnis kam Leichtman (Leichtman, Wang & Pillemer, 2003) in einer Studie zu Erinnerungen in einem indischen Dorf. Sie berichtet, daß es in ihrer Stichprobe von männlichen und weiblichen Dorfbewohnern, die (von Muttersprachlern) gebeten wurden, Fragen zu ihrer Vergangenheit zu beantworten, zu großen Widerständen dagegen kam, Erfahrungen aus der Kindheit oder dem Erwachsenenalter zu erzählen. Im allgemeinen beriefen sich die Befragten darauf, daß es nichts zu erinnern gebe und daß dies zu nichts führe. Vor dem Hintergrund der gängigen Annahme, daß ein personales Gedächtnis ein universales Charakteristikum menschlichen Lebens ist (Tulving, 1983), ist dies ein sehr provokanter Befund. Er betont die Wichtigkeit der Frage, was am Gedächtnis universal und was kulturell oder individuell ist. Zukünftige Forschungen mit unterschiedlichen Gruppen mögen uns helfen, Licht auf diese Fragen zu werfen.

Das Reden über die eigene Vergangenheit – ein zweischneidiges Schwert

Bevor ich meinen Bericht über *memory talk* als eine zentrale Ressource für die Entwicklung des autobiographischen Gedächtnisses abschließe, ist es nicht unwichtig, auch die andere, etwas widersprüchliche Seite anzusprechen. Nehmen wir folgende Passage über das, was Jean Piaget für seine früheste Erinnerung hielt:

> »Ich sehe noch jetzt mit größter visueller Genauigkeit folgende Szene (…). Ich saß in meinem Kinderwagen, der von einer Amme auf den Champs-Elysées (…) geschoben wurde, als ein Kerl mich entführen wollte. Der gestraffte Lederriemen über meiner Hüfte hielt mich zurück, während sich die Amme dem Manne mutig widersetzte (dabei erhielt sie einige Kratzwunden im Gesicht, deren Spuren ich noch heute vage sehen kann). Es gab einen Auflauf, ein Polizist mit kleiner Pelerine und weißem Stab kam heran, worauf der Kerl die Flucht ergriff. Ich sehe heute noch die ganze Sze-

ne, wie sie sich in der Nähe der Metro-Station abspielte. Doch als ich 15 Jahre alt war, erhielten meine Eltern einen Brief jener Amme, in dem sie ihren Eintritt in die Heilsarmee mitteilte und ihren Wunsch ausdrückte, ihre früheren Verfehlungen zu bekennen, besonders aber die Uhr zurückzugeben, die sie als Belohnung für diese – einschließlich der sich selbst zugefügten Kratzspuren – völlig erfundene Geschichte bekommen hatte. Ich mußte also als Kind diese Geschichte gehört haben, an die meine Eltern glaubten. In der Form einer visuellen Erinnerung habe ich sie in die Vergangenheit projiziert« (Piaget, 1975, S. 240 f.).

Für Piaget zeigen Erinnerungen dieser Art, wie »echte« und »falsche« Erinnerungen in diesem frühen Stadium durcheinandergeraten. Piaget jedoch glaubte nicht an die Bedeutung von Sprache für das Gedächtnis oder für andere Aspekte von Kognition. Für ihn mag das Kind zwar Worte gebrauchen, ihre wahre Bedeutung erschließe sich aber erst dann, wenn die passenden logischen Konzepte als kognitive Strukturen hinzukommen. Für jene, die Wygotskis (1974) Ansicht teilen, daß Sprache zentral für Denken ist – wie die vorangegangenen Abschnitte zu Sprache und ihrem Einfluß auf das Gedächtnis nahelegen –, ist die Frage, was Piagets »falsche« Erinnerung zu bedeuten hat, sehr viel interessanter. Tatsächlich haben wir es hier nicht mit einer falschen Erinnerung zu tun, sondern mit einer echten Erinnerung an etwas, das nie passiert ist, aber von den Familienmitgliedern erzählt wurde (wie oft, können wir nicht wissen). Piaget muß seinen »Selbst-Sinn« *(feeling of »self«)* in die Vorstellung vom Ereignis projiziert haben sowie die Szene mit Details aus eigenen Erfahrungen mit Polizei, den Champs-Elysées, der Metro-Station usw. ergänzt haben – auf der Grundlage eines durch vergleichbare Ausflüge gewonnenen skriptähnlichen Wissens.

Die Frage, die hier von Interesse ist, ist folgende: Wie konnte Piaget einen mündlichen Bericht für einen halten, der seinem Erfahrungsgedächtnis *(experiential memory)* entspringt? William James hat wiederholt darauf hingewiesen, daß den Dingen, die wir selbst erfahren haben, ein »trautes Gefühl von Nähe« *(warm sense of intimacy)* zukommt – was Tulving »Autonoesis« nennen würde, die es uns erlaubt, »in unserem Bewußtsein eine Zeitreise in die Vergangenheit anzutreten« (Tulving & Lepage, 2000). Die allgemeinere Frage ist: »Wie passiert es, daß mündliche Berichte mit persönlicher Erfahrung verwechselt werden?« – denn das passiert uns allen manchmal. Solche Verwechslungen zeigen, wie fragil und verletzlich unser Gedächtnis ist – vor allem in der frühen Kindheit.

Entwicklungspsychologische Studien haben zu dieser Frage einiges beizusteuern. Am eindrucksvollsten wurde immer wieder die Beeinflußbarkeit von kleinen Kindern demonstriert, indem irreführende Bilder wie auch irreführende mündliche

Hinweise und Fragen eingesetzt wurden (Ceci, Toglia & Ross, 1990). Drei Jahre alte Kinder sind leichter zu beeinflussen als fünf Jahre alte Kinder; beide Altersgruppen wiederum leichter als ältere Kinder und Erwachsene. Wie jedoch Loftus' (1979) Untersuchungen auf vielfältige Art und Weise gezeigt haben, sind auch Erwachsene vor irreführenden Einflüsterungen nicht gefeit – selbst auf so heiklen Gebieten wie gerichtlichen Zeugenaussagen. Alles in allem bahnt sich fremdes mündliches Material relativ leicht seinen Weg in unser Gedächtnis, und täuscht uns so darüber, was tatsächlich geschehen ist.

Marcia Johnson (2002) hat – was für diese Fragestellung von Bedeutung ist – ein Forschungsprogramm durchgeführt, das die Schwierigkeiten aufzeigt, die Leute haben, wenn es darum geht, genau auseinanderzuhalten, ob sie etwas gesagt, gedacht oder getan haben. Kleine Kinder bringen in dieser Hinsicht mehr durcheinander (Ratner, Foley & Gimpert, 2000) und tendieren auch dazu, die Handlungen anderer als ihre eigenen zu betrachten. Die meisten dieser Studien zeigen, daß der Quelle, aus der eine Erinnerung stammt, keine große Bedeutung beigemessen wird. Einiges deutet darauf hin, daß sich dieses Problem für kleine Kinder besonders dann stellt, wenn es sich um Sprache handelt (Gopnik & Graf, 1988). So hat Miller (Miller et al., 1990) gezeigt, daß Kinder im Vorschulalter dazu neigen, die Quelle einer Geschichte oder Anekdote zu ignorieren und sie so zu erzählen, als ob sie sie selbst erlebt hätten. Ist das Verwechseln von Informationsquellen somit das zentrale Problem beim Verwechseln von mündlichen Berichten und erinnerten Erfahrungen? In gewissem Sinne kann man diese Frage mit ja beantworten.

Das autobiographische Gedächtnis ist persönlich; es umfaßt die Lebensgeschichte eines Individuums – wenn auch eines Individuums, das in einer soziokulturellen Welt lebt. In Tulvings (1983) Konzept des episodischen Gedächtnisses ist die Autonoesis *(self-knowing)* Garant dafür, daß das Selbst in die erinnerte Erfahrung involviert war – im Unterschied zum bloßen »Wissen um« ein Ereignis, in dem das Selbst eine Rolle gespielt haben mag oder nicht. Piagets »Erinnerung« und die angesammelten Beweise der Anfälligkeit von Erinnerungen zeigen, daß die Überzeugung, selbst in ein Ereignis involviert gewesen zu sein, in anderen, oft mündlichen, Überlieferungen gründen kann und eben nicht in der direkten Erfahrung. Es ist wichtig, dies erklären zu können, um die Rolle des episodischen Gedächtnisses in der Entwicklung eines persönlichen autobiographischen Gedächtnissystems zu verstehen. Hier eine vorläufige Erklärung:

Zunächst treten Erinnerungen – und zwar, wie Bauers (2002) Studien gezeigt haben, Erinnerungen, die eine bestimmte Zeit überdauern und auf die man sich durchaus verlassen kann – in der Entwicklung zweifellos früher auf, als das Kind sprechen lernt. Doch dieses frühe Gedächtnis ist nicht autonoetisch im Sinne Tulvings und von daher weder episodisch noch autobiographisch. Es enthält keine mündlichen Berichte; seine Inhalte stammen allein aus der unmittelbaren Erfahrung und mögen in Episoden gegliedert oder von allgemein semantischer oder skiptähnlicher Art sein (Nelson, 1993). Da es sich um ein undifferenziertes System handelt, wird, wenn Sprache Teil des kindlichen Verständnisses einer Erfahrung wird, diese in dasselbe Gedächtnissystem eingespeist.

Wenn jedoch die sprachlichen Fähigkeiten so weit entwickelt sind, daß Kinder die Berichte anderer genauso verstehen wie ihre eigenen Beobachtungen eines Ereignisses, in das andere verwickelt sind, dann kann sich die Erinnerung an das, was erzählt wurde, mit den eigenen Erfahrungen des Kindes vermischen. Vor allem dann, wenn das passive Sprachvermögen relativ gut ausgeprägt ist, das Kind gleichzeitig aber massive Schwierigkeiten hat, die Quellen der Erinnerungen klar voneinander zu unterscheiden *(source monitoring problems)*, scheint es am anfälligsten für Suggestion und die Übernahme der Geschichten anderer zu sein. Die Veridikalität des autonoetischen Gedächtnisses wird in dieser Phase bedroht durch die Möglichkeit des Vertauschens oder Verschmelzens der Berichte anderer mit der eigenen Erfahrung. Dies ist unproblematisch, solange kein Wert auf ein über die Zeit hinweg integriertes Selbstkonzept gelegt wird, eines, das autonom, authentisch und unabhängig von anderen Personen ist. Diese Werte scheinen bis zu einem gewissen Grad von den meisten Kulturen geteilt zu werden, wenn sie auch nicht immer im gleichen Ausmaß gelten und auch nicht im gleichen Ausmaß für alle Mitglieder einer Kultur (so kann es beispielsweise Geschlechtsunterschiede geben).

Die Gefährdung der Veridikalität des autobiographischen Gedächtnisses endet nicht mit der Kindheit, sondern trifft manchmal auch uns Erwachsene. Sie ist eine Funktion der sozialen Eingebettetheit unserer Lebensgeschichten, was vor allem in der Entwicklungsperspektive deutlich wird, die im Vorangegangenen nachgezeichnet wurde, und in der Eltern und andere Erwachsene eine zentrale Rolle spielen, wenn es darum geht, daß das Kind lernt, angemessene Erinnerungsberichte zu konstruieren. In diesen Fällen ist die Unterscheidung zwischen der eigenen Erfahrung und der anderer ein wichtiger Teil der Entwicklung einer authentischen Lebensgeschichte. Im Zuge dessen mag man lernen die »eigene« Erfahrung als solche zu benennen und sie von anderen Quellen der Erinnerung zu unterscheiden. Von daher mag das, was wir als episodisches Gedächtnis kennen, durch einen Prozeß entstehen, in dem die eigene Erfahrung zunächst differenziert und dann ihre Integrität geschützt wird. Um diesen Prozeß zu verstehen, ist es notwendig zu sehen, daß zu Beginn des Lebens jede Erfahrung private, eigenperspektivische Erfahrung ist; es gibt keinen Zugang zu den Perspektiven und Erfahrungen anderer Personen außerhalb des eigenen Gesichtskreises. Von daher ist eine spezielle Art der Erinnerung, die vom

Selbst handelt, nicht notwendig: Alle Erinnerung handelt vom Selbst. Erst wenn diese Erinnerung mit anderen Informationsquellen vermischt wird, muß sie als besonders und besonders wahrhaftig geschützt werden. All diese Komplikationen zusammen mögen erklären, warum das episodische Gedächtnis so spät auftaucht und warum die kindliche Amnesie so lange dauert.

Natürlich sind die zuletzt geäußerten Überlegungen hoch spekulativ. Nichtsdestotrotz stehen sie im Einklang mit unserem gegenwärtigen Wissen um die Gedächtnisentwicklung und reflektieren die nicht geringe Bandbreite, die im Ablauf der Entwicklung und in den Merkmalen des autobiographischen Gedächtnisses innerhalb von und zwischen Kulturen besteht.

Literatur:

Bauer, P. J. (2002). Building toward a past: Construction of a reliable long-term recall memory system. In N. L. Stein, P. J. Bauer & M. Rabinowitz (Hrsg.), *Representation, memory, and development: Essays in honor of Jean Mandler* (S. 17–42). Mahwah, NJ: Erlbaum.

Bruner, J. S. (1990). *Acts of meaning.* Cambridge, MA: Harvard University Press; dt. (1997): *Sinn, Kultur und Ich-Identität. Zur Kulturpsychologie des Sinns.* Heidelberg: Carl Auer.

Ceci, S. J., Toglia, M. P. & Ross, D. F. (1990). The suggestibility of preschoolers' recollections: Historical perspectives on current problems. In R. Fivush & J. Hudson (Hrsg.), *Knowing and remembering in young children* (S. 285–300). New York: Cambridge University Press.

Dudycha, G. J. & Dudycha, M. M. (1941). Childhood memories: A review of the literature. *Psychological Bulletin, 38,* 668–682.

Engel, S. (1986). *Learning to reminisce: A developmental study of how young children talk about the past.* Unpublished Ph.D. Dissertation, City University of New York Graduate Center.

Fivush, R. & Nelson, K. (2004). Culture and Language in the Emergence of Autobiographical Memory. *Psychological Science, 15,* 573–577.

Goldman, S. (2002). Unshared lives: Fictional and personal narrative productions in high-functioning autistic children. Unpublished Ph.D. Dissertation. City University of New York Graduate Center.

Gopnik, A. & Graf, P. (1988). Knowing how you know: Young children's ability to identify and remember the sources of their beliefs. *Child Development, 59,* 1366–1371.

Haden, C. A. (1998). Reminiscing with different children: Relating maternal stylistic consistency and sibling similarity in talk about the past. *Developmental Psychology, 34,* 99–114.

Haden, C. A., Ornstein, P. A., Eckerman, C. O. & Didow, S. M. (2001). Mother-child conversational interchanges as events unfold: Linkages to subsequent remembering. *Child Development, 72,* 1016–1031.

Hudson, J. A. (2004). The development of future thinking: Constructing future events in mother-child conversation. In J. M. Lucariello, J. A. Hudson, R. Fivush & P. J. Bauer (Hrsg.), *The development of the mediated mind: Sociocultural context and cognitive development* (S. 127–150). Mahwah, NJ: Erlbaum.

James, W. (1950). *The principles of psychology*. New York: Dover Publications (zuerst veröffentlicht 1890).

Johnson, M. K. (2002). Reality monitoring: Varying levels of analysis. *APS Observer, 15(8)*, 28–29.

Leichtman, M. D., Wang, Q. & Pillemer, D. B. (2003). Cultural variations in interdependence and autobiographical memory: Lessons from Korea, China, India, and the United States. In R. Fivush & C. Haden (Hrsg.), *Autobiographical memory and the construction of a narrative self: Developmental and cultural perspectives* (S. 73–98). Mahwah, NJ: Erlbaum.

Loftus, E. F. (1979). *Eyewitness testimony*. Cambridge, MA: Harvard University Press.

Miller, P. J., Potts, R., Fung, H., Hoogstra, L. & Mintz, J. (1990). Narrative practices and the social construction of self in childhood. *American Ethnologist, 17*, 292–311.

Mullen, M. K. (1994). Earliest recollections of childhood: A demographic analysis. *Cognition, 52*, 55–79.

Nelson, K. (1986). *Event knowledge: Structure and function in development*. Hillsdale, NJ: Erlbaum.

Nelson, K. (1992). Emergence of autobiographical memory at age 4. *Human Development, 35*, 172–177.

Nelson, K. (1993). The psychological and social origins of autobiographical memory. *Psychological Science, 4*, 1–8.

Nelson, K. & Fivush, R. (2004). The emergence of autobiographical memory: A social cultural developmental theory. *Psychological Review, 111*, 486–511.

Piaget, J. (1975). *Nachahmung, Spiel und Traum. Gesammelte Werke 5, Studienausgabe*. Stuttgart: Klett (Original erschienen 1959).

Pillemer, D. B. & White, S. H. (1989). Childhood events recalled by children and adults. In H. W. Reese (Hrsg.), *Advances in child development and behavior* (Bd. 21; S. 297–340). New York: Academic Press.

Presler, N. (2000). *Pre-writing memories: From anticipatory discourse to children's personal narratives*. Unpublished Ph.D. Dissertation, City University of New York Graduate School, New York.

Ratner, H. H., Foley, M. A. & Gimpert, N. (2000). Person perspectives on children's memory and learning: What do source-monitoring failures reveal? In K. P. Roberts & M. Blades (Hrsg.), *Children's source monitoring* (S. 85–114). Mahwah, NJ: Erlbaum.

Reese, E. (2002a). A model of the origins of autobiographical memory. In J. W. Fagen & H. Hayne (Hrsg.), *Progress in infancy research* (Bd. 2; S. 215–260). Mahwah, NJ: Erlbaum.

Reese, E. (2002b). Social factors in the development of autobiographical memory: The state of the art. *Social Development, 11*, 124–142.

Reese, E., Haden, C. A. & Fivush, R. (1993). Mother-child conversations about the past: Relationships of style and memory over time. *Cognitive Development, 8*, 403–430.

Rogoff, B. (2003). *The cultural nature of human development*. New York: Oxford University Press.

Tessler, M. & Nelson, K. (1994). Making memories: The influence of joint encoding on later recall. *Consciousness and Cognition, 3*, 307–326.

Tulving, E. (1983). *Elements of episodic memory*. New York: Oxford University Press.

Tulving, E. & Lepage, M. (2000). Where in the brain is the awareness of one's past? In D. L. Schachter & E. Scarry (Hrsg.), *Memory, brain, and belief* (S. 208–228). Cambridge, MA: Harvard University Press.

Wygotski, L. S. (1974). *Denken und Sprechen*. Frankfurt am Main: Fischer (Original erschienen 1934).

Wang, Q. (2001). »Did you have fun?« American and Chinese mother-child conversations about shared emotional experiences. *Cognitive Development, 16*, 693–717.

Wang, Q. & Leichtman, M. D. (2000). Same beginnings, different stories: A comparison of American and Chinese children's narratives. *Child Development, 71*, 1329–1346.

Weigle, T. W. & Bauer, P. J. (2000). Deaf and hearing adults' recollections of childhood and beyond. *Memory, 8*, 293–310.

ALEIDA ASSMANN

Wie wahr sind unsere Erinnerungen?

Wie man es erzählen kann, so ist es nicht gewesen.
CHRISTA WOLF

Ich-Gedächtnis und Mich-Gedächtnis

»Ich erinnere mich.« Mit diesen Worten begann Günter Grass am 1. Oktober 2000 eine Rede in der Stadt Vilnius (Grass, 2001). Dort fand ein »Litauisch-Deutscher Dialog über die Zukunft der Erinnerung« statt.[1] Vier Autoren (darunter zwei weitere Nobelpreisträger) kehrten auf Einladung des Goethe-Instituts 55 Jahre nach Ende des Krieges in die Barockstadt zurück, die einst ein multikulturelles Zentrum in der Mitte Europas war und seit 1990 die Hauptstadt des unabhängigen Staates Litauen ist. Grass und die anderen Autoren brachten jeder und jede ihre eigene Last von Erinnerungen an Verfolgung, Vernichtung und Vertreibung an diesen Ort mit, die so charakteristisch sind für die Leidensgeschichten des 20. Jahrhunderts.

Seinen ersten Satz, der mit »Ich erinnere mich« beginnt, setzt Grass mit folgenden Worten fort: »oder ich werde erinnert durch etwas, das mir quer steht, seinen Geruch hinterlassen hat oder in verjährten Briefen mit tückischen Stichworten darauf wartet, erinnert zu werden« (Grass, 2001, S. 27). In diesem Satz vollzieht er die abrupte Wende von einer aktiven zu einer passiven Konstruktion. Dabei räumt er die Subjektposition (ich) und findet sich in der Objektposition (mich) wieder. In die Subjektposition rückt das Wort »etwas«, das zunächst nicht mehr als ein vager Platzhalter ist. Diese Leerstelle wird konkretisiert durch weitere Worte wie »Geruch« und »tückische Stichworte«.

Indem er seinen ersten Satz mit dem Wörtchen »oder« auseinanderbricht, macht Grass auf zwei grundsätzliche Modi des autobiographischen Gedächtnisses aufmerksam, die ich hier als »Ich-Gedächtnis« und als »Mich-Gedächtnis« unterschei-

[1] Neben Grass waren Czeslaw Milosz und Wislawa Szymborska sowie der litauische Dichter Tomas Venclova beteiligt.

den möchte. Während das eine verbal und deklarativ ist, ist das andere flüchtig und diffus, dabei jedoch nicht ohne besondere Prägnanz; es appelliert eher an die Sinne als an den Verstand. Psychologie und Psychotherapie haben sich intensiv mit dem Ich-Gedächtnis beschäftigt und ihm solche Konzepte wie »story« und »script« zugeordnet (vgl. Berne, 1976; Neumann, 2000; Rendall, 1995). Die therapeutische Prämisse lautete dabei: Wir sind die Geschichten, die wir von uns selbst erzählen können. Um eine Identität zu konstruieren, erschien es notwendig, eine Erzählung zu konstruieren, die den unsortierten Vorrat unserer autobiographischen Erinnerungen ordnet und ihm zusammen mit einer erinnerbaren Gestalt zugleich eine Bedeutung gibt. Das Projekt des aktiven Ich-Gedächtnisses besteht folglich darin, Erinnerungen bewußt aufzurufen und ihnen die Form einer Erzählung zu geben, die ihnen Bedeutung zu verleihen und Perspektiven für die Zukunft zu öffnen vermag. Das autobiographische Gedächtnis ordnet sich nicht von selbst in dieses Format; um den Vorrat von unsortierten Erinnerungen in eine Form zu bringen, muß man Distanz zu sich selbst gewinnen und eine soziale Position oder eine dialogische Haltung einnehmen. Diese autobiographischen Erinnerungen haben eine soziale Komponente: Wir müssen in der Lage sein, sie entweder anderen oder uns selbst zu erzählen.

Während die Psychologen uns viel über das Ich-Gedächtnis erzählen können, müssen wir uns an Schriftsteller wie Proust oder Grass halten, um etwas über das Mich-Gedächtnis zu erfahren. Kehren wir zum Text seiner Rede zurück und schauen wir uns den zweiten Absatz an:

> »Auch während Reisen an Orte, die hinter uns liegen, zerstört wurden und nun fremd klingen, holt uns plötzlich Erinnerung ein. So geschah es mir im Frühjahr 1958, als ich zum ersten Mal nach Kriegsende die langsam aus abgeräumten Trümmern nachwachsende Stadt Gdansk besuchte und beiläufig hoffte, auf verbliebene Spuren von Danzig zu stoßen. Gewiß, Schulgebäude waren stehen geblieben und ließen in ihren Korridoren wohlkonservierten Schulmief aufleben. Schulwege hingegen schienen kürzer zu sein, als mir erinnerlich war. Dann aber, als ich das einstige Fischerdorf Brösen aufsuchte und den schlappen Anschlag der Ostsee als unverändert erkannte, stand ich plötzlich vor der verschlossenen Badeanstalt und dem gleichfalls vernagelten Kiosk seitlich vom Eingang. Und sogleich sah ich die billigste Freude meiner Kindheit aufschäumen: Brausepulver mit Himbeer-, Zitrone- und Waldmeistergeschmack, das in jenem Kiosk für Pfennige in Tütchen zu kaufen war. Doch kaum prickelte das erinnerte Erfrischungsgetränk, begann es sogleich Geschichten zu hecken, wahrhafte Lügengeschichten, die nur auf das richtige Kennwort gewartet hatten. Das harmlose und simpel wasserlösliche Brausepulver löste in meinem

Kopf eine Kettenreaktion aus: aufschäumende frühe Liebe, dieses wiederholte und dann nie wieder erlebte Prickeln« (Grass, 2001, S. 28).

Es ist die Meisterschaft des Autors Grass, daß er mehrere Dinge auf einmal zuwege bringt: eine Episode seiner Kindheit zu erzählen, Erinnerungen aufzurufen und gleichzeitig noch den Prozeß des Erinnerns selbst in ein ausdrucksvolles Bild zu kleiden. In seiner Beschreibung des Erfrischungsgetränks, das unerwartete Erinnerungen freisetzt und ihnen zu einer sinnlichen Präsenz verhilft, können wir unschwer eine Verneigung vor Proust erkennen, dem großen literarischen Patron und Erforscher des autobiographischen Mich-Gedächtnisses, das er »mémoire involontaire« nannte. Was für Grass das imaginäre Brausepulver ist, ist für Proust der tatsächliche Geschmack einer in Lindenblütentee getauchten Madeleine, der so plötzlich wie überwältigend zur Epiphanie eines tief begrabenen Vergangenheitsmoments führt.

Aber auch im Falle von Grass wird das autobiographische Gedächtnis von realen sinnlichen Impulsen angestoßen. Er kehrt zu Orten seiner Kindheit zurück, wie der Volksschule in Gdansk und dem Strand von Brösen. Wir können diese Erinnerungsorte »lieux de souvenir« nennen, um ihre private und subjektive Qualität von Pierre Noras kollektiven und kulturellen Gedächtnisorten, den »lieux de mémoire«, abzusetzen. Orte und Gegenstände sind die wichtigsten Auslöser des Mich-Gedächtnisses. Grass schreibt: »Sprachlose Gegenstände stoßen uns an.« Das können stumme Relikte und Photographien sein, aber auch einfache Dinge wie das Brausepulver, mit denen erlebnisgesättigte Lebenskontexte plötzlich wieder in uns aufsteigen.

Was ist das für eine Magie, so muß man doch fragen, die diesen unscheinbaren Orten und Gegenständen innewohnt, daß sie uns plötzlich so heftig anrühren? Wodurch gewinnen sie eine solche Macht über uns? Bevor sie diese Wirkung auf uns ausüben können, müssen wir selbst etwas in sie investiert haben. In dieser Hinsicht ist die magische Erinnerungskraft, die Objekten und Orten innewohnt, der Kraft der antiken »Symbola« vergleichbar. Das Wort bezieht sich auf Gegenstände mit Zeichenwert, die anläßlich von Verträgen in zwei Hälften gebrochen wurden, wobei jede der Parteien eine Hälfte als Merk- und Erkennungszeichen erhielt. Wenn die beiden Hälften wieder zusammengefügt wurden, war die Rechtskräftigkeit des Vertrags und die Identität der beiden Verhandlungspartner bestätigt. Nach diesem Modell können wir uns vorstellen, daß viele unserer autobiographischen Erinnerungen, und zumal die, die im Mich-Gedächtnis aufgehoben sind, in zwei Hälften geteilt sind: eine Hälfte, die in uns verbleibt, und eine, die in Orte oder Objekte veräußert ist. Viele unsichtbare Fasern und Fäden verknüpfen so den Leib und die Sinne mit der Außenwelt. Das Mich-Gedächtnis wird aktiviert, wenn nach längerer Trennung die externe ausgelagerte Hälfte mit der leiblichen Hälfte wieder zusammengebracht wird. Orte und Gegenstände sind mächtige ›Trigger‹ dieses »somatischen Gedächtnisses«, zu dem es freilich keinen Schlüssel, keine Landkarte und keinen anderweitig bewußten und kontrollierten Zugang gibt. Wir können es niemals von außen überblicken oder nachprüfen, weil es in die Fasern und Fugen unserer unverfügbaren Empfindungen eingelassen ist. Deshalb stolpern wir hier blind, wie Grass schreibt, über alle möglichen Widerstände und Fallen. Wir halten nicht die Wünschelrute dieser somatischen Erinnerungen in unserer Hand, weil wir selbst nicht das Agens, sondern das Medium dieser Wirkungen sind: Wir sind selbst die Wünschelrute. Deshalb ist es auch nicht so leicht, an dieses Mich-Gedächtnis heranzukommen: Wir können die darin gespeicherten Errinnerungen nicht einfach aufrufen, sondern müssen warten, bis sie sich (durch entsprechende Berührungen und Paßworte) selbst melden. Die Erinnerungen schlummern im Mich-Gedächtnis in der Form impliziter und versteckter Dispositionen; sie bilden ein diffuses und latentes Bereitschaftssystem, das unerwartet auf bestimmte äußere Reize antwortet. Wo Reiz auf Disposition trifft, werden die somatischen Erinnerungen aktiviert und können aus dem vorbewußten Mich-Gedächtnis ins bewußte Ich-Gedächtnis übersetzt werden.

Der französische Philosoph Henri Bergson hat einmal geschrieben: »Der Mann der Tat zeichnet sich durch seine Fähigkeit aus, wichtige Erinnerungen aufrufen zu können, indem er in seinem Bewußtsein eine Barriere errichtet, die ihn vor der Masse seiner unzusammenhängenden Erinnerungen schützt« (Bergson, 1964, S. 166). Diese Einsicht bildet zugleich den Kern einer Argumentation, die Nietzsche zwanzig Jahre zuvor in seiner Schrift »Vom Nutzen und Nachteil der Historie für das Leben« vorgetragen hat. Männer der Tat, die von Nietzsche und Bergson bewundert wurden, sind Virtuosen des Ich-Gedächtnisses; Autoren wie Proust und Grass dagegen – und hier können wir auch James Joyce und Virginia Woolf hinzunehmen – sind Virtuosen des Mich-Gedächtnisses, die das labyrinthische und rhizomatische Gefüge unserer somatischen Erinnerungen studiert haben, die zugleich das Netz bilden, durch das unser Körper mit der Außenwelt verbunden ist.

Im ersten Teil dieses Beitrags ging es darum, zwei verschiedene Systeme innerhalb des autobiographischen Gedächtnisses zu unterscheiden: das auf bewußter Re-Konstruktionsarbeit beruhende Ich-Gedächtnis und das nicht organisierte und nicht organisierbare somatische Mich-Gedächtnis. Während das erste sich in der Interaktion mit signifikanten anderen bildet, wird das zweite durch Interaktion mit Orten und Gegenständen aktiviert. Diese Orte und Objekte fungieren als Auslöser, die die ›halbierten‹ somatischen Dispositionen, die in uns schlummern, vervollständigen, womit sie – wie bei Grass – durch Selbstbeobachtung in eine bewußte Dimension gehoben und dem Ich-Gedächtnis zugeschlagen werden können. Damit allerdings verändert es sich qualitativ. Das Mich-Gedächtnis ist ein System von Resonanzen, von Saiten, die zum Klingen gebracht werden können. Welche Saite getroffen wird, ob eine Schwingung im labyrinthischen Netzwerk unserer Seele entsteht, ist nicht wirklich steuerbar, sondern beruht weitgehend auf Zufällen. Nur was längere Zeit in einem Zustand der Latenz und des Vergessens verharrte, kann eine spezifische ›Frische‹ bewahren. »Touch it and the bloom is gone« – diese Floskel von Oscar Wilde gilt in einem gewissen Grade auch für das somatische Mich-Gedächtnis. Denn jede weitere Reaktivierung dieses Mich-Gedächtnisses wird die bewußte sprachliche Formung stärken und damit automatisch den zugrunde liegenden sinnlichen Erlebnisgehalt schwächen. Damit sind wir bei einem wesentlichen Aspekt des Erinnerns angekommen, der permanenten Umkodierung von Vorbewußtem oder Unbewußtem in Bewußtes, von Sinnlichem in Sprachliches und Bildliches, von Bildern und Sprache in Schriftliches usw. Anders als das konservierende Speichern in Bibliotheken, Magazinen und Archiven vollzieht sich lebendiges Erinnern stets im Prozeß solcher Übersetzungen. Ja, wir können sagen: *erinnern ist übersetzen*, und impliziert damit zugleich immer Verschiebungen.

Eine grundlegende Erinnerungsskepsis hat Christa Wolf auf den Punkt gebracht, als sie schrieb: »Wie man es erzählen kann, so ist es nicht gewesen.«[2] Ihre Skepsis zielt auf den unüberbrückbaren Hiat zwischen Erfahrung und Erinnerung. Das Bewußtsein für die Distanz und Diskrepanz zwischen »Eindruck« und »Ausdruck« ist Teil ihrer künstlerischen Sensibilität und begleitet auch ihre eigene Erinnerungsarbeit mit Reflexionen über Möglichkeiten und Grenzen künstlerischer Ausdrucksmöglichkeit und Darstellbarkeit. Wolf wirft mit ihrem Satz die grundlegende Frage nach der Wahrheit oder Wahrhaftigkeit von Erinnerungen auf, der ich im Folgenden nachgehen möchte. Auch diese Frage möchte ich an einem Beispiel verfolgen und wähle dafür zwei sehr verschiedene Erinnerungen an Auschwitz, die zunächst einmal die unverwechselbare Perspektivität individueller Erinnerungen zum Ausdruck bringen.

Zwei Erinnerungen an Auschwitz

Was am 27. Januar 1945 im Lager Buna-Monowitz in unmittelbarer Nähe von Auschwitz geschah, davon hat uns Primo Levi ein erschütterndes Zeugnis überliefert (Levi, 1992). Er schildert die letzten Tage des Lagers »außerhalb der Welt und Zeit« bis zur Ankunft der sowjetischen Armee. Die Lagerleitung war zusammen mit

---

2 Dieser Satz war das Motto einer Ausstellung über Christa Wolf anläßlich ihres 70. Geburtstags in der Akademie der Künste in Berlin.

20 000 Häftlingen geflohen, die auf dem Evakuierungsmarsch fast alle umgekommen oder umgebracht worden sind. Zurückgeblieben waren die Kranken, Sterbenden und Toten, unter ihnen der an Scharlach leidende Primo Levi. Mit der Evakuierung des Lagers war auch dessen Infrastruktur vollständig zusammengebrochen. Bei minus 20 Grad kümmerten sich die wenigen, die dazu noch in der Lage waren, um Heizung, Beleuchtung und eine notdürftige Verpflegung. Trotz dieser kleinen Schritte einer Rückeroberung von Selbstbestimmtheit und Menschlichkeit blieb das bestimmende Gefühl angesichts des Kots und Schmutzes der Baracken, des Leidens der Sterbenden und der Menge der Leichen Ohnmacht und Selbstverlust:

> »26. Januar. Wir liegen in einer Welt der Toten und Larven. Um uns und in uns war die letzte Spur von Zivilisation geschwunden. Das Werk der Vertierung, von den triumphierenden Deutschen begonnen, war von den geschlagenen Deutschen vollbracht worden« (Levi, 1992, S. 205 f.).

Primo Levis Bericht mit dem Titel »Ist das ein Mensch?«, den er gleich nach seiner Rückkehr aus dem KZ niedergeschrieben hat, ist für die nachfolgenden Generationen von Tätern und Opfern zum Teil des kulturellen Gedächtnisses geworden. Was auf der existentiellen Ebene des Erfahrungsgedächtnisses notwendig getrennt bleibt, kann sich im kulturellen Gedächtnis verbinden.

Als ein anderes mit diesem Ort verbundenes Erfahrungsgedächtnis möchte ich die autobiographische Skizze anführen, die der Historiker Reinhart Koselleck 50 Jahre nach Kriegsende veröffentlichte (Koselleck, 1995). Darin berichtet er über seine Erfahrungen im Frühjahr 1945. Der Tag der Befreiung war für den Soldaten Koselleck wie für unzählige andere Mitglieder der Wehrmacht ein Tag der Gefangennahme. Er beschreibt, wie seine Einheit von den Amerikanern an die Russen übergeben wurde und sich in einer großen Gefangenenkolonne in Richtung Osten auf den Weg machte. Diese Gefangenen marschierten an Birkenau vorbei und erreichten schließlich Auschwitz, wo sie in die Baracken einzogen. Der Name Auschwitz hatte damals für Koselleck keine Bedeutung. Erst von den Russen erfuhren die deutschen Kriegsgefangenen, daß in Birkenau Millionen vergast worden sind, was viele der Gefangenen für eine sowjetische Propagandalüge hielten. Nicht so Koselleck. Er schreibt, daß er von der Wahrheit dieser Worte spontan überzeugt war, und beschreibt die Umstände, unter denen ihm in Auschwitz die Wahrheit über diesen Ort zu Bewußtsein kam. Ein ehemaliger polnischer KZ-Häftling war zur Überwachung der deutschen Kriegsgefangenen eingesetzt und trieb sie zu schnellerem Arbeiten an. Einmal ergriff er dabei einen Schemel, den er drohend in die Luft hob. Doch bevor er ihn auf Kosellecks Kopf niederschmetterte, hielt er plötzlich inne mit den Worten: »Was soll ich dir schlaggen Schäddel ein, ihr habt ja vergasst – Millionnen«. Der Schemel flog in die Ecke und zerbrach. Koselleck fährt fort: »Schlagartig – wörtlich – war mir klar, daß er die Wahrheit sprach. Vergast? Millionen? Das konnte nicht erfunden sein.«

An dieser Stelle fügt Koselleck eine kritische Reflexion über die Wahrheit seiner eigenen Erinnerungen ein. Er schreibt: »Es gibt Erfahrungen, die sich als glühende Lavamasse in den Leib ergießen und dort gerinnen. Unverrückbar lassen sie sich seitdem abrufen, jederzeit und unverändert. Nicht viele solcher Erfahrungen lassen sich in authentische Erinnerungen überführen; aber wenn, dann gründen sie auf ihrer sinnlichen Präsenz. Der Geruch, der Geschmack, das Geräusch, das Gefühl und das sichtbare Umfeld, kurz alle Sinne, in Lust oder Schmerz, werden wieder wach und bedürfen keiner Gedächtnisarbeit, um wahr zu sein und wahr zu bleiben.«

Koselleck ist nach Auschwitz als ein Kriegsgefangener der Russen gekommen, nicht als ein Opfer des NS-Regimes. Von den Verbrechen, die dort verübt worden sind, hat er keine eigene Erfahrung, er kennt nur den Schauplatz des Schreckens nach der Befreiung, er hat Informationen nur aus zweiter Hand. Dennoch entwikkelt er seinen Begriff sinnlicher Wahrheitspräsenz ausgerechnet anhand einer Erinnerung, für die er selbst keinerlei sinnliche Wahrnehmung hat. Was sein Bericht jedoch eindrucksvoll bezeugt, ist der Schockeffekt, den die plötzliche Einsicht in die Wahrheit der Nachricht von den Nazi-Verbrechen bei ihm ausgelöst hat. Stärker als ein möglicher Schlag mit dem Schemel traf ihn die Wucht dieser Nachricht.

Für diesen von Koselleck beschriebenen Typ von Erinnerungen, die subjektiv als authentisch und unverrückbar erfahren werden, haben die Psychologen inzwischen den Begriff der *flashbulb memories* eingeführt (Brown & Kulik, 1977). »Flashbulb«- oder »Blitzlicht«-Erinnerungen zeichnen sich durch große Lebhaftigkeit aus, sie bewahren überraschende, einmalige Erfahrungen mit großer Detailgenauigkeit. Ihnen wird in der Forschung nicht nur eine »primäre« und »lebendige Qualität« zugesprochen, es ist auch von ihrer erstaunlichen Beharrlichkeit die Rede: »flashbulb memories appear to endure for years and decades without noticeably degrading« (Conway, 1997, S. 36; vgl. auch Conway, 1995). Sie stellen eine besondere Form des autobiographischen oder episodischen Gedächtnisses dar, welche darin besteht, sich genau zu erinnern, wo man gewesen ist und was man gerade tat, als einen die Nachricht von einem bedeutsamen historischen Ereignis erreichte. Als Auslöser für Blitzlicht-Erinnerungen gelten vor allem einschneidende historische Veränderungen, die die Zeitzeugen unvermittelt treffen und mit schmerzhafter Plötzlichkeit ins Bewußtsein treten. Es handelt sich um epochale Wendepunkte, die dem eigenen Leben eine unerwartete neue Richtung geben. Anlässe für *flashbulb memories* sind in der Forschungsliteratur der Ausbruch des Zweiten Weltkriegs, die Nachricht vom Tode Hitlers, die Ermordung John F. Kennedys am 22. November 1963 und neuerdings weltweit der 11. September 2001.

Spur und Bahn: Zwei Gedächtnismodelle

Von seinen unmittelbaren, wie glühende Lavamasse in den Leib gegossenen Erinnerungen unterscheidet Koselleck (1995) die vermittelten Erinnerungen. Während erstere über beliebige Zeiträume hinweg ihre sinnliche Evidenz, ihre »Wahrheitspräsenz« behalten, werden die anderen durch wiederholtes Erzählen verfestigt, büßen dabei jedoch über die Zeit ihre sinnliche Kraft ein:

> »Freilich gibt es zahllose Erinnerungen, die ich oft erzählt und wiederholt habe, deren sinnliche Wahrheitspräsenz aber längst entschwunden ist. Sie sind selbst für mich nur noch literarische Geschichten, ich kann ihnen, mir selbst zuhörend, nur noch Glauben schenken. Bis zur sinnlichen Gewißheit verbürgen kann ich mich nicht mehr.«

Während Wissen sprachlich mitteilbar ist, bleiben die körperlich gespeicherten Erfahrungen in ihrer Eindrücklichkeit und Absolutheit letztlich unvermittelbar und unaustauschbar. Letztere werden als besonders authentisch erfahren, weil sie eine radikal individuelle Wahrnehmung vergangener Realität festhalten und damit die unverwechselbar eigene Existenz in der Geschichte verbürgen.

Koselleck, so dürfen wir verallgemeinern, unterscheidet zwei Gedächtnisspeicher für Erinnerungen: den Körper und die Sprache. Im Körper und in der Sprache stabilisieren sich Erinnerungen auf ganz unterschiedliche Weise. Wir können diese beiden Formen mit den Begriffen »Spur« und »Bahn« aus der neurologischen Terminologie (etwa Freuds) verbinden. Diese Unterscheidung ist (worauf Maurice Halbwachs hingewiesen hat) bereits bei Samuel Butler zu finden, der folgendes feststellte:

> »Wir erinnern uns am besten an die Dinge, die wir am wenigsten häufig getan haben (...) und an die, die wir am häufigsten getan haben und die uns deshalb am vertrautesten geworden sind. Denn unser Gedächtnis wird vor allem durch zwei Kräfte berührt, einmal die der Neuigkeit und zum anderen die der Routine. (...) Aber die Art, wie wir uns an Eindrücke erinnern, die sich uns aus Routine eingeprägt haben, ist ganz verschieden von der, nach der wir einen tiefen, einmal empfundenen Eindruck behalten« (Butler, 1877, zitiert nach Halbwachs, 1985, S. 144).

Eine Spur entsteht durch einen einmaligen Eindruck, eine Bahn oder ein Pfad durch wiederholte Bewegung auf einer Strecke. Die körperlichen Erinnerungen festigen sich durch die Intensität des Eindrucks, die sprachlichen dagegen durch beständige Wiederholung. Die sinnlichen Erinnerungen sind geprägt von der Kraft des Affekts, dem Druck des Leidens, der Wucht des Schocks. Sie haften im Gedächtnis, ganz unabhängig davon, ob sie zurückgerufen werden oder nicht. Dagegen ist der Rahmen für die sprachlichen Erinnerungen nicht der Körper, sondern die soziale Kommunikation. Der Soziologe Maurice Halbwachs hat gezeigt, daß sich Erinnerungen im sprachlichen Austausch mit anderen Menschen und ihren Erinnerungen aufbauen. Wir erinnern uns an vieles in dem Maße, wie wir Anlässe finden, davon zu erzählen. Je öfter man etwas erzählt, desto weniger erinnert man sich an die Erfahrung selbst und desto mehr erinnert man sich an die Worte, mit denen man zuvor davon erzählt hat. Das Gedächtnis für solche Erinnerungen festigt sich also durch Wiederholung, und das bedeutet auch: Was nicht wiederholt wird, geht wieder verloren. In einem Roman von Christa Wolf findet sich der Satz: »Elf Jahre ist es her und war in einem anderen Leben. Die Erinnerung daran wäre ihm ganz geschwunden, hätte er sie nicht durch Worte befestigt, mit deren Hilfe er sich nun, sooft er will, jenes Erlebnis heraufrufen kann« (Wolf, 1980). Die Anekdote ist der Inbegriff einer versprachlichten Erinnerung, die jederzeit abrufbar und reproduzierbar ist. »Das wird blank poliert beim häufigen Erzählen«, schreibt Christa Wolf in einem Aufsatz (Wolf, 1987, S. 479 f.); und beschreibt damit eine Form von Erinnerungen, die in sprachlichen Formeln gerinnen und ihre »sinnliche Wahrheitspräsenz« gänzlich eingebüßt haben. Die sprachlich kodierten Erinnerungen sind darum nicht unbedingt ›falsch‹, sie existieren nur in einem anderen Modus, eben dem der Sprache und nicht dem des Körpers.

Kosellecks Gegenüberstellung von sinnlichen und sprachlichen Erinnerungen schließt wiederum den Unterschied zwischen Mich-Gedächtnis und Ich-Gedächtnis, d. h. einer eher passiven und einer eher aktiven Form von Erinnerung, ein. Die sinnlichen Erinnerungen werden unter bestimmten Umständen »wieder wach und bedürfen«, wie er ausdrücklich feststellt, »keiner Gedächtnisarbeit, um wahr zu sein und wahr zu bleiben«. Was durch sinnlichen Eindruck gespeichert ist, galt auch ihm als ungleich unmittelbarer und wahrhaftiger als das, was durch das Medium sprachlicher Wiederholung gespeichert ist. Diese beiden Formen des Erinnerns, die der Spur und der Bahn, lassen sich mit zwei verschiedenen Erinnerungstheorien assoziieren, für die ich hier die Begriffe »Retention« und »Rekonstruktion« einführen möchte. Retention steht für die Vorstellung einer körperlichen Dauerspur der Erinnerung, die wie Kosellecks glühende Lava über lange Zeitintervalle unverändert konserviert wird; Rekonstruktion dagegen bezieht sich auf die Vorstellung, daß Erinnerungen nur dadurch befestigt werden können, daß sie in immer neuen Akten wiederhergestellt werden.

Seit den 1970er und 1980er Jahren haben die Neurowissenschaften unsere Vorstellung vom Gedächtnis als einem schützenden Behälter für Erinnerungen radikal in Frage gestellt und sie durch die Konzeption einer plastisch wandelbaren, damit aber auch grundsätzlich unzuverlässigen Tätigkeit ersetzt. Diese Betrachtungsweise ist indessen gar nicht so neu. Bereits Anfang des 20. Jahrhunderts ist sie von dem Autor Italo Svevo mit folgenden Worten erläutert worden, die am Anfang der 21. Jahrhunderts aktueller sind denn je:

> »Die Vergangenheit ist immer neu. Sie verändert sich dauernd, wie das Leben fortschreitet. Teile von ihr, die in Vergessenheit gesunken schienen, tauchen wieder auf, andere wiederum versinken, weil sie weniger wichtig sind. Die Gegenwart dirigiert die Vergangenheit wie die Mitglieder eines Orchesters. Sie benötigt diese Töne und keine anderen. So erscheint die Vergangenheit bald lang, bald kurz. Bald klingt sie auf, bald verstummt sie. In die Gegenwart wirkt nur jener Teil des Vergangenen hinein, der dazu bestimmt ist, sie zu erhellen oder zu verdunkeln« (Svevo, 1959, S. 467).[3]

Im Grunde beschreibt Svevo in diesen Sätzen die Mechanismen der Proustschen *mémoire volontaire*. Ihnen hat Proust seine *mémoire involontaire* mit der Leitthese seines Romans entgegengesetzt, welche lautet: »Das Buch mit den in uns eingegrabenen, nicht von uns selbst eingezeichneten Charakteren ist unser einziges Buch.« Und er fährt fort: »Nur der Eindruck, wie hauchdünn auch seine Substanz zu sein scheint, wie ungreifbar seine Spuren, ist ein Kriterium der Wahrheit« (Proust, 1957, S. 275). Eine grundsätzliche, existentielle Frage tut sich hinter diesen Thesen und Theorien auf: Sind wir die Träger einer Erinnerungsschrift, die ein für allemal in uns eingegraben ist, oder produzieren wir diese Schrift selbst und tun wir es auf eine immer neue Weise? Wie passiv oder aktiv ist das Erinnerungsgeschehen? Schließen sich Gedächtnis und Bewußtsein aus, wie Freud angenommen hat, oder ist Bewußtsein am Erinnerungsakt beteiligt? Aber vielleicht sind die Fragen in dieser Form schon falsch gestellt. Im Folgenden möchte ich versuchen, Retention und Konstruktion bzw. Festhalten und Erneuern nicht als gegensätzliche und einander ausschließende Gedächtnis-Hypothesen, sondern als komplementäre, aufeinander bezogene Aspekte des Erinnerns zu verstehen.

In subjektiven Erinnerungszeugnissen wie dem von Koselleck zitierten spielt die

[3] Svevo hat natürlich ebenso Bergson gelesen wie Maurice Halbwachs.

Beteuerung von Authentizität oft eine große Rolle. Eines der wichtigsten Argumente, um die Authentizität von Erinnerungen zu unterstreichen, besteht in einer Unterscheidung ihrer Medialität, genauer: in der ausdrücklichen Trennung von bildlichen und sprachlichen Erinnerungen. Bereits Proust hatte seine authentischen Erinnerungen gerade dort aufgesucht, wohin die Sprache nicht reicht, in den somatischen Einprägungen, die sich unwillkürlich in sinnlichen Reizen wieder bemerkbar machen. Gewiß hat er selbst diese Erinnerungen zum Teil versprachlicht und damit mitteilbar gemacht. Das muß aber nicht so sein. Ein großer Teil von ihnen bleibt eingekapselt und unter der Schwelle des Bewußtseins. »Unsere Arme und Beine sind voll von schlummernden Erinnerungen«, schrieb er. Sie bestehen, ohne vom Bewußtsein erfaßt und »geweckt« zu werden. Proust hat diese kryptische Präsenz der Vergangenheit im Körper deshalb auch mit photographischen Negativen verglichen, von denen nicht grundsätzlich vorhersagbar ist, ob sie irgendwann einmal entwickelt werden oder nicht.

Die Metapher der Photographie spielt beim subjektiven Authentizitätsnachweis von Erinnerungen eine besonders wichtige Rolle. Als der Arzt, Experimentalpsychologe und Maler Carl Gustav Carus (1789-1869) seine Lebenserinnerungen aufschrieb, fiel ihm auf, daß »aus frühester Zeit durchaus nur einzelne Bilder vorhanden« waren, woraus er schloß, »daß die allerfrühesten Erinnerungen nie einen Gedanken, sondern immer nur eine oder die andere Sinnesvorstellung, welche gleichsam daguerreotypisch besonders fest sich eingeprägt hatte, zutage fördern werden« (Carus, 1865/66, S. 13; dazu: Knittel, 1996). Die Bilder, an die Carus denkt, haben sich der empfindlichen Seele des Kindes, die mit einer photographischen Platte verglichen wird, unvermittelt ein für allemal eingeprägt. Der Filter, den Sprache und Bewußtsein vor die Wahrnehmung schalten, wird bei dieser direkten Einprägung umgangen. Die frühkindlichen Bilder schreiben sich für Carus ebenso unmittelbar ins Gedächtnis ein wie die Erscheinungswelt in die Silbersalze der photographischen Platte. Diese Metaphorik der unwillkürlichen körperlichen Einschreibung folgt dem Gedächtnis-Modell der Spur und nicht der Bahnung. Mit ihm verbindet sich ein Anspruch wenn nicht auf objektive Wahrheit, so doch auf subjektive Wahrhaftigkeit. Die Welt schreibt sich natürlich nicht so automatisch in die menschliche Seele ein, wie ein Foto durch das Betätigen des Auslösers bei der Kamera entsteht. Den Auslöser betätigt im Falle der Erinnerung ein Affekt, der den Kern des emotionalen Gedächtnisses ausmacht. Ohne die Scharfeinstellung der Aufmerksamkeit durch einen bestimmten Affekt entsteht kein Bild.

Erinnern und Vorstellen

Es gibt noch eine andere Quelle der Unsicherheit, die die sinnliche Evidenz autobiographischer Erinnerungen trüben kann. Auch diese soll hier an einem Beispiel dargestellt werden. »Es passiert einem immer wieder«, so schreibt der Psychologe Alan Baddeley, »daß man etwas weiß, aber den Zugang zu dieser Erfahrung nicht finden kann. Vor kurzem ist es mir selbst so ergangen, als meine Frau erwähnte, daß wir vor unserer Hochzeit in Aldeburgh an der Küste von Suffolk gewesen waren. Ich konnte mich einfach nicht an diesen Besuch erinnern, obwohl ich genau wußte, daß ich schon einmal in Aldeburgh gewesen war, und ein sehr lebhaftes Vorstellungsbild von einem langen, grauen Steinstrand hatte, der mich stark an Benjamin Britten und seine düstere romantische Oper Peter Grimes erinnerte. Inwieweit ich mich tatsächlich an etwas erinnerte, das ich erfahren hatte, oder an etwas, das ich mir auf Grund eines Buches, eines Artikels oder einer Fernsehsendung bildhaft vorstellte, konnte ich nicht beurteilen. Und ich räumte ein, mich an den Besuch nicht erinnern zu können. ›Aber das war doch damals, als du dich in den Möwendreck gesetzt hast!‹ sagte meine Frau. Sofort fluteten die Erinnerungen zurück – und sie ähnelten keineswegs dem düster-romantischen Vorstellungsbild von Aldeburgh, das ich vorher gehabt hatte!« (Baddeley, 1986, S. 68).[4]

An diesem Beispiel macht Baddeley deutlich, wie schwierig es sein kann, erlebte von erworbenen Erinnerungen zu unterscheiden. Vergessen geschieht in diesem Fall nicht durch das Ausbleiben einer Erinnerung, sondern durch das Dazwischentreten einer anderen Erinnerung. Diese andere Erinnerung ist ein Vorstellungsbild, das durch kulturelle Informationen hervorgerufen worden ist, wie sie durch unterschiedliche Medien vermittelt werden. Das Vorstellungsbild kann u. U. so *lebhaft* sein, daß es mit einer eigenen, *leibhaften* Erinnerung verwechselt werden kann. Wie unterscheidet man lebhafte Vorstellungen von leibhaften Erinnerungen, wie läßt sich in diesem schwierigen Grenzbereich die Authentizität von Erinnerungen sicherstellen? Baddeley gibt auf diese Fragen eine einfache Antwort: durch Möwendreck! Der Möwendreck ist ein Lackmustest für authentische Erinnerungen, denn er trennt blitzschnell und eindeutig zwischen, wie wir vielleicht sagen dürfen, metaphorischen und metonymischen Erinnerungen. Die metaphorische Erinnerung hat man als Vorstellungsbild vor sich, in der metonymischen Erinnerung steckt man selber drin. Während die metaphorische Erinnerung persönlich unspezifisch und ohne Verluste tradierbar ist, besteht bei der metonymischen Erinnerung ein Band, das Erinnerung und Erinnernden miteinander verknüpft. Baddeley, der eben

[4] Für den Hinweis danke ich Ali Wacker.

noch reiner Betrachter war, findet sich plötzlich selbst im Bild und das Bild in sich wieder.

Das Beispiel von Baddeley trägt einen weiteren Aspekt zur Frage nach der Authentizität von Erinnerungen bei. Neben Sinnlichkeit, Bildlichkeit und Fragmentiertheit – Qualitäten, die allesamt auch unseren Vorstellungsbildern eignen können – fügt er die Leibhaftigkeit als direkte körperliche Berührung mit der erinnerten Szene hinzu. Lebhafte Vorstellungen und leibhafte Erinnerungen lassen sich in unserem Gedächtnis nicht immer eindeutig voneinander scheiden, sie überlagern und vermischen sich. Subjektive Erinnerungen und objektives Wissen, das wir durch Bilder, Lektüre und Musik aufgenommen haben, kreuzen sich, das selbst Erfahrene wird immer durch das Gewußte gestützt, verändert und gelegentlich auch verdrängt, was eine weitere Quelle der Unzuverlässigkeit unserer Erinnerungen darstellt. Das Beispiel führt uns anschaulich vor Augen, daß unsere Erinnerungen nicht in einem Vakuum überdauern. Mit unserem Gedächtnis, in dem sich Erinnerungen und Vorstellungen kreuzen, sind wir immer schon an externe Text- und Bildspeicher der Medien und des kulturellen Archivs angeschlossen.

Vor 130 Jahren schrieb der englische Romancier Anthony Trollope: »Wir sind ein Volk der Romanleser geworden« (Trollope, 1976, S. 108). Und er fährt fort: »Unsere Erinnerungen sind beladen mit den Geschichten, die wir gelesen haben, mit den Intrigen, die vor uns ausgebreitet werden, und mit den Charakteren, die für uns umrissen sind.« Die Dominanz des Mediums hat sich seit Trollope geändert, es sind nicht mehr die Printmedien, die unseren Horizont mit Geschichten umstellen, sondern die visuellen Medien Fernsehen, Film und Video, die ihn mit Bildern umstellen.

Zusammenfassung

Wie wahr sind unsere Erinnerungen? Auf diese Frage gibt es keine pauschale Antwort, aber dafür ein neues Bewußtsein für Differenzierungen, von denen ich hier einige vorstellen wollte. Aus der Perspektive der Neurophysiologie gibt es keine Grundlage für die Rede von Authentizität. Das hat Wolf Singer, Direktor des Max-Planck-Instituts für Hirnforschung in Frankfurt am Main, in der Rede, die er vor dem 43. Historikertag gehalten hat, noch einmal bestätigt. Erinnerungen bezeichnete er in dieser Rede als »datengestützte Erfindungen« (Singer, 2000, S. 10, Spalte 6). Das menschliche Gedächtnis, so führte er aus, sei von Natur aus auf Anpassung an eine veränderte Umwelt ausgerichtet und nicht auf exakte Speicherung. Die Hirnforschung hat gezeigt, daß jede Reaktivierung einer Gedächtnisspur zugleich eine Neueinschreibung ist, die die Ersterfahrung notwendig überformt. Aber auch hier gibt es Unterschiede und Grade der Festigkeit von Erinnerungen, die etwas mit der

Prägnanz der Wahrnehmung und, damit verbunden, der emotionalen Kraft und Tiefe einer Erfahrung zu tun haben. Als ein Modus, bei dem ausnahmsweise verhältnismäßig genau gespeichert wird, kann die Blitzlicht-Erinnerung gelten, die Situationen und Szenen einer epochalen und kognitiven Wende über lange Zeit in ungewöhnlicher Detailliertheit und Konturenschärfe festhält.

Wir sind heute konfrontiert mit den Ergebnissen der Hirnforschung und kognitiven Psychologie, die in großem Umfang und an immer neuen Beispielen die Unzuverlässigkeit unserer Erinnerungen nachweisen. Angesichts dieser Befunde erscheint die Frage nach der Authentizität von Erinnerungen bereits verfehlt. Wir befinden uns derzeit in einer Phase der kritischen Reflexion, der Skepsis, der Dekonstruktion von Erinnerung. Dabei stellt sich allerdings die Frage, wie wir mit diesen neuen Einsichten umgehen. Ein Beispiel ist die Position des Mittelalter-Historikers Johannes Fried, der die neue Hirnforschung beim Wort nimmt, was die Fundamente der Geschichtsforschung zusammenbrechen läßt. Wenn Menschen keine zuverlässigen Erinnerungen produzieren können, gibt es auch keine zuverlässigen Quellen, auf denen das Gebäude der Geschichtsschreibung errichtet werden könnte, weil am Anfang aller historischen Erfahrung der Augenzeuge steht.

Diese Dramatisierung des Problems, die aus einer unmittelbaren Konfrontation von Hirnforschung und Geschichtswissenschaft hervorgeht, scheint mir jedoch etwas übertrieben. Wir können die naturwissenschaftlichen Ergebnisse kaum so wörtlich und ohne Augenmaß auf eine Geisteswissenschaft übertragen. In der Regel sind Erinnerungen keiner Realitätsprüfung ausgesetzt, weil wir für subjektive Erlebnisse dokumentarische Evidenz weder haben noch brauchen. Sie sind zunächst apodiktisch und authentifizieren sich selbst. Es kommt nicht immer auf die Wahrheit einer Erinnerung an; in einem geselligen Kontext zum Beispiel ist die Pointe einer schönen Geschichte wichtiger als die Faktizität des Erlebten; im Rahmen eines autobiographischen Rückblicks wird das Erlebte zwangsläufig umgedeutet und in einen neuen Zusammenhang gebracht, der das jeweilige Selbstbild stützt. Erinnerungen existieren jedoch nicht nur im Gehirn, sondern sind auch mit der Sozialsphäre und der Objektwelt vertäut, was ihnen einen zusätzlichen Rückhalt gibt sowie Korrekturmöglichkeiten zuläßt und die Frage nach der Wahrheit auf eine andere Ebene hebt.

Hier fallweise eine gewisse Skepsis anzubringen muß jedoch noch nicht heißen, die Wahrheit von Erinnerungen pauschal in Frage zu stellen. Immerhin gibt es bestimmte institutionelle Kontexte, in denen es weiterhin auf die faktische Wahrheit des Erinnerten ankommt; das ist z. B. der Fall bei der Anamnese im Sprechzimmer des Arztes oder bei der Zeugenaussage vor Gericht. Die Situation vor Gericht kennt nur zwei Aussageformen: die Wahrheit und die Lüge, weshalb das Wahrheitsproblem dort als eine ethische Entscheidung aufgefaßt und mit einem Eid gelöst wird. Durch die Verknüpfung der Erinnerung mit dem Aussagemodus des Zeugnisses unterliegt sie einem emphatischen faktischen oder biographischen Wahrheitsanspruch. Auf den Wahrheitsanspruch unserer Erinnerungen pauschal zu verzichten würde bedeuten, daß wir uns in eine Alzheimergesellschaft verwandeln, in der keine Versprechungen mehr gemacht und keine Schulden mehr beglichen werden. Die Unzuverlässigkeit unseres Gedächtnisses in Rechnung zu stellen heißt keineswegs, daß wir uns als Personen und Mitmenschen von Wahrheitsfragen in bezug auf unsere Erfahrungen gänzlich lösen könnten. Deshalb prüfen wir weiterhin unsere eigenen Erinnerungen und begleiten sie durch einen selbstreflexiven Diskurs, von dem ich hier einige Beispiele vorgestellt habe. Dieser Diskurs, der zwischen Retention und Konstruktion, zwischen Authentizität und Erfindung oszilliert, ist notwendig, um eigene Erfahrungen zu bewerten und sich in der realen Welt zu verankern. Authentizität ist, so gesehen, weniger eine Tatsache als ein Argument, das unverzichtbar ist für die Realitätsprüfung und Selbstvergewisserung individueller Identität. In dieser Funktion eines Anspruchs ist Authentizität offensichtlich unverzichtbar, wenn auch, wie wir gesehen haben, nicht unumstritten.

Literatur:

Baddeley, A. (1986). *So denkt der Mensch. Unser Gedächtnis und wie es funktioniert.* München: Droemer Knaur.

Bergson, H. (1964). *Materie und Gedächtnis und andere Schriften* (übers. v. R. v. Bendemann, J. Frankenberger, E. Lerch). Frankfurt am Main: Fischer (Original erschienen 1896: *Matière et mémoire*).

Berne, E. (1976). *Beyond games and scripts.* New York: Grove Press.

Brown, R. & Kulik, J. (1977). Flashbulb memories, *Cognition, 11*, 629–654.

Carus, C. G. (1865/66). *Lebenserinnerungen und Denkwürdigkeiten* (Band 1). Leipzig: Brockhaus.

Conway, M. A. (1997). The inventory of experience: Memory and identity. In J. W. Pennebaker, D. Paez & B. Rime (Hrsg.), *Collective memory of political events: Social psychological perspectives* (S. 21–43). Mahwah, New Jersey: Lawrence Erlbaum.

Conway, M. A. (1995). *Flashbulb Memories.* Hillsdale, New Jersey: Lawrence Erlbaum.

Grass, G. (2001). Ich erinnere mich. In G. Grass, C. Milosz, W. Szymborska & T. Venclova, *Die Zukunft der Erinnerung* (S. 27–34) (hrsg. v. Martin Wälde). Göttingen: Steidl.

Halbwachs, M. (1985). *Das Gedächtnis und seine sozialen Bedingungen.* Frankfurt am Main: Fischer.

Knittel, A. P. (1996). Bilder-Bücher der Erinnerung. ›Jugenderinnerungen eines alten Mannes‹ im Kontext ihrer Zeit. *Weimarer Beiträge. Zeitschrift für Literaturwissenschaft, Ästhetik und Kulturwissenschaften, 42*, 545–560.

Koselleck, R. (1995). Glühende Lava zur Erinnerung geronnen. Vielerlei Abschied vom

Krieg: Erfahrungen, die nicht austauschbar sind. *Frankfurter Allgemeine Zeitung*, 6. Mai 1995, Bilder und Zeiten, B4.

Levi, P. (1992). *Ist das ein Mensch? Ein autobiographischer Bericht.* München: dtv.

Neumann, M. (Hrsg.) (2000). *Erzählte Identitäten.* München: Fink.

Proust, M. (1957). *Auf der Suche nach der verlorenen Zeit*, Band 7 (übers. v. E. Rechel-Mertens). Frankfurt am Main: Suhrkamp.

Randall, W. L. (1995). *The stories we are: An essay on self-creation.* Toronto: University of Toronto Press.

Singer, W. (2000). Wahrnehmen, Erinnern, Vergessen. Über Nutzen und Vorteil der Hirnforschung für die Geschichtswissenschaft: Eröffnungsvortrag des 43. Deutschen Historikertags. *Frankfurter Allgemeine Zeitung*, 28. September 2000, S. 10.

Svevo, I. (1959). *Zeno Cosini* (übers. v. P. Rismondo). Reinbek: Rowohlt.

Trollope, A. (1976). *Four Lectures.* Norwood, PA: Norwood Editions (Original 1870: On english prose fiction as a rational amusement).

Wolf, C. (1980). *Kein Ort. Nirgends.* Berlin/Weimar: Aufbau Verlag.

Wolf, C. (1987). Lesen und Schreiben. In C. Wolf, *Die Dimension des Autors. Essays und Aufsätze, Reden und Gespräche 1959–1985* (S. 463–503). Darmstadt/Neuwied: Luchterhand.

HARALD WELZER

Über Engramme und Exogramme. Die Sozialität des autobiographischen Gedächtnisses

Eines der größten Hindernisse auf dem Weg zu einer interdisziplinären Gedächtnisforschung ist der Umstand, daß das individuelle Gedächtnis ein Substrat hat, nämlich den einzelnen Menschen und sein Gehirn. Das ist bei sozialen Gedächtnisphänomenen nicht der Fall; so etwas wie ein kollektives Subjekt als Träger eines gemeinsamen Gedächtnisses der Vielen gibt es nicht. Aber vielleicht liegt diese scheinbare Inkompatibilität neuro- und sozialwissenschaftlicher Gedächtnisforschung gar nicht in der Sache begründet, sondern in Denkgewohnheiten, die älter sind als der Stand der Forschung und gleichsam noch nicht auf dessen Niveau nachgerückt sind. Vielleicht ist, mit anderen Worten, das individuelle oder autobiographische Gedächtnis gar nicht so substantiell oder individuell, wie wir uns zu denken angewöhnt haben, und vielleicht ist das überindividuelle Gedächtnis lediglich ein Funktionsmodus des individuellen und umgekehrt. Kollektive Gedächtnisphänomene sind gewissermaßen die soziale Verkehrsform individueller Gedächtnisse.

Daß das menschliche Gehirn seiner Entwicklung nach ein erfahrungsabhängiges Organ ist, dessen neuronale Organisation das Produkt sozialer Umwelterfahrung ist, ist mittlerweile ein Allgemeinplatz, der aber nicht weniger impliziert, als daß in der menschlichen Ontogenese »Natur« und »Kultur« genauso zusammenfallen wie »Anlage« und »Umwelt« oder »Instinkt« und »Lernen«. Modischer ausgedrückt könnte man auch sagen, daß es keinen Unterschied von »Hardware« und »Software« gibt, wenn es um das menschliche Gehirn geht. Tatsächlich wird vor dem Hintergrund dieses weitreichendsten Befunds der neueren Gehirnforschung klar, daß sich derlei Dichotomien einer neuzeitlichen Auffassung vom Individuum verdanken, die in ihrer Betonung der Individualität des Einzelnen ein folgenreiches Selbstmißverständnis entwickelt hat: Das einsichtsfähige, vernunftbegabte und autonome Subjekt der Neuzeit emanzipierte sein Selbst von äußeren Steuerungen um den Preis der Einsicht in seine konstitutive und unhintergehbare Gebundenheit an andere.

Der Soziologe Norbert Elias hat in diesem Sinn einmal formuliert, daß es das

Kernproblem der abendländischen Philosophie sei, daß sie sich Menschen als Erwachsene vorstelle, die niemals Kinder gewesen sind. Und in der Tat bekommt man erst in einer entwicklungsbezogenen Perspektive in den Blick, daß menschliche Gehirne Organe sind, die ausschließlich in einem Netzwerk von anderen Gehirnen überlebens- und entwicklungsfähig sind. Gehirne kommen deshalb strenggenommen im Singular gar nicht vor, und ihre Entwicklung läßt sich überhaupt nur als ein Prozeß beschreiben, in dem aus externer Regulierung zunehmend interne Regulierung wird. Deshalb möchte ich im Folgenden das Augenmerk auf Vorgänge legen, die sich scheinbar außerhalb unseres Gehirns und damit unseres Gedächtnisses abspielen. Bei genauerer Betrachtung wird aber deutlich, daß gar nicht sicher ist, was die Unterscheidung von »außen« und »innen« in diesem Zusammenhang überhaupt bedeutet.

1. Meine Vorstellungen von den Vorstellungen der anderen

Wenn man sich einige Jahre zumindest in Randbereichen des neurowissenschaftlichen Universums aufgehalten hat, hat man gelernt, daß es die Konventionen einer seriösen wissenschaftlichen Präsentation unbedingt erfordern, Bilder von Aktivierungsmustern auf Hirnebene zu zeigen. Seit die bildgebenden Verfahren ihren evidenzerzeugenden Siegeszug angetreten haben, ist es nachgerade unmöglich geworden, irgendeine gedächtnisbezogene Aussage zu machen, ohne Bilder von – auf irgendeiner Ebene – mentalen Prozessen vorzustellen. Dieser Konvention folgt auch der vorliegende Text und zeigt zunächst einige Bilder von mentalen Prozessen auf den beiden folgenden Seiten.

Diese Bilder sind im Rahmen eines Projekts[1] der Wiener Künstlerin Siegrun Appelt zustande gekommen. Dieses Projekt bestand darin, daß die Künstlerin einer Reihe von Personen einen Roman zu lesen gab, nämlich »Moderato Cantabile« von Marguerite Duras. Dieser Roman zeichnet sich dadurch aus, daß er nur zwei Schauplätze hat, eine Bar und ein Musikzimmer. Nach der Lektüre bat Appelt die Versuchspersonen, diese Räume zu beschreiben, die dann am Computer visualisiert wurden. Die so entwickelten Bilder wurden schließlich im Rahmen einer Installation in einem Museum gezeigt. Es handelt sich bei den hier zitierten Bildern also um Vorstellungsbilder, die kommunikativ generiert und mit einem (etwas anderen) Verfahren der Bildgebung visualisiert worden sind.

[1] Moderato cantabile. Projekt von Siegrun Appelt. 2004 in der Landesgalerie am Oberösterreichischen Landesmuseum Linz. Computeranimation: Ivo Apollonio. Abbildungen von: Amélie Haas, Andreas Patton, Siegrun Appelt. Mit freundlicher Genehmigung der Künstlerin.

Bar: Amélie Haas (oben), Andreas Patton (Mitte), Siegrun Appelt (unten)

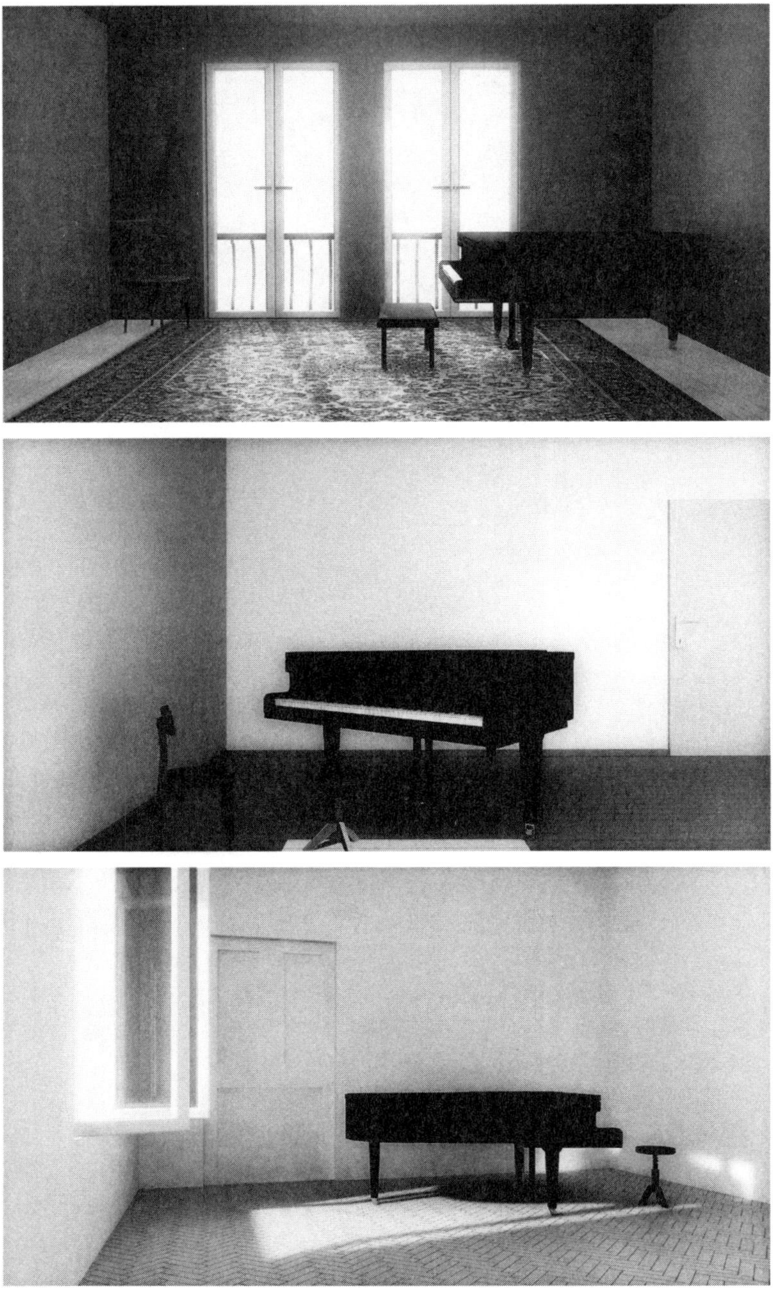

Musikzimmer: Amélie Haas (oben), Andreas Patton (Mitte), Siegrun Appelt (unten)

Als ich das erste Mal mit Appelts Arbeit konfrontiert wurde, kannte ich den Roman »Moderato Cantabile« nicht. Ich hatte auch die Ausstellung nicht gesehen, wenigstens nicht in Wirklichkeit, sondern nur auf dem Bildschirm meines Computers, als die Künstlerin mich bat, einen Text über die Arbeit zu verfassen. Tatsächlich hätte ich beides eingehender zur Kenntnis nehmen können, aber ich habe es nicht getan und mir trotzdem erlaubt, einen Text über »Moderato Cantabile« zu schreiben.

Dieser Versuch über das Nicht-Gelesene und Nicht-Gesehene war nur zu rechtfertigen, weil Appelts Arbeit selbst sich um die Frage dreht, wie denn eigentlich Vorstellungsbilder in unsere Köpfe kommen und wie es möglich ist, daß wir problem- und mühelos mentale Transferleistungen vollziehen können, die atemberaubend sind: Die Verarbeitung schwarzer Zeichen auf dem weißen Papier einer Buchseite durch unser visuelles System führt umstandslos zur Imagination einer Barszene an einem Ort und zu einer Zeit, die beide mit unserer physischen Existenz nicht das Geringste zu tun haben. Wir sind darüber hinaus ohne weiteres in der Lage, uns die Gesichter, Stimmen, Gesten der handelnden Personen vorzustellen, uns in ihre Gedanken zu versetzen, uns den Geruch der Kneipe, das Gefühl beim Betreten ihres Fußbodens zu phantasieren – und das alles lediglich auf der Basis dessen, daß wir uns ein aus einer anderen Sprache übersetztes Büchlein in Erinnerung rufen, das zu einer Zeit geschrieben wurde, als die meisten von uns noch nicht einmal auf der Welt waren.

Aber aus wievielter Hand stammen eigentlich diese Bemerkungen? Sie gründen sich ja nicht einmal auf Duras' Buch, sondern auf die mir zugänglich gemachten Vorstellungen über das Buch durch diejenigen, die in Appelts Projekt einbezogen waren – und die habe ich wiederum medial zur Kenntnis genommen, wobei ich eine Vorstellung von den Vorstellungen anderer Menschen gewonnen habe, und zwar von solchen, die sich auf die Vorstellungen von Marguerite Duras richteten. Ich habe mithin eine Vorstellung vierter, fünfter, sechster Hand entwickelt, behaupte nun aber, diese fünfte oder sechste Mediatisierungsstufe ist nicht weiter entfernt vom Original als die erste oder zweite, weil das Gehirn ein Organ ist, das assoziativ arbeitet, indem es Informationen, die über die Sinne aufgenommen werden, mit bereits Erfahrenem und Bewertetem abgleicht. Dieser Abgleich wird deshalb ohne Unterlaß vorgenommen, weil es für unser Überleben sinnvoll ist, jede eingehende Information daraufhin zu prüfen, ob sie gewöhnlich oder ungewöhnlich, wichtig oder unwichtig, gefährlich oder ungefährlich, interessant oder uninteressant ist.

Wenn wir uns nun von diesem basalen Niveau des automatisch ablaufenden cerebralen Informationsabgleichs auf die höheren Ebenen der bewußten Verarbeitung von Informationen, Ereignissen, Texten begeben, finden wir denselben Vorgang – nur mit dem Unterschied, daß mit jeder Assoziation Fragmente, Bilder, Erinnerungen abgerufen werden, die zu dem »passen«, was uns gerade begegnet. »Sich Vorstellungen machen« ist ein Vorgang der Aktivierung vorhandener neuronaler Verschaltungsmuster, die zusammen mit der neuen Information ein neues Muster bilden. Schon intuitiv leuchtet ein, daß dieser Prozeß eine höchst komplexe und konstruktive Leistung des Gehirns darstellt, und weil dieser Prozeß in sich ein assoziativer ist, sind wir in der Lage, unablässig neue Bilder in unserem Kopf entstehen zu lassen, die Montagen aus Neuem und Vorhandenem darstellen.

Appelts Arbeit zeigt aber auch noch etwas anderes, das weit über diesen für sich schon sehr faszinierenden Aspekt hinausgeht: daß wir in der Lage sind, unsere individuellen Vorstellungen aufeinander zu beziehen – in einem Gespräch zusammenzuführen, in visuelle Bilder zu übersetzen, sie uns wechselseitig verfügbar zu machen, auszutauschen. Appelts Rekonstruktion der auf Duras' Vorstellungen zurückgehenden Vorstellungen einer Reihe von Menschen bringt also in Verbindung, was von Einzelnen assoziiert wurde – in einer Art Labor zur experimentellen Untersuchung von Vorstellungsbildern. Und dieses Experiment verdeutlicht zugleich, daß es nicht wir als Individuen sind, die unsere Vorstellungen zusammenhalten und die aus einem überkomplexen Inventar aus Bildern, Tönen, Tasteindrücken, Erfahrungen, Erinnerungen jederzeit etwas zu einer Einheit synthetisieren können, sondern daß diese Konstruktion einer Einheit prinzipiell in einem Raum stattfindet, der von anderen gebildet wird.

Menschliches Denken ist durch und durch sozial; seine vorläufigen Ergebnisse bedürfen der beständigen Überprüfung und Bestätigung durch die anderen, und das ist in den meisten Fällen so ganz und gar selbstverständlich, daß uns das nicht auffällt. Die neurowissenschaftliche Gedächtnisforschung bezeichnet die neuralen Aktivierungsmuster, die zu einer Vorstellung oder einer Erinnerung gehören, als »Engramme«; Engramme repräsentieren, wenn man will, die Spuren all unserer Erlebnisse und Erfahrungen. Mir scheinen aber die »Exogramme« (Donald, 2001) die wichtigeren Elemente unseres Bewußtseins zu sein: die von Menschen, die vor uns da waren, hinterlassenen Spuren der Geschichte, die Geschichten, Gegenstände, Worte, Gesten – sie alle aktivierbare Vorstellungen und Erinnerungen, auf die wir jederzeit zugreifen können und zugreifen.

In diesem Sinn liefert Duras' Roman ein Exogramm, mit dem unser assoziatives Organ der Welterschließung sofort zu arbeiten beginnt.

2. Exogramme

Exogramme sind externale Gedächtnisinhalte jeglicher Art, die zur Bewältigung gegenwärtiger Anforderungen und zur Entwicklung von Handlungsoptionen für die Zukunft genutzt werden. Es kann sich dabei um schriftliche, mündliche, symbolische, gegenständliche, musikalische, habituelle, kurz: um jegliche Inhalte handeln, die entweder selbst als menschliches Orientierungsmittel entwickelt worden sind (wie zum Beispiel die Sprache) oder als solches verwendet werden können (wie der Sternenhimmel zum Navigieren). Ein solcher Inhalt springt aber, um es quantentheoretisch zu formulieren, in dem Augenblick in den Zustand eines Exogramms, in dem er als externer Gedächtnisinhalt betrachtet oder verwendet wird.

Im Unterschied zu Engrammen überschreiten Exogramme die zeitlichen und räumlichen Grenzen der individuellen Existenz und den Horizont persönlicher Erfahrung. Evolutionär betrachtet liegt der entscheidende Schritt der menschlichen Phylogenese in der Entwicklung von Symbolen, weil diese, wie Merlin Donald gezeigt hat, die Möglichkeiten der menschlichen Kognition um einen höchst leistungsfähigen Gedächtnisspeicher bereichert haben. »Die biologischen Gedächtnisaufzeichnungen des Gehirns, die wir ›Engramme‹ nennen, unterscheiden sich von externen Symbolen oder Exogrammen in den meisten ihrer Speichereigenschaften. Engramme sind impermanent, punktuell, kaum zu optimieren, nicht bewußtseinsfähig, schwer zu lokalisieren und abzurufen. [...] Im Unterschied dazu liefern externe Symbole stabile, dauerhafte, theoretisch unlimitierte Gedächtnisspeicher, die unbegrenzt überschreibbar sind und problemlos zu Bewußtsein gebracht werden können. Darüber hinaus kann man Exogramme viel leichter und mit einer ganzen Bandbreite von Instrumenten abrufen« (Donald, 2001, S. 309 ff.; Übersetzung H. W.). Das menschliche Bewußtsein verfügt damit über zwei Repräsentationssysteme, ein internes und ein externes, während alle anderen Lebewesen nur über ein internes verfügen.

3. Co-Evolution

Menschen können ihre famose Anpassungsfähigkeit an sich verändernde Umwelten deshalb realisieren, weil sie eine co-evolutionäre Entwicklungsumwelt geschaffen haben, die sie von den biologischen Vorgaben der Evolution emanzipiert hat. Diese Emanzipation wurde möglich durch zwei humanspezifische Gedächtnisfunktionen: erstens die Fähigkeit zum autonoetischen Erinnern, das ein Arbeitsgedächtnis mit einer gewissen Kapazität voraussetzt (Markowitsch & Welzer, 2005, S. 80 ff.), und zweitens die Auslagerung von Gedächtnis in andere Personen, in Institutionen oder

Medien. Ein Gedächtnis, das autonoetisch, also sich seiner selbst bewußt und daher reflexiv ist, ermöglicht das Warten auf bessere Gelegenheiten, das Überstehen problematischer Situationen, das Entwickeln effizienterer Lösungen, kurz: es erlaubt ein Handeln, das auf Auswahl und Timing beruht. Ein solches Gedächtnis entbindet vom unmittelbaren Handlungsdruck; es schafft genau genommen erst jenen Unterschied zum Agieren und Reagieren, den wir als »Handeln« bezeichnen.

Zweitens schafft erst ein solches reflexives Gedächtnis die Möglichkeit, Gedächtnisinhalte zu externalisieren: Angefangen bei der einfachen Markierung eines Nahrungsverstecks über die Entwicklung symbolischer Austauschformen durch sprachliche Kommunikation bis zur Herausbildung von Schriftsprachen erlauben Exogramme ganz einzigartige Formen der Repräsentation von Gedächtnisinhalten, die zum einen von Handlungsdruck entlasten, zum anderen die soziale Weitergabe von Erinnertem erlauben. Menschen können Informationen aufbewahren und kommunizieren; sie können sie mit der Erfindung von Schrift schließlich sogar an Menschen weitergeben, mit denen sie räumlich oder zeitlich überhaupt nichts verbindet, womit sich ein Fundus von gespeichertem Wissen auftut, der die Beschränkungen der direkten Kommunikationen radikal überwindet. Das bedeutet die Möglichkeit der *kulturellen Weitergabe* von Erfahrungen (Tomasello, 2002) und die Beschleunigung der langsamen biologischen Evolution mit den Mitteln des Sozialen. Darauf geht die atemberaubende und sich permanent steigernde Geschwindigkeit der Entwicklung menschlicher Existenzformen zurück: Menschen können ihre Erkenntnisfortschritte in der Bewältigung von Umweltanforderungen über Zeiten und Räume hinweg weitergeben, so daß die jeweils folgenden Generationen auf der Basis der gemachten, in soziale Praktiken überführten Bewältigungserfahrungen ihre Entwicklungsmöglichkeiten auf jeweils höheren Erfahrungsniveaus entfalten können.

Um zu verdeutlichen, was damit gemeint ist und wie phylogenetische Co-Evolution und Psychogenese ineinandergreifen, können wir uns einen zentralen Aspekt der kindlichen Entwicklung anschauen, der schon Piaget fasziniert hat. Im Zusammenhang seiner Studien über die Bildung des Zeitbegriffs beim Kind hat er eine bemerkenswerte Einsicht formuliert: »Die Regulierung der Uhren beruht auf der Regelmäßigkeit der Naturbewegungen (...). Aber was wüßten wir von der natürlichen Chronologie ohne unser Uhrensystem?« (Piaget, 1946, zit. nach Kesselring, 1988, S. 162).

Zentral für die Entwicklung des autobiographischen Gedächtnisses ist die Fähigkeit, distinkte Zonen von Vergangenheit, Gegenwart und Zukunft unterscheiden zu können, also ein Vorher von einem Jetzt und einem Nachher differenzieren zu können. In anderen Worten, das autobiographische Gedächtnis setzt einen Zeitbegriff voraus. Für die Entstehung eines solchen Zeitbegriffs ist es wiederum erforderlich, daß Erinnerungen einen Ich-Bezug aufweisen, was etwa ab einem Alter von zweieinhalb Jahren der Fall ist. Das autobiographische Gedächtnis setzt mithin ein Selbstkonzept voraus, das in Raum und Zeit situiert ist und emotionale Markierungen von bestimmten Erlebnissen vornehmen kann. Kurz: Das autobiographische Gedächtnis ist erwacht, wenn ein dreijähriges Kind davon berichten kann, daß es gestern im Kindergarten vom Stuhl gefallen ist und sich dabei wehgetan hat.

Die Verfügung über einen Zeitbegriff ist also essentiell für das autobiographische Gedächtnis, aber wie das Zitat von Piaget andeutet, begeben wir uns in eine höchst merkwürdige Situation, wenn wir über Zeit sprechen, Zeit messen, Kindern die Uhr erklären oder beschreiben, wie sich Zeitbegriffe bilden. Denn Zeit ist, so objektiv sie abzulaufen scheint und so klar definiert sie etwa als physikalische Zeit zu sein scheint, zunächst nichts anderes als ein – wie Norbert Elias sagen würde – menschliches Orientierungsmittel auf hohem Syntheseniveau. Es bedurfte phylogenetisch einer außerordentlich langen Entwicklungszeit, bis Menschen lineare, regelmäßige und abstrakte Zeitintervalle operationalisiert hatten, mit deren Hilfe sie zum einen Ordnung in experimentell oder direkt beobachtbare Abläufe bringen konnten und zum anderen jene enormen Synchronisierungsleistungen hervorgebracht haben, die unterschiedlichste Menschen mit unterschiedlichsten Funktionen an unterschiedlichsten Orten innerhalb einer einzigen temporalen Matrix zusammenschalten. Diese Synchronisierung erfordert auf seiten der einzelnen Subjekte ein temporal organisiertes Selbstkonzept. Das ist das autobiographische Gedächtnis.

Zeit ist also zunächst nichts anderes als eine Kategorie sozialer Übereinkunft. Zu ihrer heute gebräuchlichen standardisierten Form hat sie erst relativ spät gefunden; ihr eigentlicher Beginn fällt mit dem der experimentellen Naturwissenschaft zusammen. So führt etwa Galilei zur Messung von Fallgeschwindigkeiten und ballistischen Bahnen ein kontinuierliches drittes Maß ein, nämlich jene Menge Wasser, die im Beobachtungszeitraum aus dem immer gleich großen Loch im Boden eines Eimers herausfließt, um an diesem Maßstab die unterschiedlichen Geschwindigkeiten fallender Objekte zu vergleichen. Man muß sich solche, von heute aus betrachtet, trivialen Operationen noch einmal vor Augen führen, um sich klarzumachen, daß die Einheiten, die wir zur Messung scheinbar objektiver Zeitabläufe heranziehen, völlig willkürlicher Natur sind und lediglich den Kriterien von Gleichförmigkeit und sozialer Standardisierung genügen müssen, um ihre Aufgabe zu erfüllen.

Zeit ist demnach ein historisch relativ junges, sozial erzeugtes Orientierungsmittel, das uns eben deshalb als etwas Abstraktes und Verdinglichtes gegenübertritt, weil wir sie vor allem als ein Regulativ erleben, das unser Leben strukturiert und unsere Vergänglichkeit mit Nachdruck dokumentiert. Und sie tritt uns auch deshalb als etwas scheinbar Objektives gegenüber, weil wir in unserer eigenen Ontogenese einen Zeitbegriff gebildet haben, der sich auf etwas zu beziehen scheint, das ganz und gar unabhängig von uns existiert.

An diesem Doppelcharakter der Zeit – daß sie einerseits als etwas Objektives in der subjektiven Erfahrung erscheint und daß sie andererseits gar kein ontologisches Substrat hat, sondern sozial gebildet ist – kann man deutlich sehen, daß die menschliche Onto- und Phylogenese co-evolutionär sind. Wenn seit etwa viertausend Jahren Zeitkonzepte entwickelt werden, die soziale Zeit zunehmend von abstrakter Zeit entkoppeln, dann bedeutet das ontogenetisch, daß *diese* Auffassung von Zeit immer schon Teil der Entwicklungsumwelt ist, in der das Kind heranwächst. Dasselbe gilt für die Sprache und jedes andere symbolische Orientierungsmittel, das Menschen im Laufe der Geschichte entwickelt haben.

Insofern führt das scheinbare Paradox, von dem Piaget spricht – daß nämlich die von Uhren repräsentierten Zeitintervalle anhand natürlicher Abläufe gebildet sind, die ihrerseits nur mit Hilfe von Uhren als solche Abläufe beschrieben werden konnten – mitten hinein in einen Umstand, der für die menschliche Ontogenese von entscheidender Bedeutung ist, gleichwohl aber fast immer vergessen wird: daß es die von Menschen gebildeten kulturellen Symbolisierungen sind, die kleine Kinder lernen, wenn sie sich entwickeln.

Damit sind wir wieder bei der Entwicklung von Zeitkonzepten in der Ontogenese: Piaget hat in seiner mittlerweile klassischen Studie herausgearbeitet, daß Kinder recht lange brauchen, bis sie Zeit als jene abstrakte Meßeinheit verwenden können, die auf alle temporalen Fragen, von Kausalbeziehungen bis hin zu solchen des Lebensalters, anzuwenden ist. So sind zum Beispiel Vierjährige nicht in der Lage, Alter als gelebte Dauer mit dem Zeitpunkt der Geburt in Zusammenhang zu bringen. Die vierjährige Claire etwa antwortet auf die Frage nach ihrem Alter zum Zeitpunkt ihrer Geburt, daß sie sich daran nicht erinnern könne: »es ist zu lange her!«; die fünfjährige Jacqueline kann sich, wie sie zunächst sagt, ebenfalls nicht mehr erinnern, korrigiert sich dann aber: »Ach ja, ich war zwei Monate alt!« (Piaget, 1974, S. 281).

Kinder in diesem Alter sind auch nicht in der Lage, sicher zu benennen, ob ein jüngeres Geschwister früher oder später als sie geboren ist, und sie sind sich auch keineswegs sicher, ob ein einmal gegebener Altersabstand zwischen Personen über die Zeit hinweg erhalten bleibt. Für Rom, viereinhalb Jahre alt, sind Mutter und Großmutter gleichaltrig, und sie ist der Auffassung, daß beide auch in Zukunft gleich alt bleiben werden. Etwas anderer Ansicht ist Jear, der zwar meint, daß sein Großvater älter als sein Vater sei, aber nicht weiß, welcher von beiden zuerst geboren ist. Auf die entsprechende Frage antwortet er: »Ich weiß nicht. Er war sofort alt, mein Großpapa.« Pti, im selben Alter wie Rom und Jear und derselben Auffassung, fügt eine

Begründung dafür an, daß Vater und Großvater ganz offensichtlich gleichaltrig sind: »Weil sie gleich groß sind« (ebd., S. 283 f.).

Hier liegt ein Schlüssel für das kindliche Zeitverständnis: Sie machen das beobachtete Lebensalter an der Kategorie der Körpergröße fest, und da sie wissen, daß sie selbst wachsen, sind sie der Auffassung, sie selbst würden älter, während die Erwachsenen gleich blieben. Die Kinder, das ist das Bemerkenswerte, sind also durchaus in der Lage, Theorien über alterskorrelierte Zusammenhänge aufzustellen, aber weil sie über kein Konzept linear ablaufender Zeit und damit auch über keines der Dauer verfügen, entwickeln sie andere kausale Verknüpfungen als Erwachsene. Diese wenigen Beispiele mögen genügen, um auf ein grundlegendes Prinzip der ontogenetischen Entwicklung hinzuweisen, das in der klassischen Entwicklungspsychologie noch nicht erkannt wurde: daß Kinder nämlich sukzessive aus jenem allgegenwärtigen Überangebot von Benennungen und Kategorien jene herausfiltern, die sie je nach ihrem Entwicklungsstand für ihre Zwecke gebrauchen können (Nelson, 1996, S. 140 ff.; Welzer, 2005, S. 83 ff.).

4. Das autobiographische Gedächtnis ist sozial

Die Ontogenese ist gleichbedeutend mit der sich immer weiter verbessernden symbolischen, kognitiven und zeitlichen Synchronisation eines Kindes mit den anderen Mitgliedern seiner Welt. Der Schlüssel für diese Synchronisation, die auf den Ebenen der Kategorisierung, der Sprache, der Konzeptbildung etc. zugleich stattfindet, liegt in der Autobiographisierung des Gedächtnisses. Erst wenn es ein Selbst gibt, auf das die Erlebnisse, Beobachtungen, Gedanken bezogen werden können, kann die heranwachsende Person mehr und mehr mit den Personen seiner Umgebung synchronisiert werden. Individualisierung und Sozialisierung sind also keineswegs Gegensätze, sondern fallen zusammen. Ontogenese und Soziogenese sind lediglich zwei Aspekte ein und desselben Vorgangs.

Der Clou dieses Vorgangs liegt nun aber darin, daß sich genau hier zeigt, daß Menschen sich in einer co-evolutionären Umwelt heranbilden, denn alles, was sie sich in der Praxis aneignen, sind gewissermaßen symbolische Formen auf dem neuesten Stand – sie verwenden ja das Material, das ihnen ihre jeweilige Vorgängergeneration zur Verfügung stellt, und modifizieren es umstandslos, weil sie ihre Umwelt aktiv erschließen und sich eben nicht an sie adaptieren. Zeitkonzepte werden ebenso wie basale kommunikative Fähigkeiten schon vorgebahnt, indem frühe Interaktionen zwischen Mutter und Kind – etwa das Reden oder Singen – durch eine präzise Rhythmisierung strukturiert sind, die beide Interakteure einhalten. Inzwischen liegen Studien über frühe Musikalität vor, die anhand von sonographischen Aufzeichnungen nachweisen, daß schon Säuglinge in den auf sie bezogenen »Gesang« ihrer Mutter einstimmen, indem sie in die rhythmischen Leerstellen ihre auf die Tonhöhe und Prosodie der mütterlichen Vorgabe abgestimmten Laute einfügen (Malloch, 1999; Trevarthen, 2002; Trevarthen in diesem Band).

Auch Merlin Donald hat in seiner Theorie der Bewußtseinsentstehung auf die phylo- und ontogenetische Bedeutung der rhythmischen Abstimmung hingewiesen: Ein Rhythmus ist ein Wahrnehmungsmuster zeitlicher Beziehungen; er kann auf einen Klang, ein Gefühl »oder etwas Gesehenes zurückgehen, und er kann mit der Stimme, mit den Händen oder mit dem ganzen Körper reproduziert werden« (Donald, 2001, S. 272; Übersetzung H. W.). Unser basales Gefühl für Rhythmus hat ganz offensichtlich eine organische Basis – man braucht da nur an den Herzschlag zu denken. Jeder Rhythmus, der in der co-evolutionären Entwicklungsumwelt vom Kind erlebt wird, bildet eine prototemporale Sequenz, eine Vor-Bahnung für das viel später einsetzende Zeitverständnis. An diesem Zusammenspiel von biologisch gegebenen Ermöglichungsbedingungen und co-evolutionär gebildeten Entwicklungsbedingungen kann man sehen, daß die menschliche Ontogenese etwas völlig anderes ist als die Ontogenese anderer Lebewesen, und zwar deswegen, weil sie in einer völlig anderen Entwicklungsumwelt stattfindet.

Die Gehirnentwicklung des Menschen ist kein autonom ablaufender biologischer Vorgang, sondern ein biologischer Prozeß, der unter sozialen und kulturellen Bedingungen geformt und in sozialer Interaktion gestaltet wird. Deshalb ist jedes Kind prinzipiell auch in beträchtlichem Maße formbar, was man sich am eindrucksvollsten an folgendem Beispiel klarmachen kann: Unser Gehirn hat sich in den letzten 40 000 Jahren seit Entstehen unserer Gattung auf der Ebene seiner Hardware nicht verändert. Das bedeutet, daß das Kind eines steinzeitlichen Homo sapiens, würde es in unserer Welt aufwachsen, dieselben Fähigkeiten hätte, Jet-Pilot oder Computer-Hacker zu werden, wie jedes andere Kind der westlichen Hemisphäre auch. Umgekehrt bedeutet das, daß – würde man mit der heutigen Physis aufgrund irgendeines H.-G.-Wells-Zeitmaschinenwunders in die Steinzeit hineingeboren – man sich exakt im Rahmen der kulturellen Bedingungen entwickeln würde, die damals herrschten, und es wäre keineswegs ausgemacht, ob man selbst derjenige sein würde, der das Rad erfindet. Dieses Beispiel zeigt auf das eindringlichste, daß die Entwicklungsumwelt von Menschen supranaturaler Art ist. Bezogen auf die Ontogenese der Zeit ließe sich dasselbe Gedankenexperiment so durchdeklinieren, daß das Steinzeitkind in unserer adaptiven Umwelt mühelos unser Zeitregime internalisieren würde, während das Zeitmaschinenkind, das von heute aus in die Vergangenheit geboren würde, allenfalls soziale und jahreszeitliche Temporalkategorien erlernen würde.

Ein solches Gedankenexperiment zu einer Zeitreise zeigt zum einen, daß Zeit ein menschliches Orientierungsmittel auf niedrigerem oder höherem Syntheseniveau ist. Zum anderen zeigt es, daß solche Orientierungsmittel grundsätzlich sozialer Natur sind, aber sozialisatorisch als objektiv erfahren werden, einfach, weil sie Teil der objektiven Entwicklungsumwelt des Kindes sind. Daraus resultiert die eigentümliche Schwierigkeit, die einen beim Nachdenken über die Zeit befällt und die Piaget so paradox benannt hat.

Vor diesem Hintergrund wird unmittelbar ersichtlich, was das autobiographische Gedächtnis des Menschen ist. Eine co-evolutionäre Entwicklungsumwelt ist zwangsläufig eine Welt in beständiger Veränderung; das betrifft die Lebensformen der Menschen in ihrer jeweiligen historischen und kulturellen Gestalt und damit auch die ontogenetischen Anforderungsprofile, die die jeweilige Passung zwischen denen, die schon da sind, und denen, die dazukommen, sicherstellen müssen. Eine Spezies, die eine co-evolutionäre Entwicklungsumwelt nutzt, braucht ein Relais, das seine Mitglieder für sich erweiternde und diversifizierende soziale Gruppen anschlußfähig, »soziabel« macht. Das autobiographische Gedächtnis ist ein solches Relais, eine psychosoziale Instanz, die subjektiv Kohärenz und Kontinuität sichert, obwohl die sozialen Umwelten und mit ihnen die auf das Individuum gerichteten Anforderungen fluktuieren. Genau diese Relaisfunktion erklärt sowohl, weshalb wir historisch verschiedene Niveaus der Autobiographisierung verzeichnen können, als auch, warum es in interkultureller Perspektive unterschiedliche Altersstufen gibt, in denen ontogenetisch die Autobiographisierung, mithin die Entstehung eines kontinuierlichen Selbst einsetzt (vgl. Nelson in diesem Band). Das autobiographische Gedächtnis ist also eine bio-psycho-soziale Instanz, die das Relais zwischen Individuum und Umwelt, zwischen Subjekt und Kultur darstellt.

Deshalb verläuft die Entwicklung des autobiographischen Gedächtnisses parallel zur immer paßgenaueren Synchronisierung des sich entwickelnden Individuums mit seiner sozialen Umwelt – die Ontogenese bildet in diesem Sinne zugleich auch die Soziogenese des Menschen. Das autobiographische Gedächtnis erlaubt nicht nur, Erinnerungen als *unsere* Erinnerungen zu markieren, es bildet auch die temporale Feedbackmatrix unserer Selbst, mit der wir ermessen können, wo und wie wir uns verändert haben und wo und wie wir uns gleichgeblieben sind. Und es bietet eine Abgleichmatrix zu den Zuschreibungen, Einschätzungen und Beurteilungen unserer Person, die unser soziales Umfeld unablässig vornimmt.

5. Externe und interne Regulation

Der Wunsch nach Kontinuität ist nicht nur ein individueller; ohne Kontinuität der Identität ihrer Mitglieder könnte eine soziale Gruppe, eine Gesellschaft nicht funktionieren, weil Kooperation – die zentrale Kategorie menschlichen Daseins – nur dann gewährleistet ist, wenn Menschen verläßlich heute dieselben sind, die sie gestern waren und morgen noch sein werden.

Norbert Elias hat schon vor einem Dreivierteljahrhundert darauf hingewiesen (Elias, 1976), daß wir die Psycho- und Soziogenese des Menschen nur dann zureichend verstehen können, wenn wir den zugrunde liegenden Prozeß als einen begreifen, der sich grundsätzlich und immer innerhalb einer Figuration von Menschen abspielt, die *vor* dem sich entwickelnden Kind da war. Seine gesamte Entwicklung nach der Geburt hängt von den kulturellen und sozialen Handlungen und Techniken ab, die diese Figuration co-evolutionär hervorgebracht hat. Diese Perspektive ist auch von so unterschiedlichen Entwicklungspsychologen wie Lev Wygotsky, Daniel Stern und Michael Tomasello eingenommen worden, die zeigen, daß Menschen nichts »verinnerlichen«, wenn sie sich entwickeln, sondern daß sie im Zusammensein mit anderen praktisch lernen, was sie brauchen, um in einer gegebenen Sozialität zu funktionieren und zu einem vollwertigen Mitglied dieser jeweiligen Sozialität zu werden.

Die Ontogenese eines Kindes besteht also in einer diachronen Zustandstransformation: Die eine Transformation ist historisch und bezieht sich auf den Wandel der Wahrnehmungs-, Kommunikations- und Erziehungsformen (und damit der Bilder und Vorstellungen, was »gut für ein Baby« ist und wie man es zu behandeln hat); die andere Transformation bezieht sich auf das sich entwickelnde Individuum selbst und besteht in der sukzessiven Veränderung seines Verhältnisses zu den anderen und zu sich selbst – anders formuliert: sie besteht in der Verschiebung der Balance zwischen interpersonalen und intrapersonalen Regulationen, zwischen Selbstzwang und Fremdzwang.

Wie auf der Ebene langfristiger historischer Transformationen Fremdzwänge sich in Selbstzwänge verwandeln,[2] so wird die von der Bezugsperson des Kindes an-

2 In gewisser Hinsicht lassen sich auch historisch gewachsene Selbstzwangformationen als Transformationen interpersonaler Herrschaftsmuster in intrapersonale beschreiben. Genau betrachtet lasten ja nicht nur Selbstzwänge – des Gewaltverzichts, der Pünktlichkeit, der Affektunterdrückung etc. – auf uns, sondern zu Teilen auch ein bewußter Zwang zum Selbstzwang: »weil die gesellschaftlichen Gebote und Verbote nicht nur durch andere Menschen, sondern auch durch den derart Geplagten selbst repräsentiert werden, weil eine Instanz in ihm selbst verbietet und bestraft, was die andere möchte« (Elias, 1976, S. 335).

geleitete Regulation seines Befindens zunehmend in intrapersonale Regulationen übergeleitet – aus Fremdzwängen werden Selbstzwänge, oder in neutralerer Formulierung: aus Fremdregulationen werden Selbstregulationen. Ich nehme an, daß das autobiographische Gedächtnis die deklarative und reflexiv zugängliche Instanz der Selbstregulation darstellt, während die anderen Gedächtnissysteme die impliziten Formen der Selbstregulation auf Dauer stellen und situativ abrufbar machen (Markowitsch & Welzer, 2005, S. 80 ff.).

Hinsichtlich der emotionalen Entwicklung von Säuglingen, Kindern und Heranwachsenden haben die Entwicklungspsychologen Manfred Holodynski und Wolfgang Friedlmeier (2005) eine überzeugende Beschreibung vorgelegt, wie aus interpersonalen Regulierungen der Befindlichkeiten eines Kindes im Verlauf der Ontogenese intrapsychische Regulationen werden. Dabei gehen die Autoren davon aus, daß Neugeborene prinzipiell zur Kommunikation in der Lage sind, wobei ihrer Auffassung nach »Vorläufer-Emotionen« *(precursor emotions)* die entscheidende expressive Rolle spielen. Ein Baby kann durch den Ausdruck seiner Emotionen kommunizieren, wie es ihm geht und in welcher Weise sein Zustand einzuschätzen ist: Es kann Ekel, Hunger, Wohlbefinden kommunizieren, weil die dazugehörigen Emotionen expressive Signale für die Bezugspersonen liefern, auf die sie reagieren können. Da die Bezugsperson – in den meisten Fällen die Mutter – nun aber nicht nur technisch das entsprechende Bedürfnis des Säuglings befriedigt, sondern ihrerseits emotional – mit Streicheln, Wiegen, Singen, Sprechen – auf das Baby reagiert, ergeben sich in der interpersonalen Situation der Fürsorge für das Kind zwei Feedbackschleifen: Zum einen registriert das Baby an seinem Körperzustand propriozeptiv und intrazeptiv, daß etwas sich – vom Unbehagen zum Wohlbefinden – verändert hat. Zugleich registriert es aber auch einen emotionalen Gleichklang mit der Mutter: Über das Körperfeedback werden Empfindungen ausgelöst, die dem »Gefühlszustand der nachgeahmten Person entsprechen und dadurch vor allem bei Säuglingen und Kleinkindern eine Gefühlsansteckung auslösen können« (Holodynski & Friedlmeier, 2005, S. 66; Übersetzung H. W.). Hier wird deutlich, daß die frühe Regulierungstechnik rein interpersonal verläuft – die körperlichen Bedürfnisse des Kindes und mit ihnen die Vorläufer-Emotionen werden durch die Mutter befriedigt, und die Beziehung zwischen den beiden stellt neben den intrazeptiven Feedbackschleifen auch ein soziales Feedback bereit, daß nun nicht nur intrapersonal, sondern auch interpersonal alles wieder in Ordnung ist.

Die Autoren legen ein Transformationsmodell der Emotionsregulierung vor, das durch die folgenden Phasen strukturiert ist: In den ersten beiden Lebensjahren entwickelt sich ein System der interpersonalen Regulation, mit dessen Hilfe das Kind »ein differenziertes, durch Ausdruckssymbole vermitteltes Emotionsrepertoire«

aufbaut und sich zugleich eine Reihe von Bewältigungserfahrungen etablieren (Holodynski & Friedlmeier, 2005, S. 104). Der regulative Prozeß ist in dieser Phase auf die Bezugsperson und das Kind aufgeteilt, was ein Wechselspiel zwischen intuitivem elterlichen Fürsorgeverhalten, der Imitationsfähigkeit des Babys und eine Sensibilität für Sequenzen und kommunikative und affektive Feinabstimmungen auf beiden Seiten impliziert. Die Regulierung erfolgt in dieser Zeitspanne nahezu ausschließlich interpersonal, weil das Kind noch nicht in der Lage ist, selbst etwas zu tun, das der Regulation seiner Befindlichkeit dienen würde.

Dies geschieht erst in der zweiten Phase, im Alter zwischen drei und sechs Jahren. Mit Hilfe des sich jetzt konturierenden Selbstkonzepts, der Möglichkeit, Befinden symbolisch auszudrücken, und einer deutlich wachsenden Erwartung seines sozialen Umfelds, das Kind möge sich doch »benehmen« oder »still sein« oder »artig sein«, beginnt sich die »allumfassende Unterstützung durch seine Bezugspersonen zu reduzieren«, und das Kind wird »sowohl zu einer *intra*personalen emotionalen Handlungsregulation als auch zu einer *inter*personalen reflexiven Emotionsregulation fähig« (Holodynski & Friedlmeier, 2005, S. 105). Das Kind ist zunehmend auch zu Bedürfnisaufschüben in der Lage und wird sich überdies dessen bewußt, daß es Gefühle hat – was sich etwa darin anzeigt, daß es Emotionen spielerisch simulieren kann, indem es so tut, »als ob« es traurig sei. Die Verknüpfung der Regulation von »außen« und »innen« wird im übrigen auch daran erkennbar, daß das Kind nun zunehmend in der Lage ist, Handlungen zu hemmen oder zu unterlassen, wenn es begreift, daß etwas »verboten« ist oder von den Bezugspersonen ungern gesehen wird.

In einer dritten Entwicklungsphase, die Holodynski und Friedlmeier (2005) mit dem sechsten Lebensjahr einsetzen lassen, »erfolgt ein Formwechsel der psychischen Regulationsmittel (der Ausdrucks- und Sprechzeichen), die das Kind für seine *intra*personale Regulation einsetzt« (S. 106). Das heißt: Was zuvor für einen Beobachter sichtbar war – heftiger Zorn, große Freude, massive Verunsicherung – wird nun zu »mentalen Ausdruckszeichen«, die nach innen einen bestimmten emotionalen Zustand signalisieren, während das Gesicht und die Körperhaltung neutral bleiben. »Es entsteht eine mentale Ebene des Ausdrucks, Sprechens und Handelns. Es entwickeln sich ›Als-ob-Gefühle‹ (Damasio, 1994), d. h. Gefühle, die auf keinem Körperfeedback von realen Ausdrucks- und Körperreaktionen mehr beruhen, sondern auf deren somatosensiblen Repräsentationen« (Holodynski & Friedlmeier, 2005, S. 106).

Eine vierte bzw. fünfte Entwicklungsphase wird mit der Adoleszenz bzw. dem Erwachsenenalter erreicht – wobei im Jugendalter vor allem die sozioemotionale Feinabstimmung, das heißt das Erproben der adäquatesten »Passung« der eigenen Person zur sozialen Umwelt von Bedeutung zu sein scheint, die sich im Erwachsenenalter korrigiert und stabilisiert. Alles das ist, je nach dem historischen und kulturellen Entwicklungsniveau der Gesellschaft, in der die Person heranwächst, variabel. Dieses Modell von Friedlmeier und Holodynski (2005), das empirisch zumindest für die Kindheitsphasen gut belegbar ist, läßt sich als direkte Illustration der These betrachten, daß in der Ontogenese aus Fremdzwängen Selbstzwänge werden – und jeder weiß, wie unreguliert, direkt und außenorientiert die Gefühle eines Kleinkindes sind, wie impulsiv und unberechenbar die eines pubertierenden Jugendlichen und wie gedämpft und innengeleitet die einer Person im mittleren Erwachsenenalter sein können. Aber der besondere Clou des Modells von Friedlmeier und Holodynski ebenso wie der theoretisch viel weiter ausgreifenden Konzeption von Elias liegt darin, daß hier der Individuationsprozeß von vornherein als ein sozialer gedacht wird: Alles, was ontogenetisch geschieht, ist ein Verlauf von der regulativen Sozialität, in der und mit der das Kind sich entwickelt, hin zu jener Individualität, in der soziale Zwänge, Restriktionen und Gefühlsregulationen in die Innenwelt verlegt sind.

Die Gedächtnisentwicklung verläuft vom Sozialen hin zum Individuellen – vom Säugling und Kleinkind, das ohne episodisches Gedächtnis in einem Universum des So-Seins existiert und die Quellen von Erinnerungen nicht unterscheidet, zum Vorschulkind, das über wachsende temporale Differenzierungen eine Situierung seines Selbst in der Zeit gewinnt und schließlich über den Spracherwerb und ein kognitives Selbst ein autobiographisches Ich ausbildet, das die früheren und künftigen Erfahrungen in einer Lebensgeschichte integriert, die sozial und individuell zugleich ist.

6. Wie »auto« ist das autobiographische Gedächtnis?

Konstitutiv kommt das autobiographische Gedächtnis also viel mehr von »außen« als von »innen«, und wie sehr es beständig von außen gestützt und aufrechterhalten werden muß, wird einem dann klar, wenn man – etwa infolge einer unfallbedingten Amnesie – seine Erinnerungen nicht mehr mit denen der anderen synchronisieren kann. Wir übersehen diese funktionelle Außenseite unseres Gedächtnisses gewöhnlich, weil sie mit unserem individualistischen Selbstbild nicht übereinzustimmen scheint. Aber auch die prinzipiell unendliche Erweiterung des menschlichen Gedächtnisraums durch die Exogramme und ihre Bedeutung für die Phylo- wie für die Ontogenese des Menschen zeigt, daß das menschliche Gedächtnis seine volle Kapazität nicht seinen internen Funktionen, sondern seinen externen Verkehrsformen verdankt. Menschen sind vielleicht viel besser zu verstehen, wenn man sie nicht als Individuen betrachtet, sondern als Schnittstellen in einem Netzwerk.

Literatur:

Damasio, A. (1997). *Descartes' Irrtum. Fühlen, Denken und das menschliche Gehirn.* München: dtv.

Donald, M. (2001). *A mind so rare. The evolution of human consciousness.* New York/London: Norton.

Elias, N. (1976). *Der Prozeß der Zivilisation.* Frankfurt am Main: Suhrkamp.

Holodynski, M. & Friedlmeier, W. (2005). *Development of emotions and their regulation.* München u. a.: Springer.

Kesselring, T. (1988). *Jean Piaget.* München: Beck.

Malloch, S. (1999). Mothers and infants and communicative musicality. *Musicae Scientiae, Special Issue, 1999-2000,* 13–28.

Markowitsch, H. J. & Welzer, H. (2005). *Das autobiographische Gedächtnis. Hirnorganische Grundlagen und biosoziale Entwicklung.* Stuttgart: Klett-Cotta.

Nelson, K. (1996). *Language in cognitive development. The emergence of the mediated mind.* Cambridge (UK): Cambridge University Press.

Piaget J. (1974). *Die Bildung des Zeitbegriffs beim Kinde.* Frankfurt am Main: Suhrkamp.

Tomasello, M. (2002). *Die kulturelle Entwicklung des menschlichen Denkens.* Frankfurt am Main: Suhrkamp.

Trevarthen, C. (2002). Frühe Kommunikation und autobiographisches Gedächtnis. *BIOS, 15, 2,* 213–240.

Welzer, H. (2005). *Das kommunikative Gedächtnis. Eine Theorie der Erinnerung.* München: Beck.

MARK FREEMAN

Autobiographische Erinnerung und das narrative Unbewußte

I.

In einem früheren Aufsatz mit dem Titel »Tradition und Erinnerung des Selbst und der Kultur« (Freeman, 2001) habe ich von einer etwas seltsamen und doch aufschlußreichen Erfahrung berichtet, die ich einige Jahre zuvor in Berlin gemacht hatte. Es war das erste Mal gewesen, daß ich in dieser Stadt war, und obwohl ich – angesichts meines jüdischen Hintergrunds und meines Wissens um die schrecklichen Ereignisse, die hier stattgefunden haben – auf emotionale Reaktionen vorbereitet war, vergingen die ersten Tage meines Besuchs ruhig und ereignislos. Das Zusammensein mit Kollegen und Freunden, die damals in Berlin lebten, half mir sicherlich – es gab genügend Zeit, das, was uns beschäftigte, zu »verarbeiten« und bei einem schönen Glas Wein mit unseren sonstigen Reflexionen zu Zeit und Erinnerung, Kultur und Geschichte zu verknüpfen. Wir hatten eine gute Zeit.

Dann aber, nach einigen Tagen, geriet ich plötzlich in einen unerwarteten emotionalen Aufruhr – in eine Mischung aus Entsetzen, Zweifel und Trauer, die irgendwie mit der Stadt selbst zu tun zu haben schien. Berlin war nicht länger nur eine faszinierende, wenn auch beunruhigende Ansammlung von Sehenswürdigkeiten, sondern wurde lebendig. Gleichzeitig, und paradoxerweise, war diese Lebendigkeit mit Tod assoziiert. Ja, es schien sogar, als ob die Stadt Tod und Vernichtung buchstäblich noch ausstrahlte, als ob die schrecklichen Ereignisse, die hier stattgefunden haben, wie Geister aus der Vergangenheit noch im Raum stünden. In wenigen Augenblicken wurde Berlin zur Bedrohung und ich blieb erschüttert zurück.

Die Frage, die ich mir im Anschluß stellen mußte, war: Was genau war passiert? So sehr die Stadt für mich Tod und Vernichtung ausstrahlte – sie tat es vielleicht nicht wirklich. Um es etwas anders zu sagen: Was auch immer im Raum stand, war vielleicht nur durch *mich* da, durch meine Erwartungen, mein Wissen, meinen eigenen Hintergrund und, nicht zuletzt, meine *Vorstellungskraft*. Ich mußte damals eingestehen, daß ich nicht besonders viel über die Geschichte Berlins wußte, und doch hatte ich offensichtlich genügend Informationen und Bilder gesammelt und mit mir herumgetragen, um in meinen Beobachtungen, wie ich es später nannte, »unterschwellige Strömungen zu aktivieren« (vgl. Freeman, 2001). Erinnerung, so habe ich geschrieben, »wird zu einem seltsamen Amalgam von Fakt und Fiktion, Erfahrungen und Texten, dokumentarischem Material, Nachbearbeitungen, Filmen, Theaterstücken, Fernsehshows, Phantasien und anderem« (Freeman, 2002, S. 199). Vor dem Hintergrund dieser Erfahrung habe ich auch angefangen, mich mit dem Konzept eines »narrativen Unbewußten« zu beschäftigen, das sich, so mein Vorschlag, »nicht so sehr darauf bezieht, was in dynamischer Hinsicht verdrängt wurde, sondern darauf, was zwar gelebt wurde, aber nicht reflektiert und besprochen wird, d. h. auf jene kulturell verankerten Aspekte der eigenen Lebensgeschichte, die noch nicht in die Geschichte des eigenen Lebens eingegangen sind« (ebd., S. 193). Jedenfalls habe ich damals begonnen, mich für jene Dimensionen von Erinnerung – und autobiographischem Erzählen – zu interessieren, von denen man in bestimmter Hinsicht sagen kann, daß sie die Grenzen eines individuellen Lebens überschreiten, nichtsdestotrotz jedoch konstitutiv für Identität sind. Ich habe durch diese Erfahrung etwas über mich selbst gelernt – über mein Selbst und seine, wie man sagen könnte, tiefe Geschichte *(deep history)*.

Natürlich kann man diesem Ansatz entgegenhalten, daß das, was geschehen ist, mit Erinnerung strenggenommen nichts zu tun hat. Man könnte auch einwenden, daß Erinnerung und Überlieferung – jene Aspekte der Kultur und Geschichte, die (vielleicht unwissentlich) aus der Vergangenheit ›ererbt‹ werden – hier miteinander verschmelzen. Aber es ist keineswegs geklärt, wie tragfähig diese Art der Unterscheidung überhaupt ist. Lassen Sie mich nun versuchen, einige der Implikationen dieses Ansatzes herauszuarbeiten, indem ich mich zunächst Ernst Schachtels (1959) einflußreichem Essay »On memory and childhood amnesia« und dann mehreren Fällen zuwende, in denen das narrative Unbewußte eine zentrale Rolle zu spielen scheint.

II.

Am Beginn seines Essays lenkt Schachtel die Aufmerksamkeit auf die nicht geringen Schwierigkeiten, die die Erinnerung an weit zurückliegende Ereignisse mit sich bringt. Im Unterschied zu Freud vertritt er die Überzeugung, »daß der Umstand, daß man sich an frühe kindliche Erfahrungen nicht erinnern kann, nicht bloß mit der Verdrängung eines bestimmten Inhalts, beispielsweise früher sexueller Erfahrungen, erklärt werden kann«; »der biologisch, kulturell und sozial beeinflußte Prozeß der Gedächtnisorganisation führt zur Bildung von Kategorien (Schemata), die nicht dafür geeignet sind, Erfahrungen der Art und Intensität aufzunehmen und wiederzugeben, wie sie charakteristisch für die frühe Kindheit sind« (Schachtel, 1959, S. 284). Schachtel führt weiter aus: »Der Erwachsene ist in den meisten Fällen nicht fähig, das zu erfahren, was das Kind erfährt; meist ist er nicht einmal fähig, sich vorzustellen, was das Kind erfährt. Es sollte von daher nicht überraschen, daß er unfähig ist, seine eigenen Kindheitserfahrungen zu erinnern, da sich seine gesamte Art und Weise, Welt zu erfahren, geändert hat« (ebd., S. 285). Wenn Schachtel recht hat, werden die Dinge nicht einfacher, wenn es daran geht, späteres Leben zu erinnern. »Glaubt man Proust, wird nicht nur die Kindheit, sondern auch späteres Leben nicht erinnert, mit Ausnahme der flüchtig aufblitzenden Bilder, die nur dem einfühlsamsten und differenziertesten Bewußtsein gegeben sind durch die seltene Gunst eines glücklichen Augenblicks, und die der Dichter dann, mit leidenschaftlicher Hingabe und geduldiger Arbeit, in Worte zu fassen und mitzuteilen versucht« (ebd., S. 287).

Obwohl er nach eigenen Angaben »kein Dichter, kein Schriftsteller« war, würde sich Binjamin Wilkomirski den von Schachtel beschriebenen Herausforderungen wohl stellen. »Meine frühen Kindheitserinnerungen«, so Wilkomirski in seinem Buch »Bruchstücke. Aus einer Kindheit, 1939–1948« (1995) »gründen in erster Linie auf den exakten Bildern meines fotografischen Gedächtnisses und den dazu bewahrten Gefühlen – auch denen des Körpers. Dann kommt die Erinnerung des Gehörs und an Gehörtes, auch an Gedachtes und erst zuletzt die Erinnerung an Selbstgesagtes« (ebd., S. 7). Die Gefahren liegen auf der Hand. »Meine frühesten Erinnerungen«, fährt er fort, »gleichen einem Trümmerfeld einzelner Bilder und Abläufe. Brocken des Erinnerns mit harten, messerscharfen Konturen, die noch heute kaum ohne Verletzung zu berühren sind. Oft chaotisch Verstreutes, chronologisch nur selten zu gliedern; Brocken, die sich immer wieder beharrlich dem Ordnungswillen des erwachsen Gewordenen widersetzen und den Gesetzen der Logik entgleiten« (ebd., S. 7 f.). Sein Bericht erinnert an den von Schachtel: »Will ich darüber schreiben, muß ich auf die ordnende Logik, die Perspektive des Erwachsenen verzichten. Sie würde das Geschehene nur verfälschen« (Wilkomirski, 1995, S. 8). Alles, was er tun kann, ist zu »versuchen, mit Worten das Erlebte, das Gesehene so exakt wie möglich abzuzeichnen – so genau, wie es eben mein Kindergedächtnis aufbewahrt hat: noch ohne Kenntnis von Perspektive und Fluchtpunkt« (ebd.). »Die ersten Bilder tauchen auf«, am Beginn seiner Erinnerungsarbeit, »vereinzelt nur, als Auftakt quasi, Blitzlichtern gleich, ohne sicheren Zusammenhang, aber scharf und deutlich. Bilder nur, noch kaum begleitet vom eigenem Denken« (ebd.). Dichter oder nicht, es scheint, daß Wilkomirski sich anschickt, der Proust des Holocaust zu werden, und uns auf diesem Wege dem Wirklichen und Wahren der Geschichte näher bringt als jemals zuvor.

Die Besprechungen waren überschwenglich. Auf dem Buchrücken der amerikanischen Ausgabe heißt es: »Die *Bruchstücke* werden, als ein klassischer Zeitzeugenbericht über den Holocaust, sicherlich ihren Platz neben Werken von Elie Wiesel und Primo Levi einnehmen *(Los Angeles Times).*« Ein anderer Rezensent (Maurice Sendak) schreibt: »Diese Bruchstücke schneiden uns in die Seele und lassen sie bluten. Mehr als Gerechtigkeit ist es Kunst, die uns in diesen ungeglätteten Erinnerungen entgegentritt.« Und Jonathan Kozol schrieb für *The Nation*: »Dieses phantastische und nüchtern geschriebene Buch ist so tief bewegend, von solch moralischem Gewicht, und so frei von jeglichem literarischen Kunstwillen, daß ich mich frage, ob ich überhaupt das Recht habe, es zu loben.«[1]

Es hat sich herausgestellt, daß es zu schön war, um wahr zu sein: Wilkomirskis Geschichte hat sich – wie soll man es nennen? – als Fiktion entpuppt. Zumindest war das der Schluß, den Elena Lappin in einem brillanten Text mit dem Titel »The Man with Two Heads« für *Granta* (1999; deutsch 2000) zog. Aber die Dinge werden dadurch nicht einfacher. Obwohl das Buch als Fiktion eingestuft wurde, war Lappin von Wilkomirskis »Aufrichtigkeit« überzeugt – unter anderem, weil es ihr »als ein Ding der Unmöglichkeit« erschien, eine »derartige Qual zu fingieren« (Lappin, 2000, S. 95). Schließlich wurde ein umfassender Bericht zu Wilkomirskis Buch geschrieben (Mächler, 2000), der keinen Zweifel mehr zuließ, »daß die Elemente seiner Geschichte sowohl in sich als auch in ihrem Bezug zur historischen Realität voller Widersprüche sind«; sie sind aber, wichtiger noch, auch »unvereinbar mit seiner biographischen Realität« (ebd., S. 287). Der Bericht kommt zu dem Schluß: »Es besteht nicht der geringste Zweifel, daß Binjamin Wilkomirski mit Bruno Grosjean identisch ist« – dem eigentlichen Autor des Buches, dessen Leben sehr verschieden zu dem im Buch dargestellten war – »und seine in ›Bruchstücke‹ niedergeschriebene und anderswo erzählte Geschichte einzig und allein in seinem Denken und Empfinden stattgefunden hat« (ebd.).

Die Möglichkeit bleibt, daß Wilkomirski in Hinblick auf seine Vergangenheit schlicht gelogen hat; es könnte sein, daß er sich, bewußt und absichtsvoll, eine Geschichte ausgedacht hat, von der er wußte, daß sie Menschen berühren und sich verkaufen würde. Obwohl sie jedoch offenkundig nicht wahr war, ist Wilkomirskis Geschichte – so jedenfalls wurde es von einigen gesehen – nicht das Resultat einer Lüge. Was geschehen zu sein schien, ist, kurz gesagt, daß Wilkomirski sich eine Geschichte, eine Kindheit, eine *Vergangenheit* gab, die er für wahr hielt. In Mächlers (2000) Worten:

---

[1] Für die Übersetzung siehe Mächler, 2000, S. 128.

> »Wilkomirski hat nicht eines Tages in umsichtiger Weise eine Figur konstruiert und sich eine Geschichte zurechtgelegt, mit der er die Welt betrügen wollte. Seine heutige Identität entstand vielmehr im Laufe von Jahrzehnten, ungeplant, improvisiert, fortwährend neue Erfahrungen oder Notwendigkeiten einflechtend und mangels Konzept entstandene Widersprüche ausbügelnd – was allerdings immer seltener gelang« (ebd., S. 287 f.).

Wie Mächler weiter erklärt:

> »Die Genese seiner Erzählungen hängt mit traumatischen Erlebnissen zusammen, die (...) kaum Eingang in sein autobiographisches Wissen gefunden haben dürften. Seine Erfahrungen der ersten Lebensjahre haben die Dimension eines kumulativen Traumas, das sich jedem Verstehen entzieht und um so einschneidender wirkt, als es gerade in eine Phase fällt, in der ein Kind die Fähigkeit entfaltet, zu sprechen, symbolisch zu denken und schließlich aus dem Erlebten Geschichten zu formen. ›Bruchstücke‹ ist der Versuch des erwachsenen Bruno Grosjean, mittels Versatzstücken aus dem kulturellen Fundus des Gedächtnisses an die Shoah einen Ausdruck für eine Erfahrung zu finden, die schon im Moment des Geschehens sprachlich nicht einholbar war und es auch später nicht wurde, aber gerade darum nach sinnstiftender Erzählung rief« (ebd., S. 288).

Wir müssen uns den Details nicht noch weiter widmen. Gesetzt den Fall, daß Wilkomirski seine Geschichte mit gutem Gewissen erzählt hat – wie immer unwahr sie auch gewesen sein mag –, scheint es, daß er eine Art *Mythos* über seine Vergangenheit geschaffen hat. Er war »eines dieser leidenden Kinder«, deren Geschichte erzählt werden mußte. Diese mythische Geschichte war durchsetzt mit »Versatzstücken aus dem kulturellen Fundus des Gedächtnisses an die Shoah«, wie Mächler es ausdrückt, mit vertrauten Bildern, Ereignissen, Handlungen *(storylines)*. Die Erinnerung daran wurde schrittweise, aber unerbittlich zu »seiner eigenen«. Man muß betonen, daß dies an sich noch keine unwahre Geschichte ergibt. Im Grunde ist es zudem schwer zu entscheiden, wie unterschiedlich Wilkomirskis Situation von der unseren ist. Damit soll hier jedoch nicht gesagt sein, daß wir darauf verzichten können, eine »wahre Geschichte« – eine Geschichte, die Bezug nimmt auf die tatsächlichen Erfahrungen des autobiographischen Subjekts – von einer unwahren zu unterscheiden. Genausowenig denke ich, daß es ausreicht zu *glauben*, daß die eigene Geschichte wahr ist, um sie wahr *werden* zu lassen – obwohl die Unterscheidung zwischen dem, was man für wahr *hält* und was tatsächlich wahr *ist*, im Hinblick auf Fragen der Identitätsbildung keine große Rolle spielt. (In bestimmter Hinsicht *wurde* Wilkomirski durch seine ›Erinnerungen‹ – wie auch immer ausgedacht sie waren – tatsächlich zu der Person, für die er sich gehalten hat.) Worauf ich, mit gebotener Vorsicht, hinweisen möchte, ist, daß es vielleicht unterschiedliche ›Ordnungen‹ oder ›Register‹ autobiographischer Erinnerung gibt: jene Erinnerungen, die sich unmittelbar *(first-order reference)* auf die Umstände eines individuellen Lebens beziehen, und jene, die sich von diesen unmittelbaren Bezügen »einen Schritt entfernen«, jedoch immer noch in bestimmter Hinsicht Teil »meiner Vergangenheit« sind *(second-order reference)*. Auch die allgemeine Unterscheidung zwischen episodischem und semantischem Gedächtnis kann man in diesen Zusammenhang stellen. In gewisser Weise zeigt der Fall Wilkomirski, wie das semantische zum episodischen (oder pseudoepisodischen) Gedächtnis wird. Und auch wenn manche, vielleicht zu Recht, vor diesem Vorgang gerade in einem solch sensiblen Kontext zurückschrecken, mögen sie doch auch versuchen, auf eine vielversprechendere Art und Weise, diese scheinbar unvermeidliche gegenseitige Durchdringung der unterschiedlichen Register autobiographischer Erinnerung anzuerkennen.

III.

In diesem Zusammenhang mag man sich auch an die Geschichte von Helen Keller (1904) erinnern. Keller kam als gesundes Kind zur Welt, erkrankte jedoch dann schwer und war von ihrem 19. Lebensmonat an blind und gehörlos. Während sie zweifellos einige bruchstückhafte Erinnerungen aus diesen ersten 19 Lebensmonaten behielt, blieb sie aus psychologischer Sicht auf einer sehr niederen Entwicklungsstufe – unfähig zu denken, zweckgerichtet zu handeln oder sich mit der sie umgebenden Welt auf bewußte Art und Weise auseinanderzusetzen. All das änderte sich, als ihre Lehrerin, Anne Sullivan, in ihr Leben trat. Sie half ihr, das Wunder der Sprache zu verstehen. »Meine Lehrerin steht mir so nahe«, räumt Keller (1904) ein, »daß ich mich kaum als von ihr getrennt fühle. Wieviel von meiner Freude an allem Schönen mir angeboren ist, wieviel ich ihrem Einflusse verdanke, werde ich nie anzugeben vermögen. Ich fühle, ihr Wesen ist untrennbar von dem meinigen, und sie ist mir auf den Bahnen, die ich wandle, vorangegangen. Alles Gute an mir ist ihr Werk« (S. 39). Es gab natürlich einen besonderen Grund für dieses Sich-nicht-getrennt-Fühlen. Fast alles, was Keller in diesen frühen Jahren über die Welt gelernt hatte, hatte sie von Sullivan gelernt.

Außergewöhnlich wie ihre ersten Jahre mit ihrer Lehrerin waren, gab es doch einen Zwischenfall – einen sehr schmerzhaften Zwischenfall –, der die Frage aufwarf, wieviel Keller tatsächlich von Sullivan profitiert hatte. Unter dem Eindruck eines Feuerwerks von Einfällen hatte sie eine Geschichte mit dem Titel »The Frost King«

geschrieben.[2] Keller (1904) erklärt: »Wir waren von Fern Quarry später als gewöhnlich aufgebrochen. Während unseres Aufenthaltes dort hatte mir Fräulein Sullivan die Schönheiten des herbstlichen Laubes beschrieben, und es scheint, als hätten ihre Schilderungen die Erinnerung an ein Märchen wachgerufen, das mir offenbar einmal vorgelesen worden war und das ich unbewußt behalten haben muß. Ich glaubte damals eine ›Geschichte zu machen‹, wie die Kinder sagen, und setzte mich voller Eifer hin, sie niederzuschreiben, ehe sich die Gedanken wieder verflüchtigten. Die Gedanken flossen mir leicht aus der Feder«, notiert sie, »ich empfand lebhafte Freude bei der Ausarbeitung. Worte und Bilder strömten mir in reicher Fülle zu« (S. 63). Unglücklicherweise jedoch war der Großteil der Geschichte ursprünglich von jemand anderem geschrieben worden. »Die beiden Erzählungen stimmten in Inhalt und Form so sehr überein«, räumte Keller schließlich ein, »daß [das Original] mir vorgelesen worden sein mußte und daß das meinige – ein Plagiat war« (S. 64). Wie sie weiter ausführt:

> »Erzählungen [die man ihr vorlas] hatten damals wenig oder gar keine Bedeutung für mich; aber das bloße Buchstabieren der seltsamen Worte genügte, einem kleinen Mädchen die Zeit zu vertreiben, das selber beinahe nichts zu seiner Unterhaltung beitragen konnte, und obgleich ich mich keines einzelnen Umstandes bei dieser Lektüre entsinne, kann ich doch nicht umhin zu glauben, daß ich mir die größte Mühe gegeben habe, die Worte zu behalten [...]. Das eine ist unzweifelhaft, die Sprache war mir unauslöschlich eingeprägt, obgleich dies lange Zeit niemand wußte, am wenigsten ich selbst« (S. 67).

Diese Entdeckung war auch für Keller (1904) erschreckend: »selbst jetzt«, fast zehn Jahre später, schreibt sie, »kann ich die Grenzlinie zwischen meinen Gedanken und denen, die ich in meinen Büchern finde, nicht ganz scharf ziehen« (S. 63). Vielleicht, vermutet sie, ist dies so, weil »mir soviele Eindrücke durch die Vermittlung der Augen und Ohren anderer zugehen« (ebd.).

Wilkomirskis und Kellers Fälle unterscheiden sich deutlich voneinander: Während er sich zu *erinnern* schien, sich tatsächlich aber etwas *ausgedacht* hat, glaubte sie sich etwas *auszudenken*, während sie sich in Wahrheit *erinnerte*. Ungeachtet dieses Unterschieds ist jedoch offensichtlich, daß sowohl Wilkomirski wie auch Keller unwillentlich Opfer einer Täuschung *(narrative confusion)* wurden; es war für sie

[2] Das vierzehnte Kapitel von Kellers Autobiographie, in dem sie die folgende Episode schildert, findet sich nur in einer frühen deutschen Übersetzung, die hier auch zitiert wird. In späteren Ausgaben wurde die Episode kommentarlos gestrichen (Anmerkung der Übersetzerin).

schlicht nicht ersichtlich, wo die Geschichten der anderen aufhörten und ihre eigenen anfingen. Genauer noch zeigen beide Fälle, wie sehr sich Erinnertes und Erdachtes gegenseitig durchdringen. Umgekehrt machen sie auch deutlich, wie schwierig es ist, auseinanderzuhalten, was aus *erster* und was aus *zweiter* Hand stammt. Schließlich lenken beide Fälle die Aufmerksamkeit auf Aspekte autobiographischer Erinnerung, die man aus gutem Grund ›unbewußt‹ nennen kann. In Wilkomirskis Fall hat die unbewußte Dimension mit jenen »Versatzstücken aus dem kulturellen Fundus des Gedächtnisses« (Mächler, 2000, S. 288) zu tun, die schließlich zu Pseudoerinnerungen wurden; in Kellers Fall mit Versatzstücken ihrer tatsächlichen Erfahrung, die zu Pseudofiktionen wurden.

Es sollte noch hinzugefügt werden, daß Zweifel laut wurden, ob Keller die Geschichte tatsächlich ungewollt plagiiert hatte. Denn dieser Fall war nur der erste in einer langen Reihe von Verdächtigungen und Anklagen, die gegen Keller erhoben wurden. Ihre Erfahrung war aus zweiter Hand und, wie manche behaupteten, in gewisser Hinsicht *Schwindel* – nicht anders als auch Keller selbst. »Helen Keller« ist, wie es jemand ausgedrückt hat, der ihr einmal ziemlich nahe stand, »eine lebende Lüge« (zitiert in Herrman, 1998, S. 84). Ihre Autobiographie war, so könnte hinzugefügt worden sein, die Geschichte dieser Lüge. Keller und Wilkomirski scheinen von daher einiges gemeinsam zu haben. Auf ihre Art und Weise haben sie sich jeweils – mit ihren Erzählungen – ›fragwürdige‹ Identitäten geschaffen. Trotzdem wurde alles andere als gewürdigt, wie ungewöhnlich dies alles ist.

IV.

Ich möchte noch einen letzten, im Vergleich zu Wilkomirskis und Kellers weit weniger kontrovers diskutierten Fall anführen, der aber dazu dienen kann, die Umrisse der genannten Phänomene deutlicher herauszuarbeiten. In der Einleitung ihres Buches *After Such Knowledge: Memory, History, and the Legacy of the Holocaust* schreibt Eva Hoffman (2004):

> »Ich war mir der Shoa von Anfang an bewußt. Meine Eltern (...) hatten im damaligen polnischen Teil der Ukraine mit Hilfe von polnischen und ukrainischen Nachbarn überlebt; aber ihre gesamten Familien waren umgekommen. Das waren die unausweichlichen Fakten – die unausweichlichen Wissensbestände –, in die ich hineingeboren wurde. Aber das Wissen war nicht immer im gleichen Maße aktiv gewesen; noch wollte ich diesem Erbe immer eine bestimmende Rolle zukommen lassen. Tatsächlich war es nicht, bevor ich in meinem ersten Buch darüber zu schreiben begann, (...) daß ich, unter andern Strängen in meiner Lebensgeschichte, auch dem

Absender:

Vorname, Name

Straße

PLZ/Ort

@

e-mail-Adresse

Ich habe diese Karte folgendem Buch entnommen:

Mit der Rücksendung dieser Karte erkläre ich mich einverstanden, daß ich in Ihre Informationskartei aufgenommen werde. Meine Daten dürfen nicht an Dritte weitergegeben werden.

Bitte als Postkarte freimachen

Antwort

Klett-Cotta
Leser-Service
Postfach 10 60 16

70049 Stuttgart

des Holocaust nachzugehen anfing. Ich hatte diesen Teil meiner psychischen Vergangenheit mein ganzes Leben mit mir herumgetragen, aber erst jetzt, als ich begann, aus größerer Distanz und im klärenden Prozeß des Schreibens darüber nachzudenken, erschien mir das, was zuvor unvollständiges und undeutliches Wissen war, als machtvolles Thema und Einflußgröße in meinem Leben. Bis dahin war es mir nicht in den Sinn gekommen, daß ich in der Tat ein historisches Erbe angetreten war, oder daß diese Last so bedeutend und gewichtig war, daß ich sie anerkennen mußte. Jetzt schienen mir meine persönlichen Erinnerungen deutlich mit der größeren Geschichte verbunden zu sein, und die schwierigen Anteile dieses Erbes begannen, offensichtlich zu werden« (S. x).

Hoffman (2004) scheint auf das gestoßen zu sein, was ich das narrative Unbewußte genannt habe. Als Angehörige der »zweiten Generation«, die sie charakterisiert als »die Generation, die als Scharnier das an sie weitergegebene, übertragene Wissen um Ereignisse in Geschichte, oder in Mythen, überführt« (S. xv), war für sie diese Entdeckung von besonderer Intensität.

Hoffman (2004) räumt sofort ein, daß, »während es zur Gewohnheit wurde, von der ›Erinnerung‹ an den Holocaust zu sprechen und ihr moralischen, ja spirituellen Wert beizumessen (...) wir, die Nachkommen, keine Erinnerungen an den Holocaust haben. Obwohl ich dem allen sehr nahe war«, schreibt sie, »konnte ich keine ›Erinnerungen‹ an die Shoah herausbilden oder die Erinnerungen meiner Eltern zu meinen machen. Statt dessen erschienen mir die ersten Informationen wie eine Art Märchen, das weniger aus einer anderen Welt als vielmehr aus der Mitte des Kosmos stammt: eine rätselhafte, aber reale Fabel« (S. 6). Und doch, fährt Hoffman fort, *wurden* die Erinnerungen ihrer Eltern in einem bestimmten Sinne zu ihren eigenen. Sie erzählt von den ersten Gelegenheiten, bei denen ihre Eltern Auskunft gegeben haben, und wie sich ihre fragmentarischen Sätze »wie Trümmerscherben in ihr Bewußtsein eingenistet haben, ähnlich den tödlichen Nadeln, die mir aus bestimmten Märchen in Erinnerung waren, und die in das eigene Fleisch stechen und nie wieder entfernt werden können« (ebd., S. 11). In einer plastischen Schilderung jener Welt, die sie zu beschäftigen begonnen hat, spürt sie diesem Thema weiter nach:

»In mein kindliches Bewußtsein haben sich die hyperlebendigen Momente, die meine Eltern herbeizitierten, halb als schreckliche Realität, halb als wundersames Märchen eingeschrieben. Die Hütte eines Bauern, die das Rätsel um Leben und Tod verkörpert; ein verschneiter Wald, der sowohl Sinne wie Orientierungssinn verwirrt. Ein Heuboden, in dem man sitzt und sein Schicksal erwartet, während unten eine Fremde, die tatsächlich eine verkleidete gute Fee ist, dieses Schicksal abwehrt, indem sie leise Bittgebete murmelt und eine Schüssel mit Suppe in das Versteck bringt. Die Schwester, jung, unschuldig und geliebt, die nackt oberhalb einer Grube steht, die bald zu ihrem eigenen Massengrab werden wird (...). Die Verfolgung machtloser Menschen, gebeugte Silhouetten, die verzweifelt über ein offenes Feld rennen und versuchen, die angrenzenden Wälder zu erreichen (...). Felder, Gräben, Gruben des Todes. Für andere, Stacheldraht, skelettartige Figuren, Rauch, Andeutungen von Massenvernichtung. Jedes Kind von Überlebenden hat diese Bilder sofort parat. Später, durch Bücher und Filme, durch Lebenserinnerungen und mündliche Zeugnisse, werden diese Momente des Grauens Teil des Erzähl- und Bildervorrats einer ganzen Generation – die Ikonen und Sagen der Welt nach dem Holocaust« (ebd., S. 11 f.).

Abgesehen von den Bildern hat Hoffman (2004) »das Unglücklich-Sein [ihrer] Eltern über Kanäle in sich aufgenommen, die beinahe physisch schienen. Der Schmerz ihrer Seelen«, schreibt sie, »strahlte in meinen Körper aus, fast so, als ob sie meine wären« (S. 14).

Es ist schwierig zu entscheiden, wie weit man in diesen Überlegungen gehen soll. Hoffman selbst ist sich unsicher. »Nicht, daß die mythische Sicht der Welt, die ich mir aus Fetzen von Geschichten und Bildern zusammengebaut hatte, unwahr war. Die Mythologie entstammte schließlich der Realität. Ich kannte sie jedoch nur *als* Mythologie und hatte nicht die Möglichkeit, ihre Realität zu erfassen« (ebd., S. 16). Zwei Punkte verdienen Aufmerksamkeit. Zum einen ist die »Mythologie«, von der Hoffman spricht, nie ganz frei von Erinnerung – die Welt, die sie sich erschaffen hat und die zu *ihrer* Welt wurde, *ist* in ihren eigenen körperlichen und psychischen Erfahrungen begründet; auch das sind »Erlebnisse«, wenngleich anderer Art als die Erlebnisse ihrer Eltern. Zum anderen ist Erinnerung, egal ob an selbst Erlebtes oder Erzähltes, nie vollkommen frei von Mythologie, von jenen »Fetzen von Geschichten und Bildern«, die nicht selten Eingang finden in die Vorstellung, die wir uns von der Wirklichkeit machen. Mir geht es hier weniger um das *rekonstruktive* Moment autobiographischer Erinnerung, welches gut erforscht ist, sondern vielmehr um seine *poetische* Natur.

Hoffman (2004) spricht im weiteren auch von historischen Ereignissen wie dem Aufstand im Warschauer Ghetto – Ereignissen, die aus größerer Distanz betrachtet werden als jene, von denen sie durch ihre Eltern erfahren hat. Auch diese, so schreibt sie, wurden zum Teil jener »Geschichte, die zu kennen wichtig ist, weil sie zum eigenen Leben gehört, weil sie das Schicksal der Vorfahren und das eigene Empfindungsvermögen geprägt hat« (ebd., S. 18). Dies sind die »Paradoxien eines indirekt erlangten Wissens«, eines Wissens, das Hoffman und andere, die »nachher kamen« weiter »verfolgt«:

> »Die zentralen Ereignisse des zwanzigsten Jahrhunderts haben unsere Biographien und unser Seelenleben stark beeinflußt, haben manchmal gedroht, unsere Leben zu überschatten und zu überwältigen. Aber wir haben sie nicht unmittelbar erlebt, durch sie gelitten oder ihre Auswirkung direkt erfahren. Unsere Beziehung zu ihnen ist durch unser ›Nachkomme-Sein‹ definiert, und durch die machtvollen, aber vermittelten Formen des Wissens, die daraus folgten« (ebd., S. 25).

»Es gibt so viele Möglichkeiten«, fügt Hoffman hinzu,

> »unsere Leben, unsere Identitäten, unsere Geschichten zu verstehen – unserer Erinnerung und Biographie Form zu verleihen. Es kam mir auch als Erwachsene viele Jahre nicht in den Sinn, mich als ›Kind von Holocaust-Überlebenden‹ zu betrachten. Andere Stränge, Zusammenhänge, Einflüsse, Entwicklungen schienen mir wichtiger zu sein; oder zumindest gab ich ihnen andere Namen. (...) Identitäten sind formbar und vieldimensional«, schreibt sie weiter, »und ich zögere, meine eigene dadurch festzulegen, indem ich bestimmte Etiketten verwende. Und doch definieren wir uns nicht nur selbst, sondern werden durch die Umstände, in denen wir leben, durch die Kultur, die Wahrnehmungen anderer und – vielleicht am wichtigsten – durch die Kraft einer internalisierten Vergangenheit definiert« (ebd., S. 27).

Man könnte an dieser Stelle zu bedenken geben, daß Hoffman einfach eine neue Linse benutzt, durch die sie ihre Vergangenheit betrachten kann. Das heißt, es könnte sein, daß dies alles überhaupt nichts mit Erinnerung und Gedächtnis und noch weniger mit dem narrativen Unbewußten zu tun hat; es könnte sein, daß wenig mehr stattfindet, als daß sie eine neue soziologische Kategorie in die Geschichte ihres Lebens integriert. Wie mir jedoch scheint, hat Hoffmans Art, ihr Leben zu betrachten, die Kraft einer Offenbarung, einer Entdeckung: Sie hat neue Zusammenhänge entdeckt – Zusammenhänge, die zwar wirksam waren, aber nicht erkannt, gesehen wurden. Ihre Identität war auf eine Art und Weise definiert und konstituiert, von der sie im Grunde nichts wußte; mit ihrer Entdeckung hat sie sowohl ihre Geschichte wie auch die Geschichte, die sie über ihre Geschichte erzählt, deutlich erweitert.

Halbwachs' Konzept eines »kollektiven Gedächtnisses« ist, aus Sicht Hoffmans (2004), in diesem Kontext sicherlich von Bedeutung. Ähnlich jedoch, wie sie gezögert hat, den Begriff »Erinnerung« *(memory)* in ihrem Zusammenhang zu verwenden, so erscheint ihr auch die Vorstellung von einem kollektiven Gedächtnis problematisch, »changierend zwischen einer sinnvollen und einer irreführenden Fiktion (...) da es in dieser Form des ›Gedächtnisses‹« – Hoffman schreibt Erinnerung bzw. Gedächtnis *(memory)* weiterhin in Anführungszeichen – »kein sich erinnerndes

Subjekt gibt, keinen Prozeß des Sich-Erinnerns, keinen Bezug von Reflexion zu Erfahrung« (S. 165 f.). Noch problematischer erscheint ihr der Umstand, daß »unpersönliche Erinnerung sehr viel eher als körperliche, persönliche Erinnerung in höchstem Maße formbar und anfällig für absichtsvolle Manipulation oder Ausbeutung ist – für Propaganda und Zensur, für Einseitigkeit in der Auswahl und Betonung von Inhalten. Es dient, in anderen Worten, weniger der subjektiven Reflexion oder dem Verstehen als kulturellen Plänen und ideologischen Zielen« (ebd., S. 166).

Hoffman hat an dieser Stelle zumindest in Teilen sicherlich recht. Fern von den Wirklichkeiten, auf die sie Bezug nehmen, sind sowohl meine eigene Erfahrung in Berlin als auch die vielen Erfahrungen, die Hoffman erzählt, das Ergebnis von schematisierten, ja, in hohem Maße Konventionen unterworfenen Vorstellungen von Menschen und Orten und Dingen. Anders gesagt, sie sind das Ergebnis von tradierten *Formen* des Erinnerns, prototypischen Mustern oder Schablonen, moduliert durch unmittelbares Wissen, das man sich – wie auch immer – angeeignet hat. Beim autobiographischen Erinnern erster Ordnung gibt es zumindest einen ›Anker‹, so könnte man sagen, in der Wirklichkeit – wie schematisch und konventionell diese Wirklichkeit auch betrachtet werden mag. Beim – sollten wir uns dafür entscheiden, denn Begriff beizubehalten – autobiographischen Erinnern zweiter Ordnung ist dieser Anker verschwunden; an seine Stelle tritt eine Art Collage, ein poetisch erschaffenes heterogenes Bild, abgerundet an den Ecken und vielleicht ebenso abhängig von Hollywood wie von unseren persönlichen Erfahrungen. Für Hoffman (2004) spielt das Konzept von »Vermittlung« eine große Rolle: »jene, die die Shoah nicht durchlebt haben, haben zu einem sehr viel späteren Zeitpunkt vermittelt darüber Kenntnis erlangt – manchmal legen sich mehrere Schichten übereinander« (S. 178). Dies trifft jedoch, in unterschiedlichem Maße, auch auf jene zu, *die* die Shoah – oder anderes – durchlebt haben. Auch für sie ist Erinnerung durchzogen mit allen möglichen ›äußerlichen‹ Dingen. Zudem ist Erinnerung zutiefst geprägt durch den sich permanent verändernden Blickwinkel, aus dem heraus man seine Geschichte vergegenwärtigt und erzählt. Um es zu wiederholen: Mir geht es in keiner Weise darum, die beiden Arten von Erinnerung gleichzusetzen. Sowohl aus epistemologischen wie ethischen Gründen wäre es falsch, dies zu tun. Nichtsdestotrotz finden sich faktisch viele der zentralen Merkmale autobiographischer Erinnerung *zweiter* Ordnung auch in autobiographischen Erinnerungen *erster* Ordnung. Ein unterscheidendes Merkmal gibt es jedoch tatsächlich: den bereits erwähnten ›Anker‹, der, um es genauer zu sagen, meint, daß etwas existiert, auf das unsere früheren sinnlichen Wahrnehmungen referieren.

V.

Die Frage bleibt jedoch: Haben wir es hier tatsächlich mit *Erinnerung* zu tun? Auf den Schlußseiten ihres Buches spricht Hoffman (2004) – für sich und andere Nachkommen der zweiten Generation – von der Notwendigkeit, »die geisterhaften Erinnerungen wieder zu entflechten, die aufgrund der Wirklichkeiten, in denen wir leben, in uns leben« (S. 278). Aus dieser Perspektive betrachtet, ist der Umstand, daß diese Erinnerungen etwas »Geisterhaftes« haben, statt in äußeren Wirklichkeiten verwurzelt zu sein, sogar von Vorteil. Gerade weil diese Erinnerungen ohne ›Anker‹ sind, können sie sich leichter wieder zerstreuen oder von anderen, tatsächlichen Erinnerungen unterschieden werden. Dieser Gedankengang steht in Einklang mit Hoffmans Zögern, ob das Phänomen, das sie untersucht hat, überhaupt als »Erinnerung« bezeichnet werden kann. Dieses Projekt, Erinnerungen zu entwirren und wieder zu zerstreuen, setzt jedoch voraus, daß es irgendwie möglich ist, aus der Geschichte herauszutreten und, im Grunde, unsere Identität neu zu erschaffen – ohne geisterhaftes Beiwerk.

Binjamin Wilkomirski müßte zweifellos seine Erinnerungen wieder entwirren, und ab einem bestimmten Punkt erkennen, daß seine Phantasie ihn etwas zu weit getragen hat. Auch Ellen Keller mußte dies tun; auch sie mußte, wie sie selbst zugegeben hat, schließlich lernen, ihre Gedanken zu ordnen und sich dabei nicht so sehr auf die Worte anderer zu verlassen. Hoffman schließlich hat sicherlich recht, wenn sie herauszufinden versucht, wie ihr eigenes narratives Unbewußtes durch Propaganda, durch ideologische Entwürfe und Programme geprägt war, was alles in allem zu einer allzu stereotypen Sicht der Geschichte und ihrer eigenen Vergangenheit geführt hat. Alle drei Fälle jedoch – Wilkomirskis, Kellers und Hoffmans – zeigen, daß dieses Projekt, die Erinnerungen anderer von den eigenen zu scheiden, das Tatsächliche vom Phantastischen, das »Autonoetische« vom Poetischen, zu keinem Ende gebracht werden kann.

Vor dem Hintergrund dieser Überlegungen möchte ich einen letzten, noch keineswegs voll ausgereiften Gedanken formulieren. Über die komplizierten Begriffe der »Erinnerung« und des »Gedächtnisses« wurde bereits viel nachgedacht. Der Begriff »autobiographisch« jedoch ist zumindest genauso wichtig. In meinem Verständnis bezeichnet er, wie auch immer implizit, das »Schreiben« – oder zumindest die Konstruktion – meines Lebens, meiner Identität. In einem strikten Sinne scheint sich der Begriff der »autobiographischen Erinnerung« also auf jene Dimensionen von Erinnerung zu beziehen, die an die Konstruktion der Identität und des autobiographischen Selbst gebunden sind. Verfolgt man diese Idee einen Schritt weiter, scheint es mir möglich, in der Reflexion über autobiographische Erinnerung von einem Diskurs der Repräsentation (der verknüpft ist mit der Frage nach der Genauigkeit, oder ihrem Gegenteil, im Umgang mit den Tatsachen der Vergangenheit) zu etwas zu gelangen, das man *Pragmatismus* nennen könnte. Was ich hier vorschlagen möchte ist, daß wir – in einer pragmatischen oder funktionalen Perspektive – autobiographisches Erinnern als etwas begreifen, das sich auf jene Dimensionen unseres Verhältnisses zur Vergangenheit (ob nun tatsächlich oder vermutet, erster oder zweiter Ordnung) bezieht, die für unser autobiographisches Selbst konstitutiv sind. Von diesem Punkt aus betrachtet, erscheint es auch gerechtfertigt, in jedem der im Vorangegangenen untersuchten Fälle von autobiographischer Erinnerung zu sprechen.

Diese pragmatische Sichtweise autobiographischer Erinnerung löst jedoch nicht das *epistemologische* Problem, vor dem wir hier stehen. Wie die Fälle von Wilkomirski und Helen Keller zeigen – wenn auch auf unterschiedliche Art und Weise – gibt es völlig *falsche* autobiographische Erinnerung. Mit der Wende zu einem pragmatischen Verständnis autobiographischer Erinnerung verschiebt sich nichtsdestotrotz unsere Perspektive; scharfe Trennlinien, wie sie häufig zwischen dem Realen und dem Imaginären gezogen werden, geraten zugunsten einer einheitlicheren Konzeption aus dem Blick, einer Konzeption, die Informationen ›aus zweiter Hand‹ nicht als etwas der Erinnerung *Aufgezwungenes* ansieht, sondern als *Teil* von ihr (wie sich vor allem durch ihren Einfluß bei der Bildung autobiographischer Identität zeigt). Auf diesem Wege werden Kognitionspsychologie und Kulturgeschichte zu Partnern in einem gemeinsamen Projekt einer Kulturpsychologie des Gedächtnisses.

Literatur:

Freeman, M. (2001). Tradition und Erinnerung des Selbst und der Kultur. In H. Welzer (Hrsg.), *Das soziale Gedächtnis. Geschichte, Erinnerung, Tradierung* (S. 25–40). Hamburg: Hamburger Edition.

Freeman, M. (2002). Charting the narrative unconscious: Cultural memory and the challenge of autobiography. *Narrative Inquiry, 12,* 193–211.

Herrman, D. (1998). *Helen Keller: A life.* New York: Alfred A. Knopf.

Hoffman, E. (2004). *After such knowledge: Memory, history, and the legacy of the Holocaust.* New York: Public Affairs.

Keller, H. (1904). *Die Geschichte meines Lebens.* Stuttgart: Lutz (Original erschienen 1902).

Lappin, E. (1999). The man with two heads. *Granta, 66,* 28–65; dt. (2000): *Der Mann mit zwei Köpfen.* Zürich: Chronos.

Mächler, S. (2000). *Der Fall Wilkomirski. Über die Wahrheit einer Biographie.* Zürich: Pendo.

Schachtel, E. G. (1959). *Metamorphosis: On the conflict of human development and the psychology of creativity*. New York: Basic Books.

Wilkomirski, B. (1995). *Bruchstücke. Aus einer Kindheit, 1939-1948*. Frankfurt am Main: Jüdischer Verlag.

BRADD SHORE

Die soziale Praxis des autobiographischen Erinnerns: Das Salem Camp Meeting

Jeden Sommer ziehen in ganz Nordamerika religiöse Einkehrtage, die als *Camp Meetings* bekannt sind, Protestanten unterschiedlicher Richtungen an, die sich statt in Kirchen unter Bäumen zu gemeinsamem Gebet und spiritueller Erneuerung versammeln. Eines der ältesten und bekanntesten dieser Treffen in Georgia findet jeden Sommer im Newton County auf dem Salem Camp-Gelände etwa 60 Kilometer östlich von Atlanta statt. Salem ist seit 1828 jedes Jahr eine beliebte Pilgerstätte für Dutzende von Familien mit Wurzeln im Newton sowie im Rockdale County in Georgia. Nur zweimal während des Bürgerkriegs fiel das Camp Meeting aus. 2003 feierte Salem sein 175jähriges Bestehen.

Obwohl seine Ursprünge im Methodismus liegen, ist Salem heutzutage ausgesprochen interkonfessionell – mit Methodisten, Presbyterianern und Baptisten als treuen Anhängern. Jedes Jahr werden zwei Geistliche eingeladen, in Salem zu predigen. Ein Prediger ist immer Methodist, doch der zweite ist abwechselnd Baptist oder Presbyterianer. Das *Salem Camp Meeting* beginnt für gewöhnlich am letzten Freitag im Juli und dauert eine Woche. Der Tagesablauf ist grundsätzlich immer der gleiche. Doch der »Big Sunday« wird als Höhepunkt der Woche betrachtet. Dann kommen über eintausend Besucher, da Familienangehörige, Freunde und Mitglieder umliegender Gemeinden der Gebete, Predigten und guten Südstaaten-Küche wegen zu den Campern stoßen.

Im Laufe der drei Jahre, die ich beobachtend, redend und zuhörend an den Treffen in Salem teilgenommen habe, fing ich an zu begreifen, daß ihre Stärke darin liegt, Erinnerung zu inszenieren und dadurch auf wirkungsvolle Art und Weise spirituelles und zugleich familiäres Leben wiederaufblühen zu lassen. Um dies zu verstehen, benötigen wir eine Beschreibung, die das *Salem Camp Meeting* als eine Art Bühne der Erinnerung vorstellt.

Das Gelände, auf dem das Camp Meeting stattfindet, besteht aus einem Kreis von 21 kleinen Häusern und einem mittelgroßen Hotel aus Holz, die sich alle um eine

1854 in dem für die Südstaaten-Stiftshütten typischen Stil erbaut, wurde die Stiftshütte in Salem mittlerweile zum nationalen historischen Wahrzeichen erklärt.

eindrucksvolle hölzerne Stiftshütte *(tabernacle)*[1] scharen, die Mitte der 1850er Jahre gebaut wurde. Um sie herum stehen mehrere alte Eichen, deren Äste das Gelände überragen. Wenn man den Lagerplatz betritt, vermittelt sich sofort ein Gefühl von Ruhe und man spürt, daß man an einem Ort ist, an dem schon viele Generationen von Menschen vorher gewesen waren.

Wenn es um Fragen der Erinnerung geht, ist es wichtig, sich die räumliche Struktur Salems vor Augen zu führen. Man kann sie am besten als eine von der Stiftshütte ausgehende Serie konzentrischer Kreise beschreiben. Die riesige hölzerne Stiftshütte ist das spirituelle und materielle Zentrum der Gemeinschaft. Sie hat ein Dach, aber keine Wände. Wenn man die Gottesdienste besucht, kann man das Gelände und die umstehenden Zelte sehen. Die Stiftshütte ist der Ort, an dem die drei täglichen

---

1 Der Begriff »tabernacle« leitet sich von dem Zelt-Tempel her, der den Israeliten während des Auszugs aus Ägypten als Heiligtum diente. [In der Lutherbibel findet sich dafür der Begriff »Stiftshütte«; Anmerkung zur Übersetzung.] Ursprünglich fanden die Camp Meetings unter freiem Himmel statt. Ab den 1840er Jahren begann man dann, große Gebäude aus Holz zu errichten, die meist keine Wände haben und mit einfachen Holzbänken ausgestattet sind. Der Boden ist oft mit Sägemehl bedeckt. Diese Gebäude sind aber nicht geweiht.
Für Interessierte ist über das »Emory Center for Myth and Ritual in American Life« der circa 50minütige Dokumentarfilm »Family Revival« zu dem Salem Camp Meeting zu beziehen.

Gottesdienste während des Camp Meetings stattfinden. Sie dient aber auch als Treffpunkt für das Kinderprogramm.

Die zweite Zone wird bestimmt durch die Grasfläche, die sich von der Stiftshütte bis zu den Veranden der Häuser und des Hotels hinzieht. Diese Freifläche wird von jungen Leuten und von Kindern als Spielwiese genutzt, die auch Fahrrad darauf fahren. Am Nordende dieser Grasfläche spielen Kinder und einige Eltern nachmittags immer Baseball. Die vorderen Veranden sind im allgemeinen überdacht. Für die Familien sind sie Orte der Entspannung und der nachbarschaftlichen Begegnungen mit Freunden und anderen Familien. Während der Nachmittage, zwischen den Vormittagsgottesdiensten und der Abendessenszeit, kann man die Camper häufig beim Plaudern auf den Veranden sehen. Sie trinken Tee oder Limonade und manchmal fächeln sie sich in der Hitze des Nachmittags Luft zu.

Die dritte, äußere Zone besteht aus einem Ring von kleinen Häusern – oder ›Zelten‹, wie sie genannt werden. Das älteste dieser ›Zelte‹ geht auf das Jahr 1840 zurück, während das neueste erst vor ein paar Jahren gebaut wurde. Die alten schauen innen ein bißchen wie Ställe aus; meist finden sich eine Reihe kleiner Schlafräume auf beiden Seiten eines zentralen großen Raums sowie eine Küche und ein Eßbereich im hinteren Teil. Etliche dieser kleinen Häuser haben zwei Etagen mit zusätzlichen Schlafzimmern im ersten Stock. In einigen der älteren finden sich noch die traditionellen, mit Sägemehl bedeckten Holzböden. Die Wände der Schlafräume in diesen alten Gebäuden reichen nicht bis zur Decke, wodurch die Räume belüftet werden, aber relativ wenig Privatsphäre bieten. Neuere Zelte können komfortabler sein, mehr wie gewöhnliche Häuser und nicht wie einfache Hütten. Was in den Gebäuden vor sich geht, ist privat, nicht für die Öffentlichkeit zugänglich. Dieses Gefühl des Abgeschlossenseins ist besonders verblüffend in Anbetracht der Hitze und der Luftfeuchtigkeit in einem typischen Spätsommer in Georgia.

Diese drei großen Zonen unterteilen das Gelände – ausgehend von der zentralen Stiftshütte über die öffentlichen Bereiche bis hin zu den privaten familiären Räumen in den ›Zelten‹. Jede der Zonen hat eine klare Funktion. Die Stiftshütte ist eine Art spirituelles Zentrum für die Gemeinschaft. Die Zwischenzone aus Grasfläche und umlaufenden Veranden definiert einen Bereich des Gemeinschaftslebens, der sowohl säkular als auch religiös ist. Diese offenen Bereiche fördern den Kontakt zwischen Freunden, Familienangehörigen und selbst auch Fremden, die das Gelände besuchen. In dieser Zwischenzone konstituiert sich, was man »the Salem family« nennen könnte – Menschen, die sich aufgrund ihres alljährlichen Zusammentreffens als Teil einer sehr speziellen Gemeinschaft fühlen, egal, ob sie miteinander verwandt sind oder nicht.

Schließlich gibt es innerhalb der Zeltwände die Zone des privaten familiären Lebens. In diesem Bereich ist die Familie durch die traditionellen Kriterien der Verwandtschaft und Heirat definiert. Doch die so definierte Familie unterscheidet sich von der Kernfamilie, in der die Camper die meiste Zeit des Jahres leben. Sie ist der anthropologischen Vorstellung einer Abstammungslinie näher, die von einer Art von Stammvater ausgeht, nach dem das Zelt benannt ist. Im Laufe der Jahre werden die Kinder erwachsen und bringen dann wiederum ihren Nachwuchs mit, und so können die zahllosen Kinder, die die Zelte bevölkern, sowohl Cousins und Cousinen wie Geschwister sein. Es gibt einige Beispiele dafür, daß sich Familien, wenn sie immer größer werden, auf zwei Zelte aufteilen und diese dann als miteinander verbundene Einheiten betrachtet werden.

An den meisten Zelten finden sich Schilder mit den Namen der Vorfahren, auf die sie zurückgehen. In mehreren Fällen sind dies auch zwei Namen: der Familienname des Gründers und der Name einer verheirateten Tochter, deren Nachfahren die Familienlinie durch die wiederholte Teilnahme an den Treffen weitergeführt haben.[2] Alle Zelte haben zudem charakteristische Fahnen, die sie in regelmäßigen Abständen der Öffentlichkeit präsentieren. Auf den Fahnen findet sich für gewöhnlich der Name des Zeltes, manchmal ein charakteristisches Symbol für die Familie und sehr häufig das Jahr, in dem die Familie das erste Mal in Salem war. Nicht selten stellen Familien auch grob gezeichnete Ahnentafeln auf den Veranden ihrer Zelte öffentlich aus.

Die vielleicht interessanteste Art der Camper, die Einheit der Familie zu versinnbildlichen, besteht in der Einnahme der Mahlzeiten. Die Essensbereiche liegen gewöhnlich im hinteren Teil der Zelte. Gemeinsame Mahlzeiten sind Angelegenheit eines jeden Zeltes und seiner Familie. Wenn wir bei den Campern nachgefragt haben, ob sie jemals im Zelt einer anderen Familie gegessen hätten, war die Antwort für gewöhnlich, daß man mit seiner eigenen Familie esse. Wenn sich Familien verschiedener Zelte zu gemeinsamen Mahlzeiten zusammenfinden, sei dies ein Anzeichen für die enge Beziehung zwischen den Familien. Teilweise sind diese ausgrenzenden Essensgewohnheiten eine Folge der praktischen Beschränkungen durch die Größe der Eßtische. Andererseits nehmen dieselben Familien an kirchlich organisierten Abendessen und Picknicks teil und kennen so gewiß die Tradition, durch gemeinsames Essen

2 Ein interessantes Beispiel für ein Zelt, das sich in einer Übergangsphase befindet, ist das Zelt der Jenkins – meine erste Begegnung mit einem Zelt bei meinem Antrittsbesuch in Salem. Obwohl es allgemein als das Jenkins-Zelt bekannt ist und es noch immer den Namen Jenkins trägt, scheint die dominante Figur der gegenwärtig dort lebenden Generation eine Frau namens Ann Milton zu sein, die eine direkte Nachfahrin des ursprünglichen Begründers ist. Interessanterweise beginnen viele Leute in Salem, im lockeren Gespräch das Zelt als das Milton-Zelt zu bezeichnen.

größere Gemeinschaften zu bilden. Es scheint, daß Essen in Salem das wichtigste symbolische Instrument ist, um die Grenzen zwischen dem gemeinschaftlichen und spirituellen Leben und dem eigenen Familienleben zu definieren.[3]

Das Camp Meeting in Salem dauert, so weit die Erinnerung der Teilnehmer zurückreicht, immer eine Woche. Es beginnt gewöhnlich mit dem letzten Freitagabend im Juli und zieht sich dann über die erste Woche im August hin. Die meisten Familien, die regelmäßig teilnehmen, reservieren sich diese Woche jedes Jahr in ihrem Kalender. Sie hat eine ganz besondere Bedeutung im Leben vieler Teilnehmer. Das *Camp Meeting* stellt eine Art Übergangszeit dar, die zur Erfahrung von Gemeinschaft *(communitas)* verhilft.

> »Der neue Stil (...) übte einen solch ungewöhnlich starken Einfluß auf einzelne teilweise deshalb aus, weil ihnen etwas geboten wurde, das sie im normalen gesellschaftlichen Leben schmerzlich vermißten, nämlich ein Gefühl des Verbundenseins und der Zugehörigkeit. Viele Arten öffentlicher Zusammenkünfte dienten dazu, die Teilnehmer in eine Gemeinschaft zu integrieren, aber die Erweckungsbewegung *(revivalism)* der *Camp Meetings* war in dieser Hinsicht besonders erfolgreich – und dies niemals mehr als während der ersten Zeit ihres Bestehens durch das Ereignis von Cane Ridge.
>
> Viele derjenigen, die Rituale erforschen, folgen dem Anthropologen Victor Turner, wenn sie den Begriff *communitas* gebrauchen, um die Qualität intensiver, aus Ritualen hervorgegangener und für gewöhnlich kurzer menschlicher Zusammenschlüsse hervorzuheben. Turner beschreibt Gemeinschaft als ›vollständige, unvermittelte Kommunikation, eigentlich Kommunion‹. (...) Gefühle der Isolation und Entfremdung, die zuvor vorhanden gewesen sein mögen, werden ersetzt durch die Integration in eine Gruppe und ein tiefes Gefühl dafür, das Menschsein zu teilen (...). Be-

3 Eine wichtige Ausnahme stellt die Funktion des gemeinsamen Essens im Hotel dar. Viele Familien, einschließlich einige der *Oldtimer* in Salem, wohnen im Hotel und nicht in Zelten. Manche tun dies, weil sie in Salem sein möchten, aber kein eigenes Zelt besitzen, andere vielleicht, weil das Hotel einen gewissen Grad an Privatsphäre und Bequemlichkeit – die Räume sind klimatisiert – bietet, der in den Zelten nicht möglich ist. Die Gastprediger wohnen in eigens reservierten Zimmern im Hotel und nehmen auch die meisten ihrer Mahlzeiten dort ein, wodurch sie eher als *Outsider* denn als *Insider* gelten. Die Mahlzeiten im Hotel finden in einem großen Speiseraum mit langen Gemeinschaftstischen statt. Das Essen ist einfach, reichlich und betont im allgemeinen die traditionelle Südstaaten-Küche. Da das Hotel im Unterschied zu den Zelten einzelnen Familien keine Möglichkeiten bietet, sich abzugrenzen, haben die Mahlzeiten eine ganz andere Funktion für die Hotelgäste als für die Zeltbewohner. Die Mahlzeiten führen individuelle Familien zusammen zu größeren familienähnlichen Essensgemeinschaften, so daß das Essen im Hotel eher dazu dient, familienähnliche Beziehungen zwischen Fremden entstehen zu lassen, als die Unterschiede zwischen Familien zu definieren.

zeichnenderweise entstand die Erweckungsbewegung der *Camp Meetings* nicht im Rahmen normaler sonntäglicher Gottesdienste, sondern aus einer besonderen kirchlichen Aktivität heraus, wenn sich nämlich die religiöse Gemeinschaft so vollzählig wie möglich versammelte, um die bestehenden inneren Bande beim gemeinsamen Gebet und heiligen Sakrament zu stärken« (Eslinger, 1999, S. 225 f.).

Das Besondere an der Zeit, die man beim *Camp Meeting* verbringt, wird bereitwillig von den Teilnehmern geschildert:

> »Das ist wie ein heiliger Ort. Man spürt es. Aber, noch mehr als das, man hat eine ganze Woche. Man kann einen heiligen Ort haben und dennoch nicht die Zeit, ihn gemeinsam zu nutzen. Aber die Tatsache, daß sich jeder eine Woche frei schaufelt ..., wann gibt es das heutzutage noch? Wo gibt's eine Woche? Das ist, glaub ich, 'was wirklich Besonderes. Und man könnte es wahrscheinlich nicht für länger als eine Woche machen, aus praktischen Gründen, aber für eine Woche. Es ist wie eine Woche im Jahr, in der man zurückgeht zur Stunde Null, wissen Sie. Ist ein sehr mächtiges rituelles Ding.«

In einer Zeit zerrissener und schlecht aufeinander abgestimmter persönlicher Terminkalender stellt der Umstand, daß sich die Teilnehmer jedes Jahr eine »geheiligte« Woche lang Zeit nehmen, um sich in Salem zu treffen, eine ziemliche Leistung dar und steht damit in einem bemerkenswerten Kontrast zum weltlichen Charakter der Familienbeziehungen in der heutigen Alltagswelt. Seine Regelmäßigkeit und Vorhersehbarkeit macht das *Camp Meeting* für die Familien, die daran teilnehmen, zu einem wichtigen Eintrag im Jahreskalender familiärer Riten. Es vervollständigt den jährlichen rituellen Zyklus einer Familie. Für ältere Teilnehmer, die viele Sommer in Salem verbracht haben, ist dieses Bild der rituellen Zyklen sehr real und gibt längerfristigen autobiographischen Erinnerungen eine Form:

> »Und immer denkt man daran, wie diese Sache weitergeht. Man weiß, es ist wie ein großer Kreis, es geht immer weiter, weiter und weiter und wir versuchen, das Rad am Laufen zu halten, so könnte man es sagen, und dann, wissen Sie, dann muß man an die Älteren denken, die, Sie wissen, kamen und gingen und ihren Beitrag geleistet haben und sie sind gestorben, und dann macht einen das traurig, aber dann hat man Hoffnung, weil man sieht, wie ihre Kinder Führungsrollen übernehmen, wissen Sie, und so sehen Sie, wie es weitergeht, ich nehme an, sich selbst weiterträgt.«

> »Wenn Kinder so etwas sehen, werden sie sich daran erinnern. Und sie werden sich

an hier erinnern. Sie werden sich erinnern, daß Dinge geschehen sind. Ich kann mich zurückerinnern an die kleine alte Landkirche, in der ich getauft wurde. Und ich bin 81 Jahre alt und das war 1934. Sehen Sie, ich kann mich zurückerinnern an Dinge damals in dieser Kirche. Ich kann mich an das eine Mal erinnern, wo ... in der Kirche, ich wollte raus und spielen, meine Kniebundhosen wurden staubig. Mama bürstete den Staub aus den Hosen, weil ich raus wollte, um zu ... um auf der Friedhofsmauer herumzulaufen. Sehen Sie, das ist, woran sich diese Kinder erinnern können, kleine Dinge, die passiert sind... Sie werden erwachsen und haben Kinder. Dann können sie ihren Kindern erzählen, was geschehen ist.«

Der Umstand, daß das Treffen jedes Jahr wieder stattfindet, scheint für die Erinnerung – insbesondere der älteren Teilnehmer, die viele Sommer in Salem verbracht haben – von besonderer Bedeutung zu sein, da gleichzeitig das Gefühl für Kontinuität und die Fähigkeit gestärkt werden, Zeit an sich transzendent werden zu lassen und die Vergangenheit zurückzuholen.[4]

»Und ich denke auch, für mich ist ... ich bin älter geworden und, wissen Sie, wir haben schon Familie verloren. Ich meine, für mich, wenn ich nach Salem rauskomme, hab ich das Gefühl, daß unsere ganze Familie noch hier ist. Wie zum Beispiel mein Dad, ich habe das Gefühl, daß er nachts immer noch bei uns draußen auf der Veranda ist und alles. Daher denke ich, wenn man älter wird, [dann kommt] dieses Gefühl, verbunden zu sein.«

Wiederholung ist ein wichtiger Aspekt der Treffen, sowohl in der Erfahrung von Ereignissen als auch als Wert an sich. Vielleicht der vorhersehbarste Aspekt meiner Interviews mit den Teilnehmern des Camps war, daß sie darauf bestanden, mir zu erzählen, wie viele Jahre sie bereits nach Salem kommen – häufig mit der Beteuerung, daß sie kein Jahr versäumt haben. Viele sagten sogar, daß sie jedes Jahr ihres Lebens dabeigewesen wären, darunter auch Leute mittleren Alters und ältere. Die Regelmäßigkeit und Vorhersehbarkeit der Camp Meetings wird noch durch die Tatsache unterstrichen, daß der Tagesablauf ziemlich gleich bleibt und daß sich das Programm im Laufe der Jahre kaum verändert hat.

[4] Diese Konzeption von Zeit, in der einzelne Ereignisse gleichzeitig als solche betrachtet werden und in der die Fähigkeit zur Überwindung von Zeit an heiligen Boden geknüpft ist, zeigt erstaunliche Ähnlichkeiten zur Konzeption von »Traumzeit« *(the dreaming)* bei den australischen Ureinwohnern (vgl. Shore, 1996, Kapitel 9–10; Stanner, 1966, 1976). Wie wir sehen werden, ist die besondere Inszenierung von Erinnerung in Salem unter mehreren wichtigen Gesichtspunkten verknüpft mit dem, was wir ein »mythisches Bewußtsein« nennen könnten.

Kurz vor 7 Uhr läutet die Glocke, um zur Morgenandacht zu rufen – einem Gebetsgottesdienst, der um 7 Uhr 30 beginnt. Im Anschluß an die Morgenandacht werden die Camper wiederum von der Glocke zu den Bibelstunden gerufen. Und nach der Bibelstunde läutet die Glocke für den Morgengottesdienst, der um 11 Uhr beginnt. Nach dem Morgengottesdienst kehren die Leute zu ihren Zelten oder zum Hotel zurück, um zu Mittag zu essen. Der Rest des Nachmittags ist für die Erwachsenen frei von organisierten Aktivitäten. Es gibt jedoch ein vielfältiges Programm für Jugendliche, das Sport, Künste und Handwerk mit einbezieht, aber auch besondere Ereignisse wie Proben für die jährliche Talent-Show.

Die Erwachsenen verbringen den Nachmittag meist damit, auf den Veranden zu entspannen, Geschichten auszutauschen, sich über den neuesten Klatsch zu informieren oder, im Fall der Frauen, die in den Zelten bleiben, Vorbereitungen für das Abendessen zu treffen. Abendessenszeit ist im allgemeinen gegen 18 Uhr. Um diese Zeit leert sich das Gelände des Camps, da die Familien dann in den Zelten oder im Speiseraum des Hotels sind. Gegen 19 Uhr 30 läutet die Glocke, um die Camper zum Abendgottesdienst zu rufen, der gegen 20 Uhr beginnt. Dieser Gottesdienst ist manchmal ein wenig länger als der Morgengottesdienst, aber die grundlegenden Elemente sind die gleichen. Die beiden Gastprediger wechseln sich ab, wenngleich ich keine strenge Regel erkennen konnte. Nach dem Gottesdienst, zwischen 21 Uhr und 21 Uhr 30, wird es auf dem Gelände ruhig, da die Leute vor dem Schlafengehen auf ihrer Veranda oder in ihren Zelten leise plaudern.

Regelmäßige Bibelstunden und Gottesdienste, die sich abwechseln mit Zeiten für die Familie auf den Veranden, bestimmen die täglichen Rhythmen des Camp Meetings. Die Zeitplanung in Salem erfordert keine persönlichen Entscheidungen im Hinblick auf Aktivitäten und organisiert alles in einfachen Sequenzen, was den Leuten erlaubt, gemeinsam an Veranstaltungen teilzunehmen. Diese Art einer einfachen Koordination des täglichen Zeitplans bietet zweierlei: einen klaren Rhythmus und das Gefühl für das unmittelbare Miteinander in einer Reihe sinnvoller Tätigkeiten.

Diese Form des hyperkoordinierten Zeitplans steht in deutlichem Gegensatz zu sonstigen Erfahrungen mit moderner Zeitplanung. Ein Großteil der Koordination von Alltagsaktivitäten erfolgt längst nicht mehr direkt, sozusagen von Angesicht zu Angesicht, sondern indirekt über Kalender, Pager, Telefone, Anrufbeantworter, Mobiltelefone, E-Mails und ähnliches. Im Gegensatz dazu wird der Zeitplan in Salem direkt und unmittelbar kommuniziert und verläuft völlig synchron. Zudem ist es in Salem kaum möglich, mehrere Dinge gleichzeitig zu tun – mit der wichtigen Ausnahme der Betreuung kleiner Kinder. Und schließlich gibt es – obwohl die Leute recht beschäftigt sind – *viel freie Zeit*. In der Tat sind etwa acht Stunden am Tag (die Nacht nicht mitgerechnet) nicht verplant, um den Leuten das Beisammensein zu ermöglichen. Ein Großteil dieser Zeit vergeht, so scheint es jedenfalls zunächst, mit sorglosen Gesprächen. Doch wenn man mit Leuten stundenlang auf der Veranda sitzt, wird einem bewußt, wie viel dieser Zeit damit zugebracht wird, Geschichten zu erzählen, wobei es vielfach um Familie und um Erinnerungen an die gemeinsame Zeit in Salem geht.

Zusammengenommen bilden diese Elemente – einfache Ereignisabfolgen, rhythmische Wiederholungen, eine langsame und besonnene Gangart und außerordentlich viel nicht verplante Zeit – eine zeitliche Struktur, die sich deutlich von den Zeitrhythmen des Alltagslebens abhebt und eine Grundlage für Sinnbildung bietet.

Im täglichen Zeitplan von Salem wechselt sich die spirituelle Gemeinschaft beim Gottesdienst mit einer gleichermaßen intensiven Erfahrung familiärer Zusammengehörigkeit ab. Es kommt dabei aber nicht einfach zu einer Vermischung. Sowohl räumlich als auch zeitlich werden Kirche und Familie klar differenziert. Doch durch dieses Vor-und-Zurück überlagern sich diese beiden Beziehungsarten auch. Die Kirchengemeinde wird als eine Art Familie erfahren, während die Familie eine tiefe spirituelle Dimension erhält.

Der hohe Grad an Wiederholungen, der die Camp Meetings kennzeichnet, hat zur Folge, daß ein Großteil der Erinnerungen daran in eine Art allgemeines schematisches Gedächtnis integriert wird, das dem Bewußtsein nicht wirklich zugänglich ist. Paul Connerton (1989) hat in diesem Zusammenhang von »Gewohnheitsgedächtnis« *(habit memory)* gesprochen. Kognitive Psychologen haben die These vertreten, daß es drei aufeinander aufbauende Formen autobiographischer Erinnerung gibt (Conway, 1992; Conway & Bekerian, 1987; Conway et al., 1992; Schacter, 1996, Kap. 3). Ganz oben angeordnet wird die Erinnerung an *Lebensabschnitte (lifetime periods)* – Zeiträume, die in Jahren und Jahrzehnten gemessen werden. Diese werden meist durch Entwicklungsstufen (z. B. »meine Kindheit«), besondere Tätigkeiten (z. B. das Studium) oder Orte, an denen man für eine längere Zeit gelebt hat (z. B. »unsere Jahre in New York«), charakterisiert. Die zweite Ebene autobiographischer Erinnerung bilden *allgemeine Ereignisse (general events)* – Episoden, die Tage, Wochen oder Monate dauerten. Und schließlich findet sich am unteren Ende das *ereignisspezifische Wissen (event specific knowledge)* – sehr spezielle Episoden, die sich in einem Zeitraum von Minuten, Stunden oder Tagen abgespielt haben. Hier handelt es sich um Erlebnisse, die sich besonders ins Gedächtnis eingegraben haben bzw. mit besonders denkwürdigen Ereignissen verknüpft sind.

Das Salem Camp Meeting spricht alle drei Arten autobiographischer Erinnerung an. An den Gedächtnisort Salem können sich allgemeine Lebenserinnerungen knüpfen. Das tun sie auch, aber für diejenigen, die jedes Jahr hinkommen, werden diese Erinnerungen jedes Jahr wieder aktualisiert. Es gibt nicht viele Aktivitäten in unserem Leben, bei denen allgemeine Lebenserinnerungen und spezifische Ereigniserinnerungen auf diese Art und Weise ineinanderfallen. Dieses paradoxe Moment ist das besondere kognitive Merkmal von Ritualen. Zum zweiten repräsentiert jedes Camp Meeting ein allgemeines Ereignis, das gesondert erinnert werden kann. Und trotzdem ist es – aufgrund der alljährlichen Wiederholungen – nicht einfach, jedes Jahr der Teilnahme eigens zu erinnern. Und schließlich formieren sich jedes Jahr ereignisspezifische Erinnerungen, die ihrerseits wiederum für bestimmte Jahre stehen können: das Jahr einer besonderen Romanze, das Jahr, in dem der Wassertank kaputtging und es die Überschwemmung gab, das Jahr, in dem es so heiß war, daß man draußen schlafen mußte.

Ein besonderer Orientierungspunkt für die Erinnerung ist jedes Jahr die Anwesenheit eines anderen Predigers. Mehr als einmal deuteten Teilnehmer mir gegenüber an, daß sie sich an ein Jahr deshalb erinnern, weil dieser oder jener Prediger anwesend war. Von einem kognitiven Standpunkt aus betrachtet, bedeutet dieser ständige Wechsel, daß die Predigten in Salem besonders in Erinnerung bleiben. Denn wenn sich die Tage für gewöhnlich nicht sonderlich voneinander unterscheiden, wird alles, was anders ist, sich eher ins Gedächtnis einschreiben. Auf diese Art und Weise ist den Predigten ein besonderer Platz in der Erinnerung gewiß.

Die Teilnehmer sind sich im allgemeinen der Rolle Salems als Fundgrube und Bühne für Familienerinnerungen bewußt. Wahre Schätze – Erinnerungsgegenstände wie denkwürdige Ereignisse – können hier geborgen werden. Es gibt unterschiedliche Arten von Erinnerungsgegenständen, die in Salem besonders wichtig sind. Wir werden sie nun der Reihe nach betrachten. Die offensichtlichsten Erinnerungsstücke sind Fotografien. Angefangen bei den Wänden des Hotelspeisesaals, der mit Fotos der Familienoberhäupter tapeziert ist, die die Treffen in den vergangenen Jahren organisiert und geleitet haben, bis hin zu manchmal sehr ausgefeilten Präsentationen von Familienfotos an den Wänden und auf den Tischen der Zelte, ist Salem mit den allgegenwärtigen Bildern der Teilnehmer der Camp Meetings vergangener Jahre eine Art reflexiver Schaukasten. Viele der Menschen auf den Bildern sind bereits tot. Aber die Mehrzahl der Fotografien zeigt die Teilnehmer an den aktuellen Camps – entweder allein oder im Kreis ihrer Familie, entweder in ihren Zelten oder draußen auf dem Freigelände. Auf diese Weise werden sie ständig daran erinnert, daß sie Teil einer langen Reihe von Menschen sind, die immer wieder nach Salem kommen. Manchmal fordern diese Fotos dazu auf, Verbindungen zwischen sich und den eigenen Eltern oder weiter entfernten Verwandten zu sehen, und es ist üblich, daß Kinder Bilder ihrer Urgroßeltern, ihrer Großeltern oder Eltern (oder Tanten und Onkel) gezeigt bekommen und gefragt werden, ob sie Ähnlichkeiten mit sich selbst erkennen können. Eine andere weit verbreitete Art, Vergleiche anzustellen, kann man dann beobachten, wenn Leute alte Bilder hervorholen, die sie in Salem zeigen. Dadurch entsteht bei ihnen ein Gefühl für Kontinuität und die eigene individuelle Entwicklung. Besonders ergreifend sind dabei jene Augenblicke, in denen ältere Teilnehmer oder solche mittleren Alters bewußt ein Bild von sich als Kind in Salem hervorholen.

In dem Jahr, in dem wir zu Forschungszwecken in Salem waren, wurde eines Abends gegen Ende der Woche eine Dia-Show gezeigt, die alte Bilder von bereits verstorbenen Teilnehmern mit Bildern, die im Laufe der letzten zehn Jahre entstanden waren, und solchen der vorangegangenen Woche mischte. Durch diesen ständigen Wechsel zwischen ferner Vergangenheit, naher Vergangenheit und Gegenwart wurde sowohl ein Gefühl für historischen Wandel vermittelt wie auch dafür, daß die Grenzen zwischen den Zeiten oft verschwimmen, aber die Kontinuität eines Ortes gewahrt bleiben kann. Indem aktuelle Bilder von Teilnehmern sich ablösten mit älteren Fotografien derselben Leute und mit Bildern ihrer Vorfahren, präsentierte sich Salem bei dieser Dia-Show als eine kontinuierliche Folge von Menschen und Aktivitäten – sowohl innerhalb als auch außerhalb der Zeit. Dieser Effekt wurde noch verstärkt dadurch, daß die Fotos nicht chronologisch gezeigt wurden, sondern in einem ständigen Hin und Her zwischen Vergangenheit und Gegenwart.

Natürlich werden nicht nur in Salem Familienfotos angeschaut. Was diese Bilder als Erinnerungsstücke jedoch eindrucksvoll macht, ist ein besonderer Vordergrund-Hintergrund-Effekt *(figure-ground effect)*. Auf den Bildern scheint sich der Hintergrund – nämlich das Gelände, auf dem das Camp Meeting stattfindet – nicht großartig zu verändern. Von daher sieht man sich selber und seine eigenen Vorfahren bzw. sein gegenwärtiges Selbst und die Bilder von früher in einem scheinbar unveränderten Umfeld.

Auch alle Gebäude in Salem sind Erinnerungsgegenstände. Die Stiftshütte wurde, wie schon gesagt, 1854 gebaut. Obwohl mittlerweile elektrisches Licht installiert wurde, sind im Laufe der Jahre nur wenige andere Veränderungen vorgenommen worden. Man kann sich also vorstellen, daß um die Zeit des Bürgerkriegs die Gottesdienste in einer fast identischen Umgebung abgehalten wurden. Und obwohl das Hotel erst in den 1930er Jahren gebaut und seitdem mehrmals renoviert wurde, ist es architektonisch doch den anderen einfachen Holzgebäuden auf dem Gelände nachempfunden. Zudem sind seine Wände voll von alten Fotografien und eingerahmten Programmen früherer Treffen.

Am eindruckvollsten als Erinnerungsorte sind die Zelte. Das Zelt als Erinnerungsort konkurriert sogar mit seiner praktischen Funktion als Herberge für die Teilnehmer der Camp Meetings. Das älteste Zelt (das Ramsey-Cunningham-Zelt) wurde

1840 gebaut. Wie die anderen alten Zelte auf dem Gelände hat es selbstbewußt sein historisches Aussehen bewahrt. Die Böden sind – ähnlich wie in früheren Jahren mit Sägemehl – heute noch mit Hobelspänen bedeckt. Die vordere Wohnstube ist eine wahre Ahnengalerie. Ein altes Holztelefon schmückt eine der Wände. Und der Eßtisch der Familie ist genau der gleiche, an dem die Ramseys 1840 gesessen haben. Jeder Holzbalken, jedes Zimmer, jeder Gegenstand ist mit Geschichten verknüpft, die sich bei einem Rundgang durchs Zelt aufdrängen – sie alle verkörpern bestimmte Erinnerungen an Leute und Ereignisse der Familiengeschichte. Praktisch jeder Teil des Hauses setzt Erzählungen frei. Und es sind sowohl die Kontinuität wie auch die Geschichte der Veränderungen, die zum Erinnerungsdiskurs beitragen:

»Das Wichtigste ist, daß ... ich meine, jeder weiß, wo Du bist und gewisse Leute, wissen Sie, wenn sie nicht an einem bestimmten Ort sind, dann sind sie wahrscheinlich an einem anderen. Und die Mahlzeiten sind eine große, riesengroße Sache. Weil da so viele Leute sind. Sehen Sie, alle Cooks sind am Montag hier zum Abendessen. Es fing mit fünfzehn an und sie haben das um ein paar Leute reduziert. Aber das war, wie es anfing. Einige der Männer sind allerdings nicht hier. Und sehen Sie, mein Vater hat diesen Tisch gebaut. Was hier am meisten Spaß macht, ist, daß wir kleine Kinder hier oben drauf setzen. All die kleinen Kinder. Wenn sie in dem Alter sind. (...) Und beachten Sie das ... hier. Ich weiß nicht, ob Sie es sehen können. Er ist höher als die anderen. Und er ist lang. Und der ist für kleine Kinder. Eine der Besonderheiten, na ja, für mich ist natürlich besonders, daß Daddy ihn gebaut hat und es ist einfach Daddy. Ich meine, er erinnert mich an etwas an ihm.«

»Na ja, die Regale da drüben, wo ich hingeschaut hab, wo das ganze Essen und das Geschirr und anderes Zeug ist. Sie sind so robust und das Holz ... und ich hab gestern versucht mich zu erinnern, ob sie aus Eiche gemacht sind. Es ist nicht wie mit dem Zeug, das man heute bekommt, wie ... Sie wissen, das ist so gemacht, daß es ein paar Jahre hält und es wird nicht gemacht, damit es hält. Und dieses Zeug wurde gemacht, damit es hält. Es wurde gemacht, damit es ohne Pflege hält. Ich hab hier nie gefegt. Und eine der Sachen, die ich wirklich mag ... mein Schwager war sehr, sehr hilfsbereit, obwohl er die Camp Meetings überhaupt nicht mag. Aber er hilft uns wirklich gern, Sachen zu machen. Wir haben ein neues Waschbecken gebraucht. Sie sehen unser Badezimmer ist wie ... das Badezimmer-Waschbecken ist dort hinter dem Kühlschrank und das ist nicht das ursprüngliche Waschbecken dort. Das ursprüngliche Waschbecken, das dort drin war, war ungefähr so hoch über dem Boden und es war ein kleines Waschbecken, und es war ungefähr so hoch über dem Boden. Daddy hat das so niedrig angebracht, weil wir klein waren. Das hat schließlich dazu geführt, daß man praktisch auf dem Kopf stehen mußte, um sich die Zähne zu putzen. Aber jahrelang sind alle kleinen Kinder – besonders erinnere ich mich an die Mädchen von nebenan – sie sind alle rübergekommen, als sie zwei oder drei Jahre alt waren, und haben gesagt: ›Können wir unsere Hände waschen?‹ Und sie wollten rein kommen und sich die Hände waschen. Und natürlich waren sie klatschnaß, wenn sie gegangen sind, völlig und gänzlich durchnäßt. Also sie sind gekommen und haben an dem Waschbecken gespielt und meine Mutter hat immer gesagt, ›Aaron, warum setzt Du kein [neues Waschbecken] ein?‹ Aber er hat es nicht getan. Er wollte kein anderes Waschbecken dort einsetzen. Er wollte dieses. Er war sehr sentimental. Wir haben ein neues Waschbecken gebraucht und sie haben die Rohre rundherum verlegt und ich hab gesagt, okay, Ihr könnt ein anderes Waschbecken dort einsetzen, aber ich mag das nicht. Und Sie müssen sehen, bevor Sie gehen, vergessen Sie nicht, Sie müssen sich die Dusche ansehen. Als die Dusche gemacht worden ist, hat Daddy alles Mögliche gemacht. Er hat die Badezimmerfliesen verlegt. Das war eine der Sachen, die er getan hat. Er hatte Muster. Sie hatten Musterfliesen mit verschiedenen Farben und sie hatten sie aneinandergereiht. Das ist, was in unserer Dusche ist. Ganz verschiedene Farben. Und die Kinder haben das geliebt. Einige der kleinen Cousins sind zu uns gekommen und haben die Nacht bei uns verbracht und sie haben gesagt ›Ich werde jetzt duschen gehen‹.«

Manchmal finden sich Erinnerungsspuren auch im Holz der Häuser. So zum Beispiel dokumentieren Markierungen neben den Schlafzimmertüren das Wachstum der Kinder, und in einigen Fällen werden diese erhalten, so daß die nun Erwachsenen eine Repräsentation von sich als Kinder vorliegen haben, eine Repräsentation, die gleichzeitig Vergangenheit einfriert und Wachstum dokumentiert. Von ähnlicher Wirkung sind die Kritzeleien, die die Wände einiger Schlafzimmer überziehen. Meist sind das einfach nur Namen und manchmal Zeichnungen von Blumen, die bleiben können, auch Jahre, nachdem sie auf die Wand geschrieben oder gemalt wurden. In einem der Zelte erzählte mir eine Frau, als sie auf Zeichnungen von Handabdrücken zeigte und dann ihre eigene Hand auf einen der Abdrücke legte, daß sie diesen als Kind selbst gemacht habe.

Und schließlich ist da das Sägemehl, das – obwohl es ein etwas sonderbarer Kandidat für ein Erinnerungsobjekt zu sein scheint – auf ganz besondere Weise Erinnerungen an Salem freisetzt. Sägemehl spielt eine bedeutende Rolle in einer erstaunlichen Zahl von Erinnerungen:

»Und zu der Zeit gab es nur Sägemehl hier, überall, außer in der Dusche. Es gab eine Dusche, und die war zementiert. Aber alles andere ... es war ein Holzfeuer, ein Holzofen, wissen Sie ...«

»Und das ist komisch, weil Salem aus Sägemehl-Fußböden, Zedernbalken und alten Kirchenstühlen besteht, in die wir unsere Namen eingeritzt haben. Wissen Sie, es ist nicht hübsch, aber Sie treten ein und es ist die gleiche Ehrfurcht ... einfach nur da drinnen zu sein, erfüllt mich mit dem gleichen Gefühl der Ehrfurcht.«

Sägemehl hat jedoch nicht nur mnestische Bedeutung in Salem. Bei manchen löst Sägemehl besondere religiöse Assoziationen aus:

»Wissen Sie, ich denke, daß die wichtigste Sache, die man jemandem mitteilen kann, ist, daß Jesus Dich liebt und daß dies der Ort ist, an dem man Ihn finden kann, wie auch an anderen Orten. Und ich denke, Sie haben schon etwas von dem Sägemehl-Pfad gehört, davon, den Sägemehl-Pfad zu beschreiten? Und viele Leute wissen nicht, was es bedeutet, daß hier ein Sägemehl-Pfad ist.
Es bedeutet, daß man zum Altar gegangen ist, daß man rüber zum Altar gegangen ist, um Jesus zu treffen. Und, wissen Sie, man kann ihn überall treffen, aber das ist dieser Sägemehl-Pfad, von dem die Leute reden. Und für manche Leute ist das die ganze religiöse Nahrung, die sie erhalten. Ich meine, wenn sie diesen Ort verlassen, dann kann es sein, daß sie sechs Monate lang nicht mehr in die Kirche gehen. Wenn man deshalb die kleinen Kinder gleich jetzt kriegen kann und das Sägemehl in ihre Schuhe, Socken und in ihre Betten bekommt, dann wollen sie zurückkommen, denn das mag alles sein, was sie haben.«

Das Besondere am Sägemehl ist, daß es eines der wenigen Salemer Erinnerungsstükke ist, das man mit nach Hause nehmen kann. Manchmal geschieht das mit Absicht, wenn Leute etwas Sägemehl mitnehmen, um es an Verwandte zu schicken, die beim Camp Meeting nicht dabei sein konnten – sowohl als ein tatsächliches Stück Salem, worüber sich die Empfänger freuen können, als auch als eine Art Erinnerung daran, was sie verpaßt haben. Eine Frau, mit der ich gesprochen habe, sagte, sie wolle, daß nach ihrem Tod ihre Asche mit Sägemehl aus Salem vermischt werde. Üblicher ist es, daß sich bei denjenigen, die in Räumen mit Sägemehl-Fußböden wohnen, dieses in ihren Kleidern verfängt und für den Rest des Jahres als eine unbeabsichtigte (und manchmal etwas lästige) Erinnerung an das letzte Camp Meeting fungiert.

»Wohnen Sie bei den Kemps? Oh, wie kommen Sie denn zurecht mit dem Sägemehl? Es ist erstaunlich, oder? Schwer, es aus den Schuhen zu bekommen. Na ja, irgendwann gewöhnt man sich daran und es stört einen nicht mehr. Sie wissen einfach ... aber wie dem auch sei...«

»Ich mag die Nachwirkungen der Camp Meetings. Ich mag es, wenn in meinem Koffer und meiner Schuhcreme Sägemehl ist, für Wochen und Wochen. In meinem Haus habe ich einen kleinen Glaskrug voller Sägemehl, den ich auf dem Kaminsims aufbewahre. In meine Bibel streue ich jedes Jahr, wenn ich mich Jeremiah zuwende, ein bißchen Sägemehl, damit ich während des ganzen Jahres, ganz gleich in welcher Kirche ich bin, wo ich auch immer auf der Welt bin, wenn ich sie aufschlage, augenblicklich mit hier verbunden bin.«

Es war Proust, der uns am deutlichsten gezeigt hat, daß Geschmack und Geruch von Eßbarem eine besondere Rolle für die Erinnerung spielen. Psychologen und Anthropologen haben sich gleichermaßen mit Essenserinnerungen *(food memories)* beschäftigt, und zwar sowohl im Hinblick auf das autobiographische Gedächtnis als auch auf Erinnerungen, die unmittelbar den Weg zu anderen Erinnerungen bahnen *(memory primers)* und direkte Assoziationen mit Leuten, Orten und Lebensabschnitten freisetzen (Avakian, 1997; Classen, 1997; Corbin, 1986; Engen, 1991; Feeley-Harnick, 1994; Goody, 1982; Howes, 1991; Mintz, 1996; Sutton, 2001). Es ist von daher kaum überraschend, daß viele der intensivsten Erinnerungen an Salem durch das Essen ausgelöst werden, das mit dem Camp Meeting assoziiert wird. Was gelegentlich »Salem foods« genannt wird, sind im Grunde traditionelle Südstaaten-Gerichte, vor allem Gebratenes wie Brathühnchen, nach Bauernart gebratenes Steak und gebratene Okra. Die Mahlzeiten sind einfach, reichlich und schmecken gut.

Die Bandbreite der Gerichte, die auf Salems Tischen serviert werden, ist beträchtlich. Mehr und mehr wird jedoch auch Tiefgefrorenes und sogar Fast Food für die Mahlzeiten während der Woche nach Salem mitgebracht. Am »Big Sunday«, wenn die Familien in Salem Besuch bekommen, werden aber in der Tat noch die traditionelleren mit Salem verknüpften Gerichte auf den Tisch gebracht.

Ein Kennzeichen der Salem-Küche ist, daß sie selten ausgefallene Kost bietet. Gourmet-Gerichte sind bei den Camp Meetings fehl am Platz, auch wenn der Großteil der Teilnehmer Städter der oberen Mittelschicht und viele eindeutig fähig sind, edle Gerichte zuzubereiten. Die Dominanz der bodenständigen Küche verrät die ländlichen Wurzeln der Camp Meetings in den Südstaaten.

Essen setzt nicht selten intensive Erinnerungen frei. Manchmal sind dies Erinnerungen daran, wie Gerichte in Salem zubereitet wurden:

»Also wir hatten Hühnerkäfige hinter dem Zelt. Drahtkäfige auf Beinen, und sie haben die Hühner dort draußen gehalten. Wenn das Frühstück vorbei war, ging die Aushilfe raus, suchte zwei oder drei Hühner oder je nachdem, wie viele sie für das Mittagessen brauchten. Sie haben ihnen die Hälse umgedreht, sie gerupft und aufgeschnitten und dann haben wir sie zu Mittag gegessen, gebraten. Es gab kein Eis und manchmal, wenn es etwas gab, das man wirklich nicht warm werden lassen wollte, haben sie es in eine Art Behälter getan und es zum Brunnen gebracht und es runtergelassen, um es im Brunnenwasser kalt zu halten. Dann hatten sie einen, man könnte sagen, Trupp von Leuten, die jeden Morgen mit Eimern zum Brunnen gingen und unser Wasser vom Brunnen zurückschleppten. Aber das hat niemanden gestört. Das war ganz alltäglich. Wir waren froh um das kalte Wasser. Und so hatte ich viele, viele gute Mahlzeiten da drin und viele glückliche Erinnerungen. Die habe ich immer.«

»Sie waren schon in aller Frühe auf den Beinen, und das Speisezimmer ist gegenüber dem Zimmer der Großeltern. Also, da gab es eine Küche, die einen Holzofen hatte ... Man verbrannte Holz darin, und er produzierte ordentlich Hitze. Man mußte früh Feuer machen, damit der Ofen heiß genug war, um Brötchen zu backen. Und so was wie Toast gab's damals nicht. Ich hab mich immer aufgeregt. Ich hab immer gefragt: ›Mama, was gibt's denn zum Frühstück?‹ ›Brötchen und Schinken‹. Ich dachte mir immer: ›Oh, warum muß ich jeden Morgen Brötchen kriegen?‹ Nun bereue, bereue, bereue ich all diese Nörgeleien über die Brötchen.«

Und andere Male rufen bestimmte Gerichte Erinnerungen wach:

»Ja, Brathähnchen natürlich am Sonntag. Unter der Woche vielleicht ein- oder zweimal. Wir haben uns alle auf das Brathähnchen gefreut. Natürlich ist jetzt der Schinken allmählich auf die Bildfläche getreten. Damals hatten wir richtigen Landschinken. Na ja, das war, als die Leute die Schweine auf dem Bauernhof schlachteten und die Hinterkeulen in Salz einlegten. Sie haben die Hinterkeulen in Salz eingelegt und sie gepökelt und sie herausgenommen und das Salz entfernt, sie in Scheiben geschnitten. Manchmal waren sie ziemlich salzig, aber man konnte ihn ordentlich mit Wasser abwaschen, bevor man ihn kochte.«

Die dritte ans Essen geknüpfte Art der Erinnerung handelt von einem Familienmitglied, das mit einem bestimmten Gericht assoziiert wird:

»Möchtet Ihr alle einen Keks? Das sind besondere Kekse. Das sind die Kühlschrank-Kekse meiner Großmutter, die meine Tante gemacht hat. Und sie sagte, bei 24 Dutzend hat sie aufgehört zu zählen. Es war sehr nett von Ann, das zu machen. Und sie hat ganz bewußt Moms Kühlschrank-Kekse gemacht. Mom bedeutet meine Großmutter. Die Leute verstehen nicht, daß wir über unsere Großmutter sprechen, wenn wir ›Momma‹ sagen. Sie war für jeden ›Momma‹.«

Ein abschließender Aspekt der Erinnerungspraxis in Salem hat mit körperlichen Empfindungen zu tun. Wir haben bereits gesehen, wie bedeutsam Gerüche oder das Gefühl von Sägemehl unter den Füßen für die Orchestrierung der Erinnerung beim Salem Camp Meeting sein können. Einer der in dieser Hinsicht zwingendsten Aspekte ist die Musik und vor allem das Singen beim Camp Meeting. Musik mag nicht auf den ersten Blick als sensorische Erinnerung erkennbar sein, aber ihre besondere Wirkung basiert auf der Art und Weise, in der das Gedächtnis Rhythmus, Reim und Melodie einspeichert. Jeder Gottesdienst ist voll von Musik. Auf der vorderen Bühne stehen zwei Klaviere. Sie werden von Zwillingsschwestern gespielt, die seit Jahrzehnten sehr schön für die musikalische Umrahmung der Gottesdienste sorgen. Auch Kirchenchöre sind bei fast allen Gottesdiensten zu Gast. Am einprägsamsten aber ist der gemeinsame, von einem sehr engagierten Musiker dirigierte Gesang von bekannten Kirchenliedern bei den Gottesdiensten.

Die Betonung liegt nicht auf neuen, sondern auf schon oft gesungenen Kirchenliedern, so daß es zu häufigen Wiederholungen kommt. In der Tat hat Salem eine Art Kennmelodie, »Es herrscht ein süßer, süßer Geist an diesem Ort« (»There's a Sweet, Sweet Spirit in This Place«). Dieses Lied wird bei den meisten Gottesdiensten gesungen. Diese einfachen, aber zu Herzen gehenden Lieder prägen sich so ein, daß sie schwer wieder aus dem Kopf zu kriegen sind und man sich selbst häufig beim Singen oder Summen der Kirchenlieder ertappt, selbst wenn man sich nicht in der Stiftshütte aufhält. Für Erinnerung spielt Musik nicht zuletzt deshalb eine zentrale Rolle, weil sie starke Assoziationen hervorrufen kann. Wie das Sägemehl, so nehmen die Camper mit den Worten und Melodien der Kirchenlieder kraftvolle Erinnerungen an die Treffen mit nach Hause.

Was sich den Sinnen in Salem vielleicht am meisten einprägt, ist die Hitze. Georgia ist im Hochsommer sehr heiß und feucht. Die Temperaturen steigen häufig bis auf 37° Celsius an – ebenso auch die Luftfeuchtigkeit. Bis vor kurzem war noch keines der Zelte klimatisiert und die verhältnismäßig kleinen und beengten Innenräume ließen sie mittags teilweise sehr heiß werden. Heutzutage werden klimatisierte Räume immer üblicher, worüber sich ältere Teilnehmer nicht selten ärgern. Klimaanlagen symbolisieren für sie den Verlust eines Gemeinschaftsgefühls, das dadurch entstand, daß die Leute gezwungen waren, einen guten Teil des Tages auf den Veranden zu verbringen, um sich abzukühlen.

Die Häufigkeit, mit der Teilnehmer Salem mit Hitze, Schweiß und Gedränge assoziieren, legt nahe, daß diese Erfahrungen sehr wichtige Erinnerungsträger sind.

> »Ich denke, Annie wird in dem Sommer ungefähr sechs Jahre alt gewesen sein, als wir hier raus kamen. Wir hatten 40 Grad und 100 Prozent Feuchtigkeit und sie sagt, ›mom‹, sagt sie, ›in Kalifornien muß ich mich anstrengen, um zu schwitzen‹. Sie sagt, ›alles, was ich tue, ist, einfach nur hier stehen und schwitzen‹.«

> »Das ist wirklich lustig. Ich denke, daß es einem ständig heiß ist oder daß man sich Luft zufächelt und auf der Veranda sitzt, hat eine Wirkung auf die Leute, die ihnen nicht wirklich bewußt ist. Daß man zum Beispiel langsam wird und daß man sich lieber hinsetzt und eine Zeitlang plaudert statt herumzulaufen. Natürlich ist es so, daß es am Anfang, wissen Sie, überall so war. Aber seit es nun überall sonst in der Welt Klimaanlagen gibt, stellen sich die Leute drauf ein und ich vermute, sie halten sie für etwas, das sie aufgeben, um diese Erfahrung zu machen.«

> »Es war ein Gedränge und sehr heiß und wir haben kalt geduscht. Und, wissen Sie, es hat Spaß gemacht.«

> »Wenn wir alle Klimaanlagen hätten, würden alle Leute mehr drinnen bleiben und ich denke, das würde sie wegnehmen … das würde ein bißchen was wegnehmen von der Verbundenheit der Leute.«

> »Man muß nur hier heraus kommen und die Häuser, sie sind so heiß. Sie sind in einigen gewesen, einfach nur heiß. Sie denken, wie um alles in der Welt halten sie diese Häuser aus. Sie sind so heiß. Und, oh, sie sehnen sich so danach zu kommen, also, aber es ist ein wunderbarer Ort. Es ist, als ob man in die Vergangenheit zurückgehen würde, zu … ich vermute, einer leichteren, einfacheren Zeit, wo man herumsitzen und spielen und schaukeln und sich besuchen konnte.«

Die Hitze macht Salem für ältere Leute nicht nur unverwechselbar, sondern ruft auch eine sinnliche Umgebung wach, die sie mit ihrer Jugend assoziieren. Für Jüngere macht die Hitze Salem einfach nur einzigartig. Klimaanlagen haben die sinnliche Umwelt – charakteristische Gerüche und taktile Erfahrungen wie etwa, wenn man den Wind auf der Haut spürt – erfolgreich neutralisiert. Diese Einschränkung sinnlicher Wahrnehmung ist bedeutsamer, als es sich die meisten Leute vorstellen, da wir durch die Sinne, wie etwa durch Geruchs- und Tastsinn, unsere Umwelt identifizieren und ein Gefühl dafür bekommen, an einem bestimmten Ort zu sein (Mander, 1978). Indem in Salem die einfachen Sinne angesprochen werden, wird nicht nur ein bestimmtes sinnliches Umfeld, sondern auch eine Reihe von Sinneserfahrungen wieder möglich, die in der modernen Welt meist schon verloren geglaubt waren. Die Camper spüren intuitiv, daß Salem ein besonders »authentischer« Ort ist, und es ist nicht zuletzt die breite Angebotspalette an Sinneseindrücken, die ihren Teil dazu beiträgt.

Jeder von uns besitzt eine komplexe Identität – ein Gefühl dafür, wer wir aktuell sind, das sich aus unseren Geschichten, gesellschaftlichen Rollen und gegenwärtigen Lebensumständen speist. Eine kohärente Identität aufrechtzuerhalten ist eine der größten Herausforderungen im Leben. Problematisch dabei ist der Umstand, daß sich unsere Selbstwahrnehmung oft langsamer ändert als die Wahrnehmung, die andere von uns haben. Unsere Selbstwahrnehmung tendiert dazu, unserem körperlichen und sozialen Alterungsprozeß hinterherzuhinken, so daß wir von außen als eine etwas andere und ältere Person gesehen werden, als wir uns im Inneren fühlen. Älter werden heißt, daß uns die Person, der wir jeden Morgen im Spiegel begegnen, auf seltsame Art und Weise fremd ist, oder anders gesagt, ein vertrauter Fremder für uns ist. Der Versuch, unser Selbstbild zu aktualisieren *(identity updating)*, so daß es mit jenen Veränderungen des Körpers und der sozialen Rolle Schritt hält, die andere sehen und in ihre Wahrnehmung einbauen, braucht die Unterstützung von anderen. Geburtstagsfeiern, Jahrestage und die Riten, die den Übergang von einem zum anderen Lebensabschnitt begleiten, helfen bei der Aktualisierung des eigenen Selbstbildes; sie versöhnen das Bild, das man sich von sich selbst macht, mit dem Bild, das andere von einem haben.

In einer Gesellschaft, in der die Menschen häufig umziehen und nicht immer stabile langfristige Gemeinschaften bilden, sind Familientreffen wichtig, nicht nur, um unsere Vorstellungen davon, was aus Familienmitgliedern geworden ist, zu aktualisieren, sondern auch, weil uns die anderen jene Spiegel vorhalten, die uns zu erkennen helfen, wer wir selber sind. Zusammenkünfte aller Art erfüllen diese wichtige Funktion, Identitäten und Selbstbilder zu aktualisieren – was ihre Attraktivität genauso zu erklären vermag wie das Unbehagen, das manche Menschen angesichts solcher Zusammenkünfte beschleicht. Das Camp Meeting ist ein besonders geeigneter Schauplatz für solche Aktualisierungen, und viele seiner Praktiken scheinen sich aus dem impliziten Wissen um diese Funktion heraus entwickelt zu haben. Da sich in Hinblick auf Ort, Ablauf und Teilnehmer relativ wenig ändert, ist das Camp Meeting ein guter Rahmen dafür, daß Menschen gleichzeitig Kontinuitäten und Diskontinuitäten in ihrem Leben nachgehen und Anschluß an vielerlei Veränderungen finden können.

Identität hat nicht allein mit Kontinuität oder Wandel zu tun, sondern vielmehr mit dem Verhältnis zwischen beiden. Viele der Geschichten, die in Salem erzählt werden, handeln von der Stabilität und Kontinuität, die einem der Ort vermittelt. Aber auch Veränderungen haben ihren Platz. Wenn man jedes Jahr seines Lebens zum Camp Meeting kommt, ist es möglich, sich einerseits im Familien- und weiteren Kontext kontinuierlich neu zu positionieren, während man andererseits Salem als Ort erlebt, an dem sich wenig ändert. Stabilität und Wandel werden hier gleichzeitig erfahren, ohne daß es zu Konflikten kommt.

Im Laufe der Zeit werden aus Kindern Erwachsene, aus Erwachsenen frisch Verheiratete, aus frisch Verheirateten junge Eltern, aus jungen Eltern solche mittleren Alters, und schließlich aus Eltern Großeltern. Salem bietet klare Rollen und soziale Anerkennung für all diese Lebensabschnitte, so daß man sich selbst und sein Verhältnis zum Ort immer wieder neu bestimmen kann. In anderen Worten: Man verwendet die äußere Kontinuität, um die eigenen Diskontinuitäten einzuschätzen und ihnen einen Rahmen zu geben.

Zur Aktualisierung des Selbstbildes gehört auch, das Gelände als Rahmen zu nutzen, um Kontinuität mit Hilfe von Identifikation und Erinnerung zu erfahren. Die Camper können beobachten, wie ihre Kinder und Enkel das Gleiche tun, was sie am selben Ort, im selben Alter auch getan haben. Durch diese Identifikationen verwischen die klaren Grenzen zwischen Vergangenheit und Gegenwart, Selbst und Nachkommenschaft. Das wird möglich, weil sich das Gelände, auf dem das Camp stattfindet, über die Jahre hinweg nicht sonderlich verändert hat.

»Ich habe gerade mit jemandem in meinem Alter gesprochen, dessen Familie seit Generationen hierher kommt. Natürlich, viele von ihnen reichen weit zurück. Wir haben gerade gesagt, daß dies die Art war, wie das Leben in kleinen Gemeinschaften abgelaufen ist. Dies ist die Art, wie ein Nachmittag ablief, mit Leuten, die auf ihren Veranden saßen, und anderen Leuten, die vorbeikamen und Besuche machten.«

»Und es ist lustig, weil wenn man jung ist, denkt man an so was nicht. Ich meine, diese Kinder hier jetzt, jeder unter, sagen wir zwanzig, spielt einfach nur, hat Spaß und holt alles raus, was möglich ist. Wissen Sie, aber wenn man älter wird, fängt man an, das zu sehen, und man weiß es, besonders wenn man einen Hang dafür hat, solche Dinge zu registrieren, was ich habe. Man kann nicht anders als es registrieren. Und so denkt man dann, ›Ist das der Soundso oder ist das sein Sohn?‹ Wissen Sie, so was in der Art. Besonders wenn man so alt ist wie ich, weil, wissen

Sie, Kinder, die ich hab aufwachsen sehen, haben nun selbst Kinder. Ich meine, wissen Sie, so funktioniert's. Und das hat mich immer verblüfft. Schauen Sie sich dieses Bild an. Ich hab alle diese kleinen Mädchen und meine Kusinen, ich habe von allen Bilder, wie sie genau das gleiche tun, was ich damals auch getan habe. Das ist, was das Camp Meeting ausmacht. Da gibt es nichts Vergleichbares. Mir fällt nichts Vergleichbares ein.«

Wie kommt es zu einem solchen Verwischen von Grenzen? Meines Erachtens hat es mit den komplexen Beziehungen zwischen Aktivität und Beobachtung zu tun. Junge Leute verbringen ihre Zeit mit allen möglichen Aktivitäten, von der Bibelstunde bis zu Sport und künstlerischen und handwerklichen Tätigkeiten. Die Leute mittleren Alters (vor allem die Frauen) kümmern sich um die Kinder und das Essen. Aber die älteren Camper verbringen viel Zeit damit, die Jüngeren zu beobachten. Mit dem Alter aber verändert sich auch die Erinnerung. Seit Freud unterscheidet die Psychologie zwischen zwei Arten von Erinnerung – je nach der Perspektive, die eingenommen wird. *Felderinnerungen* sind Erinnerungen daran, daß man Dinge tut – in der ersten Person. *Beobachtererinnerungen* sind Erinnerungen, bei denen man aus der Distanz, aus einer Über-Kopf-Perspektive, den Geschehnissen zusieht (Nigro & Neisser, 1983; Schacter, 1996, S. 21; 1999, S. 45 f.).[5] Mit der Zeit beobachten Leute beim Camp Meeting, wie ihre Kinder genau das tun, was sie selbst früher getan haben. Dies bewirkt weniger eine Verschiebung von Feld- zu Beobachtererinnerungen als ein ständiges Hin und Her zwischen beiden Arten der Erinnerung. Außerdem verschwimmen Grenzen, und die Camper können gleichzeitig am Leben ihrer eigenen Nachkommen »teilhaben« und eine gewisse reflexive Distanz gewinnen.

»Manchmal muß ich mich fast aus einer Art Traum rausholen. Ich kann sehen, wie ich etwas gemacht habe, wissen Sie, und wie sie es heute machen. Ich denke, wahrscheinlich heißt das, daß Salem etwas anderes bedeutet, wenn man älter wird. Irgendwie ist es wahrscheinlich wirklich anders für die Kinder, auf gewisse Weise, als es für die Eltern ist.«

Für Leute, die in stabilen Gemeinschaften leben und die ihre Kinder in der gleichen Gemeinschaft großziehen, in der sie selbst aufgewachsen sind, ist es – ähnlich, wie wir es in Salem beobachten konnten – möglich, daß Feld- und Beobachterer-

---

5 Eine ähnliche Unterscheidung des Blickwinkels ist zwischen egozentrischen und soziozentrischen Kulturmodellen gemacht worden (Shore, 1996, Kapitel 2).

innerungen verwischen. Aber die meisten der Camper kommen aus sehr mobilen Mittelschichtfamilien. Sie haben nicht die Stabilität des Umfeldes erfahren, die zur ständigen Aktualisierung des Selbstbildes führt. Salem jedoch bietet eine Art stabiles Zuhause, zu dem man immer wieder zurückkehren kann. Indem es die Erinnerungen an das, was man getan, und das, was man beobachtet hat, auf subtile Art und Weise orchestriert, ist Salem ein guter Ort, um die Grenzen zwischen Beobachter- und Felderinnerungen verschwimmen zu lassen und ein starkes Gefühl der Identifikation zwischen den Generationen zu erzeugen.

Danksagung

Die Untersuchungen, auf denen mein Beitrag basiert, wurden durch Forschungsgelder der Alfred P. Sloan Stiftung ermöglicht, die vom »Emory Center for Myth and Ritual in American Life« verwaltet wurden. Ich möchte mich bei den folgenden Forschungsassistenten bedanken, die mir in den letzten Jahren geholfen haben, Daten zu Salem zu sammeln und auszuwerten: Nathaniel Kendall-Taylor, Charles Jandreau, Michael Fulton, Rebecca Morgan, Scott Edmundson und Robert Shore. Mein Dank geht auch an den Hon. Sam Ramsey, der mich zuerst zum Salem Camp Meeting eingeladen hat, und an die Camper in Salem, die mich mit offenen Herzen und vielen Geschichten in ihrer Welt willkommen geheißen haben.

Literatur:

Avakian, A. V. (1997). *Through the kitchen window: Women explore the intimate meanings of food and cooking.* Boston: Beacon.

Classen, C. (1997). Foundations for an anthropology of the senses. *International Social Science Journal, 153,* 401–412.

Connerton, P. T. (1989). *How societies remember.* Cambridge (UK): Cambridge University Press.

Conway, M. A. (1992). A structural model of autobiographical memory. In M. A. Conway, D. C. Rubin, H. Spinnler & W. A. Wagenaar (Hrsg.), *Theoretical perspectives on autobiographical memory* (S. 167–193). Dordrecht: Kluwer.

Conway, M. A. & Bekerian, D. A. (1987). Organization in autobiographical memory. *Memory and Cognition, 15,* 119–132.

Conway, M. A., Rubin, D. C., Spinnler, H. & Wagenaar, W. A. (Hrsg.) (1992). *Theoretical perspectives on autobiographical memory.* Dordrecht: Kluwer.

Corbin, A. (1986). *The foul and the fragrant: Odour and social imagination.* Oxford: Berg.

Engen, T. (1991). *Odor, sensation, and memory.* New York: Praeger.

Eslinger, E. (1999). *Citizens of Zion: The social origins of camp meeting revivalism.* Knoxville: University of Tennessee Press.

Feeley-Harnik, G. (1994). *The lord's table: The meaning of food in early Judaism and Christianity.* Washington, D. C.: Smithsonian Institution Press.

Goody, J. (1982). *Cooking, cuisine, and class.* Cambridge (UK): Cambridge University Press.

Howes, D. (Hrsg.) (1991). *The varieties of sensory experience.* Toronto: University of Toronto Press.

Mander, J. (1978). *Four arguments for the elimination of television.* New York: Quill.

Mintz, S. (1996). *Tasting food: Tasting freedom.* Boston: Beacon Press.

Nigro, G. & Neisser, U. (1983). Point of view in personal memories. *Cognitive Psychology, 15,* 467–82.

Schacter, D. (1996). *Searching for memory: The brain, the mind, and the past.* New York: Basic Books; dt. (1999): *Wir sind Erinnerung. Gedächtnis und Persönlichkeit.* Reinbek: Rowohlt.

Shore, B. (1996). *Culture in mind: Cognition, culture and the problem of meaning.* New York: Oxford University Press.

Stanner, W. E. H. (1966). *On aboriginal religion. Oceania Monograph No. 11.* Sydney: Oceania Publications.

Stanner, W. E. H. (1976). Some aspects of aboriginal religion. *Colloquium, 9(1),* 19–35.

Sutton, D. E. (2001). *Remembrance of repasts: An anthropology of food and memory.* Oxford: Berg.

MICHAEL PAUEN

Das Gedächtnis der Freiheit. Autobiographische Erinnerung, Selbstkonzept und Selbstbestimmung

Die Diskussion über Willensfreiheit und Selbstbestimmung wird seit geraumer Zeit von der Frage beherrscht, ob Freiheit und Determination miteinander vereinbar sind oder nicht. Kompatibilisten sind der Ansicht, daß dies der Fall ist, Inkompatibilisten behaupten indessen das Gegenteil. Hierdurch sind andere Probleme weitgehend in den Hintergrund gerückt. Dies gilt nicht zuletzt für die Frage, ob es unterschiedliche Grade von Freiheit geben kann und wovon die Unterschiede gegebenenfalls abhängen. Wirklich verwunderlich ist dies nicht: Solange zur Diskussion steht, ob Freiheit in unserer Welt überhaupt existiert, mag die Frage nach unterschiedlichen Graden von Freiheit nachrangig erscheinen. Dies gilt insbesondere für Inkompatibilisten, die der Ansicht sind, daß wir in einer determinierten Welt leben – für sie hat sich die Frage nach den unterschiedlichen Graden von Freiheit ohnehin erledigt. Doch auch libertarische Inkompatibilisten, die der Ansicht sind, daß wir *nicht* in einer determinierten Welt leben und daher frei handeln können, dürften dieser Frage wenig Interesse entgegenbringen, schließlich gibt es keine unterschiedlichen Grade von Indetermination. Selbst wenn ein Inkompatibilist die Existenz unterschiedlicher Grade von Freiheit akzeptiert, dürften genauere Bestimmungen schwierig sein, schließlich entzieht sich gerade das zentrale Merkmal freien Handelns einer Erklärung oder besser gesagt: Das zentrale Merkmal freien Handelns besteht dieser Position zufolge darin, daß sich die Handlung einer Festlegung – und damit auch einer Erklärung – durch vorangegangene Umstände entzieht.

Im Gegensatz dazu stellt die Frage nach den unterschiedlichen Graden von Freiheit für Vertreter sogenannter kompatibilistischer Freiheitstheorien ein dringend lösungsbedürftiges Problem dar. Diesen Theorien zufolge zeichnen sich freie Handlungen nicht durch die Abwesenheit von Determination aus, sondern durch ein besonderes Verhältnis zu ihrem Urheber und dessen Überzeugungen, Wünschen und Charaktermerkmalen. Häufig wird Freiheit dabei als eine Form der Selbstbestimmung verstanden. Freiheit wird damit zu einer natürlichen Fähigkeit, deren Entstehung und – konsequenterweise – auch deren Verlust prinzipiell mit den Verfahren der empirischen Wissenschaften zu erklären sind.

Hieraus ergeben sich zwei wichtige Konsequenzen: Zum einen bedeutet dies, daß es dieser Position zufolge Freiheit in unterschiedlichen Graden geben muß. Wenn Freiheit entstehen und vergehen kann, dann ist z. B. zu erwarten, daß sie zu Beginn des Entstehungs- und gegen Ende des Verfallsprozesses in geringerem Maße vorhanden sein wird als nach dem Abschluß des Entstehungs- bzw. vor dem Beginn eines möglichen Verfallsprozesses. Zweitens heißt dies, daß empirische Erkenntnisse über die kognitiven, emotionalen, dispositionellen und sozialen Faktoren, die bei der Entstehung von Handlungen eine Rolle spielen, in solchen Theorien berücksichtigt werden können und müssen – nur so kann man ja die Entstehung und den möglichen Verlust dieser Fähigkeit erklären. Es leuchtet ein, daß dabei psychologische Theorien über willentliches Handeln eine wichtige Rolle spielen. Wenn Freiheit als *Selbst*-Bestimmung verstanden werden kann, dann dürften allerdings auch Theorien über das Selbst und über Selbstbewußtsein von Bedeutung sein.

Im Folgenden möchte ich zeigen, daß auch dem autobiographischen Gedächtnis hier eine wichtige Funktion zukommt. Dies mag auf den ersten Blick etwas überraschend klingen; tatsächlich gibt es hierfür jedoch eine ganze Reihe von theoretischen und empirischen Gründen. Theoretische Überlegungen können insbesondere an der Rolle des Selbstbewußtseins, aber auch an der autobiographischen Erfahrung ansetzen, die für die Ausbildung der Fähigkeit zu selbstbestimmtem Handeln offensichtlich von großer Bedeutung ist. Gestützt werden diese theoretischen Überlegungen durch Befunde vor allem aus der Volitionspsychologie. Diese hat gezeigt, daß Willenshandlungen nachträgliche Bewertungs- und Zuschreibungsprozesse einschließen, die die Grundlage für zukünftiges Handeln bieten. In diesem Zusammenhang spielt offenbar auch das autobiographische Gedächtnis eine wichtige Rolle.

Ich werde im ersten Teil meines Beitrags die Grundzüge einer kompatibilistischen Theorie der Willensfreiheit skizzieren, der zufolge Freiheit auch in einer determinierten Welt existieren kann. Wie schon angedeutet, schließt dies die Annahmen ein, daß Freiheit Selbstbewußtsein erfordert, daß sie zu entstehen und zu vergehen vermag und damit in einem mehr oder minder ausgeprägten Maße vorhanden sein kann. Ich werde daher aus der skizzierten Konzeption Kriterien ableiten, die einen Maßstab für die Beurteilung unterschiedlicher Grade von Freiheit liefern können. Anschließend werde ich im zweiten Teil kurz einige empirische Ergebnisse präsentieren, die zeigen, daß Willenshandlungen Bewertungs- und Zuschreibungsprozesse beinhalten. Im dritten Teil werde ich dann argumentieren, daß das autobiographische Gedächtnis eine zentrale Rolle bei der Entwicklung von Freiheit spielt, weil es die Basis für Selbstbewußtsein in bezug auf eigene Wünsche und Überzeugungen, aber auch die Grundlage für die Einbeziehung von Handlungserfahrung in neue Handlungsstrategien bildet.

Begriffliche Überlegungen

Freiheit

Ich werde im Folgenden nur eine sehr kurze Skizze einer Konzeption von Freiheit geben, die ich an anderen Stellen ausführlich dargestellt habe (Pauen, 2001, 2004a, 2004b; vgl. auch Bieri, 2001; Beckermann, 2004). Dabei gehe ich davon aus, daß eine philosophische Freiheitskonzeption die Maßstäbe liefern soll, nach denen wir menschliche Handlungen im Alltag oder im Labor als frei beurteilen können. Diese Maßstäbe kann die Philosophie nicht nach Belieben festsetzen; vielmehr bemüht sie sich dabei, unsere vorwissenschaftlichen Intuitionen umfassend in eine kohärente und möglichst anspruchsvolle Konzeption zu integrieren. Zwar sind unsere vorwissenschaftlichen Intuitionen unklar und widersprüchlich; dennoch sind hier einfach deshalb keine willkürlichen Eingriffe erforderlich, weil wir recht klare Vorstellungen davon haben, was freie Handlungen *nicht* sind. Ich werde im Folgenden argumentieren, daß die zentralen Kriterien für freie Handlungen aus diesen *negativen Intuitionen* entwickelt werden können.

Freie Handlungen werden nämlich normalerweise nach zwei Richtungen abgegrenzt: erstens gegenüber erzwungenen bzw. vollständig von außen determinierten Handlungen; hieraus läßt sich die Forderung nach *Autonomie* ableiten. Zweitens werden freie Handlungen aber auch von zufälligen Geschehnissen unterschieden. Sollte sich herausstellen, daß eine bestimmte Aktivität zufällig zustande kam, dann würden wir nicht mehr von einer freien Handlung, sondern von einem zufälligen Geschehnis sprechen. Freie Handlungen unterscheiden sich von zufälligen Geschehnissen vor allem dadurch, daß sie sich einem Urheber zuschreiben lassen. Dieser Unterschied ist auch deshalb von zentraler Bedeutung, weil wir Personen für freie Handlungen *verantwortlich* machen. Zufällige Geschehnisse sind jedoch dem Einfluß handelnder Personen entzogen, und zwar ganz unabhängig davon, ob sie sich in der externen Realität oder aber in einer inneren, durch kognitive Prozesse bestimmten Realität ereignen. Es wäre daher völlig ungerechtfertigt, eine Person für ein zufälliges Geschehnis verantwortlich zu machen. Freie Handlungen müssen daher zusätzlich der Forderung nach *Urheberschaft* entsprechen.

Man kann beiden Prinzipien sehr leicht gerecht werden, wenn man Freiheit in *Selbstbestimmung* übersetzt: Selbstbestimmung schließt erstens Zwang und externe Determination aus und wird damit der Autonomieforderung gerecht. Im Falle von

Zwang und externer Determination würden wir nämlich nicht von *Selbst-*, sondern von *Fremd*bestimmung sprechen. Zweitens impliziert Selbstbestimmung trivialerweise aber auch, daß eine Handlung durch die Person selbst bestimmt wird, der wir die Handlung zuschreiben – andernfalls wäre die Handlung einfach unbestimmt. Auf diese Weise wird die Unterscheidung von Freiheit und Zufall gewährleistet und damit auch die Forderung nach Urheberschaft erfüllt. Selbstbestimmung erweist sich als eine adäquate Übersetzung des skizzierten Minimalbegriffs von Freiheit. Natürlich ist damit noch nichts darüber gesagt, ob man diesen Begriff nicht durch weitere Kriterien anreichern muß, um unsere vorwissenschaftlichen Intuitionen angemessen zu erfassen.

Es ist offensichtlich, daß eine weitere Klärung eine Verständigung über das »Selbst« oder den Urheber voraussetzt, der das Subjekt dieser Selbstbestimmung ist. Ganz generell wird man hier auf der einen Seite bestimmte Fähigkeiten nennen können, die *jede* Person besitzen muß, damit sie überhaupt in der Lage ist, selbstbestimmt zu handeln. Hierzu gehört erstens ein Mindestmaß an Selbstbewußtsein. Dies schließt insbesondere ein, daß sich die Person als Akteur begreift, also bestimmte Veränderungen in ihrer Umwelt als Konsequenzen des eigenen Handelns zu erkennen vermag (vgl. Strawson, 1997). Außerdem sollte die Person fähig sein, ihre eigenen Präferenzen *als* ihre eigenen Präferenzen zu erkennen. Nicht nur aus diesem Grund benötigen selbstbestimmungsfähige Personen ein gewisses Mindestmaß an rationalen oder kognitiven Kompetenzen. Nur so ist eine vernünftige Wahl zwischen unterschiedlichen Handlungsoptionen möglich, vor allem aber kann der Handelnde nur unter dieser Voraussetzung die Konsequenzen des eigenen Handelns bestimmen. Schon hier möchte ich darauf aufmerksam machen, daß sowohl Selbstbewußtsein als auch das Wissen um die Konsequenzen solcher Handlungen die Existenz von autobiographisch-episodischen Erinnerungen voraussetzt.

Außer den allgemeinen personalen Fähigkeiten benötigen Urheber freier Handlungen aber auch noch individuelle Merkmale, die erklären, warum verschiedene Individuen in einer gegebenen Situation ganz unterschiedlich handeln können. Die Erklärung hierfür können nur handlungswirksame Merkmale wie die Überzeugungen, Wünsche und Bedürfnisse liefern, die konstitutiv sind für eine bestimmte Person. Ich werde diese Merkmale im Folgenden als *personale Präferenzen* bezeichnen. Es ist offensichtlich, daß die Rede von Selbstbestimmung und Urheberschaft nur sinnvoll sein kann, wenn es solche handlungswirksamen Merkmale gibt. Andernfalls bliebe das Handeln von Personen einfach rätselhaft, von Selbstbestimmung könnte nicht mehr gesprochen werden. Damit aber wäre auch der Versuch einer philosophischen Explikation des Freiheitsbegriffs gescheitert.

Es erscheint daher zwingend, daß es personale Präferenzen geben muß, wenn man sinnvoll von Freiheit und Urheberschaft sprechen will. Eine völlig andere Frage ist, *welche* der Merkmale, die eine Person faktisch besitzt, als ihre personalen Präferenzen gelten können, bzw. wie die Kriterien aussehen, nach denen man eine systematische Unterscheidung zwischen den personalen Präferenzen und den anderen Merkmalen einer Person treffen kann. Ich glaube nicht, daß es ein schlagendes Argument für die Festlegung auf ein bestimmtes Kriterium gibt. Das sinnvollste Unterscheidungsmerkmal scheint mir jedoch die Frage zu liefern, ob eine Person die dispositionale Fähigkeit besitzt, sich wirksam *gegen* ein bestimmtes Merkmal zu entscheiden.[1] Personale Präferenzen würden sich diesem Kriterium zufolge also dadurch auszeichnen, daß eine Person sie aufgeben kann, wenn sie dies wünscht.

Sollte sich also herausstellen, daß eine Person eine Spende für eine Hilfsorganisation gemacht hat, weil sie überzeugt ist, daß solche Spenden angesichts der Not in der Dritten Welt erforderlich sind, und sollte sich zweitens herausstellen, daß die Person die dispositionale Fähigkeit besaß, die entsprechende Überzeugung zu revidieren – etwa wenn man ihr deutlich gemacht hätte, daß solche Spenden zu Abhängigkeiten führen und die regionalen Wirtschaftskreisläufe zerstören –, dann spricht dies dafür, daß die Person selbstbestimmt gehandelt hat.

Hieraus ergibt sich eine wichtige Konsequenz für die Frage nach der Vereinbarkeit von Freiheit und Determination. Offenbar kann nämlich auch eine determinierte Handlung die skizzierten Kriterien von Selbstbestimmung erfüllen. Dies wäre dann der Fall, wenn die Handlung durch die personalen Präferenzen des Urhebers determiniert wird. Entscheidend wäre somit nicht die Frage, *ob* eine Handlung determiniert wird; entscheidend wäre vielmehr, *wie* die Handlung determiniert wird. Wird sie durch externe Faktoren determiniert, dann ist sie fremdbestimmt und damit unfrei; wird sie dagegen durch die personalen Präferenzen des Urhebers determiniert, dann ist sie selbstbestimmt und damit frei im oben skizzierten Minimalsinne.

Das gleiche gilt für die Frage, ob der Willensakt einer Person neuronal realisiert ist oder nicht. Sollte es tatsächlich der Fall sein, daß die Überzeugungen, Wünsche und Charaktermerkmale einer Person identisch sind mit bestimmten neuronalen Zuständen, dann würde die Tatsache, daß eine bestimmte Entscheidung von eben diesen neuronalen Zuständen abhängig ist, nichts daran ändern, daß es sich um eine selbstbestimmte Entscheidung handelt. Da diese Zustände mit den personalen Prä-

[1] Es ist also nicht erforderlich, daß die Entscheidung für oder gegen eine personale Präferenz indeterminiert ist. Genausowenig entsteht hier ein Zirkel: Das Kriterium von personalen Präferenzen ist nicht Freiheit, sondern die dispositionale Fähigkeit, eine Entscheidung auch umzusetzen. Über die Entstehungsbedingungen der entsprechenden Merkmale wird hier gar nichts gesagt; es kommt nur darauf an, daß der Urheber sie aufgeben könnte.

ferenzen des Urhebers identisch sind, wäre es also nach wie vor berechtigt, davon zu sprechen, daß die Handlung durch diese Präferenzen determiniert und damit selbstbestimmt ist.

Unterschiedliche Grade von Freiheit

Stimmt das oben skizzierte Bild, dann wäre Freiheit eine Eigenschaft, die man in dem Maße gewinnen und verlieren kann, wie man die zugrunde liegenden Fähigkeiten gewinnt oder verliert. Geht man von der naheliegenden Annahme aus, daß man diese Fähigkeiten in unterschiedlichem Maße besitzen kann, dann sollte auch die Verfügung über Freiheit graduell unterschiedlich sein können. Dies ist zunächst nur eine *normative* Aussage, d. h. eine Aussage darüber, daß wir unsere Maßstäbe in bezug auf Freiheit so formulieren *sollten*, daß sie unterschiedliche Grade dieser Eigenschaft zulassen und die notwendigen Kriterien für die notwendige Differenzierung zwischen diesen Graden liefern. Es wird sich allerdings herausstellen, daß hieraus gleichzeitig auch Tatsachenbehauptungen abzuleiten sind: Wer nur in einem eingeschränkten Maße über die genannten Fähigkeiten verfügt, der wird faktisch mit geringerer Wahrscheinlichkeit eine Handlung vollziehen, die seinen Präferenzen entspricht.

Doch worin könnten die Differenzen zwischen unterschiedlichen Graden von Freiheit bestehen? Offensichtlich ist zunächst die Bedeutung äußerer Umstände. Natürlich vergrößert sich mein Freiheitsspielraum, wenn die äußeren Handlungsbedingungen mir eine größere Zahl von Optionen bieten – vorausgesetzt, es handelt sich um echte Optionen. Die Freiheit meiner Berufswahl würde also gesteigert, wenn ich nicht nur die Wahl zwischen einer Tätigkeit als Kassierer und einer Tätigkeit als Anstreicher habe, sondern zusätzlich die Möglichkeit habe, Wissenschaftler oder Arzt zu werden. Von »echten« Optionen ist hier deshalb die Rede, weil die Vergrößerung der Zahl der zur Verfügung stehenden Optionen nur dann einen wirklichen Gewinn an Freiheit bringt, wenn sich die Optionen auch qualitativ voneinander unterscheiden. Umgekehrt heißt dies, daß Freiheit auch dadurch vergrößert werden kann, daß die qualitativen Differenzen zwischen den bestehenden Optionen erhöht werden. Es dürfte allerdings sehr schwierig sein, einen konkreten Maßstab für diese Differenzen anzugeben.

Dieser Sachverhalt ist an sich wenig umstritten, aber auch nicht sonderlich spektakulär. Von philosophisch größerem Interesse sind zwei andere Punkte: Wenn Freiheit die Fähigkeit ist, den eigenen Präferenzen entsprechend, also selbstbestimmt zu handeln, dann dürfte mit der Fähigkeit, die eigenen Präferenzen abzuschätzen, auch eine wesentliche Voraussetzung für selbstbestimmtes Handeln verbessert werden. Notwendig ist überdies die Fähigkeit, dieses Wissen auch in reales Handeln umzusetzen. Hierzu muß auch abgeschätzt werden, inwiefern die Konsequenzen der einzelnen Handlungsoptionen mit den eigenen Präferenzen übereinstimmen.

Damit ergeben sich drei wesentliche Faktoren: Zum einen muß es faktisch unterschiedliche Optionen geben; zum zweiten muß die Person wissen, was ihre spezifischen Ziele und Präferenzen sind; drittens muß sie wissen, welche der zur Verfügung stehenden Optionen sie diesen Zielen am nächsten bringen würde. Zwar reicht eine bloße Verbesserung in einem dieser Bereiche alleine nicht aus: Eine Steigerung meiner Fähigkeit, die Konsequenzen meines Handelns einzuschätzen, kann meine Freiheit nicht vergrößern, wenn mir entweder keine andere Option zur Verfügung steht oder aber mein Bewußtsein bezüglich meiner eigenen Präferenzen so unklar ist, daß ich keine sinnvolle Wahl zwischen diesen Optionen treffen kann. Offenbar kommt es auch darauf an, daß der Gewinn der fraglichen Fähigkeit handlungswirksam werden kann. Ist dies der Fall, dann dürfte sich das Maß an Selbstbestimmung steigern, das man der entsprechenden Handlung zubilligen kann. Noch einmal: Dies ist zunächst eine normative Frage. Es geht also in erster Linie darum, wie wir eine Handlung *beurteilen* sollen, die diese Merkmale in mehr oder minder großem Maße aufweist. Wie bereits angedeutet, besteht hier allerdings ein Zusammenhang auch mit faktischen Problemen und Fragestellungen.

Wie oben bereits erläutert, hängen Zahl und Bandbreite der zur Verfügung stehenden Optionen wesentlich von äußeren Umständen ab; von untergeordnetem Interesse sind sie im gegenwärtigen Zusammenhang aber auch deshalb, weil das autobiographische Gedächtnis hier keine Rolle spielt. Anders dagegen bei den beiden übrigen Kriterien: Für das Selbstbewußtsein einer Person, vor allem aber für ihr Wissen über den Zusammenhang zwischen den zur Verfügung stehenden Handlungsoptionen und den eigenen Präferenzen ist das autobiographische Gedächtnis von zentraler Bedeutung.

Freiheit und autobiographisches Gedächtnis

Selbstbewußtsein

Es ist wenig umstritten, daß willentliches Handeln Selbstbewußtsein voraussetzt. Die Gründe hierfür scheinen überzeugend: Zum einen muß sich eine willentlich handelnde Person als Urheberin ihrer Handlung begreifen; zum zweiten muß sie aber auch prinzipiell in der Lage sein, ihre eigenen Intentionen *als* ihre eigenen Intentionen zu erkennen.

Für eine genauere Betrachtung ist es wichtig, zunächst zwei unterschiedliche Funktionen des Selbstbewußtseins von Intentionen zu unterscheiden. Auf der einen Seite könnte man meinen, die Frage, ob eine Handlung selbstbestimmt ist oder nicht, könne auf der Basis der Vorstellungen entschieden werden, die eine Person von ihren eigenen Präferenzen hat. Angesichts der Tatsache, daß sich Personen ganz offensichtlich in ihrer Selbsteinschätzung täuschen können, würde hierdurch jedoch die Gefahr systematischer Fehler bei der Beurteilung der Freiheit menschlicher Handlungen aufgeworfen. Systematische Fehler wären vor allem deshalb zu erwarten, weil unsere Bereitschaft, uns negative Eigenschaften zuzuschreiben, wesentlich geringer sein dürfte als die Neigung, positive Eigenschaften für uns in Anspruch zu nehmen. Es führt daher kein Weg daran vorbei, Freiheitsurteile auf eine »objektive« Einschätzung der Präferenzen einer Person zu stützen – so problematisch diese Einschätzungen im einzelnen auch sein mögen.

Eine ganz andere Frage ist es jedoch zweitens, welche Rolle das Selbstbewußtsein nicht bei der *Beurteilung*, sondern bei der *Ausführung* von Willenshandlungen spielt. Tatsächlich muß ein Akteur in der Lage sein, die eigenen Intentionen *als* die eigenen Intentionen zu begreifen. Dies gilt insbesondere wegen der Bindung von Freiheit an personale Präferenzen, die ihrerseits die Fähigkeit zur Entscheidung *gegen* eine bestimmte Präferenz voraussetzen.

Von zentraler Bedeutung im Rahmen der hier verfolgten Argumentation ist nun, daß Selbstbewußtsein autobiographisches Gedächtnis voraussetzt. Dieser Zusammenhang ist wenig umstritten; ich werde ihn daher nur ganz kurz erläutern (vgl. Pauen, 2000). Wie schon erwähnt, verstehe ich Selbstbewußtsein als die Fähigkeit, eigene mentale und körperliche Merkmale *als* eigene mentale und körperliche Merkmale zu erkennen. Dies gilt insbesondere für Emotionen, Wünsche, Überzeugungen, aber auch für längerfristige Merkmale wie charakterliche Eigenschaften, Handlungsdispositionen, dauerhafte Einstellungen zu bestimmten moralischen oder gesellschaftlichen Werten etc. Primär dürfte aber das Selbstbewußtsein bezüglich gegenwärtiger eigener Emotionen, Wahrnehmungen oder Überzeugungen sein (vgl. Tomasello, 1993). Um dieses zu gewinnen, bedarf es insbesondere der Fähigkeit zur Perspektivübernahme und damit der Erkenntnis des Unterschieds z. B. zwischen der eigenen Wahrnehmung und der Wahrnehmung eines anderen. Selbstbewußtsein bezüglich meiner eigenen Wahrnehmung habe ich also dann, wenn ich den Unterschied zwischen meiner Wahrnehmungsperspektive und der eines anderen erkenne, und dies setzt voraus, daß ich mich in die Perspektive eines anderen versetzen kann. Kleine Kinder, die hierzu nicht in der Lage sind, ›verstecken‹ sich beispielsweise, indem sie sich die Augen zuhalten, und zeigen damit, daß sie den Unterschied zwischen der eigenen und einer fremden Wahrnehmungsperspektive nicht erkennen.

Die zentrale Voraussetzung für den Erwerb dieser Fähigkeit ist eine *Theory of Mind*, also eine Theorie über die mentalen Zustände anderer: Nur über eine solche Theorie können wir aus Beobachtungen des Verhaltens anderer ihre – uns nicht unmittelbar zugänglichen – mentalen Zustände erschließen. An die perspektivische Differenzierung aktueller mentaler Zustände kann sich dann die Unterscheidung auch körperlicher Merkmale und langfristiger Dispositionen anschließen, wobei auch hier wieder die Unterscheidung zwischen eigenen und fremden Merkmalen den entscheidenden Ansatzpunkt liefert: Ich dürfte wenig Grund haben, mich selbst als ungeduldig zu betrachten, wenn ich mich im Alltag als geduldiger erlebe als die anderen Menschen in meiner Bekanntschaft.

Entscheidend im gegenwärtigen Zusammenhang ist nun, daß alle diese Fähigkeiten die Existenz eines autobiographischen Gedächtnisses voraussetzen. Dies gilt für die perspektivische Differenzierung etwa zwischen eigener und fremder Wahrnehmung ebenso wie für die Unterscheidung meiner eigenen Charaktermerkmale von denen anderer Personen. Konkret geht es also um die Erinnerung an Situationen, in denen die eigenen Emotionen von denen anderer abwichen, an Situationen, in denen man von anderen entdeckt wurde, obwohl man selbst nichts sehen konnte, an Situationen, in denen man selbst völlig anders reagiert hat als andere etc.

Wichtig für den Zusammenhang von autobiographischem Gedächtnis und Willensfreiheit ist nun erstens die Tatsache, daß die Fähigkeit zu selbstbestimmtem Handeln die Erkenntnis eigener Präferenzen *als* eigener Präferenzen voraussetzt.[2] Hierfür gibt es zwei Gründe. Zum einen hatte ich oben argumentiert, daß nur solche Präferenzen personale Präferenzen sind, *gegen* die sich die Person auch entscheiden könnte. Dies ist jedoch offensichtlich dann nicht möglich, wenn die Person eine bestimmte Präferenz gar nicht als ihre eigenen Präferenz begreift. Ein Geizhals, der sich selbst für freigiebig hält, kann sich also gar nicht gegen seinen Geiz entscheiden, weil er ihn gar nicht als seine eigene Präferenz betrachtet. Zweitens kommt hinzu, daß die Person auch Gefahr läuft, faktisch Entscheidungen zu treffen, die ihren eigenen Präferenzen zuwiderlaufen, wenn sie keine realistische Vorstellung von diesen Präferenzen hat. Dies wäre insbesondere bei Entscheidungen innerhalb einer Gruppe zu erwarten, in der konkurrierende Präferenzen und Interessen vorhanden sind. Dabei kommt es in diesem Zusammenhang nicht darauf an, daß die Person *überhaupt* ein Selbstbewußtsein ihrer eigenen Präferenzen hat. Wichtig ist vielmehr ein möglichst *genaues* Bewußtsein dieser Präferenzen. Je besser ich also abzuschätzen vermag, was meine Bedürfnisse, Wünsche und Überzeugungen sind und wie diese sich von den Bedürfnissen, Wünschen und Überzeugungen anderer unterscheiden, desto besser sind meine Möglichkeiten, meine eigenen Präferenzen tatsächlich zu realisieren.

Dies ist, wie oben bereits erwähnt, nicht nur eine Tatsachenbehauptung, sondern auch eine normative These. Um eine Tatsachenbehauptung handelt es sich insofern,

---

2 Einen vergleichbaren Klärungsprozeß scheint auch Bieri (2001, S. 381 ff.) zu unterstellen.

als Personen, die sich ihrer eigenen Präferenzen bewußt sind, faktisch größere Chancen haben, diesen Präferenzen entsprechend und damit selbstbestimmt zu handeln. Gleichzeitig handelt es sich jedoch auch um eine normative These. Dies bedeutet, daß eine Handlung, die dieses Kriterium verfehlt, auch dann nicht oder allenfalls in einem eingeschränkten Sinne als frei gelten kann, wenn sie die anderen Kriterien willensfreier und selbstbestimmter Handlungen erfüllt.

Stellen wir uns eine Person vor, die bei ihrer Berufswahl eine starke Präferenz für eine juristische Tätigkeit hat. Die Person schreibt sich selbst jedoch eine intensive Liebe zu künstlerischen Berufen zu, allerdings hat sie uneingestandenermaßen ein starkes Sicherheitsbedürfnis, das sie zu einer juristischen Laufbahn hinzieht – offenbar hat die Person also ein verzerrtes Selbstbewußtsein. *Faktisch* dürfte dies die Wahrscheinlichkeit einer Handlung vergrößern, die den wirklichen Präferenzen dieser Person widerspricht. *Normativ* bedeutet dies, daß auch eine Handlung, die mit den tatsächlichen, der Person jedoch nicht bewußten Präferenzen übereinstimmt, nicht in gleichem Maße als selbstbestimmt gelten kann, wie es der Fall gewesen wäre, wenn die Person im Bewußtsein ihrer wirklichen Präferenzen gehandelt hätte: Offenbar läßt sich die Handlung nämlich nicht auf die Person als dieses bewußte Wesen zurückführen. Dies würde insbesondere dann gelten, wenn die Person aufgrund der Unkenntnis ihrer wahren Präferenzen gar nicht in der Lage war, sich gegen ihre faktische Vorliebe für die Karriere als Jurist zu entscheiden.

Urheberschaft

Selbstbewußtsein ist allerdings auch deshalb erforderlich, weil willentliches Handeln das Bewußtsein der Urheberschaft voraussetzt. Alltagspsychologischen Vorstellungen zufolge handelt es sich hier allerdings um ein nahezu triviales Problem. Willenshandlungen werden als unmittelbare Effekte von Intentionen aufgefaßt, die dem Urheber transparent sind und die Wahl zwischen den zur Verfügung stehenden Handlungsoptionen determinieren. Selbst Aristoteles, dessen Theorie der Willensfreiheit ansonsten nicht mit dem alltagspsychologischen Modell gleichzusetzen ist, behauptet, daß niemand überlege, ob er sein Ziel verfolgen solle – Unklarheiten scheinen hier nicht zu existieren. Klärungsbedürftig sind nur die *Mittel*, mit deren Hilfe das Ziel realisiert werde (Aristoteles, 1995, S. 54; Nikomachische Ethik III, 6; 1113a, 17-20). Wenn wir also den Wunsch haben, etwas zu trinken, und gleichzeitig wissen, daß einer von drei Wegen uns zu einem Getränkeautomaten führt, dann werden wir diesen Weg wählen, sofern es nicht andere Wünsche oder Überzeugungen gibt, die uns von dieser Wahl abhalten (ebd., S. 158; Nikomachische Ethik VII, 5; 1147a, 31-33). Genausowenig gibt es in diesem Modell Platz für Zweifel an der Urheberschaft einer Handlung:

»Über alles dieses zusammen kann nun niemand, der kein Narr ist, sich in Unwissenheit befinden, selbstverständlich auch nicht über die Person des Handelnden; – denn wer kennte sich nicht selbst?« (ebd., S. 47; Nikomachische Ethik III, 2; 1111a, 5-7).

Es leuchtet ein, daß dieses Modell nur einen eingeschränkten Spielraum für die Weiterentwicklung unserer Fähigkeit zu selbstbestimmtem Handeln läßt. Da unsere eigenen Intentionen ebenso wie unsere Rolle als Urheber uns von vornherein völlig transparent sind, scheinen Verbesserungen hier ausgeschlossen zu sein.

Die Zuschreibung von Willenshandlungen

Mittlerweile gibt es jedoch eine Vielzahl von Belegen dafür, daß das alltagspsychologische Bild korrigiert werden muß. Wie vor allem Wegner (2002) gezeigt hat, haben wir eine Tendenz, uns unter bestimmten Bedingungen als die Urheber von Handlungen zu betrachten, die faktisch *nicht* auf uns zurückgehen, oder uns umgekehrt *nicht* als die Urheber von Handlungen zu begreifen, die wir faktisch initiiert haben. Schon die Versuche von Gazzaniga und LeDoux (1978) mit Split-Brain-Patienten haben gezeigt, daß Personen sich fundamental hinsichtlich ihrer Handlungsmotive irren können. Die Versuchspersonen hatten Anweisungen ausgeführt, die aufgrund einer speziellen Versuchsanordnung sowie der operativen Trennung beider Hirnhälften nur ihrer unbewußten rechten Hirnhälfte zugänglich waren. Dennoch lieferten sie auf Nachfrage plausible Erklärungen für ihre Handlungen. Diese hatten allerdings nichts mit dem tatsächlichen Handlungsgrund, also der Aufforderung durch den Versuchsleiter, zu tun; sie war den Versuchspersonen ja verborgen geblieben. So hatte eine Person auf den entsprechenden Befehl hin gelacht, begründete dies jedoch damit, daß sie sich über die Versuchsleiter amüsiert habe.

Auch Nisbett und Wilson (1977) konnten eine Vielzahl von Beispielen dafür vorlegen, daß Versuchspersonen völlig unzutreffende Begründungen für ihr eigenes Handeln abgaben. Dies geschah insbesondere dann, wenn den Versuchspersonen der faktische Grund entweder nicht plausibel erschien oder nicht bewußt zugänglich war; offenbar hingen die Begründungen in diesen Fällen eher von allgemeinen Plausibilitätserwägungen ab als von den faktischen Intentionen der Versuchspersonen bzw. den Ursachen ihres Handelns.[3]

---

[3] Die Autoren selbst gehen dabei einen Schritt weiter, indem sie die Introspektion als Quelle von Begründungen und Handlungszuschreibungen ausschließen. »It is proposed that when people attempt to report on their cognitive processes, that is, on the processes mediating the effects of a stimulus on a response, they do not do so on the basis of any true introspection. Instead, their reports

In Wegners (2002) Augen zeigen derartige Befunde, daß der bewußte Wille eine Illusion ist – angesichts unserer Fehler bei der Selbstzuschreibung *könnten* unsere bewußten Willensakte gar nicht die Ursachen unseres Verhaltens sein. Es ist jedoch mehr als zweifelhaft, ob diese Schlußfolgerung gezogen werden kann: Aus den – überzeugenden – Belegen für fehlerhafte Selbstzuschreibungen läßt sich weder folgern, daß unsere bewußten Intentionen nicht handlungswirksam sind, noch kann man daraus den Schluß ziehen, daß sie bei der Selbstzuschreibung keine Rolle spielen. Wegner scheint vorauszusetzen, daß wir uns hinsichtlich bewußter handlungswirksamer Intentionen gar nicht irren könnten, schließlich verhelfe das Bewußtsein uns ja zu einem unmittelbaren Zugang zu diesen Prozessen. Tatsächlich besitzen wir zweifellos einen privilegierten Zugang zu unseren eigenen bewußten Zuständen – immun gegen Irrtümer sind wir damit noch lange nicht (vgl. Davidson, 1984; Shoemaker, 1964, Kap. 7). Die von Wegner (2002) und anderen festgestellten Fehler bei der Selbstzuschreibung berechtigen also nicht zu Zweifeln an der Existenz bewußter Intentionen. Dieses Prinzip gilt übrigens auch für andere bewußte Zustände: Natürlich täuschen wir uns hin und wieder hinsichtlich unserer Wahrnehmungen oder Emotionen, ohne daß man daraus Zweifel an der Existenz dieser Zustände ableiten könnte (Pauen, in Druck). Mit demselben Recht kann man trotz unserer Irrtümer an der Existenz bewußter, handlungswirksamer Intentionen festhalten.

Dennoch legen die genannten Befunde zwei wesentliche Korrekturen an dem skizzierten alltagspsychologischen Modell nahe: Zum einen stellen Intentionen offenbar nicht die unmittelbaren Auslöser unserer Handlungen dar. Wie Goschke (2003) gezeigt hat, scheint es sinnvoller, sie als Randbedingungen zu begreifen, die die Wahrscheinlichkeit für das Auftreten bestimmter Handlungen erhöhen oder verringern. Zweitens bietet es sich an, mit Wegner (2002, Kap. 3) die Selbstzuschreibung einer Handlung von einem eigenen kognitiven Prozeß abhängig zu machen, der insbesondere berücksichtigt, ob die Intention der Handlung vorausgeht (Priorität), ob sie mit der Handlung übereinstimmt (Konsistenz) und ob keine konkurrierenden Ursachen existieren (Exklusivität). Die Annahme eines solchen Prozesses erscheint auch deshalb sinnvoll, weil die Konsequenzen unseres Tuns angesichts der Komplexität der Umweltbedingungen längst nicht nur von unseren Intentionen abhängen. Wenn ein Fußballspieler mit der Intention, ein Tor zu erzielen, aufs Tor zielt und der Ball kurze Zeit später tatsächlich dort landet, bedeutet dies eben noch lange nicht, daß der Spieler sich den Erfolg seines Tuns zuschreiben kann, schließlich kann der entscheidende Beitrag von einem anderen Spieler geleistet worden sein. Notwendig

---

are based on a priori, implicit causal theories, or judgements about the extent to which a particular stimulus is a plausible cause of a given response« (Nisbett & Wilson, 1977, S. 231).

für die Zuschreibung einer Handlung ist also u. a. die Berücksichtigung möglicher anderer Ursachen für den erzielten Handlungserfolg.

Am Beispiel des Fußballers läßt sich überdies demonstrieren, warum Handlungszuschreibungen überhaupt sinnvoll sind. Die Zuschreibung des Erfolgs der beabsichtigten Handlung und ebenso die Zuschreibung eines eventuellen Mißerfolgs sind von zentraler Bedeutung vor allem für Planung und Ausführung zukünftiger Handlungen. Die Konsequenzen, die für spätere Handlungen unter ähnlichen Umständen zu ziehen sind, hängen natürlich davon ab, ob die gegenwärtige Handlung erfolgreich war oder nicht. Dies ist zunächst ein rein pragmatisches Problem der Anpassung unseres Handelns an die Umweltbedingungen, das sich völlig unabhängig von Fragen der moralischen Verantwortung stellt – auch wenn es nahe liegt, bei der Zuschreibung von moralischer Verantwortung auf ganz ähnliche Regeln und Kriterien zurückzugreifen.

Es ist offensichtlich, daß dem autobiographischen Gedächtnis für den Zusammenhang von Intention, Handlung und Handlungserfolg eine entscheidende Rolle zukommt. Dies gilt um so mehr, als situative Details von zentraler Bedeutung sind.

Das Rubikon-Modell der Handlungsphasen

Konkretisieren lassen sich diese Überlegungen, wenn man eine der bekanntesten Alternativen zu dem alltagspsychologischen Handlungsmodell berücksichtigt, nämlich das sogenannte »Rubikon-Modell der Handlungsphasen«, das von Heckhausen (1987) und Gollwitzer (1996) vorgelegt worden ist. Das Modell unterscheidet insgesamt vier Abschnitte des Handlungsprozesses: In der ersten, *»prädezisionalen«* Phase wird eine Auswahl zwischen unterschiedlichen Handlungsoptionen getroffen. Die Phase schließt ab mit der Festlegung auf eine bestimmte Option; damit wird der »Rubikon« von bloßen Wünschen zur Ausbildung eines bestimmten Willens überschritten. Die zweite, *»präaktionale«* Phase dient der Planung der Handlung, auf die sich die Person festgelegt hat. Sie endet mit der Initiierung der Handlung und leitet damit über zur Ausführung des geplanten Tuns in der dritten, *»aktionalen«* Phase. Das Handeln wird dabei durch eine mentale, vermutlich sprachliche, Repräsentation des Ziels gesteuert. Hieran schließt sich nach der Realisierung des Ziels viertens die *»postaktionale«* Phase an. In dieser Phase findet die Bewertung der Handlung statt, für die auch das oben skizzierte Problem der Zuschreibung von zentraler Bedeutung ist – obwohl dieses Problem bei Heckhausen und Gollwitzer nicht eigens thematisiert wird. In der postaktionalen Phase muß nämlich einerseits beurteilt werden, ob das intendierte Ziel tatsächlich erreicht wurde; wichtig ist zweitens aber auch die Frage, ob der Wert des erreichten Ziels mit den Erwartungen übereinstimmt. Abweichungen von den Erwartungen können eintreten, wenn die ursprünglichen Annahmen über die positiven oder negativen Folgen des intendierten Ziels unzutreffend waren. Ziel dieses Bewertungsvorgangs ist eine Optimierung künftiger Abwägungsprozesse, so daß bei späteren Handlungen gegebenenfalls eine Option realisiert werden kann, die besser mit den eigenen Präferenzen übereinstimmt.

Episodisches Gedächtnis – Erkenntnis der Handlungsoptionen

Offensichtlich ist hierzu ein Rückgriff auf die Inhalte des autobiographischen Gedächtnisses erforderlich: Damit meine negativen Erfahrungen mit einer bestimmten Handlungsoption in meine zukünftigen Entscheidungen einfließen können, sollte ich in der Lage sein, bei vergleichbaren späteren Entscheidungen auf die Erinnerung an die ursprüngliche Situation und damit auf die entsprechenden Inhalte des autobiographischen Gedächtnisses zurückzugreifen.[4] Tatsächlich setzt die Realisierung der eigenen Präferenzen nicht nur voraus, daß man diese Präferenzen kennt. Vielmehr ist auch eine möglichst genaue Kenntnis der Handlungsoptionen erforderlich, mit deren Hilfe diese Präferenzen realisiert werden können. Die Behauptung selbst ist nahezu trivial; weniger trivial dürfte allerdings die These sein, daß auch hier das autobiographische Gedächtnis eine wichtige Rolle spielt. Abermals handelt es sich gleichermaßen um eine Tatsachenbehauptung wie um eine normative These.

Stellen wir uns in diesem Falle eine Person vor, die eine sehr starke Präferenz dafür hat, ihren Urlaub an einem besonders ruhigen Ort zu verbringen. Nehmen wir weiterhin an, die Person entscheidet sich für einen Strandurlaub, ohne sich jedoch über die genauen Konsequenzen dieser Entscheidung in bezug auf die genannte Präferenz im klaren zu sein. Will man auch hier an dem Prinzip festhalten, daß man eine Person nicht für Handlungsfolgen verantwortlich machen kann, die nicht auf sie zurückzuführen sind, dann würde dies *normativ* bedeuten, daß man selbst dann allenfalls in einem eingeschränkten Sinne von einer selbstbestimmten Entscheidung sprechen könnte, wenn es an dem Ort, für den sich die Person entschieden hat, faktisch ruhig ist und die Person ihr Ziel erreicht. Daß dies so ist, kann man ja gerade nicht auf die Person zurückführen: Die zugrunde liegende Entscheidung wurde ja gerade *nicht* im Wissen um genau diese Konsequenzen getroffen. Umgekehrt würden wir die Person im allgemeinen[5] ja auch nicht für negative Konsequenzen verantwortlich machen, die ihr nicht bekannt waren. *Faktisch* bedeutet dies, daß die Chancen dieser Person, ihre Präferenz tatsächlich zu realisieren, recht gering sind,

---

[4] Dieser Zusammenhang ist nicht zwingend; natürlich hätte ich aus meinen negativen Erfahrungen auch eine allgemeine Regel ableiten können, die dann zum Inhalt meines semantischen Gedächtnisses hätte werden können. Dies dürfte jedoch nur in Ausnahmefällen geschehen.

[5] Es gibt hier eine gewisse Grauzone bei Konsequenzen, die eine Person faktisch nicht kannte, von der wir aber annehmen, daß sie sie hätte kennen können und kennen sollen.

sofern ihr die fraglichen Konsequenzen unbekannt sind. Es leuchtet ein, daß die Berücksichtigung der autobiographischen Erfahrung bei einer späteren Gelegenheit faktisch die Chancen erhöhen würde, die eigenen Ziele umzusetzen.

In den letzten Jahren hat sich zudem herausgestellt, daß emotionale Reaktionen von großer Bedeutung für die Abschätzung der Konsequenzen des eigenen Handelns sind. Besonders einflußreich war dabei Damasios (1994, 1999) These der »Somatischen Marker«. Somatische Marker sind emotionale Reaktionen mit einem starken somatischen Anteil, die eine vergleichsweise schnelle und ökonomische Vorselektion derjenigen Handlungsalternativen erlauben, die einer genaueren kognitiven Analyse unterzogen werden können.[6]

Eine zentrale Rolle spielt hier aber auch das autobiographisch-episodische Gedächtnis (vgl. Goschke, 1996, S. 589-593; Numan et al., 2004). Entscheidend im gegenwärtigen Zusammenhang ist dabei, daß die Einbeziehung früherer Erfahrungen bei der Abschätzung von Handlungsfolgen die Erinnerung an konkrete Handlungskontexte erfordert. Bloße allgemeine Regeln dürften hierzu normalerweise einfach deshalb nicht ausreichen, weil es angesichts der Komplexität üblicher Handlungssituationen nicht von vornherein klar ist, welche Informationen in die Verallgemeinerung eingehen müssen und auf welche zugunsten einer möglichst weitreichenden Generalisierung verzichtet werden kann.

Auf der Basis der *Global Workspace Theory* und der Theorie des *Intelligent Distribution Agent* haben Baars und Franklin (2003) eine genauere Vorstellung davon entwickelt, wie Inhalte des autobiographischen Gedächtnisses in die Handlungsplanung eingehen (vgl. Gallagher & Marcel, 1999). Dabei kommt es nicht einfach nur darauf an, daß die Handelnde über ein autobiographisches Gedächtnis verfügt; es reicht auch nicht, daß sie irgendeine autobiographische Erinnerung an frühere vergleichbare Handlungen und ihre Konsequenzen besitzt. Entscheidend ist vielmehr, daß die Person auf der Basis autobiographischer Erinnerungen frühere Erfahrungen für die Abschätzung der Konsequenzen der einzelnen Handlungsoptionen nutzbar macht. Je besser ihr dies gelingt, desto besser sind die Chancen der Person, die Folgen ihres Handelns selbst zu bestimmen.

Für die Annahme einer zentralen Rolle des autobiographischen Gedächtnisses in diesem Zusammenhang spricht auch, daß Schädigungen derjenigen neuronalen Strukturen, die für das episodische Gedächtnis zentral sind, zu schwerwiegenden Beeinträchtigungen der individuellen Handlungsfähigkeit führen. Eine besondere Rolle spielt hier der Hippocampus, der zu den für das autobiographische Gedächt-

---

[6] Neben der Vorselektion scheinen Emotionen außerdem wichtig für die eigentliche Auslösung der Handlung zu sein (vgl. hierzu auch Roth, 2000).

nis entscheidenden »Flaschenhalsstrukturen« gehört.[7] Wenn die obigen Behauptungen stimmen, dann sollte eine Schädigung des Hippocampus also auch den Einfluß von Erfahrung auf das konkrete Handeln mindern. Dies ist in der Tat der Fall. Kuhl (1996, S. 735 ff.) zeigt, daß eine Beeinträchtigung der Funktion des Hippocampus dazu führt, daß anstelle von handlungsrelevanter Erfahrung basalere Prozesse unser Verhalten beeinflussen:

> »Wenn durch Blockierung des Hippocampus diese Vermittlungsfunktion reduziert ist, steuern komplexere Repräsentationen das Verhalten in geringerem Umfang: Die Top-Down Steuerung des Erregungsniveaus, der Emotionen und des motorischen Verhaltens durch komplexe Repräsentationen ist reduziert, und konditionierte Verknüpfungen zwischen ›einfachen‹ Reizen und Reaktionen bestimmen das Verhalten« (Kuhl, 1996, S. 736; vgl. auch Pribram & MacGuinness, 1992, S. 75; Schmajuk & DiCarlo, 1992, S. 273).

Konkret bedeutet dies, daß z. B. ein lautes Geräusch auch dann zu Angstreaktionen führen kann, wenn das Individuum eigentlich längst die Erfahrung gemacht hat, daß das Geräusch völlig ungefährlich ist. Auch in Tierversuchen beeinträchtigt eine Entfernung des Hippocampus komplexere Formen der Verhaltenssteuerung, während basale Formen, wie sie etwa durch Konditionierung erreicht werden, intakt bleiben.

Bei Menschen würde dies bedeuten, daß die Handlung nicht mehr oder zumindest nur noch in eingeschränktem Maße unter der Kontrolle der Person selbst stehen würde. Selbst wenn die Handlung faktisch den Präferenzen der Person entspräche, könnte sie nur in einem eingeschränkten Maß als frei gelten. Gleichzeitig bestätigen die genannten Befunde die Annahme, daß unter diesen Bedingungen die Wahrscheinlichkeit von Handlungen sinkt, die mit den Präferenzen der Person übereinstimmen. Im Extremfall würde die Person ganz generell die Fähigkeit verlieren, selbstbestimmt zu handeln. Umgekehrt wird damit indirekt die obige These bestätigt, daß das autobiographische Gedächtnis entscheidend zu einer Steigerung der Fähigkeit zum Vollzug freier Handlungen beitragen kann.

---

[7] Bestätigt wird dies auch durch Numan et al.: »Any attempt to explain memory systems in the brain that mediate goal-directed behavior must include a component that encodes the working/episodic memory for voluntary action. We suggest that one of the functions of portions of the septohippocampal system is to mediate such a process« (Numan et al., 2004, S. 1250).

Fazit

Fassen wir zusammen. Akzeptiert man einen kompatibilistischen Ansatz, dann wird Freiheit zu einer Fähigkeit, die nicht nur in einer determinierten Welt vorhanden sein kann, vielmehr können Individuen diese Fähigkeit auch in einem empirisch nachvollziehbaren Prozeß erwerben oder verlieren. Dies legt die Annahme nahe, daß man Freiheit bzw. die Fähigkeit, selbstbestimmt zu handeln, auch in unterschiedlichem Maße besitzen kann.

Aus der skizzierten Konzeption von Freiheit ergab sich die Vermutung, daß neben den externen Rahmenbedingungen vor allem das Wissen einer Person bezüglich ihrer eigenen Präferenzen sowie die Erfahrungen mit den konkreten Konsequenzen von Handlungen eines bestimmten Typs eine entscheidende Rolle spielen, und zwar unter normativen wie auch unter faktischen Gesichtspunkten. Die hieraus abgeleitete Vermutung, daß das autobiographische Gedächtnis eine zentrale Bedeutung besitzt für das Ausmaß der Fähigkeit, selbstbestimmt zu handeln, wird sowohl von psychologischen Theorien des volitionalen Handelns als auch von empirischen Untersuchungen über die Rolle des Hippocampus bestätigt. Offenbar gibt es also in der Tat einen relevanten Zusammenhang zwischen Freiheit und autobiographischem Gedächtnis, der Aufschlüsse insbesondere über unterschiedliche Grade von Freiheit zu liefern vermag.

Literatur:

Aristoteles (1995). *Nikomachische Ethik.* Nach der Übersetzung von Eugen Rolfes bearbeitet von Günther Bien (*Philosophische Schriften*, Bd. III). Hamburg: Meiner.

Baars, B. J. & Franklin, S. (2003). How conscious experience and working memory interact. *Trends in Cognitive Science, 7 (4)*, 166–172.

Beckermann, A. (2004). Schließt biologische Determiniertheit Freiheit aus? In F. Hermanni & P. Koslowski (Hrsg.), *Der freie und der unfreie Wille* (S. 19–32). München: Fink.

Bieri, P. (2001). *Das Handwerk der Freiheit. Über die Entdeckung des eigenen Willens.* München: Hanser.

Damasio, A. R. (1994). *Descartes› error: Emotion, reason, and the human brain.* New York: Putnam.

Damasio, A. R. (1999). *The feeling of what happens. Body and emotion in the making of consciousness.* New York/San Diego/London: Harcourt Brace.

Davidson, D. (1984). First person authority. *Dialectica, 38*, 101–111.

Gallagher, S. & Marcel, A. J. (1999). The self in contextualized action. *Journal of Consciousness Studies, 6 (4)*, 4–30.

Gazzaniga, M. S. & LeDoux. J. E. (1978). *The integrated mind.* New York: Plenum Press.

Gollwitzer, P. M. (1996). Das Rubikonmodell der Handlungsphasen. In J. Kuhl & H. Heckhausen (Hrsg.), *Motivation, Volition und Handlung* (S. 531–582). Göttingen: Hogrefe.

Goschke, T. (1996). Wille und Kognition: Zur funktionalen Architektur der intentionalen Handlungssteuerung. In J. Kuhl & H. Heckhausen (Hrsg.), *Motivation, Volition und Handlung* (S. 583–664). Göttingen: Hogrefe.

Goschke, T. (2003). Voluntary action and cognitive control from a cognitive neuroscience perspective. In S. Maasen, W. Prinz & G. Roth (Hrsg.), *Voluntary action: Brains, minds and sociality* (S. 49–85). Oxford: Oxford University Press.

Heckhausen, H. (1987). Perspektiven einer Psychologie des Wollens. In H. Heckhausen, P. M. Gollwitzer & F. E. Weinert (Hrsg.), *Jenseits des Rubikon. Der Wille in den Humanwissenschaften* (S. 121–142). Berlin/Heidelberg/New York: Springer.

Kuhl, J. (1996). Wille und Freiheitserleben: Formen der Selbststeuerung. In J. Kuhl & H. Heckhausen (Hrsg.), *Motivation, Volition und Handlung* (S. 665–765). Göttingen: Hogrefe.

Nisbett, R. E. & DeCamp Wilson, T. (1977). Telling more than we can know: Verbal Reports on Mental Processes. *Psychological Review, 84*, 231–259.

Numan, R., Ouimette, A. S., Holloway, K. A. & Curry, C. E. (2004). Effects of medial septal lesions on action-outcome associations in rats under conditions of delayed reinforcement. *Behavioral Neuroscience, 118 (6)*, 1240–1252.

Pauen, M. (2000). Selbstbewußtsein: Ein metaphysisches Relikt? Philosophische und empirische Befunde zur Konstitution von Subjektivität. In A. Newen & K. Vogeley (Hrsg.), *Selbst und Gehirn. Menschliches Selbstbewußtsein und seine neurobiologischen Grundlagen* (S. 101–122). Paderborn: Mentis.

Pauen, M. (2001). Freiheit und Verantwortung. Wille, Determinismus und der Begriff der Person. *Allgemeine Zeitschrift für Philosophie, 1*, 23–44.

Pauen, M. (2004a). Freiheit: Eine Minimalkonzeption. In F. Hermanni & P. Koslowski (Hrsg.), *Der freie und der unfreie Wille* (S. 79–112). München: Fink.

Pauen, M. (2004b). *Illusion Freiheit? Mögliche und unmögliche Konsequenzen der Hirnforschung.* Frankfurt a. M.: Fischer.

Pauen, M. (im Druck). Emotion, decision, and mental models. In C. Held, M. Knauff & G. Vosgerau (Hrsg.), *Mental Models and the Mind. Current Developments in Cognitive Psychology, Neuroscience, and Philosophy of Mind.* Oxford: Elsevier.

Pribram, K. H. & McGuinness, D. (1992). Attentional and para-attentional processing: Event-related brain potentials as tests of a model. *Annals of the New York Academy of Sciences, 658*, 65–92.

Roth, G. (2000). *Fühlen, Denken, Handeln. Wie das Gehirn unser Verhalten steuert.* Frankfurt a. M.: Suhrkamp.

Schmajuk, N. A. & DiCarlo, J. J. (1992). Stimulus configuration, classical conditioning, and hippocampal function. *Psychological Review, 99*, 268–305.

Shoemaker, S. (1964). *Self-knowledge and self-identity, contemporary philosophy.* Ithaca, N.Y.: Cornell University Press.

Strawson, G. (1997). The Self. *Journal of Consciousness Studies, 4*, 405–428.

Tomasello, M. (1993). On the interpersonal origins of self-concept. In U. Neisser (Hrsg.),

The perceived self. Ecological and interpersonal sources of self-knowledge (S. 174–184). Cambridge (UK)/New York: Cambridge University Press.

Wegner, D. M. (2002). *The illusion of conscious will.* Cambridge, MA: MIT Press.

II. Entwicklung und Entwicklungsstörungen des Gedächtnisses

BENNETT L. SCHWARTZ

Annäherungen an eine vergleichende Psychologie des episodischen Gedächtnisses

»Vergangene Ereignisse zu erinnern, ist eine allen Menschen vertraute Erfahrung. Es ist auch eine spezifisch menschliche Erfahrung.«
TULVING, *1983, S. 1*

»Im Gegensatz dazu dominiert bei den meisten Säugetieren, einschließlich der Menschenaffen, das episodische Gedächtnis.«
DONALD, *1991, S. 152*

Wissenschaftler scheinen die Frage, ob nichtmenschliche Primaten ein episodisches Gedächtnis haben oder nicht, intuitiv sehr unterschiedlich zu beantworten. Tatsächlich ist diese Frage nach dem episodischen Gedächtnis bei nichtmenschlichen Lebewesen erst in den späten 1990er Jahren zu einem Gegenstand empirischer Forschung geworden, als Nicola Clayton und Anthony Dickinson anfingen, ein dem episodischen ähnliches Gedächtnis bei einem kleinen Vogel, dem Buschhäher *(Aphelocoma californica)* aus den Hügeln Kaliforniens, zu untersuchen (vgl. Griffiths, Dickinson & Clayton, 1999). Bis zu ihrer bahnbrechenden Arbeit hat man angenommen, daß die Frage nach dem episodischen Gedächtnis schwer zu beantworten sein werde. Außerdem hat sich die Literatur zum Gedächtnis von Tieren vor allem auf »Delayed Matching-to-Sample« Prozeduren (vgl. Dewsbury, 2000; Morris, 2002)[1], auf das räumliche Gedächtnis (etwa Kamil, Balda & Olson, 1994; MacDonald, 1994; Sherry, 1984) und auf das Gedächtnis für gattungsspezifisches Verhalten (z. B. Platt, Brannon, Briese & French, 1996) konzentriert.

---

[1] Hierbei handelt es sich um Prozeduren, bei denen entschieden werden muß, ob ein präsentierter Reiz mit dem (meist kurz) zuvor gezeigten übereinstimmt. Aufgaben dieser Art werden hauptsächlich zur Erforschung des Arbeitsgedächtnisses eingesetzt (Anmerkung der Übersetzerin).

Im Laufe der letzten Jahre jedoch haben zahlreiche Forscher und Forscherinnen begonnen, das episodische Gedächtnis bei einer Reihe von Tierarten zu untersuchen: bei Tauben (Zentall, Clement, Bhatt & Allen, 2001), Ratten (Eichenbaum & Fortin, 2003; Morris, 2002), Buschhähern (Clayton & Dickinson, 1998; Clayton, Yu & Dickinson, 2001), Schimpansen (Menzel, 1999) und Gorillas (Schwartz, Colon, Sanchez, Rodriguez & Evans, 2002; Schwartz, Hoffman & Evans, 2005; Schwartz, Meissner, Hoffman, Evans & Frazier, 2004). Obwohl die Ergebnisse dieser Studien darauf hindeuten, haben sie doch keine klaren Beweise dafür geliefert, daß nichtmenschliche Lebewesen ein episodisches Gedächtnis besitzen.

In meinem Beitrag werde ich mich mit Hinweisen auf ein episodisches Gedächtnis bei nichtmenschlichen Lebewesen auseinandersetzen, speziell bei großen Menschenaffen. Zunächst werde ich Arbeitsdefinitionen des episodischen Gedächtnisses bei Menschen und Tieren diskutieren und aufzeigen, in welcher Hinsicht sie sich voneinander unterscheiden. Anschließend werde ich auf eigene Forschungen eingehen, die ich zum episodischen Gedächtnis eines Westlichen Tieflandgorillas durchgeführt habe, und diskutieren, wie sich diese Forschungen dazu eignen, die Kluft zwischen dem Studium des episodischen Gedächtnisses bei Menschen und bei Tieren zu verringern.

Das episodische Gedächtnis aus Sicht der Humanpsychologie

Laut Tulving (1972, 1983, 1993, 2002, 2005), der den Begriff des episodischen Gedächtnisses geprägt hat, bezeichnet dieser die menschliche Fähigkeit, Ereignisse des eigenen Lebens zu erinnern. Zwar variieren die Definitionen des episodischen Gedächtnisses. Alle kreisen jedoch um eine zentrale Vorstellung: die Vorstellung, daß das episodische Gedächtnis ein Gedächtnissystem ist, das es ermöglicht, sich Ereignisse der eigenen Vergangenheit bewußt ins Gedächtnis zu rufen. Tulving und Markowitsch (1998) definierten das episodische Gedächtnis als in Zusammenhang stehend »mit der bewußten Erinnerung an frühere *Erfahrungen* von Ereignissen, Begebenheiten und Situationen« (S. 202). Sie haben zudem die These vertreten, daß sich das episodische Gedächtnis auf die Vergangenheit richtet, wohingegen andere Gedächtnissysteme die Gegenwart fokussieren. Wheeler (2000) hat das episodische Gedächtnis definiert als »jenen Gedächtnistypus, der es Menschen erlaubt, persönliche Erfahrung zu reflektieren« (S. 597). Und für Cabeza (1999) »ermöglicht uns das episodische Gedächtnis, in der Zeit zurückzureisen und Ereignisse wieder zu erleben, die vor einigen Minuten oder Jahrzehnten passiert sind« (S. 76).

Mir scheinen drei Aspekte des episodischen Gedächtnisses von Bedeutung zu sein. Erstens, daß sich die Erinnerung auf ein spezifisches Ereignis der persönlichen

Erfahrung bezieht. Zweitens, daß die Erinnerung eine Art »mentale Zeitreise« oder Wiedererleben des früheren Ereignisses mit sich bringt (Roberts, 2002; Suddendorf & Corballis, 1997; Tulving, 1983), sich also nicht auf die Gegenwart bezieht, sondern auf Situationen, die in der Vergangenheit liegen. Und drittens werden die Episoden aus dem Langzeitgedächtnis abgerufen und nicht aus dem Arbeitsgedächtnis (Schwartz, 2005).

Diese Definitionen werden von der Theorie wie auch von einer Fülle empirischer Daten gestützt. Tatsächlich hat die Forschung der letzten drei Jahrzehnte gezeigt, daß das episodische Gedächtnis in kognitiver, neuro- und entwicklungspsychologischer Hinsicht von seinem nahen Verwandten, dem semantischen Gedächtnis, unterschieden werden kann. Die Forschungsliteratur dazu ist von Tulving (2002) besprochen worden und wird deshalb hier nicht diskutiert werden. Statt dessen konzentriere ich mich auf ein Merkmal, das das episodische Gedächtnis von anderen Gedächtnissystemen unterscheidet – gleichzeitig auch das Merkmal, das entscheidend ist für die Rolle, die das episodische Gedächtnis in der Lebensgeschichte spielt.

Tulving und Lepage (2000) unterscheiden zwischen einem *»proscopic memory«* (für das semantische Gedächtnis) und einem *»palinscopic memory«* (für das episodische Gedächtnis). Ersteres hat die Funktion, das gegenwärtige Wissen auf den neuesten Stand zu bringen. Erinnerung bedeutet in diesem Zusammenhang nicht, sich besondere Ereignisse der Vergangenheit ins Gedächtnis zu rufen. Geht es um diese Art von Erinnerung, verwenden wir vielmehr das Wort *wissen*, wie in »Ich weiß die Nummer meines Hotelzimmers« oder »Ich weiß, wie viele Einwohner Berlin hat«. Dazu muß ich mich nicht daran erinnern, wie mir an der Hotelrezeption der Schlüssel übergeben wurde oder wann und wie ich erfahren habe, daß Berlin annähernd 3,5 Millionen Einwohner hat. Ich muß mich nur an das pure Faktum erinnern. Prozedurales Gedächtnis (in Bewegungsroutinen gespeicherte Erinnerung), lexikalisches Gedächtnis (das sprachliche Wissen) und semantisches Gedächtnis (das Wissen um Bedeutungen) zusammengenommen machen das »proskopische Gedächtnis« aus (Tulving & Lepage, 2000).

Im Unterschied dazu bezieht sich der Begriff *»palinscopic memory«* auf die Erinnerung von spezifischen Ereignissen. Der Fokus liegt auf der Vergangenheit, nicht auf der Gegenwart. Es sind mentale Zeitreisen, die diese Art von Erinnerungen wieder zugänglich machen. Hier wird das Verb *erinnern* gebraucht, wie in dem Satz »Ich erinnere mich an ein Abendessen im asiatischen Restaurant ›Good Time‹ in der Friedrichstraße in Berlin« oder »Gestern habe ich das Gedächtnis eines Gibbons experimentell untersucht«. Es ist jedoch wichtig, sich bewußtzumachen, daß die Vergegenwärtigung von Information, die auf einem einmaligen Ereignis basiert, nicht auf dieser Form des Gedächtnisses beruht. Es könnte auch eine proskopische

Erinnerung sein, wenn sich diese Erinnerung auf eine allgemeine Tatsache bezieht (z. B. »die Schlüssel sind in der Schüssel neben der Tür«). Es ist dann eine palinskopische Erinnerung, wenn sie sich auf ein vergangenes Ereignis bezieht (z. B. »Ich erinnere mich, die Schlüssel letzte Nacht beim Nachhausekommen in die Schüssel gelegt zu haben«).

Das episodische Gedächtnis bei nichtmenschlichen Lebewesen

Das episodische Gedächtnis wird als ein eigenständiges neuro-kognitives System betrachtet, das Ereignisse aufbewahrt und Erinnerungen ermöglicht, aber sein Kennzeichen ist die *mentale Erfahrung*, die mit der Erinnerung einhergeht, nämlich das Gefühl, in die Vergangenheit einzutauchen *(feelings of pastness)*. Das episodische Gedächtnis wird für gewöhnlich bei Menschen mit Hilfe mündlicher Tests untersucht. Es ist einfach, sie zu fragen: »Was erinnern Sie?« oder »Was ist Ihnen zugestoßen?«. So können wir empirische Daten zu unterschiedlichen Typen von erinnerten Informationen sammeln, zu Kontext und Ursprüngen dieser Erinnerungen und zu qualitativen Aspekten des Gedächtnisses. Diese Art von verbalen Tests kann mit Affen nicht gemacht werden – außer vielleicht mit einer kleinen Gruppe von auf eine Symbolsprache trainierten Tieren. Überträgt man von daher das Konzept des episodischen Gedächtnisses von Menschen auf nichtmenschliche Primaten, stellt sich ein unmittelbares methodologisches Problem ein. Wie lassen sich die Funktionen des episodischen Gedächtnisses bei nichtmenschlichen Lebewesen untersuchen?

Ich konzentriere mich hier auf vier Arbeitsdefinitionen eines dem episodischen Gedächtnis ähnlichen Gedächtnisses bei Tieren, die in der neueren Forschungsliteratur verwendet werden. Zwei stammen aus der Arbeit mit *Vögeln* (Clayton & Dickinson, 1998; Zentall et al., 2001) und zwei aus der Arbeit mit *Affen* (Menzel, 1999, 2005; Schwartz et al., 2002, 2004; für andere Konzeptionen des episodischen Gedächtnisses, die hier nicht berücksichtigt werden, vgl. auch Eichenbaum & Fortin, 2003; Morris, 2002). Diese Definitionen basieren auf verhaltensbezogenen und nicht auf phänomenologischen Kriterien, da – aus naheliegenden Gründen – mentale Erfahrungen eines nichtmenschlichen Wesens kein sich einfach erschließender Gegenstand sind. Jede Definition beschäftigt sich mit einem anderen Aspekt der Art und Weise, wie das episodische Gedächtnissystem beim Menschen operiert. Ich werde im Folgenden zunächst die unterschiedlichen Herangehensweisen vorstellen und anschließend diskutieren, wie befriedigend jeweils die Frage nach dem episodischen Gedächtnis abgehandelt wird.

Was, wo und wann.

Clayton und Dickinson haben, basierend auf Tulvings ursprünglicher Konzeption des episodischen Gedächtnisses, Kriterien entwickelt, um dieses episodische Gedächtnis auch bei nichtmenschlichen Lebewesen zu untersuchen (Clayton & Dikkinson, 1998, 1999, 2000; Clayton & Griffiths, 2002; Clayton, Yu & Dickinson, 2001; Griffiths, Dickinson & Clayton, 1999). Obwohl es in ihrer Arbeit um Buschhäher geht, ist die Definition des episodischen Gedächtnisses, mit der sie operieren, so angelegt, daß sie auch auf andere Tiere angewendet werden kann (Griffiths et al., 1999). Aus ihrer Sicht betrachtet, speichert das episodische Gedächtnis Informationen über Ereignisse, die zeitlich datiert sind, und über die einem Ereignis inhärente räumlich-zeitliche Beziehung. Episodische Erinnerungen setzen sich nicht aus einzelnen Bruchstücken von Informationen zusammen, sondern aus vielfältigen, miteinander in Verbindung stehenden (oder miteinander verbundenen) Bestandteilen. So haben sie versucht, im Rahmen einmaliger Lernsituationen Hinweise auf eine genaue Erinnerung des »was«, »wo« und »wann« eines Ereignisses und der Verbindungen zwischen diesen Informationen zu finden.

Clayton und Dickinson (1998) haben sich in ihren Forschungen auf Vögel konzentriert, die Futterspeicher anlegen, vor allem auf den Buschhäher *(Aphelocoma californica)*. Diese Vögel verstecken überschüssiges Futter in freier Wildbahn und kommen später, wenn Futter knapp wird, wieder zu diesen Vorratslagern zurück. Clayton und Dickinson haben ein geniales Experiment entwickelt, um herauszufinden, ob sich Buschhäher unter Laborbedingungen ähnlich verhalten, im besonderen, ob sie sich an den Ort erinnern würden, an dem einmalig zwei Futterstücke versteckt wurden. Dieser Ansatz machte sich zunutze, daß Buschhäher Larven, wenn es um kurze Zeitspannen geht, Erdnüssen vorziehen, daß sich dies jedoch mit der Zeit ändert, da Larven viel schneller als Erdnüsse ungenießbar werden. Am Beginn jeden Versuchs wurde den Buschhähern ein Eiswürfelbehälter gezeigt, in dem Larven auf der einen und Erdnüsse auf der anderen Seite im Sand versteckt sind. In unterschiedlichen Zeitabständen konnten sich die Buschhäher für die eine oder andere Seite entscheiden. Clayton und Dickinson konnten zeigen, daß Buschhäher bei kurzen Abständen die Larven bevorzugten – wenn die Abstände jedoch länger wurden, die Erdnüsse. Das heißt in anderen Worten, daß sie ihre Präferenzen änderten, je nachdem, wie lange vorher das Futter eingegraben wurde. Dies zeigt, daß sich die Buschhäher nicht nur daran erinnerten, *welche* Art von Futter versteckt wurde, sondern auch *wann* und *wo* es eingegraben wurde.

Dieses Vorgehen hat sich als eine zuverlässige Methode erwiesen, um die bemerkenswerten Gedächtnisleistungen von Buschhähern zu untersuchen, die einmaligen Situationen ausgesetzt sind. Die Vögel zeigen erstaunliche Fähigkeiten, wenn es darum geht, auch nach langer Zeit die Stelle wiederzuerkennen, an der eine bestimmte Art von Futter aufbewahrt wird; allerdings sind die Vögel bislang nur in Situationen getestet worden, wo sie zwischen *zwei* Möglichkeiten wählen mußten. Diese Herangehensweise jedoch kann die Frage nach der Vergangenheitsorientierung *(the issue of palinscopy)* nicht klären. Denn die Vögel müssen nicht die Vergangenheit reflektieren, sondern nur im Hier und Jetzt ihr Weltwissen aktualisieren. So gesehen ist dieses Wissen vergleichbar mit der Erinnerung daran, wo man die Schlüssel hingelegt hat. Im Grunde liegt die Annahme nahe, daß die Buschhäher die ihnen gestellte Aufgabe mit etwas bewältigen, das dem semantischen Gedächtnis sehr viel näher ist als dem episodischen Gedächtnis. So überzeugend diese Forschung also auch sein mag, die Methodologie und Definition eines dem episodischen ähnlichen Gedächtnisses, mit der hier operiert wird, beinhaltet einen zentralen Aspekt des menschlichen episodischen Gedächtnisses nicht, nämlich seine Vergangenheitsorientierung *(palinscopy)*.

Überraschende Tests nach einmaligen Ereignissen

Die folgende Definition geht auf die Arbeit von Zentall und Kollegen zurück (Zentall et al., 2001). Ihre Definition basiert auf Tests zur Fähigkeit eines Tieres, ein einmaliges Ereignis zu erinnern, wenn es nicht auf einen Test vorbereitet ist. Zentall et al. vertreten nämlich die These, daß ein Tier, das auf eine Aufgabe trainiert wurde, die keinen Test vorsieht, auch nicht versuchen würde, Informationen zu aktualisieren.

In diesem Zusammenhang haben Zentall et al. (2001) Tauben *(Columba livia)* so trainiert, daß sie nach dem Picken auf ein rotes Licht reagieren, und umgekehrt, daß sie bei Nicht-Picken auf ein grünes Licht reagieren. Später sollte dies den Tauben dazu dienen, zu zeigen, ob sie sich an ein Ereignis erinnern oder nicht. In einem zweiten Schritt lernten die Tauben auf einen gelben Reiz mit Picken und auf einen blauen Reiz mit Nicht-Picken zu reagieren. In dieser Phase wurden die beiden Trainingseinheiten nicht miteinander kombiniert.

Anschließend erst erhielten die Tauben die Möglichkeit, sich für rot oder grün zu entscheiden, wenn sie einem gelben bzw. blauen Reiz ausgesetzt waren. Es ging Zentall et al. darum herauszufinden, ob die Tauben ihre Erinnerung ›kommentieren‹ würden, indem sie die passende Farbe wählten. Die Ergebnisse zeigen klar, daß die Tauben eine Verbindung zu ihrem Verhalten (picken oder nicht picken) herstellen können, indem sie die dementsprechende Farbe (grün oder rot) auswählen. Die Daten von acht Tauben zeigen zudem, daß sie – wenn das Element der ›Überraschung‹ noch da war – bei den ersten Versuchen über der Zufallsrate lagen.

Die Studie von Zentall et al. hat einen großen Nachteil. Die Behaltensspannen waren so kurz, daß sie in den Bereich des Kurzzeitgedächtnisses fallen (Bjork & Bjork, 1992; Washburn & Astur, 1998). Deshalb ist nicht klar, ob das Verhalten der Tauben mit Erinnerungen aus dem Kurzzeitgedächtnis oder aus dem Langzeitgedächtnis zu erklären ist. Aus diesem Grunde kann die Studie auch nicht als abschließender Beleg eines dem episodischen Gedächtnis ähnlichen Gedächtnissystems bei Tauben gelten.

Spontane Erinnerung

Menzel (1999) untersuchte die Erinnerung an spezifische Ereignisse bei einem auf Sprache trainierten Schimpansen *(Pan troglodytes)* mit dem Namen Panzee (vgl. auch Menzel, 2005). Die einzigartigen symbolischen Fähigkeiten dieses Schimpansenweibchens ermöglichen eine Art des Experiments, das man mit den meisten Tieren nicht durchführen könnte. Panzee kann über Symbole auf einer Computertastatur *(lexigram keyboard)* eine Vielzahl von Objekten, Orten und andere Informationen kommunizieren (vgl. Beran, Savage-Rumbaugh, Brakke, Kelley & Rumbaugh, 1998). Da sie auch noch nach langer Zeit bestimmte Symbole benutzte, war Menzel in der Lage, ihre Fähigkeit zu untersuchen, sich spontan an Ereignisse zu erinnern.

In dieser Studie (Menzel, 1999) versteckte ein Versuchsleiter Futter und verschiedene Gegenstände unmittelbar hinter dem Zaun von Panzees Außengehege. Panzee konnte zwar beobachten, wie das Futter versteckt wurde, wurde aber nach innen gebracht, bevor sie sich dem Futter nähern konnte. Der Versuchsleiter verließ anschließend das Areal, und die Betreuer notierten, was Panzee ihnen spontan mitteilte. Sie wußten weder, was versteckt worden war, noch wann dies geschehen war. Sie wußten auch nicht, wo das Futter oder die Gegenstände lagen, damit jede Form von Beeinflussung ausgeschlossen werden konnte. Die Betreuer vermerkten, welche Symbole (Lexigramme) Panzee zur Kommunikation benutzte, und mit welchen Gesten sie versuchte, die Aufmerksamkeit des Betreuers zu erregen und ihn zu den versteckten Gegenständen zu dirigieren.

Noch nach 16 Stunden konnte sich Panzee erinnern, welche Art von Futter versteckt war (indem sie das entsprechende Symbol verwendete) und wo es lag (sie deutete in die ungefähre Richtung des Verstecks). In der Phase, in der ein bestimmtes Objekt versteckt war, war es sehr viel wahrscheinlicher, daß Panzee das Symbol für dieses Objekt gebrauchte, als in Kontrollphasen ohne versteckte Gegenstände. Auch war es in der Phase, in der Objekte versteckt waren, wahrscheinlicher, daß Panzee die Betreuer zu Hilfestellungen zu verleiten versuchte, als in Phasen, in denen es keine versteckten Objekte gab.

Panzee erinnerte sich also sowohl an Was- als auch an Wo-Aspekte einmal erlebter Situationen. Zudem war ihre Erinnerung an diese Informationen spontan, das heißt, nicht von einem ihrer Betreuer veranlaßt. Panzees aktives Vokabular bestand aus ungefähr 120 Symbolen, von denen die meisten mit Futter zu tun hatten; von daher kann ihr Gebrauch der Tastatur, um auf versteckte Futterstücke hinzuweisen, als ein Maß für Erinnerung gelten. Und schließlich war es für Panzee keine Routineaufgabe, auf verstecktes Futter außerhalb ihres Geheges hinzuweisen. So ist auch die für die Erforschung des episodischen Gedächtnisses wichtige Bedingung erfüllt, daß es sich um einmalige Situationen handelt.

Menzels Studie bringt die Forschung zum episodischen Gedächtnis nichtmenschlicher Lebewesen ein gutes Stück weiter, aber auch hier gibt es Probleme bei der Interpretation seiner Ergebnisse als Beleg für das Vorhandensein eines episodischen Gedächtnisses. Die Erinnerungen des Schimpansen müssen nicht notwendigerweise vergangenheitsorientiert *(palinscopic)* gewesen sein. Es ist durchaus möglich, daß Panzee ihre Erinnerung an bestimmte Plätze und ihren Inhalt aktualisiert hat und es nicht notwendig war, daß sie sich mental auf die Situation bezogen hat, Menzel dabei gesehen zu haben, wie er Futter versteckt. So gesehen wäre die Erinnerung an der gegenwärtigen Situation orientiert, und nicht an einem vergangenen Ereignis.

Auskünfte über vergangene Ereignisse

Ein vierter Ansatz stammt aus meinem eigenen Forschungslabor. Ich habe die These vertreten, daß sich das episodische Gedächtnis beim Menschen über drei zentrale Merkmale definiert: die lange Zeitspannen überdauernde Erinnerung an einmalige und nicht wiederholbare Ereignisse, die – ruft man sie sich ins Gedächtnis – von einem Gefühl, in die Vergangenheit zu reisen *(feeling of pastness)* begleitet werden (Schwartz, 2005). Dieses Gefühl, daß sich etwas in der Vergangenheit abgespielt hat, ist, wenn es um nichtmenschliche Lebewesen geht, nur sehr schwer nachzuweisen. Von daher haben wir uns im Rahmen unserer Arbeit mit Menschenaffen für eine Gebrauchsdefinition des dem episodischen Gedächtnis ähnlichen Gedächtnisses bei Tieren entschieden, die die folgenden Merkmale aufweist: Die Reaktion des Affen muß zurückzuführen sein auf eine im Langzeitgedächtnis abgelegte Erinnerung an eine einmalige Situation – an etwas, das bei einem einzigen Versuch gelernt wurde. Zusätzlich *sollte die Reaktion des Tieres über die Vergangenheit informieren, und nicht über den gegenwärtigen Stand seines Wissens* (Schwartz, 2005). Dies ermöglicht uns, die Frage nach der Vergangenheitsorientierung zu stellen, ohne uns um die Fähigkeit des Tieres zu kümmern, innere mentale Zustände zu beschreiben. In den im Vorangegangenen beschriebenen Studien hatten allein Zentall et al. (2001) ihre Tiere aufgefordert, etwas über die Vergangenheit ›auszusagen‹, auch wenn hier die Abstände zwischen Ereignis und Erinnerung sehr kurz waren. Die Tiere in den Studien von Clayton et al. (2001) und Menzel (1999) sollten nur den Ort angeben, an dem zu einem früheren Zeitpunkt Futter versteckt wurde (vgl. zu einmaligem räumlichen Lernen bei Gorillas auch MacDonald, 1994). Ich werde nun die empirischen Daten vorstellen, die vor dem Hintergrund dieser Definition gesammelt wurden.

King, der Gorilla

Ich hatte die Möglichkeit, mit King zu arbeiten, einem Tieflandgorilla *(Gorilla gorilla)*, der seit 26 Jahren in dem kleinen Zoo *Monkey Jungle* in Miami, Florida, lebt. Zu dem Zeitpunkt, an dem ich mit ihm Tests zu machen begann, war King 30 Jahre alt und hatte eine lange Geschichte von sozialen Interaktionen mit seinen Betreuern hinter sich. King wurde in einem Alter von ungefähr zwei Jahren in Kamerun, Westafrika, gefangen und an einen Zirkus in Las Vegas verkauft, wo er fast acht Jahre lang täglich Auftritte hatte. Über sein Leben im Zirkus ist wenig bekannt, außer daß er für diese Auftritte dressiert und ihm die Vorderzähne gezogen wurden (was den sozialen Kontakt mit anderen Gorillas problematisch macht). Im Alter von zehn Jahren war King für den Zirkus zu groß, zu stark und nicht mehr zu kontrollieren, und so wurde er 1980 an den Zoo verkauft. Mehrere Jahre lang lebte er an der Seite eines Gorillaweibchens, das 1989 starb. Seitdem war King nicht mehr mit anderen Gorillas in Kontakt. Mit King wurde täglich trainiert, um seinen Geist aktiv zu halten, medizinische Untersuchungen zu erleichtern und der Öffentlichkeit etwas zu bieten.

Vielleicht liegt es an diesem intensiven Kontakt mit Menschen und seinem eingeschränkten Umgang mit Artgenossen, daß King Verhaltensweisen zeigt, die für Gorillas ungewöhnlich sind. Nur wenige dieser Fähigkeiten sind bislang systematisch untersucht worden. Dies betrifft sein auditives Verständnis sowohl der englischen wie der spanischen Sprache, seine Art, auf Augenkontakt als Ausdruck einer sozialen Bindung und nicht einer Bedrohung zu reagieren, und – tatsächlich – seine Schadenfreude (wir haben Freudenlaute bei ihm beobachtet, wenn jemand gestolpert oder hingefallen war; allerdings hatten wir dies nie zu messen versucht). Einige systematische Tests sind mit King schon durchgeführt worden. So ist er der einzige Gorilla, von dem in der Forschungsliteratur berichtet wird, daß er sich im Spiegel selbst wiedererkennt (vgl. für Details Swartz & Evans, 1994). Nachdem er eine Markierung auf seiner Augenbraue im Spiegel betrachtet hat, hat er sofort begonnen, sie zu berühren, und versucht, sie an den Stangen seines Käfigs abzuwischen. Aus all diesen Gründen erschien uns King eine ausgezeichnete Wahl, um nach Belegen für ein episodisches Gedächtnis zu suchen.

King, der Tieflandgorilla, in seinem Außengehege.

Bevor wir mit den systematischen Tests begannen, wurde King darauf trainiert, bestimmte Karten mit bestimmten Futterstücken zu assoziieren. Eine Karte mit einem gezeichneten Apfel darauf wurde sowohl mit Äpfeln als auch mit dem gesprochenen Wort »Apfel« assoziiert. Das Training bezog sich auf fünf verschiedene Arten von Futter. Da dies passierte, bevor ich mit King in Kontakt kam, ist nicht dokumentiert, wie viele Versuche nötig waren, bis King die Assoziationen zwischen Karte und Futter gelernt hatte. Am Beginn meiner Forschungen schließlich lernte King, eine bestimmte Karte zu benutzen, wenn einer von drei verschiedenen Versuchsleitern anwesend war oder wenn der Name eines Versuchsleiters ausgesprochen wurde. Das Training wurde so lange fortgesetzt, bis King in 90 Prozent der Fälle die richtige Karte präsentierte, wenn entweder der Name eines Versuchsleiters genannt wurde oder die Person anwesend war. Diese Trefferrate wurde nach drei Sitzungen (30 Versuchen) erreicht.

Im zweiten Experiment dieser Versuchsreihe (Schwartz et al., 2002) wurde von King erwartet, sowohl auf den Aspekt des *Was* (Futter) wie auch des *Wer* (gab ihm das Futter) zu reagieren. Einer der beiden Versuchsleiter gab King eine bestimmte Art von Futter. Getestet wurde nach kurzen (5 Minuten) und langen Zeitabständen (24 Stunden). Um mit einer anderen Art von Futter belohnt zu werden, mußte King

Tabelle 1 Kings korrekte Antworten in Prozentzahlen (Schwartz et. al., 2002)

	nach 5 Minuten		nach 24 Stunden	
	»Was«	»Wer«	»Was«	»Wer«
Experiment 1	70 %		82 %	
Experiment 2	55 %	82 %	73 %	87 %
20 % ist die zugrunde gelegte Zufallsrate für die »Was«-Fragen; 50 % für die »Wer«-Fragen.				

eine Karte präsentieren, die sowohl das richtige Futter (den Was-Aspekt) als auch die richtige Person (den Wer-Aspekt) zeigte. King war in beiden Fällen erfolgreich, und zwar sowohl nach fünf Minuten wie auch nach 24 Stunden (vgl. Tabelle 1).

Unsere Studie (Schwartz et al., 2002) hat einen großen Vorteil gegenüber der früheren Arbeit von Menzel (1999). Hier gründeten die Reaktionen des Gorillas nämlich nicht auf der gegenwärtigen Situation – das Futter war verteilt und gefressen worden. Von daher war Kings Reaktion eine Reflexion auf das, was in der Vergangenheit passiert war. Um genauer zu sein: King hat zum Zeitpunkt 1 einen Apfel gegessen; mit zeitlichem Abstand, zum Testzeitpunkt 2, ist der Apfel gegessen und damit nicht mehr existent; und nur wenn King sich an die frühere Situation erinnert, wird er belohnt werden. Wir haben ihn also für eine richtige Antwort belohnt, was voraussetzte, daß er eine in der Vergangenheit erlernte Information wieder abrufen konnte. Von daher zeigt die Studie, ähnlich wie die von Zentall et al. (2001), daß der Gorilla sich auf ein vergangenes Ereignis beziehen konnte. Im Unterschied zu der Studie von Zentall et al. jedoch haben wir Erinnerungen auch noch nach langen Zeitabständen (bis zu 24 Stunden) nachgewiesen.

Dennoch hat auch diese Studie nichtepisodische Aspekte. Am problematischsten ist der Umstand, daß King wiederholt in ähnlichen Konstellationen getestet wurde. Es wäre von daher möglich, daß er die Testsituationen erwartet und die richtige Antwort im voraus geplant hat, indem er Futter und Person »semantisch« abspeicherte. Er hätte diese Assoziation dann eingeübt (zur Diskussion um das Lernen durch Wiederholung bei nichtmenschlichen Primaten vgl. Washburn & Astur, 1998). Wie bei Panzee gründen auch bei King die Reaktionen möglicherweise sowohl auf dem semantischen wie dem episodischen Gedächtnis. Von daher fehlt uns das Element der »Überraschung«, das Zentall et al. (2001) so zentral erscheint. Zweitens ist es – da es sich um Wiedererkennungstests mit fünf Alternativen (beim Futter) und zwei

Alternativen (bei den Personen) handelt – auch möglich, daß die Antworten nicht so sehr auf der Erinnerung an vergangene Ereignisse basieren, sondern auf der Vertrautheit mit der Vorlage (Jacoby, 1991; Kelley & Jacoby, 2000). Allerdings legen die Testergebnisse nach 24 Stunden nahe, daß wir es nicht einfach mit dem Phänomen von Vertrautheit zu tun haben.

Um einige dieser Probleme aufzugreifen, haben wir eine zweite Versuchsreihe mit King entwickelt, die auf einem bestimmten Ansatz, dem »human eyewitness memory paradigm«, aufbaute. In dieser Studie hat King spezifische Situationen erlebt. Diese Situationen bestanden entweder darin, unbekanntes Futter zu fressen (Granatäpfel, Lychees, Passionsfrüchte), ihm unbekannte Personen zu treffen oder ihm vertraute Personen bei sonderbaren Tätigkeiten zu beobachten (z. B. ein Handy zu stehlen, einen Tennisschläger zu schwingen oder Gitarre zu spielen) oder neue Gegenstände zu betrachten (etwa einen Plastikfrosch, Babyschuhe oder eine Trompete). Nachdem King ein für ihn neues Futter gefressen oder eine neue Situation beobachtet hatte, wurde eine fünf- bis fünfzehnminütige Pause eingelegt. Nach dieser Pause wurden ihm drei Fotografien gezeigt und dann ausgehändigt. Eine der Fotografien zeigte einen Aspekt der vorangegangenen Situation (z. B. einen beobachteten Gegenstand), die anderen beiden Fotos dienten dazu, King zu verwirren (indem etwa andere Objekte abgebildet waren). Kings Aufgabe bestand darin, die richtige Fotografie auszuwählen und durch die Stangen seines Käfigs einer ihm unbekannten Person zu geben. Ein für King nicht sichtbarer Trainer würde dann beurteilen, ob es sich um die richtige Fotografie handelt und, wenn das der Fall war, King belohnen.

King hat bei dieser Aufgabe nicht außergewöhnlich gut abgeschnitten (insgesamt 55 Prozent richtige Antworten), lag aber immerhin deutlich über der Zufallsrate (33 Prozent). Unsere Vermutung ist, daß er deshalb nicht so gut abgeschnitten hat, weil einige der Fotografien für ihn schwer zu sehen und einige der Unterscheidungen schwierig waren (etwa die zwischen Warzen- und Honigmelone). Die Studie zeigt jedoch, daß sich King einmalige Ereignisse aus der Vergangenheit ins Gedächtnis rufen kann, auch wenn er nicht weiß, welche Art von Prüfung ihn erwartet.

In einem anderen Experiment dieser Reihe haben wir uns gefragt, ob Kings episodisches Gedächtnis auf eine ähnliche Art und Weise manipuliert werden kann, wie es in Experimenten mit Menschen beobachtet worden ist. Ein Augenzeuge eines Verbrechens sieht einen Täter bei einer illegalen Handlung. Das ist ein einmaliges und oft äußerst kurzes Ereignis, bei dem ein völlig fremder Mensch bei einer Handlung beobachtet wird, die beim Augenzeugen ein hohes Maß an Streß auslöst (vgl. Loftus, 1979; Loftus & Hoffman, 1989). Man muß nur daran denken, wie es wäre, einen Dieb dabei zu beobachten, wie er aus einem Fenster der eigenen Wohnung steigt und die Feuerleiter hinunterklettert. Einige Zeit später muß der Augenzeuge entweder der Polizei, Rechtsanwälten oder unter Eid im Gerichtssaal das in Frage stehende Ereignis schildern. Die gewünschte Reaktion ist eine an der Vergangenheit orientierte Reflexion auf die beobachteten Ereignisse. Der Zeuge muß sich auf eine mentale Zeitreise begeben und das Ereignis aus der Vergangenheitsperspektive nacherzählen. Wir wissen, daß Menschen sich im allgemeinen genau erinnern, daß sie aber unter vielfältigen Umständen auch höchst anfällig für Fehler sind (Dunning & Stern, 1992). So täuschen sich Zeugen, die mit Fehlinformationen ausgestattet werden, oft systematisch über die in Frage stehenden Ereignisse (vgl. Loftus, 1979; Loftus & Hoffman, 1989). Von daher stellt sich hier die Frage: Würde ein nichtmenschlicher Primat mitteilen können, wer eine bestimmte Handlung vollzogen hat? Dies ist eine unter Umständen aufschlußreiche Art der Betrachtung, da die Erinnerung notwendigerweise vergangenheitsorientiert *(palinscopic)* sein würde.

Wir haben King in einem Experiment mit Fehlinformationen konfrontiert und anschließend getestet (Schwartz et al., 2004). Vergleichbar dem gerade beschriebenen Ansatz hat King eine Situation einmalig beobachtet – beispielsweise eine ihm vertraute Person beim Seilspringen. Kurz danach wurde ihm entweder eine Fotografie der Person, des Gegenstandes bzw. von Futter gezeigt, das ihm in der Situation gegeben wurde (also die richtigen Informationen), oder eine andere Person, ein anderes Objekt bzw. anderes Futter (Fehlinformationen), oder ihm wurde keine neue Fotografie gezeigt (Kontrollbedingung). Wie bei ähnlich gelagerten Versuchen mit Menschen sollte also auch hier die Fehlinformation die Voraussetzung dafür schaffen, daß King ›falsche Erinnerungen‹ *(false memories)* ausbildete.

Bei einem wiederum kurz danach durchgeführten Test lag die Wahrscheinlichkeit, daß King das korrekte Foto auswählte, sowohl bei den Fotografien mit den richtigen Informationen als auch unter Kontrollbedingungen bei 53 Prozent (die Zufallsrate betrug 33 Prozent); wurden ihm jedoch gleichzeitig Fotografien mit richtigen Informationen und Fehlinformationen gezeigt, lag seine Trefferquote kaum mehr über der Zufallsrate (40 Prozent). Dies zeigt also, daß ähnlich wie bei Augenzeugen, die sich auf ihr episodisches Gedächtnis verlassen, Kings Erinnerung durch die Präsentation von Fehlinformationen beeinträchtigt war.

Schlußfolgerungen

Eine der verwirrendsten wissenschaftlichen Fragen ist die nach der Evolution der menschlichen Kognition und Intelligenz. Menschen und Affen miteinander zu vergleichen ist jedoch nur ein mangelhafter Gradmesser dieser Evolution, sind menschliche und nichtmenschliche Primaten doch 6 bis 8 Millionen Jahre lang unterschiedliche Wege gegangen (Falk, 2000). Ob man die Ähnlichkeiten zwischen Menschen und Menschenaffen bewundert oder aber die tiefgreifenden Unterschiede betont, ist Geschmackssache. Und ob das episodische Gedächtnis eines der kognitiven Werkzeuge der gemeinsamen Vorfahren von Menschen und Gorillas war, ist wahrscheinlich eine nicht zu beantwortende Frage. Ich denke jedoch, daß wir jetzt besser verstehen, daß einige Gorillas (und Schimpansen) Gedächtnisfähigkeiten besitzen könnten, die einem primitiven episodischen Gedächtnis nahekommen. Da Kings Erinnerungen das Kriterium der Vergangenheitsorientierung erfüllen, glaube ich, daß die These haltbar ist, daß er ansatzweise ein episodisches Gedächtnis besitzt. Das zentrale Thema dieses Buches ist das autobiographische Gedächtnis. Es fällt uns schwer zu glauben, daß ein Gorilla, ein Schimpanse oder ein anderes Tier jene Art von Strukturen aufbaut, die für autobiographische Erinnerung notwendig sind (Conway & Pleydell-Pearce, 2000). Die grundlegenden Substrate eines episodischen Gedächtnissystems mögen allerdings durchaus vorhanden sein.

Danksagung

Ich bin *Monkey Jungle* dankbar, daß ich mit King arbeiten und die Zeit ihrer Angestellten in Anspruch nehmen konnte. Im besonderen danke ich Sharon Du Mond und Steve Jacques von *Monkey Jungle* und Sian Evans von *DuMond Conservancy* für ihre Unterstützung des *Primate Memory Project*. Ich danke den Teilnehmern und Teilnehmerinnen der Konferenz »Autobiographical Memory in Interdisciplinary Perspective« für ihr Interesse und ihre Anregungen und vor allem Hans Markowitsch, Harald Welzer und Olaf Jensen für ihre Gastfreundschaft.

Literatur:

Beran, M. J., Savage-Rumbaugh, E. S., Brakke, K. E., Kelley, J. W. & Rumbaugh, D. M. (1998). Symbol comprehension and learning: A »vocabulary« test of three chimpanzees (*Pan troglodytes*). *Evolution of Communication, 2,* 171–188.

Bjork, R. A. & Bjork, E. L. (1992). A new theory of disuse and an old theory of stimulation fluctuation. In A. F. Healy, S. M. Kosslyn & R. M. Shiffrin (Hrsg.), *From learning proces-*

ses to cognitive processes: Essays in honor of William K. Estes (Bd. 2; S. 35–67). Hillsdale, NJ: Erlbaum.

Cabeza, R. (1999). Functional neuroimaging of episodic memory retrieval. In E. Tulving (Hrsg.), *Memory, consciousness, and the brain* (S. 76–90). Psychology Press: Philadelphia.

Clayton, N. S. & Dickinson, A. (1998). Episodic-like memory during cache recovery by scrub jays. *Nature, 395,* 272–274.

Clayton, N. S. & Dickinson, A. (1999). Memory for the content of caches by scrub jays (*Aphelocoma coerulescens*). *Journal of Experimental Psychology: Animal Behavior Processes, 25,* 82–91.

Clayton, N. S. & Dickinson, A. (2000). What-where-when memory in food-storing scrub jays. *Abstracts of the Psychonomic Society, 5,* 59.

Clayton, N. S. & Griffiths, D. P. (2002). Testing episodic-like memory in animals. In L. Squire & D. L. Schacter (Hrsg.), *The neuropsychology of memory* (S. 492–507). New York: Guilford Press.

Clayton, N. S., Yu, K. S. & Dickinson, A. (2001). Scrub jays (*Aphelocoma coerulescens*) form integrated memories of the multiple features of caching episodes. *Journal of Experimental Psychology: Animal Behavior Processes, 27,* 17–29.

Conway, M. A. & Pleydell-Pearce, C. W. (2000). The construction of autobiographical memories in the self-memory system. *Psychological Review, 107,* 261–288.

Dewsbury, D. A. (2000). Comparative cognition in the 1930's. *Psychonomic Bulletin & Review, 7,* 267–283.

Donald, M. (1991). *Origins of the modern mind: Three stages in the evolution of culture and cognition.* Cambridge, MA: Harvard University Press.

Dunning, D. & Stern, L. B. (1992). Examining the generality of eyewitness hypermnesia: A close look at time delay and question type. *Applied Cognitive Psychology, 6,* 643–657.

Eichenbaum, H. & Fortin, N. J. (2003). Episodic memory and the hippocampus: It's about time. *Current Directions in Psychological Science, 12,* 53–57.

Falk, D. (2000). *Primate diversity.* W. W. Norton: New York.

Griffiths, D. P., Dickinson, A. & Clayton, N. S. (1999). Episodic memory: What can animals remember about their past? *Trends in Cognitive Sciences, 3 (2),* 74–80.

Jacoby, L. L. (1991). A process dissociation framework: Separating automatic from intentional uses of memory. *Journal of Memory and Language, 30,* 513–541.

Kamil, A. C., Balda, R. P. & Olson, D. J. (1994). Performance of four seed-catching corvid species in the radial-arm maze analog. *Journal of Comparative Psychology, 108,* 385–393.

Kelley, C. M. & Jacoby, L. L. (2000). Recollection and familiarity. In E. Tulving & F. I. M. Craik (Hrsg.), *The Oxford handbook of memory* (S. 215–228). New York: Oxford University Press.

Loftus, E. F. (1979). *Eyewitness testimony.* Cambridge, MA: Harvard University Press.

Loftus, E. F. & Hoffman, H. G. (1989). Misinformation and memory: The creation of new memories. *Journal of Experimental Psychology: General, 118,* 100–114.

MacDonald, S. E. (1994). Gorilla's *(Gorilla gorilla gorilla)* spatial memory in a foraging task. *Journal of Comparative Psychology, 108,* 107–113.

Menzel, C. R. (1999). Unprompted recall and reporting of hidden objects by a chimpanzee *(Pan troglodytes)* after extended delays. *Journal of Comparative Psychology, 113*, 426–434.

Menzel, C. R. (2005). Progress in the study of chimpanzee recall and episodic memory. In H. Terrace & J. Metcalfe (Hrsg.), *The missing link in cognition: Origins of self-reflective consciousness* (S. 188–224). Oxford: Oxford University Press.

Morris, R. G. M. (2002). Episodic-like memories in animals: Psychological criteria, neural mechanisms and the value of episodic-like tasks to investigate animal models of neurodegenerative disease. In A. Baddeley, M. Conway & J. Aggleton (Hrsg.), *Episodic memory: New directions in research* (S. 181–203). New York: Oxford University Press.

Platt, M. L., Brannon, E., Briese, T. L. & French, J. A. (1996). Differences in feeding ecology predict differences in performance between golden lion tamarins *(Leontopithicus rosalia)* and Wied's marmoset *(Callithrix kuhli)* on spatial and visual memory tasks. *Animal Learning & Behavior, 24*, 384–393.

Roberts, W. A. (2002). Are animals stuck in time? *Psychological Bulletin, 128*, 473–489.

Schwartz, B. L. (2005). Do animals have episodic memory? In H. Terrace & J. Metcalfe (Hrsg.), *The missing link in cognition: Origins of self-reflective consciousness* (S. 225–241). Oxford: Oxford University Press.

Schwartz, B. L., Colon, M. R., Sanchez, I. C., Rodriguez, I. A. & Evans, S. (2002). Single-trial learning of »what« and »who« information in a gorilla *(Gorilla gorilla gorilla)*: Implications for episodic memory. *Animal Cognition, 5*, 85–90.

Schwartz, B. L., Hoffman, M. L. & Evans, S. (2005). Episodic-like memory in a gorilla: A review and new findings. *Learning and Motivation, 36*, 226–244.

Schwartz, B. L., Meissner, C. M., Hoffman, M., Evans, S. & Frazier, L. D. (2004). Event memory and misinformation effects in a gorilla *(Gorilla gorilla gorilla). Animal Cognition, 7*, 93–100.

Swartz, K. B. & Evans, S. (1994). Social and cognitive factors in chimpanzee and gorilla mirror behavior and self-recognition. In S. T. Parker, R. W. Mitchell & M. L. Boccia (Hrsg.), *Self-awareness in animals and humans. Developmental perspectives* (S. 189–206). Cambridge (UK): Cambridge University Press.

Sherry, D. (1984). Food storage by black-capped chickadees: Memory for the location and contents of caches. *Animal Behavior, 32*, 451–464.

Suddendorf, T. S. & Corballis, M. C. (1997). Mental time travel and the evolution of the human mind. *Genetic, Social, and General Psychology Monographs, 123*, 133–167.

Tulving, E. (1972). Episodic and semantic memory. In E. Tulving & W. Donaldson (Hrsg.), *Organization of memory* (S. 381–403). New York: Academic Press.

Tulving, E. (1983). *Elements of episodic memory*. New York: Oxford University Press.

Tulving, E. (1993). What is episodic memory? *Current Directions in Psychology, 3*, 67–70.

Tulving, E. (2002). Episodic memory and common sense: How far apart? In A. Baddeley, M. Conway & J. Aggleton (Hrsg.), *Episodic memory: New directions in research* (S. 269–288). New York: Oxford University Press.

Tulving, E. (2005). Episodic memory and autonoesis: Uniquely human? In H. Terrace & J. Metcalfe (Hrsg.), *The missing link in cognition: Origins of self-reflective consciousness* (S. 3–56). Oxford: Oxford University Press.

Tulving, E. & Lepage, M. (2000). Where in the brain is the awareness of one's past. In D. Schacter & E. Scarry (Hrsg.), *Memory, brain, and belief* (S. 208–230). Cambridge, MA: Harvard University Press.

Tulving, E. & Markowitsch, H. J. (1998). Episodic and declarative memory: Role of the hippocampus. *Hippocampus, 8,* 198–204.

Washburn, D. A. & Astur, R. S. (1998). Nonverbal working memory of humans and monkeys: Rehearsal in the sketchpad. *Memory & Cognition, 26,* 277–286.

Wheeler, M. A. (2000). Episodic memory and autonoetic awareness. In E. Tulving & F. I. M. Craik (Hrsg.), *The Oxford handbook of memory* (S. 597–608). New York: Oxford University Press.

Zentall, T. R., Clement, T. S., Bhatt, R. S. & Allen, J. (2001). Episodic-like memory in pigeons. *Psychonomic Bulletin & Review, 8,* 685–690.

HARLENE HAYNE

Die Entwicklungspsychologie des autobiographischen Gedächtnisses

Werden Erwachsene nach ihren frühesten autobiographischen Erinnerungen gefragt, können sich die meisten an nichts erinnern, was während ihrer frühen Kindheit geschah. Dieses Phänomen wird gewöhnlich als kindliche Amnesie *(childhood amnesia)* bezeichnet. Freud war einer der ersten Psychologen, die unser Interesse an diesem Phänomen geweckt haben. Es ist ihm im Rahmen seiner klinischen Praxis begegnet, als er seine Patienten aufforderte, über ihre frühesten persönlichen Erinnerungen zu berichten. Vor dem Hintergrund dieser Patientenberichte hat Freud (1905) die These aufgestellt, daß die Phase der kindlichen Amnesie bis ins 6. oder 8. Lebensjahr hineinreicht. Einige von Freuds Patienten berichteten über sehr frühe Kindheitserfahrungen; doch war er der Auffassung, daß diese Berichte weniger tatsächliche Erlebnisse als vielmehr Phantasien und Ängste der Patienten widerspiegelten (Freud, 1909, 1918).

Breit angelegte empirische Studien zu den frühesten Erinnerungen von Erwachsenen haben in der Folge bei vielen Forschern und Forscherinnen zu der Überzeugung geführt, daß Freud die Reichweite kindlicher Amnesie vermutlich überschätzt hat. Die meisten der in den letzten sieben Jahrzehnten durchgeführten Untersuchungen haben gezeigt, daß Erwachsene ihre frühesten autobiographischen Erinnerungen für gewöhnlich einem Alter von ungefähr drei bis vier Jahren zuordnen (Bruce, Dolan & Phillips-Grant, 2000; Dudycha & Dudycha, 1933; Mullen, 1994; Sheingold & Tenney, 1982; Waldfogel, 1948) und manchmal sogar noch etwas weiter zurückgehen (MacDonald, Uesiliana & Hayne, 2000; Usher & Neisser, 1993; Wetzler & Sweeney, 1986).

Diese Forschungen haben uns veranlaßt, die Reichweite der kindlichen Amnesie zu überdenken, aber sie haben das Phänomen als solches nicht beseitigt. Tatsache bleibt, daß die meisten Erwachsenen wenig oder gar keine Erinnerung an Ereignisse aus ihrer frühen Kindheit haben – egal wie bedeutsam diese Ereignisse gewesen sein mögen. Die Erkenntnis, daß die ersten Jahre unserer Kindheit der Erinnerung verborgen sind, hat grundlegende Fragen zur Entstehung des autobiographischen Gedächtnisses im Laufe der menschlichen Entwicklung aufgeworfen. Bilden wir als Säuglinge und Kleinkinder autobiographische Erinnerungen, die wir später im Leben dann wieder vergessen? Oder haben wir gar keine autobiographischen Erinnerungen, solange wir nicht die sprachlichen Fähigkeiten entwickelt haben, sie auszudrücken? Es stellt sich, kurz gesagt, die Frage, was die Ursachen dieser allgemeinen und allumfassenden Form der Amnesie sind.

Freuds meistzitierte Erklärung der kindlichen Amnesie war in hohem Maße von seinen Patienten beeinflußt. Er argumentierte, daß frühe Kindheitserinnerungen von Erwachsenen zwar intakt blieben, aufgrund ihres sexuellen oder aggressiven Inhalts jedoch aktiv unterdrückt oder »verdrängt« würden. Empirische Studien zu kindlicher Amnesie, die in der Folge außerhalb der klinischen Praxis durchgeführt wurden, haben aber keinerlei Untermauerung für die These der Verdrängung ergeben (für einen Überblick siehe Pillemer & White, 1989). Zwar haben einige die Hypothese vertreten, daß Erwachsene eher dazu tendieren, emotionsgeladene Ereignisse ihrer Kindheit zu erinnern (Dudycha & Dudycha, 1933, 1941; Waldfogel, 1948). Andere jedoch haben gezeigt, daß viele der frühesten Kindheitserinnerungen von Erwachsenen emotional neutral oder positiv sind (MacDonald et al., 2000).

Postfreudianische Erklärungen der kindlichen Amnesie sind von der generellen Zunahme kognitiver Fähigkeiten ausgegangen (Neisser, 1962; Schachtel, 1947), von der Entwicklung eines neuen (sozial vermittelten) Gedächtnissystems (Nelson & Fivush, 2004; siehe auch Nelson in diesem Band), von neurologischer Reifung (Bachevalier, 1990; C. Nelson, 1995) oder dem Entstehen eines Selbstkonzepts (Howe & Courage, 1993, 1997). Zudem mag auch der Spracherwerb möglicherweise eine wichtige Rolle spielen. Es dürfte zum Beispiel kein Zufall sein, daß die Endphase der kindlichen Amnesie in eine Zeit der rasanten Sprachentwicklung fällt (Fenson, Dale, Resnick, Bates, Thal & Pethick, 1994).

Spear (1979) war einer der ersten Gedächtnisforscher, der argumentiert hat, daß der Schlüssel zum Verständnis der kindlichen Amnesie in der systematischen Analyse der Gedächtnisentwicklung liegt. Dieser Argumentation folgend, haben sich neuere Versuche, den für die kindliche Amnesie verantwortlichen Mechanismus zu verstehen, auf die normale Gedächtnisentwicklung konzentriert. Der vorliegende Beitrag verfolgt ein doppeltes Ziel: Zum einen werde ich einige altersabhängige Veränderungen in der Verarbeitung von Erinnerungen *(memory processing)* in der Säuglingsphase und in der frühen Kindheit beschreiben. Zum anderen werde ich diskutieren, was diese Forschungsergebnisse zu unserem gegenwärtigen Verständnis von kindlicher Amnesie beitragen können.

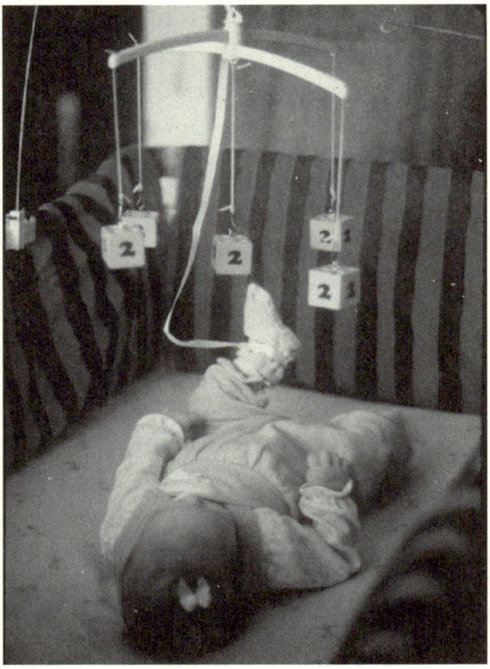

Abb. 1: Ein drei Monate altes Kind nimmt an einer Studie zur gepaarten Verstärkung teil. Dieses Paradigma ermöglicht es, die Gedächtnisentwicklung von zwei bis sechs Monate alten Kindern zu untersuchen.

Die Gedächtnisentwicklung beim Säugling – unterschiedliche Herangehensweisen

»Mobile Conjugate Reinforcement Paradigm«

Vieles von dem, was wir über die Gedächtnisentwicklung während der frühen Säuglingsphase wissen, stammt aus Studien, die mit dem Paradigma der gepaarten Verstärkung *(mobile conjugate reinforcement paradigm)* [einer Form der operanten Konditionierung; die Übers.] arbeiten. Bei dieser experimentellen Aufgabe lernen Säuglinge mit ihren Beinen so zu strampeln, daß sie ein über ihrem Bett angebrachtes Mobile in Bewegung setzen (siehe Abb. 1). Die Bewegung des Mobiles wird durch ein langes weißes Satinband ermöglicht, das den Fußknöchel des Säuglings mit dem flexiblen Metallgestell des Mobiles verbindet.

Jede Sitzung besteht aus drei Phasen. Während der ersten Phase ist das Mobile zwar im Blickfeld des Säuglings aufgehängt. Da das Band jedoch nicht am Mobile, sondern an einem leeren Gestell gegenüber befestigt ist, führt das Strampeln des Säuglings nicht dazu, daß sich das Mobile bewegt. In dieser Anordnung kann der Säugling das Mobile also sehen und das Zerren des Bandes spüren, wenn er strampelt, aber das Strampeln setzt das Mobile nicht in Bewegung. Während der ersten Sitzung wird diese Eingangsphase der *Nicht-Verstärkung* dazu benutzt, einen Grundwert für das Strampeln des Säuglings *(baseline kick rate)* zu ermitteln; die Strampelrate des Säuglings während dieser Phase dient als Standardwert, an dem Lernen und Erinnerung in den folgenden Phasen der Sitzung gemessen werden.

Nach Abschluß dieser ersten Phase wird das Band an dem Gestell angebracht, das das Mobile trägt. Strampelt der Säugling in dieser Anordnung mit den Beinen, gerät das Mobile über seinem Kopf in Bewegung. Da Häufigkeit und Stärke der Bewegung des Mobiles unmittelbar an die Häufigkeit und Stärke des Strampelns gekoppelt sind, wird die Verstärkungsform hier als »gepaart« bezeichnet. Um sicherzugehen, daß ein Säugling den Zusammenhang zwischen seinem Strampeln und der Bewegung des Mobiles gelernt hat, muß er ein strenges Kriterium erfüllen: Während der Verstärkungsphase *(reinforcement phase)* muß die Strampelrate des Säuglings den vorher ermittelten Grundwert um den Faktor 1,5 überschreiten, und zwar zwei von drei aufeinanderfolgenden Trainingsminuten lang. Wenn ein Säugling also zum Beispiel während der ersten Phase durchschnittlich 10 Mal pro Minute gestrampelt hat, dann muß derselbe Säugling während der Lernphase 15 Mal pro Minute – und dies zumindest zwei Minuten lang – strampeln, um das Kriterium zu erfüllen.

Während der letzten Phase jeder Sitzung wird das Band wiederum am leeren Gestell angebracht. Diese abschließende Phase der Nicht-Verstärkung ermöglicht es einzuschätzen, wieviel der Säugling unmittelbar behalten hat. Erinnert sich der Säugling unmittelbar nach dem Training, was er tun muß, um das Mobile in Bewegung zu setzen? Die Säuglinge während einer Phase der Nicht-Verstärkung einem solchen Test zu unterziehen, ermöglicht es zu beurteilen, wieviel sie behalten haben – ohne daß die Gefahr zusätzlichen Lernens besteht.

Das beschriebene Paradigma wurde ursprünglich entwickelt, um Lernen bei zwei bis drei Monate alten Kindern zu untersuchen (Rovee & Rovee, 1969); es kann jedoch auch der Erforschung von Gedächtnis dienen, und zwar, indem mit zeitlichem Abstand zusätzliche Sitzungen anberaumt werden (Rovee & Fagen, 1976). So können Säuglinge nach einem zweitägigen Training beispielsweise in einer dritten, identischen, aber Tage, Wochen oder auch Monate später stattfindenden Sitzung erneut getestet werden. Zudem kann diese Aufgabe – obwohl sie ursprünglich für viel kleinere Kinder entwickelt wurde – mit geringen Änderungen auch bei Kindern bis zu einem Alter von sechs Monaten eingesetzt werden. In dieser modifizierten Version der Aufgabe sitzen die etwas älteren Kinder in einer Wippe, anstatt während der Training- und Testphase auf dem Rücken im Kinderbett zu liegen (Hill, Borovsky & Rovee-Collier, 1988).

Auf diese Weise durchgeführte Untersuchungen haben gezeigt, daß es in Hinblick auf Erinnerung innerhalb der ersten sechs Lebensmonate zu vier wichtigen

Veränderungen kommt. Erstens nehmen ältere Kinder Informationen schneller auf als jüngere. Zum Beispiel benötigen zwei Monate alte Kinder im Durchschnitt drei bis sechs Minuten, um das Lernkriterium zu erfüllen (Davis & Rovee-Collier, 1983), mit drei Monaten brauchen sie durchschnittlich zwei bis drei Minuten (Greco, Rovee-Collier, Hayne, Griesler & Earley, 1986), sechs Monate alte Kinder benötigen nur noch eine Minute (Hill et al., 1988). Zweitens ist die Erinnerungsspanne bei älteren Kindern länger als bei jüngeren Kindern (auch wenn für alle dieselben Kriterien gelten). Nach zwei aufeinanderfolgenden Trainingstagen erinnern sich zwei Monate alte Kinder auch noch nach einem Tag, drei Monate alte Kinder auch noch nach sechs Tagen und sechs Monate alte Kinder auch noch nach zwei Wochen. Und drittens ist die Erinnerung unmittelbar an die ursprünglichen Situationsmerkmale gebunden. Wird in der Testphase das Mobile (Hayne, Greco, Earley, Griesler & Rovee-Collier, 1986) oder der Kontext (Borovsky & Rovee-Collier, 1990; Butler & Rovee-Collier, 1989) verändert, leidet die Erinnerung.

Schließlich werden Säuglinge, die bereits vergessen haben, daß Strampeln das Mobile in Bewegung setzt, sich wieder daran erinnern, wenn ihnen vor der Testphase kurz die Regeln des Spiels in Erinnerung gebracht werden. Während dieser Auffrischungsphase *(reminder procedure)* sieht der Säugling der Versuchsleiterin zu, wie sie für eine kurze Zeit das Mobile in Bewegung setzt. Wurde die Erinnerung von Säuglingen einmal auf diese Art und Weise aufgefrischt, bleibt sie über mehrere Tage hinweg hervorragend. Aus einer Entwicklungsperspektive betrachtet, kann die Erinnerung bei etwas älteren Kindern zum einen nach längeren Pausen aufgefrischt werden als bei jüngeren; zum anderen wird sie nach dieser Auffrischung länger Bestand haben (Hildreth & Rovee-Collier, 2002).

Zusammenfassend zeigen diese Studien, daß schon Säuglinge eine erstaunliche Lern- und Erinnerungsfähigkeit besitzen. Sie zeigen auch, daß diese Fähigkeiten in den ersten sechs Lebensmonaten starken Veränderungen unterzogen sind. Was jedoch passiert danach? Leider eignet sich das dargestellte Paradigma vor allem dafür, sehr kleine Kinder zu untersuchen. Um zu verstehen, wie sich Erinnerung im weiteren verändert, benötigen wir eine experimentelle Anordnung, die auch bei etwas älteren Kindern funktioniert. Eine Aufgabe, die dieser Anforderung gerecht wird, beruht auf Nachahmung.

»Verzögerte Nachahmung«

Alle Eltern wissen, daß Kinder schnell neue Verhaltensweisen lernen, und zwar einfach, indem sie beobachten, was andere tun, und dies dann imitieren. Leider lernen manche Eltern diese Lektion anfänglich auf die harte Tour, wenn sie innerhalb der Hörweite eines kleinen Kindes nicht auf ihre Wortwahl achten. Für gewöhnlich reicht es aus, ein emotional aufgeladenes Schimpfwort einmal zu äußern, damit das Kind es in seinen Wortschatz übernimmt. Nachahmung ist jedoch nicht auf den Spracherwerb begrenzt; auch schon bevor Kinder sprechen lernen, erwerben sie neue Fähigkeiten mittels Imitation. Einer der ersten Forscher, die sich systematisch mit kindlicher Nachahmung beschäftigt haben, war Jean Piaget (1969). Aufgrund von Beobachtungen an seinen eigenen drei Kindern hat er die These aufgestellt, daß die Fähigkeit von Kindern, durch Nachahmung zu lernen, innerhalb der ersten zwei Lebensjahre dramatisch zunimmt. Piaget ging davon aus, daß Kinder im Alter von etwa 18 bis 24 Monaten zu *verzögerter Nachahmung* fähig sind; das heißt, daß Kinder Verhaltensweisen auch dann imitieren, wenn die ursprüngliche Situation, in der ein Verhalten auftritt, und die Möglichkeit für das Kind, zu reagieren, zeitlich versetzt sind. Piagets klassisches Beispiel hierfür stammt von seiner Tochter Jacqueline, die, nachdem sie ihren Spielkameraden dabei beobachtet hat, wie er sich in seinem Laufstall in einen Wutanfall hineinsteigerte, am nächsten Tag den Wutanfall zur Gänze nachahmte, als sie selbst in den Laufstall kommen sollte (Piaget, 1969).

Oberflächlich betrachtet, erscheint verzögerte Nachahmung als unspektakulär. Es gibt jedoch zunehmend Belege dafür, daß Nachahmung auf einigen jener komplexen Erinnerungsprozesse beruht, die auch für autobiographische Erinnerung notwendig sind. So zum Beispiel scheitern Erwachsene, die an Amnesie leiden, an Tests zu verzögerter Nachahmung, die jenen ähneln, die gewöhnlich bei kleinen Kindern eingesetzt werden (McDonough, Mandler, McKee & Squire, 1995). Aufgrund dieses Befundes wurde die These aufgestellt, daß Nachahmung – ähnlich wie autobiographische Erinnerung – auf deklaratives, also auf bewußtes bzw. bewußtseinsfähiges Gedächtnis angewiesen ist. Zudem ist das Abschneiden von Kindern bei Tests zu verzögerter Nachahmung vom Alter abhängig, von der Dauer der Lernphase, vom Behaltenszeitraum und von Kontextänderungen (zur Übersicht vgl. Hayne, 2004). Die gleichen unabhängigen Variablen beeinflussen auch das Abschneiden von Erwachsenen bei einer Reihe von Tests zum deklarativen Gedächtnis. Da also verzögerte Nachahmung auf das deklarative Gedächtnis, aber nicht auf sprachliche Fähigkeiten (aktives Sprechen oder passives Verstehen) angewiesen ist, kann es als Instrument dienen, um die Entstehung des autobiographischen Gedächtnisses zu untersuchen – vor allem in der frühen Kindheit.

Im Alltag imitieren kleine Kinder spontan eine Reihe von Verhaltensweisen (Barr & Hayne, 2003), und diese Tendenz, das Verhalten anderer Menschen nachzuahmen, kann man sich zunutze machen, um die Gedächtnisentwicklung unter kontrollierten experimentellen Bedingungen zu untersuchen. So hat empirische Forschung gezeigt, daß Kinder weit früher in ihrer Entwicklung zu verzögerter Nachahmung fähig sind, als Piaget angenommen hatte. Meltzoff etwa hat nachgewiesen, daß bei neun Monate alten Kindern diese Form der Nachahmung auftritt, wenn sie nach 24 Stunden getestet werden (Meltzoff, 1988), bei 14 bis 16 Monate alten Kindern noch nach einem Zeitraum von vier Monaten (Meltzoff, 1995). Meltzoff und Moore haben auch gezeigt, daß schon Neugeborene einige Aspekte des Mienenspiels von Erwachsenen nachahmen – so etwa das Herausstrecken der Zunge – und daß sechs Wochen alte Säuglinge dies auch noch nach einer Zeitverzögerung von 24 Stunden tun (Meltzoff & Moore, 1977, 1983, 1994). Das zeigt sehr deutlich, daß die Fähigkeit von Kindern, durch Nachahmung zu lernen, sehr früh in der Entwicklung auftaucht. Wurde eine neue Verhaltensweise einmal durch Nachahmung erlernt, behalten kleine Kinder dieses Verhalten zudem oft über längere Zeiträume hinweg bei.

Im Laufe der letzten Jahre haben meine Studierenden und ich Nachahmungsexperimente benutzt, um der Gedächtnisentwicklung in der frühen Kindheit nachzugehen. Eine der von uns entwickelten Aufgaben ermöglicht es uns, altersabhängige Veränderungen der Erinnerung bei 6 bis 24 Monate alten Kindern zu verfolgen. Bei dieser Aufgabe beobachtet das Kind, wie eine Versuchsleiterin eine Reihe von Handlungen mit einer Handpuppe ausführt. In der Regel findet dies bei den Kindern zu Hause statt, und zwar während einer Tageszeit, die die Mutter als wache Phase bzw. Spielphase einschätzt. Bei jedem Besuch nimmt die Versuchsleiterin direkt gegenüber der Mutter Platz, die ihr Kind auf dem Schoß hält (siehe Abb. 2). Die Mutter wird instruiert, das Kind an den Hüften festzuhalten, es jedoch zu keinem Zeitpunkt zu bestärken oder mit ihm zu sprechen. Die Versuchsleiterin erklärt der Mutter den Sinn und Zweck der Studie und interagiert dann fünf Minuten lang mit dem Kind. Am Ende dieser Aufwärmphase holt die Versuchsleiterin die Puppe aus einer Tasche und hält sie vor das Kind, jedoch außerhalb seiner Reichweite (ungefähr 30 cm von seinem Oberkörper entfernt).

Während der Demonstrationsphase *(demonstration condition)* zieht die Versuchsleiterin zunächst einen Fäustling von der rechten Hand der Puppe, schwenkt ihn dreimal hin und her, wobei ein in ihm verstecktes Glöckchen läutet, und zieht der Puppe den Fäustling dann wieder an. Diese Abfolge wird dreimal wiederholt; insgesamt dauert das ganze 30 bis 60 Sekunden. Um abschätzen zu können, inwieweit die in Frage stehenden Verhaltensweisen auch spontan, also ohne daß sie vorher bereits gezeigt wurden, auftreten können, sehen Kinder unter einer Kontrollbedingung zwar die Puppe und hören den Klingelton. Für diese Kinder läßt die Versuchsleiterin die Puppe jedoch von einer Seite zur anderen tanzen, wobei ein für sie nicht sichtbares, auf der Rückseite des Puppenkopfes befestigtes Glöckchen klingelt. In keiner der beiden Gruppen ist es den Kindern in dieser Versuchsphase erlaubt, die Puppe zu berühren.

Am Beginn der Testphase interagiert die Versuchsleiterin wiederum fünf Minu-

Abb. 2: Ein 18 Monate altes Kind beim Spiel mit der Handpuppe. Diese Versuchsanordnung ermöglicht es, die Gedächtnisentwicklung von 6 bis 24 Monate alten Kindern zu untersuchen.

ten lang mit Mutter und Kind, ohne daß die Puppe präsent wäre. Nach dieser Aufwärmphase hält die Versuchsleiterin die Puppe unmittelbar vor das Kind, diesmal in Reichweite, ungefähr 20 cm vor seinen Oberkörper. Zwei Minuten lang wird das Verhalten des Kindes per Video aufgezeichnet. Das Verhalten der Kinder in der Testphase wird auf einer 3-Punkte-Skala bewertet. Die Kinder bekommen jeweils einen Punkt für 1) den Fäustling abziehen, 2) den Fäustling hin und her schwenken und 3) den Fäustling der Puppe wieder anziehen.

Mit diesem Puppen-Test haben meine Studierenden und ich Nachahmung bei 6, 12, 18 und 24 Monate alten Kindern verglichen (Barr, Dowden & Hayne, 1996; Hayne, Boniface & Barr, 2000; Hayne, MacDonald & Barr, 1997). Wir haben herausgefunden, daß Kinder aller Altersstufen das gezeigte Verhalten im Test imitieren. Daß sechs Monate alte Kinder das Verhalten nachahmen, auch wenn sie erst nach 24 Stunden getestet werden, ist der früheste Nachweis für Nachahmung mit Objekten, der sich gefunden hat; seitdem ist das Ergebnis in anderen Studien repliziert worden, und zwar sowohl in meinem Laboratorium (Collie & Hayne, 1999) wie auch in anderen (Barr, Marrott & Rovee-Collier, 2003; Barr, Vieira & Rovee-Collier, 2001; Learmonth, Lamberth & Rovee-Collier, 2004).

Daran anschließende Studien haben gezeigt, daß es – obwohl die Fähigkeit zur Nachahmung in der Entwicklung früh auftaucht – auch altersabhängige Veränderungen gibt. So lernen beispielsweise ältere Kinder schneller, und ihre Behaltensspanne ist größer als bei kleineren Kindern (Barr & Hayne, 2000; vgl. auch Herbert & Hayne, 2000a). Diese Ergebnisse decken sich mit den vorangegangenen, auf dem Paradigma der gepaarten Verstärkung basierenden Studien.

Zusätzlich zu den grundlegenden Änderungen in Aneignung und Erinnerung finden sich auch wichtige altersabhängige Veränderungen bei der Fähigkeit der Kinder, das Gelernte auf neue Situationen zu übertragen. Wird zum Beispiel sechs und zwölf Monate alten Kindern die Handlungsabfolge mit einer bestimmten Puppe gezeigt, in der Testphase jedoch eine andere Puppe verwendet, starren die Kinder verständnislos auf diese Puppe und versuchen nicht, das Gelernte anzuwenden (Hayne et al., 1997, 2000). Ältere Kinder jedoch werden versuchen, die Handlungen, die sie gelernt haben, auszuführen, auch wenn sie in der Testphase mit einer neuen Puppe konfrontiert sind. Ähnlich werden sechs Monate alte Kinder nicht versuchen, die gezeigte Handlung nachzuahmen, wenn sich der Ort, an dem sie die Handlung beobachtet haben (beispielsweise das Laboratorium) von dem unterscheidet, an dem der Test stattfindet (zum Beispiel zu Hause). Mit 12 Monaten jedoch werden Kinder über solche Veränderungen in den Kontexten hinweggehen (Hanna & Meltzoff, 1993; Hayne et al., 2000). Zusammengenommen zeigen diese Studien, daß es eine altersgebundene Zunahme an Flexibilität beim Abruf von Erinnerungen in der frühen Kindheit gibt. Kleine Kinder sind zunächst an die Umstände gebunden, in denen sie etwas ursprünglich gelernt haben, aber ältere Kinder beginnen »ihr Wissen mitzunehmen«; sie greifen auf frühere Erinnerungen zurück, um Probleme zu lösen, die auftreten, wenn sie mit neuen Gegenständen oder an unbekannten Orten getestet werden (siehe auch Herbert & Hayne, 2000b).

Was geschieht beim Übergang zur Sprache?

In allen bisher beschriebenen Studien haben Kleinkinder ihre Erinnerungen mit nonverbalen Mitteln ausgedrückt. Was passiert mit diesen nonverbalen Erinnerungen, wenn die Kinder anfangen, sprechen zu lernen? Sind sie für immer verloren oder bleiben sie über die unterschiedlichen Entwicklungsstufen hinweg erhalten? Wenn sie erhalten bleiben: Können Kinder ihre nonverbalen Erinnerungen in Worte übersetzen, wenn sie sprechen lernen, oder verbleiben diese Erinnerungen in einer Art nonverbalem Zustand? In einem Versuch, Antworten auf diese grundlegenden Fragen zu finden, haben meine Studierenden und ich eine zusätzliche Aufgabe entwickelt, die es uns erlaubt, das ›Schicksal‹ einer bestimmten Erinnerung über den

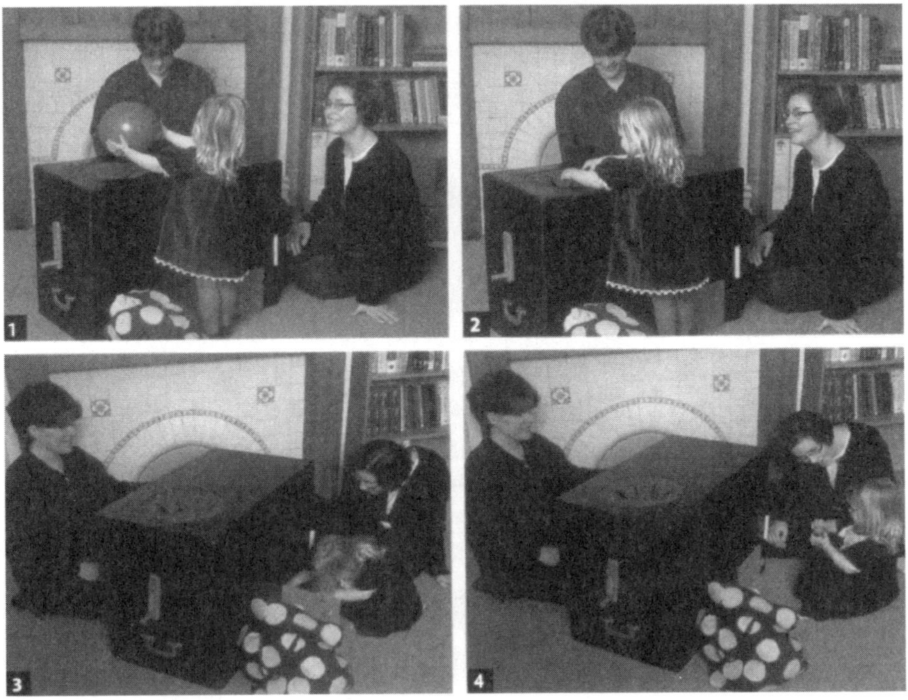

Abb. 3: Ein drei Jahre altes Kind mit der Magischen Schrumpf-Maschine. Diese Versuchsanordnung ermöglicht es, die Gedächtnisentwicklung von zwei bis vier Jahre alten Kindern zu untersuchen.

Spracherwerb hinaus zu verfolgen. Bei dieser Aufgabe nehmen die zwei bis vier Jahre alten Kinder an zwei identischen Sitzungen in einem zeitlichen Abstand von 24 Stunden teil (Simcock & Hayne, 2002, 2003). Für jede Sitzung kommen zwei Versuchsleiterinnen zum Kind individuell nach Hause und ermuntern es, mit einer *Magischen Schrumpf-Maschine* zu spielen (siehe Abb. 3). Zu Beginn wird dem Kind gezeigt, wie man die Maschine anschaltet, indem ein Hebel heruntergedrückt wird, was vom Aufleuchten einer Reihe von Lichtern auf der Frontplatte begleitet wird (Handlung 1). Eine der Versuchsleiterinnen nimmt dann ein Spielzeug aus einer großen Kiste (Handlung 2) und legt es in die *Magische Schrumpf-Maschine* (Handlung 3), wo es verschwindet. Eine Versuchsleiterin dreht an einer an der Seite angebrachten Kurbel, um eine Reihe von Geräuschen zu erzeugen (Handlung 4). Diese Geräusche dauern mit jeder Umdrehung der Kurbel ungefähr vier Sekunden. Wenn die Geräusche aufhören, wird dem Kind gezeigt, wie man eine Tür vorne an der Maschine öffnet und ein kleineres, aber in Aussehen und Form identisches Spielzeug herausholt (Handlung 5). Bei jeder Sitzung wird diese Abfolge insgesamt sechsmal wiederholt; bei jeder Wiederholung wird ein anderes Spielzeug benutzt.

In dem Experiment, das ich hier beschreibe, wird die Erinnerung zweijähriger Kinder an die *Magische Schrumpf-Maschine* nach einem Jahr getestet. Dafür kommen dieselben Versuchsleiterinnen wiederum zu dem Kind nach Hause, um seine verbalen und nonverbalen Erinnerungen an das Ereignis abschätzen zu können. Um sicherzugehen, daß die mündlichen Berichte der Kinder allein auf ihrer Erinnerung beruhten, blieb die Magische Schrumpf-Maschine während der Phasen des Interviews, in denen es um den mündlichen Erinnerungsbericht und das Wiedererkennen mittels einer Fotografie ging, draußen.

Um einschätzen zu können, wieviel das Kind *verbal* erinnert, wurden ihm allgemeine, offene Fragen gestellt (zum Beispiel: »Als ich dich das letzte Mal besucht habe, haben wir ein richtig aufregendes Spiel gespielt! Erzähl mir alles, was Du von diesem Spiel erinnerst.«) Wenn das Kind nicht mehr weiter weiß, stellt die Versuchsleiterin eine Reihe von konkreten Fragen (etwa »Wie hießen die Spielzeuge?« und »Wie haben wir die Magische Maschine zum Laufen gebracht?«). In der abschließenden Phase des Interviews wird dem Kind ein Foto der *Magischen Schrumpf-Maschine* gezeigt, mit der Bitte, alles zu erzählen, an was es sich noch erinnert.

Wenn das Kind keine weiteren Informationen mehr liefern kann, versucht man seine *nonverbalen* Erinnerungen abzuschätzen. Zunächst holt die Versuchsleiterin ein Fotoalbum hervor und bittet das Kind, die Fotos des verwendeten Spielzeugs *(target item)* zu identifizieren, und zwar aus einer Gruppe heraus, die noch aus drei weiteren Fotografien *(distractor items)* von Objekten aus derselben Kategorie besteht, die jedoch dazu dienen, das Kind abzulenken. So werden die Kinder zum Beispiel gebeten, aus einer Gruppe von vier Teddybären jenen Teddybär herauszufinden, der in die *Magische Schrumpf-Maschine* gelegt wurde. Danach wird die *Magische Schrumpf-Maschine* ins Haus geholt, und die Versuchsleiterin bittet das Kind, ihr zu zeigen, wie man sie in Gang setzt *(behavioural re-enactment)*.

Zu beiden Zeitpunkten, dem ursprünglichen Ereignis und der Testphase ein Jahr später, wurden auch die allgemeinen sprachlichen Fähigkeiten der Kinder gemessen. Beide Male wurde der passive Wortschatz mit dem *Peabody Picture Vocabulary Test-RIII* (PPVT-R; Version A beim Enkodieren; Version B beim Abruf) gemessen; der aktive Wortschatz mit dem *Expressive Vocabulary Test* (EVT). Unabhängig davon wurde zusätzlich mittels einer Checkliste für die Eltern die Fähigkeit der Kinder erhoben, jene Worte zu gebrauchen, die notwendig sind, um das infrage stehende Ereignis zu beschreiben. Diese Checkliste besteht aus 23 Worten, die spezifisch für das Spiel mit der *Magischen Schrumpf-Maschine* sind – Worte wie »Ball« und »drehen«. Die Eltern wurden gebeten anzugeben, ob diese Worte Teil des aktiven Wortschatzes

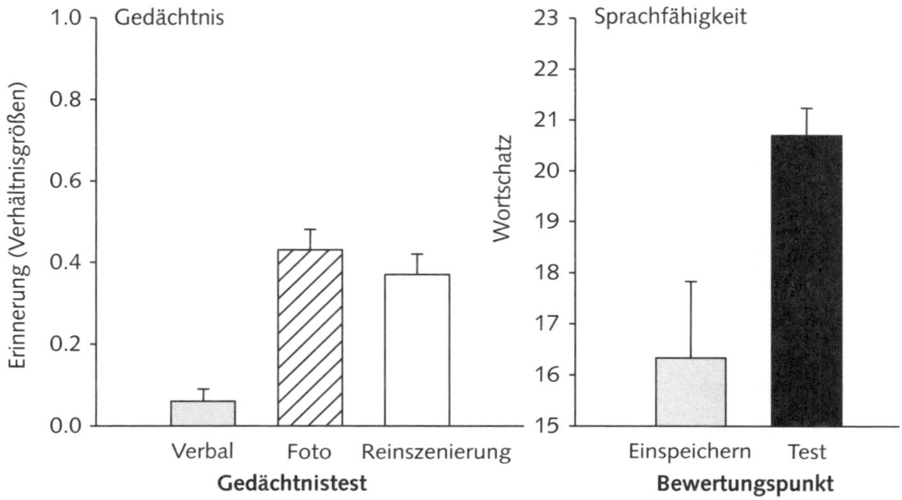

Abb. 4: Links die Ergebnisse des Gedächtnistests, rechts des Sprachtests mit drei Jahre alten Kindern, die ein Jahr nach ihrem Spiel mit der Magischen Schrumpf-Maschine getestet wurden. Die Ergebnisse sind Simcock und Hayne (2002) entnommen.

ihrer Kinder zum Zeitpunkt des ursprünglichen Ereignisses bzw. dann wiederum zum Zeitpunkt des Tests waren.

Mit unserer Forschung haben wir begonnen, die Frage zu beantworten: »Können Kinder vorsprachliche Aspekte ihrer Erinnerungen in Sprache übersetzen, wenn sie den notwendigen Wortschatz erlernt haben?« Bevor wir jedoch diese Frage beantworten können, müssen zwei Dinge gegeben sein. Zum einen müssen Kinder das Ereignis über einen Zeitraum hinweg erinnern, und zum zweiten müssen sich die sprachlichen Fähigkeiten der Kinder über diesen Zeitraum hinweg verbessern. Nur wenn diese beiden Bedingungen erfüllt sind, können wir sinnvolle Schlußfolgerungen über das Vermögen (oder Unvermögen) von Kindern ziehen, ihre vorsprachlichen Erinnerungen in Sprache zu übersetzen.

Verbale und nonverbale Erinnerung an die *Magische Schrumpf-Maschine* wird links in der Abbildung 4 dargestellt. Nach einem Jahr zeigten die Zweijährigen (nun Dreijährigen) Anzeichen von Erinnerung – vor allem bei den Messungen der nonverbalen Erinnerung. In der Abbildung rechts dargestellt sind die Ergebnisse der Wortschatz-Tests. Es ist nicht überraschend, daß sich die sprachlichen Fähigkeiten der Kinder im Laufe des Jahres verbessert haben. Tatsächlich hatten die Kinder zum Zeitpunkt des Tests die meisten der Wörter gelernt, die sie brauchten, um das Ereignis zu beschreiben (dazu waren 23 Wörter notwendig). Trotz allem konnten sich die Kinder sprachlich sehr wenig an ihre Erfahrung mit der *Magischen Schrumpf-Maschine* erinnern. Um also die Frage zu beantworten: Kinder haben vorsprachliche Aspekte ihrer Erinnerung nicht in Sprache übersetzt. Zum Zeitpunkt des Tests hat kein Kind ein Wort oder Worte benutzt, die nicht schon zum Zeitpunkt des Ereignisses zu seinem Wortschatz gehörten. Der mündliche Bericht der Kinder schien vielmehr zeitlich stillzustehen; statt die sprachlichen Fähigkeiten der Kinder zum Zeitpunkt des Abrufs der Erinnerung ein Jahr später abzubilden, spiegelt er den Stand des Spracherwerbs zum Zeitpunkt der Erfahrung wider.

Schlußfolgerungen

Was sagen uns die hier beschriebenen Ergebnisse über die möglichen Ursachen kindlicher Amnesie? Aus meiner Sicht schließen sie jede Erklärung kindlicher Amnesie aus, die darauf beruht, daß sich in der Art der Verarbeitung von Erinnerungen *(memory processing)* qualitativ etwas ändert. Die Erkenntnis, daß bereits sechs Monate alte Kinder ein Erinnerungsvermögen *(memory skills)* besitzen, das die Definitionskriterien von deklarativem Gedächtnis erfüllt, läßt Zweifel an der Vorstellung aufkommen, daß kindliche Amnesie eine Folge des Unvermögens der kleinen Kinder ist, Information in einem deklarativen Format abzuspeichern. Zudem hat die sowohl auf das Paradigma der gepaarten Verstärkung wie auch auf das der verzögerten Nachahmung aufbauende Forschung durchgängig ergeben, daß Veränderungen im Kodieren, Behalten und Abrufen graduell als Funktion des Alters zu betrachten sind. Diese graduellen Veränderungen schließen eine Erklärung von kindlicher Amnesie aus, die von einem abrupten, ein Entwicklungsstadium abschließenden Übergang zu einem nächsten Stadium der Verarbeitung von Erinnerungen ausgeht.

Ich stimme mit Spear (1979) überein, daß eine einwandfreie Erklärung von kindlicher Amnesie von der sorgfältigen Untersuchung der Gedächtnisentwicklung an sich abhängt. Die uns bis dato zur Verfügung stehenden Forschungsergebnisse weisen auf drei an Erinnerung gebundene Entwicklungen hin, die Kindern helfen, im Laufe ihres dritten Lebensjahrs die Hürde der kindlichen Amnesie zu nehmen. Erstens nimmt die Geschwindigkeit, mit der kleine Kinder Informationen aufnehmen, mit dem Alter zu. Ältere Kleinkinder bilden – unter denselben Bedingungen – vielfältigere Gedächtnisrepräsentationen als ihre jüngeren Gefährten. An das Alter gebundene Unterschiede in der Geschwindigkeit, mit der Informationen aufgenommen werden, beeinflussen wahrscheinlich auch den Abruf von Erinnerungen. Das heißt, daß die Fähigkeit von Kindern, Abrufsignale aus der Umwelt *(retrieval cues)* zu erkennen, eindeutig als eine Funktion des Alters zunimmt – genauso wie

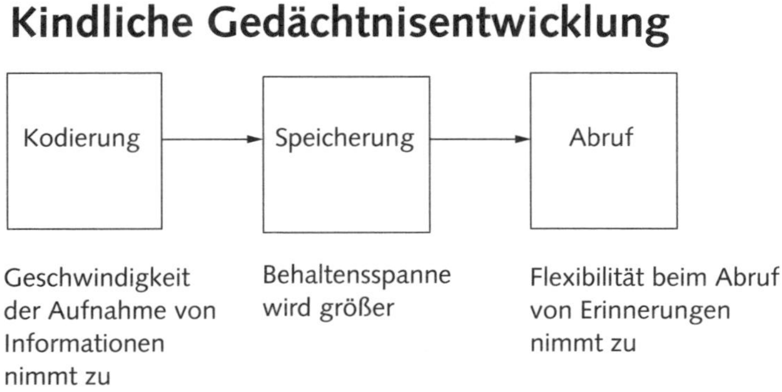

Abb. 5: Ein aufgrund von empirischen Studien mit 2 bis 24 Monate alten Kindern ausgearbeitetes Modell der frühen Gedächtnisentwicklung.

ihre Fähigkeit, zwischen einem Umweltsignal und einem bestimmten Aspekt einer Erinnerung eine Verbindung herzustellen. Diese Faktoren steigern die Effizienz des Abrufs von Erinnerungen und erhöhen zunächst einmal die Wahrscheinlichkeit, daß er überhaupt stattfindet.

Zweitens nimmt mit dem Alter die Behaltensspanne *(retention interval)*, in der die Erinnerungen der Kinder abrufbar bleiben, enorm zu. Zwar ist die absolute Dauer unterschiedlich, da die Behaltensspanne je nach Kontext variiert. Innerhalb desselben Kontextes – derselben Aufgabe – jedoch verbessert sich die Merkfähigkeit der Kinder um den Faktor 6 (Herbert & Hayne, 2000a) im Laufe der ersten beiden Lebensjahre (Hartshorn et al., 1998). Allein diese Entwicklung könnte kindliche Amnesie schon erklären. Wenn sich in der frühen Kindheit Vergessen in einem Zeitraum von Tagen oder Wochen abspielt, kann es kaum überraschen, daß diese Erinnerungen nicht mehr zu finden sind, wenn wir versuchen, sie nach Jahren (oder Jahrzehnten) wieder aufzurufen. Im Laufe der Entwicklung wird die Vergessenskurve zunehmend flacher, wodurch sich die Wahrscheinlichkeit erhöht, daß eine bestimmte Erinnerung auch noch nach sehr langen Zeiträumen zugänglich ist. Zudem haben Studien, die mit Erinnerungshilfen *(reminder procedures)* arbeiten, gezeigt, daß die Verfügbarkeit dieser Repräsentationen abhängig vom Alter ganz beträchtlich variiert. Ältere Kinder rufen ihre Erinnerungen schneller ab (Boller, Rovee-Collier, Borovsky, O'Connor & Shyi, 1990; Fagen & Rovee-Collier, 1983; Hildreth & Rovee-Collier, 1999), nach längerer Zeit (Greco et al., 1986; Hildreth & Rovee-Collier, 2002), und sie vergessen sie weniger schnell, wenn die Erinnerung einmal wiedererlangt ist (Hildreth & Rovee-Collier, 2002). Jede dieser Veränderungen für sich oder alle zusammengenommen können dramatische Auswirkungen auf die Langzeiterinnerung haben.

Drittens kommt es im Laufe der frühen Kindheit mit zunehmendem Alter auch zu einer größeren Flexibilität beim Abruf von Erinnerungen. Säuglinge erinnern sich nur dann, wenn die Kontextbedingungen denen der ursprünglichen Situation gleichen. Wird etwas an den Abrufreizen oder am Kontext verändert, stört dies die Erinnerung oder verunmöglicht sie. Dieses hohe Maß an Spezifität der Umweltsignale, die notwendig sind, um bei Säuglingen Erinnerungsprozesse in Gang zu setzen, läßt vermuten, daß es schwierig, wenn nicht unmöglich ist, frühe Erinnerungen durch äußere Signale oder in Kontexten wiederzuerlangen, die nicht Teil der ursprünglichen Erfahrung waren. So betrachtet, werden unsere Erinnerungen vielleicht schon in der frühen Kindheit weder abgerufen noch ausgedrückt, und gehen, weil sie nicht gebraucht werden, schließlich verloren.

Ältere Kleinkinder nutzen, abhängig sowohl von Reifungsprozessen wie von Erfahrungen, zunehmend mehr und unterschiedliche Signale, um in einer größeren Bandbreite von Situationen Zugang zu ihren Erinnerungen zu finden. Da der Abruf von Erinnerungen in der frühen Kindheit immer flexibler wird, steigt die Wahrscheinlichkeit, daß einzelne Erinnerungen wieder auftauchen; werden sie wiederholt abgerufen, wird sich schlußendlich auch die Behaltensspanne erweitern (Hartshorn, 2003; Hayne, 1990; Hudson, 1990).

Wie beeinflußt der Spracherwerb die kindliche Amnesie? Vor dem Hintergrund des Entwicklungsmodells, das in Abbildung 5 skizziert wird, spielt der Spracherwerb zumindest in zweierlei Hinsicht eine wichtige Rolle in der Gedächtnisentwicklung. Zum einen erhöht die Fähigkeit von Kindern, Informationen in einer sprachlichen Form aufzunehmen, zweifellos sowohl die Qualität als auch die Dauer einer gegebenen Repräsentation. Des weiteren vergrößert ihre Fähigkeit, sprachliche Signale zu nutzen, höchstwahrscheinlich die Bandbreite von Situationen, in denen sie eine spezifische Erinnerung erfolgreich abrufen können. So gesehen, trägt Sprache entweder als ein Merkmal des Erinnerten zum Ende der kindlichen Amnesie bei oder als ein erinnerungsaktivierender Reiz wie jeder andere Reiz auch. Die bedeutsame Rolle von Sprache für die menschliche Kognition bringt es jedoch mit sich, daß die Fähigkeit, unsere Vergangenheit zu erinnern, exponentiell mit der Möglichkeit ansteigt, Erinnerungen mittels Sprache abzuspeichern und wieder abzurufen.

Einige der neueren Theorien zur kindlichen Amnesie beruhen auf der Vorstellung, daß es im Laufe des Lebens zu qualitativen Veränderungen in der Verarbeitung von Erinnerungen kommt (Howe & Courage, 1993, 1997; Nelson & Fivush, 2004). Im Unterschied dazu würde ich die These aufstellen, daß einfache quantitative Veränderungen in grundlegenden Gedächtnisprozessen zur Zeit die einfachste und sparsamste Erklärung kindlicher Amnesie liefern. Entwicklungen in den höheren kognitiven Fähigkeiten tragen zum Abbau der kindlichen Amnesie bei, indem sie das Kodieren, Behalten und Abrufen unserer früheren Erfahrungen beeinflussen.

Anmerkung der Autorin:

Die in diesem Beitrag beschriebene Forschung wurde durch *Marsden Grants* ermöglicht, die die *Royal Society of New Zealand* an mich vergeben hat.

Literatur:

Bachevalier, J. (1990). Ontogenetic development of habit and memory formation in primates. In A. Diamond (Hrsg.), *The development and neural bases of higher cognitive functions, Annals of the New York Academy of Sciences* (Bd. 608, S. 434–456). New York: New York Academy of Science.

Barr, R. & Hayne, H. (2000). Age-related changes in imitation: Implications for memory development. In C. Rovee-Collier, L. P. Lipsitt & H. Hayne (Hrsg.), Progress in infancy research (Bd. 1, S. 21–67). Hillsdale, NJ: Erlbaum.

Barr, R. & Hayne, H. (2003). It's not what you know, it's who you know: Older siblings facilitate imitation during infancy. *International Journal of Early Years Education, 11*, 7–21.

Barr, R., Dowden, A. & Hayne, H. (1996). Developmental changes in deferred imitation by 6- to 24-month-old infants. *Infant Behavior and Development, 19,* 159–170.

Barr, R., Marrott, H. & Rovee-Collier, C. (2003). The role of sensory preconditioning in memory retrieval by preverbal infants. *Learning & Behavior, 31,* 111–123.

Barr, R., Vieira, A. & Rovee-Collier, C. (2001). Mediated imitation in 6-month-olds: Remembering by association. *Journal of Experimental Child Psychology, 79,* 229–252.

Boller, K., Rovee-Collier, C. Borovsky, D., O'Connor, J. & Shyi, G. (1990). Developmental changes in the time-dependent nature of memory retrieval. *Developmental Psychology, 26,* 770–779.

Borovsky, D. & Rovee-Collier, C. (1990). Contextual constraints on memory retrieval at six months. *Child Development, 61,* 1569–1583.

Bruce, D., Dolan, A. & Phillips-Grant, K. (2000). On the transition from childhood amnesia to the recall of personal memories. *Psychological Science, 11,* 360–364.

Butler, J. & Rovee-Collier, C. (1989). Contextual gating of memory retrieval. *Developmental Psychobiology, 22,* 533–552.

Collie, R. & Hayne, H. (1999). Deferred imitation by 6- and 9-month-old infants: More evidence for declarative memory. *Developmental Psychobiology, 35,* 83–90.

Davis, J. & Rovee-Collier, C. (1983). Alleviated forgetting of a learned contingency in 8-week-old infants. *Developmental Psychology, 19,* 353–365.

Dudycha, G. J. & Dudycha, M. A. (1933). Some factors and characteristics of childhood memories. *Child Development, 4,* 265–278.

Dudycha, G. J. & Dudycha, M. A. (1941). Childhood memories: A review of the literature. *Psychological Bulletin, 38,* 668–682.

Fagen, J. W. & Rovee-Collier, C. (1983). Memory retrieval: A time-locked process in infancy. *Science, 222,* 1349–1352.

Fenson, L., Dale, P. S., Resnick, S. J., Bates, E., Thal, D. J. & Pethick, S. J. (1994). *Variability in early communicative development.* Monographs of the Society for Research in Child Development, 59. San Diego, CA: Singular Publishing Group.

Freud, S. (1905). Drei Abhandlungen zur Sexualtheorie. In ders., *Gesammelte Werke, Bd. V* (S. 37–145). Frankfurt am Main: Fischer.

Freud, S. (1909). Bemerkungen über einen Fall von Zwangsneurose. In ders., *Gesammelte Werke, Bd. VII* (S. 31–103). Frankfurt am Main: Fischer.

Freud, S. (1918). Aus der Geschichte einer infantilen Neurose. In ders., *Gesammelte Werke, Bd. VIII* (S. 125–232). Frankfurt am Main: Fischer.

Greco, C., Rovee-Collier, C., Hayne, H., Griesler, P. & Earley, L. (1986). Ontogeny of early event memory: I. Forgetting and retrieval by 2- and 3-month-olds. *Infant Behavior and Development, 9,* 441–460.

Hanna, E. & Meltzoff, A. N. (1993). Peer imitation by toddlers in laboratory, home, and day-care contexts: Implications for social learning and memory. *Developmental Psychology, 29,* 701–710.

Hartshorn, K. (2003). Reinstatement maintains a memory in human infants for 1 ½ years. *Developmental Psychobiology, 42,* 269–282.

Hartshorn, K., Rovee-Collier, C., Gerhardstein, P., Bhatt, R. S., Wondoloski, T. L., Klein, P., Gilch, J., Wurtzel, N. & Campos-de-Carvalho, M. (1998). The ontogeny of long-term memory over the first year-and-a-half of life. *Developmental Psychobiology, 32,* 69–89.

Hayne, H. (1990). The effect of multiple reminders on long-term retention in human infants. *Developmental Psychobiology, 23,* 453–477.

Hayne, H. (2004). Infant memory development: Implications for childhood amnesia. *Developmental Review, 24,* 33–73.

Hayne, H., Boniface, J. & Barr, R. (2000). The development of declarative memory in human infants: Age-related changes in deferred imitation. *Behavioral Neuroscience, 114,* 77–83.

Hayne, H., Greco, C., Earley, L. A., Griesler, P. C. & Rovee-Collier, C. (1986). Ontogeny of early event memory: II. Encoding and retrieval by 2- and 3-month-olds. *Infant Behavior and Development, 9,* 461–472.

Hayne, H., MacDonald, S. & Barr, R. (1997). Developmental changes in the specificity of memory over the second year of life. *Infant Behavior and Development, 20,* 237–249.

Herbert, J. & Hayne, H. (2000a). The ontogeny of long-term retention during the second year of life. *Developmental Science, 3,* 50–56.

Herbert, J. & Hayne, H. (2000b). Memory retrieval by 18–30-month-olds: Age-related changes in representational flexibility. *Developmental Psychology, 36,* 473–484.

Hildreth, K. & Rovee-Collier, C. (1999). Decreases in response latency to priming over the first year of life. *Developmental Psychobiology, 35,* 276–289.

Hildreth, K. & Rovee-Collier, C. (2002). Forgetting functions of reactivated memories over the first year of life. *Developmental Psychobiology, 41,* 277–288.

Hill, W. H., Borovsky, D. & Rovee-Collier, C. (1988). Continuities in infant memory development over the first half-year. *Developmental Psychobiology, 21,* 43–62.

Howe, M. L. & Courage, M. L. (1993). On resolving the enigma of infantile amnesia. *Psychological Bulletin, 113,* 305–326.

Howe, M. L. & Courage, M. L. (1997). The emergence and early development of autobiographical memory. *Psychological Review, 104,* 499–523.

Hudson, J. A. (1990). The emergence of autobiographical memory in mother-child conversation. In R. Fivush & J. A. Hudson (Hrsg.), *Knowing and remembering in young children* (S. 166–196). New York: Cambridge University Press.

Learmonth, A. E., Lamberth, R. & Rovee-Collier, C. (2004). Generalization of deferred imitation during the first year of life. *Journal of Experimental Child Psychology, 88,* 297–318.

MacDonald, S., Uesiliana, K. & Hayne, H. (2000). Cross-cultural differences in childhood amnesia. *Memory, 8,* 365–376.

McDonough, L., Mandler, J. M., McKee, R. D. & Squire, L. R. (1995). The deferred imitation task as a nonverbal measure of declarative memory. *Proceedings of the National Academy of Science, 92,* 7580–7584.

Meltzoff, A. (1988). Infant imitation and memory: Nine-month-olds in immediate and deferred tests. *Child Development, 59,* 217–225.

Meltzoff, A. N. (1995). What infant memory tells us about infantile amnesia: Long-term recall and deferred imitation. *Journal of Experimental Child Psychology, 59,* 497–515.

Meltzoff, A. N. & Moore, M. K. (1977). Imitation of facial and manual gestures by human neonates. *Science, 198,* 75–78.

Meltzoff, A. N. & Moore, M. K. (1983). Newborn infants imitate adult facial gestures. *Child Development, 54,* 702–709.

Meltzoff, A. N. & Moore, M. K. (1994). Imitation, memory, and the representation of persons. *Infant Behavior and Development, 17,* 83–99.

Mullen, M. K. (1994). Earliest recollections of childhood: A demographic analysis. *Cognition, 52,* 55–79.

Neisser, U. (1962). Cultural and cognitive discontinuity. In T. E. Gladwin & W. Sturtevant (Hrsg.), *Anthropology and human behavior* (S. 54–71). Washington, DC: Anthropological Society of Washington.

Nelson, C. A. (1995). The ontogeny of human memory: A cognitive neuroscience perspective. *Developmental Psychology, 31,* 723–738.

Nelson, K. & Fivush, R. (2004). The emergence of autobiographical memory: A social cultural developmental theory. *Psychological Review, 111,* 486–511.

Piaget, J. (1969). Nachahmung, Spiel und Traum. Die Entwicklung der Symbolfunktion beim Kinde. Stuttgart: Klett (Original erschienen 1959).

Pillemer, D. B. & White, S. H. (1989). Childhood events recalled by children and adults. In H. W. Reese (Hrsg.), *Advances in child development and behavior* (Bd. 21, S. 297–340). Orlando, Florida: Academic Press.

Rovee, C. & Fagen, J. F. (1976). Extending conditioning and 24-hr retention in infants. *Journal of Experimental Child Psychology, 21,* 1–11.

Rovee, C. K. & Rovee, D. T. (1969). Conjugate reinforcement of infant exploratory behavior. *Journal of Experimental Child Psychology, 8,* 33–39.

Schachtel, E. G. (1947). On memory and childhood amnesia. *Psychiatry, 10,* 1–26.

Sheingold, K. & Tenney, Y. J. (1982). Memory for a salient childhood event. In U. Neisser (Hrsg.), *Memory observed* (S. 210–212). New York: Freeman.

Simcock, G. & Hayne, H. (2002). Breaking the barrier: Children do not translate their preverbal memories into language. *Psychological Science, 13,* 225–231.

Simcock, G. & Hayne, H. (2003). Age-related changes in verbal and nonverbal memory during early childhood. *Developmental Psychology, 39,* 805–814.

Spear, N. E. (1979). Experimental analysis of infantile amnesia. In J. Kihlstrom & J. Evans (Hrsg.), Functional disorders of memory (S. 75–102). Hillsdale, NJ: Erlbaum.

Usher, J. N. & Neisser, U. (1993). Childhood amnesia and the beginnings of memory for four early life events. *Journal of Experimental Psychology: General, 122,* 155–165.

Waldfogel, S. (1948). The frequency and affective character of childhood memories. *Psychological Monographs, 62,* 1–39.

Wetzler, S. E. & Sweeney, J. A. (1986). Childhood amesia: An empirical demonstration. In D. C. Rubin (Hrsg.), *Autobiographical memory* (S. 191–201). Cambridge (UK): Cambridge University Press.

COLWYN TREVARTHEN

Wer schreibt die Autobiographie eines Kindes?

Das Selbst und andere: Frühe Motive und Gefühle in Dialogen der Erfahrung

Jeder von uns glaubt, ein autobiographisches Gedächtnis zu besitzen; wir glauben an die unverwechselbare Geschichte unseres Selbst über unterschiedliche Zeiten hinweg, eine Geschichte, auf deren Details man sich mehr oder weniger verlassen und Gewißheit darüber erlangen kann, was sie zu leisten imstande ist. Um die Ursprünge dieses Gedächtnisses zu finden, werde ich mich darauf konzentrieren, *was* Menschen tun und *warum* sie dies tun – Menschen, die beständig Erfahrungen machen, die die Bilder und Gefühle bewerten, die auftauchen, wenn man sich in der Welt bewegt und Dinge tut, Menschen, die sich über schöne Momente freuen und Unglück fürchten. Mich beschäftigt vor allem die Frage, wie wir uns an *Momente unseres Lebens* erinnern, die wir *mit bestimmten Personen* verbracht haben, in früheren Zeiten und an anderen Orten. Wie gehen wir mit diesen vergangenen Erfahrungen und Beziehungen um, während wir gleichzeitig, alleine oder mit anderen, das Leben in der Gegenwart bewältigen? Wie betrachten und interpretieren wir die Gegenwart im Lichte der Vergangenheit? Warum reagieren wir emotional, wenn es um diese Vergangenheit geht und um die Menschen, mit denen wir es in der Gegenwart zu tun haben oder in der Vergangenheit zu tun hatten? Und wie stellen wir uns – mit Gefühlen von Hoffnung oder Sorge – unsere zukünftigen Handlungen und Beziehungen vor?

Erinnerung ist genauso wie Bewußtsein, von dem sie nicht getrennt werden kann, etwas Aktives (Trevarthen, 2002a). Ähnlich wie eine Geschichte verleiht sie einer oft ungeordneten Erfahrung dauerhaft Sinn. Mir wird es im Folgenden allerdings weniger um eine *semantische Beschreibung* dieser gelebten und als solche wahrgenommenen Erfahrung gehen, also um ihre *repräsentierten Inhalte* – es sei denn, es fände sich darin ein Stück Poesie, das den Akt der Erinnerung in seiner leiblichen, bewegten Form darstellt, in ihren syntaktischen Rhythmen, ästhetischen Qualitäten und bevorzugten Metaphern, kurz: in ihrer gesamten *expressiven Vitalität* (Turner, 1996). Die Kräfte, die die Geschichte des eigenen Lebens antreiben, sind so gesehen intentionaler, emotionaler und moralischer Natur, und das unabhängig von den unmittelbaren Anforderungen des alltäglichen Lebens. Das ist es, was ich zu verstehen versuche.

Als jemand, der gleichzeitig als Human- und Naturwissenschaftler arbeitet, gilt mein Interesse vor allem Kleinkindern[1] (Trevarthen, 1998a, 1998b, 2004a, 2006; Trevarthen & Reddy, 2006). Mir geht es darum, herauszufinden, was es bedeutet, ein Kind zu sein, das noch nicht sprechen kann, und wie ein Kind diese Phase hinter sich läßt, um seinen Platz in einer Sprachgemeinschaft zu finden – mit all ihren kulturellen Ritualen, ihren abstrakten und willkürlichen Interpretations- und Verhaltensweisen, tradierten Erklärungen und Überzeugungen, Techniken, Gesetzen und Institutionen (Trevarthen, 1988, 1990, 1994, 2004b). Ein solches Interesse stellt eine Kognitionswissenschaft mit ihren am Individuum und an Informationsverarbeitung orientierten Erklärungen von Wissen, Denken und Sprache vor Probleme (Reddy, 2003; Reddy & Morris, 2004; Thompson, 2001). Psychologie als eine rationale und in hohem Maße technisierte Wissenschaft betrachtet Lernen als etwas, das auf der Speicherung und dem Abruf von Informationen beruht und nicht auf Motiven. Für sie gründen Emotionen – auch interpersoneller Art – auf der biologischen Verstärkung der vitalen Bedürfnisse des Körpers. Wie und warum wir pro- und antisoziale Gefühle in Hinblick auf das entwickeln, was in unserer eigenen Vergangenheit richtig und falsch war, ist in solchen Begriffen schwer erklärbar, zumal dann, wenn man davon ausgeht, daß das kindliche Bewußtsein weit davon entfernt ist, ›formbar‹ zu sein, und statt dessen immer schon von ausgeprägt sozialen, auf die Gemeinschaft bezogenen Motiven geleitet ist (Nadel & Muir, 2005; Trevarthen, 1993a, 2005a).

Vieles deutet darauf hin, daß ein Kind schon vor der Geburt beginnt, Erinnerungen zu bilden, und zwar, indem es bestimmte Aspekte seiner Umwelt wiedererkennt. Ein Neugeborenes ›erinnert‹ beispielsweise die Stimme seiner Mutter (DeCasper & Fifer, 1980), sogar den Rhythmus bestimmter Wortfolgen. Aber was kann ein Kind, das noch keine zwei Jahre alt ist, bewußt wahrnehmen, was kann es wissen und erinnern? Es wird häufig bezweifelt, daß Kleinkinder ein kohärentes Gefühl für sich als Handelnde besitzen oder daß Kinder Erfahrungen mit erinnerter Vergangenheit und imaginierter Zukunft machen, bevor sie mittels Sprache zu denken beginnen – aber vielleicht liegt das daran, daß *wir* als Erwachsene unsere Erfahrungen und Handlungen mit Hilfe von Worten interpretieren. Zudem ist

[1] Der Begriff »infants«, der im englischen Original benutzt wird, bezeichnet hier Kinder, die sich noch nicht sprachlich verständigen. Der Begriff wird im Folgenden mit »Kleinkind« übersetzt bzw. inhaltlich umschrieben (Anmerkung der Übersetzerin).

das Erzählen des eigenen Lebens ein sozial verantwortungsvoller Akt, der erfordert, daß man die Autorenschaft übernimmt für die Geschichte, die man *für andere* erzählt; sie soll ›mitteilbar‹ sein oder auf interessante, informative und moralisch überlegte Art und Weise ›sich selbst erklären‹, und sie gibt dem ›Erzähler‹ oder der ›Erzählerin‹ eine *Rolle* oder *Identität* in der erzählten Handlung, dem Plot. Erkennen Kleinkinder, daß sie in ihrem Wissen und Tun von anderen Personen unabhängig sind? Die Psychologie des kindlichen Bewußtseins, was andere angeht, ist komplex, und die Frage der Interpretation ungeklärt. Es wird also nicht leicht sein herauszufinden, was die Lebensgeschichte eines noch nicht der Sprache mächtigen Kindes sein kann.

Die Bindungstheorie als das dominierende Interpretationsmodell der frühen emotionalen Entwicklung geht davon aus, daß das, was aus uns wird, von der Zuneigung abhängt, die wir als Kleinkinder erfahren, und davon, wie sicher die Fürsorge und der Schutz ist, den uns unsere Mutter oder eine andere Bezugsperson angedeihen läßt. Wir erinnern unser erstes Selbst aufgrund eines inneren Arbeitsmodells, das wir aus dieser »Bindungsfigur« ableiten (Bowlby, 1988). Von Erwachsenen, denen Kindheitserinnerungen fehlen bzw. bei denen sie inkohärent oder auf eine nicht nachvollziehbare Art und Weise überschwenglich positiv oder durchgehend mit Angst besetzt sind, nimmt man an, daß ihre Gefühlswelt durch Vernachlässigung oder Mißbrauch beschädigt ist. Glückliche und selbstbewußte Menschen hatten eine emotional stabile Kindheit in der Obhut liebevoller Eltern; ihre Erinnerungen sind für gewöhnlich deutlich und voll von Details (vgl. Fonagy et al., 1994). Aber die Bindungstheorie gibt keinen klaren Hinweis darauf, wie das Bedürfnis entsteht, autobiographische Erinnerungen zu bewahren – solange wir nicht davon ausgehen, daß sich die Art, in der unser Gehirn uns selbst (unseren Willen und unsere Vorstellungskraft) reguliert, aus externen Quelle speist, d. h. aus der Art und Weise, in der andere Menschen handeln (Trevarthen, 2005b).

Kleinkinder können per definitionem nicht sprechen. Wir können sie nicht fragen, was sie denken. Der Großteil der experimentellen Forschung zum ›Wissen‹ von Kleinkindern beruht auf der Annahme, daß sie sich – zumindest zu Beginn – nicht mit den Bewußtseinszuständen anderer Personen beschäftigen können. Die moderne Entwicklungspsychologie gestaltet sich in Hinblick auf Kleinkinder vor allem als Suche nach Hinweisen darauf, wie sie – um ihre unmittelbaren Bedürfnisse zu befriedigen, um Angenehmes zu wiederholen oder unangenehmen Situationen zu entgehen – Schemata mit dem Ziel ›konstruieren‹, die Dimensionen und ›Qualitäten‹ von Objekten und physischen Ereignissen kennenzulernen, indem sie aus angeborener Neugier versuchen, ihre wechselnden Erscheinungsformen zu begreifen. Das Interesse der Forschung richtet sich dabei auf die Informationen, die das kleine

Kind aufnimmt, nicht auf seine Bedürfnisse. Von den ›Objektbeziehungen‹ zu anderen Menschen nimmt man an, daß sie auf dieselbe Art und Weise konstruiert werden – mit Hilfe angeborener Impulse, die die Nähe zu einer beschützenden Mutter suchen lassen und Trost finden in Berührung, liebevollen Blicken und einer zärtlichen Stimme. Technisch gesprochen: Eine solche Bezugsperson wird als »externes Regulativ physiologischer Zustände« aufgefaßt.

Wie sollte ein Kleinkind – jenseits von Gegenwart oder unmittelbarem Erleben – ein Gefühl für Zeit entwickeln, in die es Ereignisse seines Lebens einordnen kann? Wie kann es etwas *mitteilen*, wenn es die Interessen des Gegenübers nicht spüren oder wahrnehmen kann? Wie früh kann ein Kind sich selbst in bezug auf andere als jemanden erleben, der oder die eine stabile emotionale Persönlichkeit besitzt? Wann ist das, was ein Säugling tut, eine Aussage *über* Dinge oder sich selbst, die sich mit seinem sozialen Wesen, seiner grundsätzlichen Bezogenheit auf Menschen, erklären läßt? Diese Fragen haben wir in unserer Forschung zu klären versucht (Reddy & Trevarthen, 2004; Trevarthen, 1993b, 1998a, 1999a, 1999b, 2001, 2002a; Trevarthen & Aitken, 2001; Trevarthen & Reddy, 2006).

Vielleicht geht unsere Psychologie von falschen Annahmen darüber aus, wie ein vorsprachlicher menschlicher Geist funktioniert, indem sie seine *schöpferische und soziable, auf das Gegenüber gerichtete Seite* übersieht. Vielleicht sind die Impulse eines Säuglings, sich zu *bewegen*, die in den Augen liebender Eltern so sehr seine Bedürfnisse und Gefühle auszudrücken scheinen, tatsächlich von der Evolution erdacht worden als Ausdruck der *Suche nach psychologischer Gesellschaft* – um mit den plan- und emotional ausdrucksvollen Handlungen anderer und den ihnen zugrunde liegenden Motiven zu interagieren (Trevarthen, 2002b, 2005b). Vielleicht muß das Verhalten von Babys – auch ihr kommunikatives – von uns als eine Form des ›narrativen Denkens‹ betrachtet werden, aus dem heraus Erinnerungen zu entstehen beginnen, in denen es darum geht, ein Selbst auszubilden, das auch von anderen anerkannt wird (Trevarthen & Reddy, 2006; Trevarthen & Schögler, 2006). Wie kann man wissen, ob man geliebt oder nicht geliebt wird, wenn man nicht versucht, die Gefühle anderer auf sich zu lenken, indem man sich auf eine Art und Weise in der Welt bewegt, die auch sie bewegt?

Eine vergleichende Neurowissenschaft der Erinnerung

An anderer Stelle dieses Buches wird über Hirnstrukturen von Tieren berichtet (vgl. Schwartz in diesem Band), die anatomisch homolog zu Strukturen im menschlichen Schläfenlappen sind. Berühmte neuropsychologische Fälle scheinen gezeigt zu haben, daß diese Strukturen notwendig sind, damit eine Person eine Erinnerung bewahren und erzählen kann, die persönliche Erfahrungen über die Zeit hinweg repräsentiert – obwohl die Frage, ob es tatsächlich lokalisierbare Gedächtnissysteme gibt, immer noch umstritten zu sein scheint (Gaffan, 2005).

Es gibt Hinweise darauf, das dieselben oder angrenzende Bereiche im ventromedialen Schläfenlappen sowohl bei Ratten wie auch bei Menschen nach extremem emotionalen Streß beschädigt werden, was im Falle von Menschen zu einem fragilen expliziten Gedächtnis bzw. zu einer fragilen Selbst-Bewußtheit führt (Bremner et al., 2000; Cohen et al., 1999; McEwen, 2002; Sapolsky, 2000; Tulving & Markowitsch, 1998). Ein anderer Komplex von Forschungen zeigt die Verbindung zwischen den Stirnlappen und einem auf die Zukunft gerichteten Zeitgefühl sowie den zielgerichteten Strategien »exekutiver Funktionen«, und zwar auch bei Kleinkindern (Bechara et al., 2000; Diamond, 1991; Luciana, 2001). Der frontale paralimbische Kortex eines Erwachsenen ist wichtig, um Bedürfnisse und Handlungsmöglichkeiten einschätzen zu können, vor allem in bezug auf andere Personen und deren Bewußtseinszustände; und der orbitofrontale Kortex wird sowohl bei sozialen Emotionen zwischen Personen aktiv als auch bei der Regulierung der Bindung eines Kleinkindes an seine Mutter (Anderson et al., 1999; Schore, 1996).

Die am häufigsten zitierten Tierstudien (etwa LeDoux, 1996; Rolls, 1999) werfen einen recht mechanistischen, jede »mentalistische« Interpretation scheuenden Blick auf Emotionen und ihre kognitive Interpretation und geben keine Auskunft über die intrinsisch motivierten Kräfte der Erfahrung und Erinnerung. Ich glaube auch nicht, daß eine Ratte – oder selbst ein Affe – irgendeine Art von Impuls verspürt, eine Geschichte seiner sich wandelnden persönlichen Anschauungen zu erzählen, Impulse, aufgrund derer schon ein einjähriges Kind anfängt, sich mit Äußerungen und Gesten der »Protosprache« an andere zu richten (Halliday, 1975). Ich denke, daß wir die Frage nach *der Geschichte des vorsprachlichen Kindes* neu stellen müssen, indem wir uns damit beschäftigen, welche Art von Mensch ein Kleinkind in unterschiedlichen Entwicklungsstadien ist, und versuchen müssen zu verstehen, warum kleine Kinder von Beginn an so gut kommunizieren können und was es mit ihrem Gefühl dafür auf sich hat, jemand zu sein, auf den sich andere beziehen. Wo liegen die Anfänge der Art und Weise, in der sie die Geschichte ihres Lebens komponieren und erzählen – und dabei nach Zustimmung, Interpretation und vielleicht Erklärung streben?

Ich denke, daß der entscheidende Unterschied zwischen menschlicher Intelligenz und der von Affen mit dem Umstand zusammenhängt, daß das kleine Kind aktiv seine Rolle in einer Welt von (von Menschen gemachten) Bedeutungen entdeckt, was ausschließlich über intersubjektive Dialoge mit anderen Menschen möglich ist. Kleine Primaten zeigen viele menschenähnliche Empfindungs- und Verhaltensweisen. Sie können sich mit jenen zusammentun, die sich sensibel und liebevoll um sie kümmern – menschliche Betreuer eingeschlossen (Bard, 2005). Sie fangen früh an, sich an spielerischen Begegnungen mit anderen Jungen ihrer Art zu freuen, und haben als ausgewachsene Tiere ein differenziertes Gemeinschaftsbewußtsein und eine Identität innerhalb ihrer Gruppe (Cheney & Seyfarth, 1997; de Waal, 1996). Ihrer Fähigkeit jedoch, die artifiziellen Werkzeuge, Techniken und Rituale einer Kultur zu beherrschen, sind Grenzen gesetzt; sie werden auch nicht zu Individuen mit besonderen Fertigkeiten, Persönlichkeiten oder Besitztümern – kurz: sie kennen keine Distinktionsmittel, wie wir sie kulturell entwickelt haben (wie all das, worauf wir unseren Reichtum in unserer Konsumgesellschaft verwenden; Dissanayake, 1988).

Es gibt viele Hinweise darauf, daß ein Kind schon in seinem ersten Lebensjahr anfängt, aktiv seine Rolle in einer Welt von Menschen gemachter Bedeutungen zu entdecken und starke Gefühle sozialer Bezogenheit zu entwickeln, die ihm helfen, seine eigenen Fortschritte gleichsam mit den Augen anderer zu sehen. Ich glaube nicht, daß der Beginn des autobiographischen Gedächtnisses von Sprache abhängt. Ich glaube vielmehr, daß er von einer phantasievollen Form von Mimesis abhängt und einer Erschaffung von Mythen und Artefakten, zu der kein Affe fähig ist (Donald, 1991, 2001).

Ich habe mich folglich dafür entschieden, alle Überlegungen in Hinblick auf bestimmte *Inhalte* oder *Referenten* des autobiographischen Gedächtnisses zu vermeiden. Mir wird es nicht darum gehen, was tatsächlich passiert ist, sondern um das Wie und Warum dessen, daß etwas aktuell noch von Bedeutung ist. Ich werde mich, wie schon gesagt, auf *Prozesse* konzentrieren – auf das, was den Prozeß der Aneignung von Bedeutungen in Gang bringt, und auf die Art und Weise, in der sozial von einem mit emotionalen Erfahrungen durchdrungenen Gedächtnis Gebrauch gemacht wird. Emotionen tun sicherlich ihr Teil, um Farbe und Tiefe in eine Lebensgeschichte zu bringen (Trevarthen, 2005a). Die Art und Weise, in der ein Kleinkind Erfahrungen zu machen sucht, Interesse und Befriedigung oder Angst und Verwirrung ausdrückt (Papoušek, 1967), und vor allem die Art und Weise, in der das Kind seine mit Erfahrungen verbundenen Gefühle anderen zeigt und aus deren Verhalten auf ihre Zuwendung und Kooperation schließt – all das mag klären helfen, wo die Ursprünge des Selbst und des Gedächtnisses liegen. Es mag auch deutlich machen, welche Bedeutung es für ein Leben hat, mit dem man zufrieden sein kann.

Das ist kein rein akademisches Unterfangen. Jeder, der am sozialen Wohl, an der Erziehung und geistigen Gesundheit von Kindern interessiert ist, muß sich nicht nur damit beschäftigen, was und wieviel vermittelt und erinnert wird oder werden kann, sondern auch damit, wie es sich für das Kind anfühlt, anderen Menschen jene Art von Gedanken und Gefühlen über Dinge mitzuteilen – und sie von anderen mitgeteilt zu bekommen –, die kohärente Lebensgeschichten ausmachen, egal ob diese artikuliert werden oder nicht (Bronfenbrenner, 2002). Wir können beobachten, wie sich Kleinkinder körperlich, in ihren Bewegungen emotional ausdrücken, wie sie sich auf die Ausdrucksweisen und Handlungen von anderen einlassen und wie sie Beziehungen formen und ausbauen, die langfristig Auswirkungen auf ihre sich entwickelnden Gehirne haben (Trevarthen, 1993b; Trevarthen & Reddy, 2006; Trevarthen et al., 2006). Diese Beobachtungen helfen uns dabei, Wissen und Formen des Umgangs mit ihnen zu entwickeln, genauso wie sie uns zeigen, ob sensibel auf das Bedürfnis jedes Kindes nach einem verständnisvollen Miteinander eingegangen wurde – wie also das Wachstum der kindlichen Persönlichkeit gefördert oder behindert wurde. Wir müssen wissen, wie körperlicher und seelischer Streß verarbeitet wird und wie Anpassungen stattfinden, indem das »allostatische Gleichgewicht« reguliert oder Bedürfnisse und Anpassungsleistungen verändert werden – was sicherlich ein wichtiger Aspekt autobiographischen Erinnerns ist (McEwen, 2003; McEwen & Wingfield, 2003). Wir müssen auch wissen, wie erwarteter und kontrollierter Streß wirkt, denn dieser kann adaptives Handeln ›trainieren‹ und ›verbessern‹ und damit die Effektivität vitaler Funktionen, Handlungen und Erinnerungen steigern (Trevarthen et al., 2006).

Die vorsprachlichen Anfänge einer geteilten Lebenszeit

Nachahmung als Dialog mit Neugeborenen

Im Unterschied zu den traditionellen psychologischen und medizinischen Sichtweisen, die davon ausgingen, daß Kinder als Reflexwesen ohne Bewußtsein auf die Welt kommen, wissen wir mittlerweile, daß ein Neugeborenes in der Lage ist, sowohl intero- als auch propriozeptive Reize zur Kenntnis zu nehmen. Kinder entwickeln darüber hinaus eine selektive Bewußtheit von Dingen und Ereignissen außerhalb ihrer selbst (Trevarthen, 2004a; Trevarthen & Reddy, 2006). Schon Neugeborene haben ein gutes Gefühl für die Ausdrucksformen und Bewegungsrhythmen einer anderen Person (Malloch, 1999; Trevarthen, 1999a).

Der Nachweis, daß Neugeborene Willen, Bewußtsein und ein Gespür für andere Personen besitzen, entstammt detaillierten Beobachtungen spontaner Bewegungsinitiativen, besonders der Augen, Ohren und Hände, wenn sie sich selektiv auf Ereignisse außerhalb des eigenen Körpers hin orientieren (Trevarthen, 1984). Diese Bewegungen belegen die kohärente prospektive Regulierung der gesamten Muskelkräfte und Sinneseindrücke, die mit Änderungen der Körperposition einhergehen.

Die Kraft und ›Anmut‹, mit der sich Neugeborene bewegen, läßt zudem erahnen, daß sie durchaus zu emotionalem Verhalten in der Lage sind (Trevarthen, 1986), in anderen Worten, ein »emotionales Bewußtsein« haben (Panksepp, 2004a).

Studien zur *Nachahmung* zeigen, daß dieses vitale Selbst, mit all seinen synchron arbeitenden Muskeln und Sinnesorganen, fähig ist, sich auf die Motive und Gefühle einzulassen, die von den Bewegungen anderer ausgedrückt werden (Trevarthen, 2005c). Wenn ein Erwachsener offen genug ist, sich von einem kleinen Kind verführen zu lassen, und aufmerksam, aufgeschlossen und positiv auf die Anstrengungen des Kindes reagiert, sagen wir, einen Gesichtsausdruck, eine Handbewegung oder Laute nachzuahmen, dann kann ein *Dialog* entstehen, der ein »geteiltes Bewußtsein« *(co-consciousness)* hervorbringt (Tronick, 2005). Man kann, anders gesagt, von einer »primären Intersubjektivität« zwischen dem Kind und seinen Eltern ausgehen (Trevarthen, 1979, 1998a).

Das Neugeborene kann schon in den ersten Stunden nach seiner Geburt sowohl expressive Gesten nachahmen wie auch andere zu einer Nachahmung ›anstiften‹, sie dazu bewegen (Nagy & Molnar, 2004). Das scheinbar unerfahrene Baby ›weiß‹ also, wie es die *Initiative* ergreifen kann. Diese Interaktion wird nicht nur von Gefühlen der Erwartung und Freude auf seiten des Erwachsenen begleitet, sondern auch von *Gefühlen im Kind*. Die autonome Regulation des Herzschlags beim Kind ändert sich in solchen Situationen, was darauf hindeutet, daß die Impulse, den anderen nachzuahmen und umgekehrt ihn einzuladen, dies auch zu tun, einhergehen mit komplementären Gefühlen von Aufgeregtheit und einem Zustand erhöhter Reaktionsbereitschaft – oder Anstrengung und Erwartung –, und zwar auf beiden Seiten. Der Herzschlag des Babys erhöht sich, kurz bevor es eine Bewegung nachahmt, und er verringert sich, kurz bevor es andere dazu anstiftet, dies ebenso zu tun (Nagy & Molnar, 2004). Manchmal lächelt das Kind auch, wenn es nachgeahmt wird. Kind und Erwachsener erfahren dabei Gefühle der Zuneigung, was mit dem Begriff »externe Regulation« der jeweiligen physiologischen Zustände nur sehr unzureichend beschrieben ist. Von Beginn an bildet die dynamische Art und Weise, mit der in den Bewegungsrhythmen Gleichklang hergestellt wird, auch die Grundlage für die *Feineinstellung* zwischen unterschiedlichen Temperamenten (*vitalities of minds*; Stern, 2000). Sie wechseln sich dabei ab, selbst Interesse zu ›zeigen‹ bzw. es beim anderen ›wahrzunehmen‹ (Trevarthen et al., 1999).

Geschichten erfinden im Duett – Musik und Zeit in der frühen Entwicklung

Das kleine Kind ist von Geburt an sensibel für die Rhythmen von Rede und Anwort im Gespräch (Beebe et al., 1985; Jaffe et al., 2001). Er oder sie wird mit der Fähigkeit geboren, mit begrenzten vokalen und gestischen Mitteln an einem rituellen ›Tanz‹

von Ausdrucksweisen teilzunehmen und so Emotionen mit anderen zu teilen. Wenn Eltern mit ihren Babys sprechen, so hat ihre Rede die formale Struktur von Musik oder Poesie, was den Kindern sichtlich gefällt (Miall & Dissanayake, 2003). Beide zusammen erproben so zeitlich strukturierte Duetts.

Ein Beispiel: Ein zwei Monate zu früh (im Alter von 32 Wochen) auf die Welt gekommenes Kind wurde bei einem sehr innigen Austausch von Lauten mit seinem Vater gefilmt; dabei lag es gegen seine Brust gelehnt (van Rees & de Leeuw, 1993). Spektrographische Mikroanalysen der Aufzeichnungen, die das Ziel verfolgten, das ›Timing‹ des Austauschs von kurzen Gurr-Lauten zu erfassen, ergaben, daß *sowohl das Kind als auch der Vater* Zeitintervalle von der Länge von Silben und kurzen Sätzen (0,7 bzw. 4 Sekunden) ›einplanten‹, um dem jeweils anderen eine Reaktion zu ermöglichen (Malloch, 1999). Das zeigt, daß das Kind fähig war, die Erwartung, daß das Gegenüber antwortet, zumindest über mehrere Sekunden hinweg aufrechtzuerhalten, und den Versuch unternahm, die *intersubjektive Kontingenz* von Ereignissen auf dieser Zeitbasis zu regulieren. Das Baby besaß einen ›inneren Wegweiser‹ oder eine ›Uhr‹, die angab, wann der Vater ›gurren‹ sollte.

Im Zuge der Anstrengungen, mit dem Fluß der Ereignisse außerhalb ihrer Körper Schritt zu halten, lassen sich bei Neugeborenen Erwartungshaltungen feststellen, die sich im körperlichen, gestischen und stimmlichen Ausdruck von *Interesse/Freude* oder *Mißfallen/Widerwille/Vermeidung* zeigen. Im Alter von ein paar Wochen können diese Gefühle zu einer Art Spiel genutzt werden, bei dem ein für das Kind sichtbarer Monitor entweder zufällig auf seine ›testenden‹ Kopf- und sonstigen Bewegungen reagiert oder tatsächlich auf sie ›antwortet‹ (Papoušek, 1967; Watson, 1972). Das Baby scheint in der Hoffnung zu agieren, angemessene Reaktionen zu bekommen; es bevorzugt solche mit einem, einer anderen Person gleichklingenden Rhythmus, freut sich, wenn seine Vorhersagen zutreffen, und äußert Mißfallen, wenn es einen ›Fehler‹ macht und nicht das erwartete Resultat erzielt. Dieselbe Art von Untersuchungsdesign wurde eingesetzt, um bei sehr kleinen Kindern die Fähigkeit zu testen, die Stimme der eigenen Mutter oder den Geruch ihrer Brust wiederzuerkennen oder Veränderungen in anderen Signalen auszumachen, die Zeichen für den Körper oder die Bewegungen einer Person sein können (Trevarthen et al., 1981).

Eine Mutter, die spielerisch – auf eine musikalisch-poetische Art – mit ihrem zwei Monate alten Baby ›plaudert‹, wird gefangengenommen vom erwartungsvollen Blick des Kindes, reagiert sensibel auf den Ausdruck seiner Hände, seines Gesichts und vor allem seiner Stimme. Es entsteht ein Wechselspiel von Aufgeregtheit, Neugier und energischer Anstrengung – begleitet von jenem Ausdruck spielerischen Vergnügens –, das als *Protokonversation* (Bateson, 1979) beschrieben worden ist, ei-

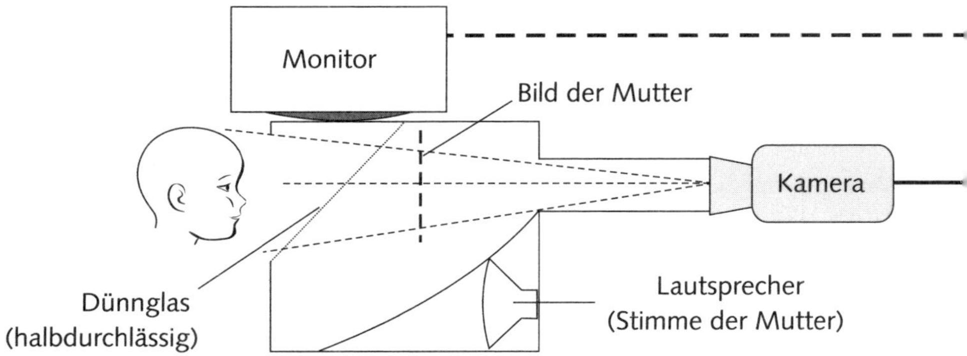

Abb. 1: Doppelvideo-Experiment (vgl. auch Trevarthen, 2002a, S. 222).

ner Dramaturgie folgt, emotional-narrative Strukturen aufweist und über die wenigen Sekunden einer ›psychologischen Gegenwart‹ durchaus hinausgeht (Stern, 2004).

Wenn durch experimentelles Design (Abbildung 1) die Koordination zwischen dem, was das Kind tut, und den Reaktionen der Mutter gestört wird – der Faden, der beide verbindet, unterbrochen wird und die Wechselseitigkeit verloren geht –, zeigt das Kind Anzeichen von Rückzug und Kummer.

Bei diesem Experiment kommunizieren Mutter und Kind zunächst in Echtzeit über Videokamera und Monitore. Nach einiger Zeit wird dem Kind ein etwa einminütiger Ausschnitt der Kommunikation der Mutter vorgespielt, was zur Folge hat, daß das mütterliche Verhalten zwar genau dasselbe ist wie zuvor, nun aber nicht mehr auf die Kommunikation des Babys abgestimmt ist. Die Babys versuchen in dieser Situation zunächst zu interagieren. Da die Mutter jedoch nicht angemessen und zeitlich abgestimmt reagiert, zeigen sie schließlich Anzeichen von Kummer, Blickvermeidung und Rückzug.

Das ›Timing‹ von etwas längeren (in 10-Sekunden-Einheiten gerechneten) Kommunikationsepisoden mag mit den Periodizitäten zu tun haben, die von der autonomen Regulation der viszeralen Systeme her bekannt sind (Delamont et al., 1999). Dies legt die Vermutung nahe, daß sowohl für das Kind wie für den Erwachsenen Veränderungen der auf die Außenwelt bezogenen Aufmerksamkeit und Aktivität an Funktionen der Stoffwechselregulation gekoppelt sind, die die Lebensfunktionen des Körpers unterstützen und auf die Regulierung von Energieressourcen achten (Trevarthen et al., 2006). Durch die wechselseitige Abstimmung der Ausdrucksmodi

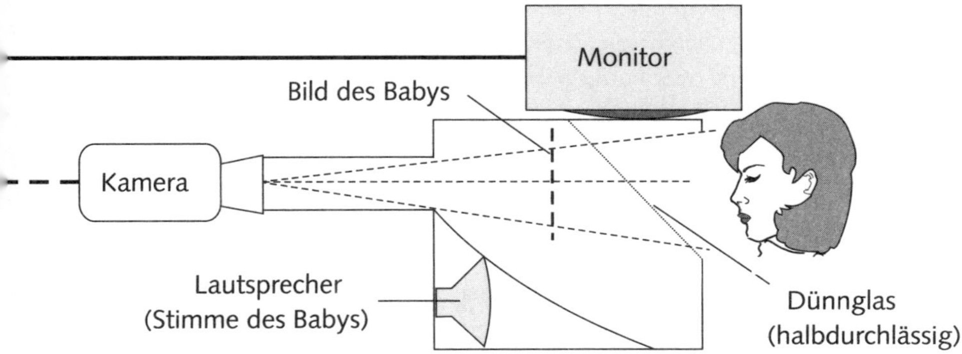

von Eltern und ihren Kindern wird ein duales, sich selbst regulierendes System aufgebaut, und wenn sich das Kind in physiologischer oder emotionaler Hinsicht elend fühlt, kann ein Elternteil dies als ›externer Regulator‹ kompensieren. Der Begriff, den wir für diese Art der gekoppelten physiologischen Kontrolle gefunden haben, lautet *amphoteronomische Regulation* (Trevarthen et al., 2006).

Die Mobilität und Ausdrucksfähigkeit des kindlichen Körpers und die Effektivität, mit der das Kind Informationen mit seinen Sinnen aufnimmt, verändern sich in den ersten Lebenswochen rapide. Das Sehvermögen bessert sich, Kopf und Arme können kontrollierter gehalten werden. Bald verändern aufmerksame Eltern die Kommunikation und verwickeln das Baby in lebhaftere *Körperspiele*, die in keinem unmittelbaren Zusammenhang mit inneren vitalen Funktionen stehen. Interessen werden so wechselseitig reguliert, indem Blickrichtung, Stimmgebung und Gestik koordiniert werden; wir haben diesen Prozeß als *synrhythmische Regulation* bezeichnet (Trevarthen et al., 2006). Spiele werden gemeinsam entwickelt und zeitlich so strukturiert, daß vorhersagbare ›Episoden‹ entstehen, zum Beispiel Strophen von Kinderliedern und sich wiederholende Handlungsabläufe und Neckereien (Bruner & Sherwood, 1975; Trevarthen, 1999a).

Kleinkinder besitzen die spezifisch menschliche Gabe der *kommunikativen Musikalität* (Malloch, 1999). Sie lassen sich von einfachen Liedern, rhythmischen Formen und Tänzen begeistern und sind aufmerksam, wenn es um ›emotionale Geschichten‹ geht, die eine Sängerin oder ein Sprecher erzählt, und die im Wechsel von Rhythmus, Lautstärke, Tonhöhe, ›Stimmqualität‹ oder Klangfarbe zum Ausdruck kommen. Besonders aufmerksam reagieren sie auf Reime, die Höhe- und

Endpunkte von Phrasen markieren. Kinderlieder variieren in Tempo, Ausdruck und Stimmung, und Eltern setzen sie intuitiv ein, um das Aktivitäts- und Erregungsniveau der Kinder zu regulieren, um sie abzulenken oder zu beruhigen, wenn sie sich weh getan haben, müde oder hungrig sind (Papoušek, 1996; Rock et al., 1999). Ist das Kind aufgeweckt und fröhlich, wird es mit Freude reagieren, wenn es auf den Höhepunkt in einem Sing-Spiel zugeht; Freudentöne und Lachen beim Kind gehen oft Hand in Hand mit der abschließenden Vorstellung des Erwachsenen; es bewegt dann seine Arme und den ganzen Körper im Rhythmus des Liedes (Trevarthen et al., 1999). Müde, gelangweilte oder depressive Eltern ziehen dagegen das Kind nicht in ihren Bann, und entsprechend wird es ihnen auch nicht gelingen, es zu trösten, zu beruhigen oder fröhlich zu stimmen.

Diese Untersuchungen haben gezeigt, daß ein Kind schon im Alter von wenigen Monaten ein gutes Gespür für die soziale Bedeutung oder die *narrativen Potentiale* von Tänzen und Liedern besitzt (Trevarthen, 1999a; Trevarthen & Schögler, 2006). Diese Gabe ist mit inneren motivationalen Prozessen verbunden, die das Kind leiten, wenn es versucht, sich auf Objekte und Ereignisse einzustellen.

Es ist von enormer Bedeutung, daß das intuitive ›Timing‹ des elterlichen Spiels und die spontanen Bewegungen des Kindes aufeinander abgestimmt sind (Trevarthen, 1986). Rhythmen von *presto* bis *largo* choreographieren die frühe Kommunikation. Lange bevor das Kind stehen kann, bilden die Strukturen rhythmischer Bewegungen die Grundlagen einer mit dem Erwachsenen gemeinsam erfahrenen Musikalität – wie auch die Grundlagen der unterschiedlichen kulturellen musikalischen Traditionen (Trevarthen, 1999a). »This is the beat« – und genau hier hat er seine Wurzeln.

Eine kleine Entwicklungsgeschichte des Wissens und der Erinnerung

Vom Stolz über eine gelungene Vorstellung und der Scham, wenn man mißverstanden wird

Einem sechs Monate alten Kind macht es Spaß, bei einem Lied oder Spiel mitzumachen. Schnell lernt es bestimmte Merkmale des Rituals und wartet gespannt auf die Wiederholung; es reagiert auf die ersten Noten einer bekannten Melodie oder die einladende Körperhaltung zu Beginn eines Spiels. Es gefällt sich auch in der Rolle des Darstellers oder Handelnden (Trevarthen, 1990). Wie das Neugeborene das, was es durch Nachahmung gelernt hat, dazu einsetzt, denjenigen zu einer Reaktion zu bewegen, den es zuvor nachgeahmt hat (Nagy & Molnar, 2004), reagiert ein Kleinkind, das gelernt hat, wie man bei einem Lied rhythmisch in die Hände klatscht, auf ein bestimmtes Signal, indem es mit gespanntem Blick und breitem, stolzem

Lächeln anderen das In-die-Hände-Klatschen zeigt (Trevarthen, 2002b, 2005a). Für die Entwicklung einer sozialen Rolle und Individualität ist es wichtig, das Wissen um ein solches Ritual als eine ›persönliche Errungenschaft‹ zu empfinden und es mit dem entsprechenden Ausdruck von Freude und ›Stolz‹ anderen zu demonstrieren. Das Kind zeigt damit nicht nur, daß es etwas weiß, das auch andere wissen, sondern zugleich auch, daß es weiß, daß andere diese Fähigkeit besonders interessant finden – was sie zu einem Stück Kunst macht (Dissanayake, 1988, 2000). Sein Wissen zu demonstrieren ist mithin ein Akt, der sich auf ein emotional bedeutsames und mit anderen geteiltes Ereignis der Vergangenheit bezieht. Es ist ein Stück Autobiographie.

Ich glaube, daß der Stolz darüber, sich in einem gemeinsamen Bedeutungsfeld zu bewegen, das erste und ursprüngliche menschliche Motiv für kulturelles Lernen darstellt. Es ist die zentrale emotionale Grundlage dafür, daß andere das Kind etwas lehren, und zwar indem sie Anteil an seinen Intentionen und Absichten nehmen; fehlt das Interesse und die Bewunderung jener, an die das Kind emotional besonders gebunden ist, wird es seine Energie und Lebensfreude verlieren. Psychologen wissen, daß Kinder etwa ab der Mitte des ersten Lebensjahres die Gefühle, die andere in Hinblick auf Ereignisse oder Gegenstände zeigen, aufmerksam verfolgen und selbst anfangen, Gefühle zu demonstrieren (Klinnert et al., 1983; man spricht in diesem Zusammenhang von *social referencing*). Zugleich werden sie zunehmend sozial ›selbst-bewußt‹ (Reddy, 2003; Sroufe, 1996; Trevarthen, 1990). Sie lachen, präsentieren sich, reagieren mit Lachen, wenn sie geneckt werden, und geben sich albern oder ›ungezogen‹. All diese sozialen Zeichen verschwinden, wenn ein Kind schwer verängstigt, vernachlässigt oder mißbraucht wird; wird ein solches Kind sensibel wieder zum Spielen angespornt und erlebt damit erneut, was es heißt, sich mit anderen über etwas zu freuen, kann jedoch ein Regenerierungsprozeß einsetzen (Jernberg & Booth, 2001).

Dies ist auch die Zeit, in der noch unbekannte Personen mit einem neuen Mißtrauen als *Fremde* betrachtet werden (Achtmonatsangst) und Gefühle auftauchen, die in Richtung ›Verlegenheit‹ und ›Scham‹ gehen (Sroufe, 1996). Schon viel jüngere Kinder zeigen, daß sie sich des Blicks anderer bewußt sind, wenn sie aufmerksam beobachten oder wenn sie sich ›schüchtern‹ mit einem Lächeln abwenden. Sie achten in diesem Alter schon sehr auf die anderen und auf die Beziehung zu ihnen. Ein Baby kann unmittelbar auf die Gefühle eingehen, die mittels Stimme, Berührung, Mimik oder Gestik ausgedrückt werden.

Was lehren uns diese sozialen Verhaltensweisen über das kindliche Selbstbewußtsein und Gedächtnis? Hat ein Baby eine Erinnerung an sich als eine Person, die verschiedene Situationen durchlebt? Sicherlich können Körperhaltungen und Geräusche, die sie machen, als ›rhetorische‹ Kommentare gelten, die sich auf Vorstellungen von etwas beziehen, das gerade nicht da ist. Da die Sprache fehlt, ist es natürlich höchst problematisch, den Inhalt solcher Erinnerungen rekonstruieren zu wollen. Ist man jedoch mit einem Kind sehr vertraut, bestätigt sich, daß es selbst bei Kindern, die jünger als neun Monate sind, Anzeichen dafür gibt, daß sie Gefühle haben, die auf ein Ereignis zu einer anderen Zeit, an einem anderen Ort zurückgehen. Ob Gemeinsamkeiten mit oder Unterschiede zu Situationen der Vergangenheit wiedererkannt werden, läßt sich leicht über Gewöhnungstests feststellen, da kleine Kinder – ebenso wie sehr viel einfachere Organismen – aufhören, auf sich wiederholende Situationen zu reagieren, die für sie ohne Konsequenzen bleiben; Interesse taucht erst dann wieder auf, wenn es zu irgendeiner Art von Veränderung kommt. Schon Föten zeigen Habituationslernen (vgl. Markowitsch & Welzer, 2005, S. 131 ff.). Ein wenige Monate altes Baby kann jedoch schon sehr viel mehr als das; es kann die gemeinsam auf etwas gerichtete Aufmerksamkeit verknüpfen mit einem Ausdruck von Überraschung, Freude, Angst oder Irritation, der auf Vergangenes verweist.

Unter kontrollierten Bedingungen durchgeführte Versuche zur Gedächtnisentwicklung bei Kindern weisen nach, daß die Reichweite der Erinnerung eines Kindes kontinuierlich zunimmt, womit erinnerte Ereignisse aus der Vergangenheit zeitlich immer weiter zurückliegen können (Donaldson, 1992; Rovee-Collier & Gerhardstein, 1997). Im Unterschied dazu unterliegen Persönlichkeitsvariablen wie Motive und Interessen eines Kindes eher abrupten Veränderungen in bestimmten Altersstufen, was darauf hindeutet, daß es innere epigenetische Vorgänge gibt, die zu »Phasen des beschleunigten Wandels« führen (Trevarthen & Aitken, 2003). Vielleicht begünstigen diese Vorgänge – die unterschiedliche Anforderungen an elterliche Reaktionsweisen stellen (Trevarthen et al., 2006) – den Ausgleich zwischen dem, was Physiologen für komplementäre emotionale Zustände halten: unerschrocken auf die Umwelt gerichtete oder *ergotrope* emotionale Prozesse, und eher dem Selbstschutz verpflichtete, fürsorgliche oder *trophotrope Emotionen* (Hess, 1954). Mit ihnen ändern sich auch die Voraussetzungen dafür, was ein Kleinkind erinnern kann.

Ab einem Alter von neun Monaten reagiert das Kind besorgt, wenn die Bezugsperson den Raum verläßt (Ainsworth et al., 1978), was nahelegt, daß es über eine Erinnerung an die Person verfügt. Auch »Objektpermanenztests«, Untersuchungen der Reaktionen eines Kindes, wenn ein Objekt von Interesse plötzlich verschwindet, zeigen, daß ab diesem Alter eine gewisse Erinnerung daran besteht, wo das verschwundene Objekte sein sollte (Bower, 1982). Auch lernen sie bald besser einzuschätzen, wohin das Objekt verschwunden sein mag – und zeigen damit, daß sie sich daran erinnern können, wie es von jemandem woanders plaziert wurde. Margaret Donaldson (1992) interpretiert dies als Beginn eines Prozesses, in dem das Kind lernt, sich Vergangenheit, Gegenwart und Zukunft vorzustellen und voneinander zu unterscheiden. Es ist auch der Beginn der Herausbildung eines Zeitgefühls, das wir später brauchen, um Geschichten zu erzählen.

Es ist aber nicht nur das Zeitgefühl, das sich ändert. Das Kind beginnt mit knapp einem Jahr Vergleiche anzustellen und in der Folge Ähnlichkeiten zu schätzen (Carey & Xu, 2001); es beginnt auch, an Absurditäten Gefallen zu finden, einschließlich, wie Vasu Reddy zeigt, am seltsamen Verhalten von Personen, das es dann imitieren kann, um andere zum Lachen zu bringen (Reddy, 2003; Reddy & Trevarthen, 2004). Es verändert sich vieles im Bewußtsein eines Einjährigen.

Bedeutungen erfinden und verändern, während gemeinsame Ziele verfolgt und Rollen verteilt werden

In jeder Kultur lernen kleine Kinder, sinn- und bedeutungsvolle Dinge mit anderen Menschen gemeinsam zu tun – sie gebrauchen soziale Gesten, Werk- oder Spielzeuge, lernen Verhaltensweisen, um den sozialen Austausch zu regulieren (Rogoff et al., 2003; Trevarthen, 2004b). Diese kulturelle Weitergabe im Medium des spontanen Lehrens und Lernens beginnt um den zwölften Lebensmonat herum und entwickelt sich rasch weiter. Herbeigeführt wird dies durch einen Wandel im kindlichen Bewußtsein, der das Bedürfnis des Selbst, mit Hilfe seiner investigativen Intelligenz Erfahrungen zu machen, mit dem Streben nach sozialer Anerkennung und Zuwendung durch die anderen verbindet (Hubley & Trevarthen, 1979; Trevarthen & Hubley, 1978).

Studien zur sogenannten *theory of mind* eines Kindes (seine ›Theorien‹ dazu, was andere wissen, glauben, denken, fühlen) haben gezeigt, daß diese von Kultur zu Kultur unterschiedlich ist. In einigen Kulturen erklären weder Kinder noch Erwachsene Handlungen mit zugrunde liegenden individuellen Bewußtseinszuständen (Reddy & Morris, 2004). Und doch muß es eine Art kollektives Bewußtsein geben, damit Sinn- und Bedeutungszusammenhänge entstehen können (Thompson, 2001).

In allen Kulturen, die in Hinblick darauf untersucht wurden, beginnen Kleinkinder um den neunten oder zehnten Lebensmonat herum, Kommunikationen mit Intentionen in einer Form zu verknüpfen, die es möglich – und als Spiel attraktiv – macht, bestimmte Handlungen mit anderen gemeinsam auszuführen. Diese »kooperative, Person-Person-Objekt-Bewußtheit« oder diese »sekundäre Intersubjektivität« (Trevarthen & Hubley, 1978) führt bald zu einer Zunahme von phantasievollen Spielen, in denen alle möglichen Arten von Gegenständen projektiv mit Leben erfüllt – beseelt – werden (Trevarthen, 1988; Trevarthen & Logotheti, 1989). Kleine Kinder werden zu ›Rollenspielern‹ und Erfindern unmöglicher Abenteuer, die sie gestenreich und mit den Worten, die sie bereits gelernt haben, auch anderen mitteilen (Nadel & Pezé, 1993; Nadel & Tremblay-Leveau, 1999).

Im Alter von neun oder zehn Monaten zeigt das Kind zudem verstärkt Interesse daran, bestimmte Handlungen aus- oder weiterzuführen oder Gegenstände auf eine ihm eigene Art und Weise zu handhaben, statt bloß nachzuahmen, was ihm gezeigt wird (Hubley & Trevarthen, 1979; Meltzoff, 1995). Dies ist auch die Zeit, in der Lautbildungen mit Zeige- und Greifgesten zu bedeutungsvollen Handlungen (*acts of meaning*) kombiniert werden (Halliday, 1975). Kinder appellieren an die Bereitschaft der anderen Person mitzuarbeiten, bitten um Hilfe, zeigen sich ablehnend, drücken Interesse, Überraschung, Freude über das Wiedererkannte oder Angst aus. Dies ist die Art von Mimesis, von der Merlin Donald (1991) glaubt, daß sie – noch bevor es Sprache gab – die erste Form menschlicher Kommunikation darstellte, ein Bewußtseinswandel, der die »mythische Kultur« ermöglichte.

Eintritt in die Peergroup und Entwicklung eines ästhetischen und moralischen Empfindens

Kleine Kinder sind schon im Alter von fünf Monaten fähig, mit einem Gleichaltrigen zu kommunizieren; sie zeigen erstaunlich früh die Fähigkeit zu sozialem Ausdruck und Empfinden, wobei es Unterschiede zwischen Individuen wie auch Geschlechtsunterschiede gibt (Selby & Bradley, 2003; Trevarthen et al., 1999).

Beobachtungen von Situationen, in denen ein noch nicht einjähriges Kind Teil einer Dreiergruppe ist – was impliziert, daß es Aufmerksamkeitswechsel mit den beiden anderen abstimmt –, zeigen, daß ihre kommunikativen Fähigkeiten bereits jenseits dessen liegen, was für den Austausch in einer Dyade gebraucht wird. Ein kindliches Trio von unter Einjährigen zeigt – wenn es für sich ist – bereits subtile Fertigkeiten des Aushandelns und stellt eine komplexe soziale Situation her, indem Spiele erfunden oder fortgesetzt, akzeptiert oder abgelehnt werden (Selby & Bradley, 2003). Die Situation ist in hohem Maße durch dynamische und nichtvorhersagbare Muster geprägt, und nicht selten bestimmen Fügung und Glück über die sich entwickelnden Beziehungen und darüber, was von Kindern und Beobachtern davon erinnert werden wird. »Der Umstand, daß sich Kinder, die noch kein Jahr alt sind, so schnell – und zwar ohne die Intervention von Erwachsenen – einfinden können in eine erkennbare Gruppendynamik von Vorlieben und Abneigungen, Anforderungen und Ausgleich, Empathie und Eifersucht, beweist, daß Menschen schon in frühen Lebensmonaten unwiderruflich in intermentale Welten von großer Komplexität eintreten« (Bradley, 2005, S. 105).[2] Wie Bradley weiter ausführt, kreieren die Kinder gemeinsam Rollen und Persönlichkeiten, schaffen sich eine ›kollektive Geschichte‹, die jedes einzelne seiner persönlichen ›Biographie‹ hinzufügen und aus der es lernen kann. Seine These ist, daß gesellschaftliche Synchronisation und symbolische Teilhabe voneinander abhängen und daß auf diese Art und Weise eine menschliche »kollektive Psyche« entsteht (vgl. ebd., S. 76).

Wandel im Selbstgefühl und Fortschritte im Verstehen

Es ist interessant, daß Kinder um den 18. bis 20. Lebensmonat herum – kurz bevor es zu einer Beschleunigung beim Lernen von Worten kommt – in unterschiedlichen Kulturen ein gesteigertes Interesse an Dingen haben, die unordentlich, schmutzig, nicht an ihrem ›angestammten‹ Platz sind, oder an Menschen, die für sie neu sind oder die sich ›seltsam‹ verhalten. Ich glaube, daß dieser Wandel in der Entwicklung der Emotionalität oder des Selbstvertrauens, den Kagan (1982) als erster beobachtet hat, ein Symptom für eine schwierige oder regressive Phase, kurz bevor der Spracherwerb einsetzt, sein kann – ähnlich der Fremdelphase bei circa sieben bis acht Monate alten Kindern, die auftritt, bevor plötzlich die »kooperative Bewußtheit« oder »sekundäre Intersubjektivität« einsetzt. Der kindliche Impuls, mit eigenen Erfahrungen aktiv umzugehen oder Unterstützung und Trost zu suchen, nimmt auf unterschiedlichen Altersstufen zu bzw. ab (Trevarthen & Aitken, 2003).

Im zweiten Lebensjahr sind Kinder so sehr daran interessiert, Aktivitäten mit anderen zu teilen, daß eine Gruppe von 15 Monate alten Kindern, die mit ein paar Requisiten sich selbst überlassen wird, in der Lage ist, sich zu einer kooperierenden ›Arbeitsgruppe‹ zusammenzufinden – ohne die Hilfe von Erwachsenen und ohne Sprache (Stambak et al., 1985). In einer anderen Studie (Nadel & Pezé, 1993) wurde ein Trio von zwei Jahre alten Freunden zusammen mit Spielsachen, Kleidungsstükken, Puppen und Stofftieren – alles in dreifacher Ausfertigung – in einem Zimmer alleine gelassen. Die Kinder nahmen die Gegenstände, imitierten, worauf ihre Wahl fiel und kommunizierten untereinander, verkleideten sich spontan, zogen sich um,

---

[2] In diesem Abschnitt begeht Bradley den – in der angelsächsischen Psychologie häufig zu findenden – Fehler, ein Wort, »empathy«, zu benutzen, das aufgrund seiner Etymologie eindeutig eine egozentrische *Projektion* von Emotionen auf ein Objekt oder auf eine als Objekt behandelte Person bezeichnet. Der richtige Begriff für die Art von emotionaler Involviertheit und Gegenseitigkeit, die man bei Kleinkindern findet, ist »sympathy« [Anteilnahme], ein Begriff, der im Englischen leider auf die Bedeutung von »sich kümmern um« jemanden in Not herabgestuft ist. Zum Gebrauch von »sympathy« in einem umfassenderen Sinne vgl. Smith (1976; oder jeden anderen Philosophen der schottischen Aufklärung), und für die Gegenwart Bierhoff (2002) und Decety und Chaminade (2003).

hüpften herum, machten seltsame Geräusche; alle versuchten das gleiche mit den gleichen Gegenständen zu tun und lachten über dieses Spiel. In diesem Alter sind Kinder für gewöhnlich flink und geschickt, wenn sie mit ihren Händen oder mit ihrer Stimme etwas tun, und von daher gibt es wenig, was sie nicht nachahmen können. Offensichtlich sind Kinder am *Ritual* ihres Spiels selbst interessiert – es ist die *selbst ausgedachte*, nicht selten absurd komische Art, mit Dingen umzugehen, die hier zählt, und nicht die *reale* oder *vernünftige* Funktion der benutzten Gegenstände.

Mit all den Fähigkeiten, mit denen es ausgestattet ist, und dem Gefühl, diese mit anderen zu teilen, ist es für ein sich normal entwickelndes Kind leicht, sprechen zu lernen.

Imagination, Ausdruck der eigenen Persönlichkeit, Intersubjektivität durch Sprache und die Entwicklung des Denkens als inneres Sprechen

Ein Kleinkind, das anfängt, sprechen zu lernen, ist bereits Experte darin, Erfahrungen mit anderen zu teilen, Ereignisse zu kommentieren, Haltungen einzunehmen, Witze zu machen, neue Ideen zu imitieren, und unterschiedliche Darstellungsformen zu erfassen. Es kann sich Situationen ausdenken und sie spielerisch inszenieren. Das Erzählen einer Geschichte braucht, wie Turner (1996, S. 168) formuliert, keine Sprache, aber umgekehrt baut Sprache auf der Fähigkeit auf, Geschichten zu erzählen.

Der Sprachwissenschaftler Michael Halliday (1975) hat einen sozio-linguistischen, für non-verbale Artikulationen und Gesten sensiblen Zugang gewählt, um die sprachlichen Fortschritte seines Sohnes in den ersten zwei Lebensjahren zu beschreiben. Er hat die Laute, die das Kind entweder in der Interaktion mit seiner Mutter oder beim Mit-sich-selber-›Sprechen‹ gemacht hat, in einer phonetischen Umschrift festgehalten. Halliday hat die folgenden Entwicklungsphasen identifiziert:

Geburt–9 Monate:	»Protokonversation«, Entwicklung hin zu »Konversation«
10–15 Monate:	»Protosprache«, Entwicklung hin zu »Sprache«
15–20 Monate:	»Protonarration und Dialog«, Entwicklung hin zu Erzählung und Dialog
älter als 20 Monate:	»Protodiskurs«

Ähnliche Stadien des Spracherwerbs – mit unterschiedlichen Interpretationen, die für gewöhnlich von den zugrunde gelegten kognitiven und linguistischen Theorien abhängen – wurden von Elizabeth Bates (1979) und Katherine Nelson (1996) skizziert. Andere, wie Bruner (1990) und Rogoff (2003), die sich mit dem sozialen

Kontext und der Vielfältigkeit von Geschichten beschäftigt haben, beschreiben die Variationsbreite der Erzählungen von und mit Kindern. Ein gehörloses Kleinkind kann statt gesprochener Worte konventionelle Handbewegungen lernen und sich so die Zeichensprache in vergleichbaren Stadien aneignen (Petitto & Marentette, 1991; Volterra, 1981). Und nicht zuletzt bereichern in allen Sprachentwicklungsstadien Gesten die Kommunikation (Goldin-Meadow & McNeill, 1999).

Margaret Donaldson (1992) hat auf faszinierende Art und Weise dargelegt, wie sich das Gespür für Erzählungen und Erklärungen entwickelt, wie sich die kindliche Phantasie und Zielgerichtetheit entfaltet und wie sich all das in den Aussagen der Kinder widerspiegelt, bevor um das dritte oder vierte Lebensjahr herum das entsteht, was sie den »konstruierenden Modus« des Bewußtseins nennt. Ich habe im Vorangegangenen versucht (vgl. auch Hobson, 2002), Hinweise darauf zu sammeln, daß die Triebfedern für dieses Donaldsche Entwicklungsszenarium in der frühen Kindheit liegen.

Die Evolution und Entwicklung eines sozionoetischen Gehirns

Endel Tulving hat sich gefragt, wie sich das Bewußtsein gegenwärtig bewußt sein kann, daß es sich selbst zu anderen Zeiten bewußt war, daß es Handlungen und Kognitionen, *zu unterschiedlichen Zeitpunkten repräsentieren* kann (vgl. Tulving in diesem Band). Er nennt diesen Prozeß »Autonoesis«, »the self-making of intellect«, und glaubt, daß sich daraus das für menschliche Erwachsene spezifische, auf Sprache basierende autobiographische Gedächtnis ableitet. Wie wir jedoch gesehen haben, beginnt der Prozeß bei einem Kleinkind, das von Beginn an eine sich sozialer und interpersoneller Zusammenhänge bewußte und in eine mit anderen geteilte Handlungspraxis eingebundene Person ist. Es handelt sich also vielmehr um einen Prozeß der »Sozionoesis«. Das menschliche Bewußtsein ist das Produkt eines Lebens im Medium der Kommunikation, bevor es mittels Sprache (einem ›Werkzeug‹, das vergangene Generationen geschaffen haben) artikuliert wird. Sprache – auch das innere Sprechen – erweitert das mit anderen geteilte Bewußtsein *(co-consciousness)*, indem sie mehr Möglichkeiten der Referenz schafft, die Reise in Zeit und Raum erleichtert und den Code und die organisierenden Prinzipien einer Kulturgeschichte zu lernen erlaubt.

Vergleichende Sozionoesis

Jedes wildlebende Tier muß wissen, wie es sich in seiner Umgebung vorteilhaft bewegt; es muß lernen, wie Bedürfnisse befriedigt und Gefahren vermieden werden. Sich fortzubewegen und Hindernissen auszuweichen, während man die Umgebung wahrnimmt, sich orientiert oder Nahrung sucht, sind für Wirbeltiere schon keine kleinen Herausforderungen; aber selbst Herricks (1948) einzelgängerischer Tigersalamander muß sich zudem eine Gefährtin suchen und den Nachwuchs beschützen.

Nagetiere führen ein aufregenderes Leben – selbst unter Laborbedingungen. Sie können als Jungtiere erstaunlichen Erlebnishunger an den Tag legen, das Bedürfnis nach mütterlichem Schutz ausdrücken, mit Gleichaltrigen spielen und Freundschaften schließen (Panksepp & Burgdorf, 2003). Sind sie ausgewachsen, lernen sie ihr Territorium zu nutzen, paaren sich, bilden mehr oder weniger dauerhafte Liebesbeziehungen und kümmern sich um das physische Wohl ihrer Nachkommen (Carter et al., 1997).

Menschenaffen haben ein Sehvermögen, das auf ausgeklügelte Weise auf die Fortbewegung am Boden und in den Bäumen eingestellt ist. Sie haben Hände, die mit großer Kunstfertigkeit nach Nahrung suchen, Stimmen, die soziale Belange regeln (Preston & de Waal, 2002) und auf subtile Weise Individualität und Status innerhalb der Gruppe ausdrücken (Cheney & Seyfarth, 1997), und Alarmrufe, die die ›Neuigkeit‹ von der Anwesenheit eines Räubers verbreiten, böse Vorahnungen in Hinblick auf das Wetter ausdrücken oder Kunde geben von der zufälligen Entdeckung guter Nahrung – wenn sie denn bereit sind zu teilen (Marler et al., 1992; Smuts, 2001).

Die neuronalen Netzwerke, die die Aktivitäten aller Tiere – vom Regenwurm aufwärts – koordinieren und regulieren, sind genetisch festgeschrieben. Sie erlauben es dem Tier zu antizipieren, wie sein Körper auf die Umgebung reagieren wird, übersetzen sensorischen Input in motorischen Output und geben Aktivitäten eine Richtung, die zu Bedürfnisbefriedigung führt (Trevarthen, 1985; Merker, 2005).

Herricks Tigersalamander weiß, wohin er zu gehen hat und wer Beute und wer Gefährte sein kann. Der älteste Teil seines Gehirns nimmt das Kommende chemisch wahr, indem eine olfaktorische Information in eine Struktur eingespeist wird, die den primitiven Hippocampus, die Amygdala und die Basalganglien miteinander verbindet. Diese Struktur erhält vom Hirnstamm und vom Rückenmark Information über die sinnlich wahrgenommene Umgebung, Körperpositionen und innere viszerale Bedürfnisse. Was das Tier braucht, um sich in seiner Umwelt zu bewegen, ist so gegeben: Die die Umgebung interpretierenden Gehirnteile werden mit dem Hypothalamus und, über das viszerale System, mit den sensorischen und motorischen Funktionen verbunden. Dies reicht zur Selbsterhaltung aus (Hess, 1954).

Wir wissen auch gut über das Gehirn von Ratten Bescheid. Ihr Vorderhirn übernimmt mehr Verantwortung für das Sehen und Hören der Welt und gibt damit Ressourcen für das Mittelhirn und die sensorischen und motorischen Landkarten des Rautenhirns frei. Dem motorischen System einer Ratte steht ein großes Repertoire instinktiver Verhaltensweisen zur Verfügung. Ratten können auf die Vor- und Nachteile reagieren, die das Leben in einer halbdunklen Umgebung und der Gesellschaft von Artgenossen mit sich bringt; und sie können ihre Verhaltensweisen durch Lernen verändern. Experimente zur Funktion des Vorderhirns von Ratten zeigen, daß es zum einen den Grundriß des Territoriums speichert, in dem sich die Tiere bewegen, und zum andern lernt, welche Gefahren zu fürchten sind. Die Möglichkeiten vorauszublicken sind von daher für Ratten weit größer als für Salamander (O'Keefe & Nadel, 1978). Allerdings wissen wir allzu wenig darüber, wie sich ›Wohlbefinden‹ im Leben einer Ratte abbildet, obwohl es Hinweise darauf gibt, wie wichtig dies für die Entwicklung des Gehirns und des Körpers ist (Panksepp et al., 1997).

Der große Neokortex von Primaten bietet vollkommen neue Möglichkeiten, um eine persönliche Erfahrungsgeschichte in einer viel komplexer strukturierten Welt abzubilden (Merker, 2004). Trotzdem übernehmen auch andere Teile wichtige Funktionen, wie das ventromediale limbische System, das – auf phylogenetisch alte Hirnstrukturen zurückgehend – für Anpassungsleistungen emotionaler Art zuständig ist (MacLean, 1990; Tucker, 2001; Watt, 2000). All die Spuren, die von der Großhirnrinde in Formen ›gespeichert‹ werden, die Teile von Erinnerungen sein können, müssen jedoch aktiviert werden – durch gesteigerte Aufmerksamkeit und Bewertungen von Gefühlen, die sich vor allem auf soziale Zusammenhänge richten (Panksepp, 2000, 2003, 2004b). Das am weitesten entwickelte Gehirn ist so beschaffen, daß es wahrnimmt, was in der Umgebung *passiert*, erinnert, was in Situationen, die der aktuellen ähneln, *passiert ist*, während es abzuschätzen versucht, was im nächsten Moment *passieren könnte*.

All das oben Dargestellte wissen oder vermuten Verhaltensforscher und vergleichende Neuropsychologen seit mehr als einem Jahrhundert. Aber die erstaunlichste Neuerung des Primatengehirns ist erst vor kurzem entdeckt worden, indem man erkannt hat, was auf Gehirnebene passiert, wenn ein Affe die Absicht eines Menschen, der Nahrung in die Hand nimmt, sie zum Mund führt und ißt, erkennt und mit ihr ›sympathisiert‹ (Stichwort »Spiegelneurone«; Rizzolatti et al., 2001). Diese Entdekkung hat ein Geheimnis der komplexen, dem sozialen Bewußtsein zugrunde liegenden Gehirnstruktur enthüllt und die wissenschaftlichen Modelle zum menschlichen Gehirn verändert (Gallese et al., 2004). Plötzlich können wir erkennen, in wie engem Kontakt wir zu den Intentionen und Gefühlen anderer leben (Decety & Chaminade, 2003) und wie wechselseitige Anteilnahme das formt, was wir erkennen, tun und lernen (Adolphs, 2003).

Die Fähigkeiten und Möglichkeiten eines kindlichen Gehirns, eine Lebensgeschichte zu entwerfen

Im menschlichen Gehirn sind all diese Motivations-, Wissens- und Lernsysteme transformiert: zum einen, weil die komplexere polyrhythmische Mobilität eines zweibeinigen, manipulativen, sich durch Gesten und Sprache ausdrückenden Selbst höhere Anforderungen an die Kontrolle stellt, zum anderen aufgrund einer Soziabilität, die angepaßt ist an kulturelles Lernen mit ihren moralischen Einschätzungen der Persönlichkeit und Rollen eines jeden Individuums (Trevarthen, 2006). Das Gehirn eines Neugeborenen ist bereit für eine Autobiographie, die – sowohl auf der Ebene der Handlungen wie auf jener der Sprache – zusammen mit Eltern, Geschwistern, Verwandten, Nachbarn, Lehrern und Mitschülern, Kollegen und Chefs und einem Staat (mit all seinen rechtlichen und politischen Vorgängen und Vorurteilen) geschrieben werden wird.

Das Gehirn eines Babys ist bei der Geburt bis ins einzelne menschlich – mit vielen anatomischen Anpassungen und physiologischen Systemen, die den Körper aktivieren und seine expressiven und rezeptiven Kommunikationsorgane nutzen (Trevarthen, 2004c; Trevarthen et al., 2006). Die primären sensorischen und motorischen Regionen des Neokortex reifen schnell auf das Niveau von Erwachsenen, aber der limbische und perilimbische Kortex (Archicortex und Palaeocortex) reifen sehr langsam. Vergleichsweise klein sind in der frühen Kindheit frontale, parietale und temporale Regionen. Entwicklungen um den neunten bis zwölften Lebensmonat wirken sich auf den präfrontalen Kortex aus, der zum einen visuelle Aufmerksamkeit und manipulative Intentionen ermöglicht; zum anderen die Grundlage dafür bildet, die Handlungsziele anderen Menschen mitzuteilen (Trevarthen & Aitken, 2003). Später, mit ungefähr 20 Monaten, entwickeln sich die parietalen und übergeordnet temporalen Regionen, zusammen mit dem lateralen präfrontalen Brocaschen Areal, das notwendig ist, um feine Unterschiede in Sprache und Gestik wahrzunehmen (Trevarthen, 2004d). Mit dieser Entwicklung endet die frühe Kindheit.

Die Regionen des kindlichen Gehirns, die zwar von Geburt an aktiv sind, sich aber im Laufe der Zeit (bis hin zum Erwachsenenalter) langsam weiterentwickeln, haben folgende spezifisch menschliche Charakteristiken:

- Sie sind in Hinblick auf erlernte kognitive Funktionen asymmetrisch; wenn es um Bewußtsein und Lernen geht, agieren die beiden Gehirnhemisphären komplementär, mit unterschiedlichem Input aus subkortikalen Systemen.
- Sie bilden dichte Beziehungen innerhalb jeder Gehirnhemisphäre und interhemisphärische Verbindung über den Balken (Corpus callosum) hinweg.
- Sie sind nicht auf die eine oder andere sensorische Modalität oder Form der Be-

wegung spezialisiert; Aufmerksamkeit, Erinnerungen, das Wissen und die Fähigkeiten einer Person werden aktiv, den gesamten Körper einbeziehend reguliert. »Eine globale Integration muß durch die allgemeineren, primitiveren, untereinander voll verbundenen paralimbischen Netzwerke erreicht werden, und eine lokale sensorische und motorische Verarbeitung muß durch differenziertere, lokale neokortikale Netzwerke erreicht werden« (Tucker, 2001, S. 13).

- Ihr Input stammt aus primären sensorischen und Bewegung koordinierenden motorischen Regionen; sie sind in hohem Maße stimuliert durch zentrale motivationale und emotionale Systeme und Gegenstand selbstregulierender und efferenter Systeme auf unterschiedlichen niederen Ebenen des Zentralnervensystems.
- Es handelt sich – und das ist das Wichtigste – um Regionen, die von Geburt an aktiv auf intentionale Handlungen, auf aufmerksames Verhalten und den Ausdruck von Emotionen anderer Personen reagieren (Tzourio-Mazoyer et al., 2002). Sie vermitteln zwischen den Funktionen des sogenannten »sympathetic mind« – zwischen menschlicher Kommunikation und der Sozionoesis eines kulturellen Bewußtseins.

In summa: Das autobiographische Gedächtnis erzählt die Geschichte eines Protagonisten, der in ein Abenteuer verstrickt ist, dem andere – Weggefährten und Vorfahren – Bedeutung verleihen

In einem gewissen Sinne lernen wir alle, wie die Autobiographie, die unser Leben uns anbietet, zu lesen ist. Wir sind aktiv Lernende, jedoch nicht die alleinigen Autoren unserer Erinnerungen. Menschliches Leben wird kollektiv gelebt; wie es individuell verläuft, hängt davon ab, wie einfühlsam wir die Intentionen und Emotionen unterschiedlicher Instanzen *(agencies)* miteinander verbinden und die intellektuellen und moralischen Formen eines jeweiligen Common Sense erlernen können. Aber unsere Gehirne sind auf diese Aufgabe bestens vorbereitet.

Literatur:

Adolphs, R. (2003). Investigating the cognitive neuroscience of social behavior. *Neuropsychologia, 41,* 119–126.

Ainsworth, M. D. S., Blehar, M. C., Waters, E. & Wall, S. (1978). *Patterns of attachment: A psychological study of the strange situation.* Hillsdale, NJ: Erlbaum.

Anderson, S. W., Bechara, A., Damasio, H., Tranel, D. & Damasio, A. R. (1999). Impairment of social and moral behaviour related to early damage in human prefrontal cortex. *Nature Neuroscience, 2,* 1032–1037.

Bard, K. A. (2005). Emotions in chimpanzee infants: The value of a comparative developmental approach to understand the evolutionary bases of emotion. In J. Nadel & D. Muir (Hrsg.), *Emotional development* (S. 31–60). Oxford: Oxford University Press.

Bates, E. (1979). *The emergence of symbols: Cognition and communication in infancy.* New York: Academic Press.

Bateson, M. C. (1979). The epigenesis of conversational interaction: A personal account of research development. In M. Bullowa (Hrsg.), *Before speech: The beginning of human communication* (S. 63–77). Cambridge (UK): Cambridge University Press.

Bechara, A., Damasio, H. & Damasio, A. R. (2000). Emotion, decision making and the orbitofrontal cortex. *Cerebral Cortex, 10,* 295–307.

Beebe, B., Jaffe, J., Feldstein, S., Mays, K. & Alson, D. (1985). Inter-personal timing: The application of an adult dialogue model to mother-infant vocal and kinesic interactions. In F. M Field & N. Fox (Hrsg.), *Social perception in infants* (S. 217–248). Norwood, NJ: Ablex.

Bierhoff, H.-W. (2002). *Prosocial behaviour.* Hove, England: Psychology Press.

Bower, T. G. R. (1982). *Development in infancy* (2. Aufl.). San Francisco: W. H. Freeman.

Bowlby J. (1988). *A secure base: Parent-child attachment and healthy human development.* New York: Basic Books.

Bradley, B. (2005). *Psychology and experience.* Cambridge (UK): Cambridge University Press.

Bremner, J. D., Narayan, M., Anderson, E. R., Staib, L. H., Miller, H. L. & Charney, D. S. (2000). Hippocampal volume reduction in major depression. *American Journal of Psychiatry, 157,* 115–117.

Bronfenbrenner, U. (2002). Preparing a world for the infant in the twenty-first century: The research challenge. In J. Gomes-Pedro, J. K. Nugent, J. G. Young & T. B. Brazelton (Hrsg.), *The infant and family in the twenty-first century* (S. 45–52). New York: Brunner-Routledge.

Bruner, J. S. (1990). *Acts of meaning.* Cambridge, MA: Harvard University Press; dt. (1997): *Sinn, Kultur und Ich-Identität. Zur Kulturpsychologie des Sinns.* Heidelberg: Auer.

Bruner, J. S. & Sherwood, V. (1975). Early rule structure: The case of peekaboo. In J. S. Bruner, A. Jolly & K. Sylva (Hrsg.), *Play: Its role in evolution and development* (S. 277–285). Harmondsworth: Penguin.

Carey, S. & Xu, F. (2001). Infants knowledge of objects: Beyond object-files and object tracking. *Cognition, 80,* 179–213.

Carter, C. S., Lederhendler, I. I. & Kirkpatrick, B. (1997). *The integrative neurobiology of affiliation.* Annals of the New York Academy of Sciences, 807. New York: The New York Academy of Sciences.

Cheney, D. L. & Seyfarth, R. M. (1997). Reconciliatory grunts by dominant female baboons influence victims' behavior. *Animal Behaviour, 54,* 409–418.

Cohen, H., Ryan, J., Hunt, C., Romine, L., Wszalek, T. & Nash, C. (1999). Hippocampal system and declarative (relational) memory: Summarizing the data from functional neuroimaging studies. *Hippocampus, 9,* 83–98.

de Waal, F. (1996). *Good natured.* Cambridge, MA: Harvard University Press.

DeCasper, A. J. & Fifer, W. P. (1980). Of human bonding: Newborns prefer their mother's voices. *Science, 208,* 1174–1176.

Decety, J. & Chaminade, T. (2003). Neural correlates of feeling sympathy. *Neuropsychologia, 41,* 127–138.

Delamont, R. S., Julu, P. O. O. & Jamal, G. A. (1999). Periodicity of a noninvasive measure of cardiac vagal tone during non-rapid eye movement sleep in non-sleep-deprived and sleep-deprived normal subjects. *Journal of Clinical Neurophysiology, 16(2),* 146–153.

Diamond, A. (1991). Frontal lobe involvement in cognitive changes during the first year of life. In K. R. Gibson & A. C. Petersen (Hrsg.), *Brain maturation and cognitive development: Comparative and cross-cultural perspectives* (S. 127–180). New York: Aldine de Gruyter.

Dissanayake, E. (1988). *What is art for?* Seattle & London: University of Washington Press.

Dissanayake, E. (2000). *Art and intimacy: How the arts began.* Seattle/London: University of Washington Press.

Donald, M. (1991). *Origins of the modern mind: Three stages in the evolution of culture and cognition.* Cambridge, MA: Harvard University Press.

Donald, M. (2001). *A mind so rare: The evolution of human consciousness.* New York: Norton.

Donaldson, M. (1992). *Human minds: An exploration.* London: Allen Lane/Penguin Books.

Fonagy, P., Steele, M., Steele, H., Higgitt, A. & Target, M. (1994). The Emanuel Miller Memorial Lecture 1992. The theory and practice of resilience. *Journal of Child Psychology and Psychiatry, 35,* 231–257.

Gaffan, D. (2005). Widespread cortical networks underlie memory and attention. *Science, 309 (5744),* 2172–2173.

Gallese, V., Keysers, C. & Rizzolatti, G. (2004). A unifying view of the basis of social cognition. *Trends in Cognitive Sciences, 8,* 396–403.

Goldin-Meadow, S. & McNeill, D. (1999). The role of gesture and mimetic representation in making language. In M. C. Corballis & E. G. Lea (Hrsg.), *The descent of mind: Psychological perspectives on hominid evolution* (S. 155–172). Oxford: Oxford University Press.

Halliday, M. A. K. (1975). *Learning how to mean: Explorations in the development of language.* London: Edward Arnold.

Herrick, C. J. (1948). *The brain of the tiger salamander.* Chicago: University of Chicago Press.

Hess, W. R. (1954). *Diencephalon: Autonomic and extrapyramidal functions.* Orlando, FL: Grune & Stratton.

Hobson, P. (2002). *The cradle of thought: Exploring the origins of thinking.* London: Macmillan.

Hubley, P. & Trevarthen, C. (1979). Sharing a task in infancy. In I. Užgiris (Hrsg.), *Social interaction and communication during infancy: New directions for child development* (S. 57–80). San Francisco: Jossey-Bass.

Jaffe, J., Beebe, B., Feldstein, S., Crown, C. & Jasnow, M. D. (2001). Rhythms of dialogue in infancy: Coordinated timing and social development. *Monographs of the Society for Research in Child Development Monographs, 66(2)*, vii–131.

Jernberg, A. M. & Booth, P. B. (2001). *Theraplay: Helping parents and children build better relationships through attachment-based play* (2. Aufl.). San Francisco: Jossey-Bass.

Kagan, J. (1982). The emergence of self. *Journal of Child Psychology and Psychiatry, 23*, 363–381.

Klinnert, M. D., Campos, J. J., Sorce, J. F., Emde, R. N. & Svejda, M. (1983). Emotions as behavior regulators: Social referencing in infancy. In R. Plutchik & H. Kellerman (Hrsg.), *Emotion: Theory, research and experience* (Bd. 2; S. 57–86). New York: Academic Press.

LeDoux, J. (1996). *The emotional brain. The mysterious underpinnings of emotional life.* New York: Simon and Schuster; dt. (1998): *Das Netz der Gefühle. Wie Emotionen entstehen.* München: Hanser.

Luciana, M. (2001). Dopamine-opiate modulations of reward-seeking behavior: Implications for the functional assessment of prefrontal development. In C. A. Nelson & M. Luciana (Hrsg.), *Handbook of developmental cognitive neuroscience* (S. 647–662). Cambridge, MA: MIT Press.

MacLean, P. D. (1990). *The triune brain in evolution: Role in paleocerebral functions.* New York: Plenum Press.

Malloch, S. (1999). Mother and infants and communicative musicality. In I. Deliège (Hrsg.), *Rhythms, musical narrative, and the origins of human communication: Musicae Scientiae, 1999–2000* (Special issue; S. 29–57). Liège, Belgium: European Society for the Cognitive Sciences of Music.

Markowitsch, H. J. & Welzer, H. (2005). *Das autobiographische Gedächtnis. Hirnorganische Grundlagen und biosoziale Entwicklung.* Stuttgart: Klett-Cotta.

Marler, P., Evans, C. S. & Hauser, M. C. (1992). Animal signals: Motivational, referential or both? In H. Papoušek, U. Jürgens & M. Papoušek (Hrsg.), *Nonverbal vocal communication: Comparative and developmental aspects* (S. 66–86). Cambridge (UK): Cambridge University Press/Paris: Editions de la Maison des Sciences de l'Homme.

McEwen, B. S. (2002). Sex, stress and the hippocampus: Allostasis, allostatic load and the aging process. *Neurobiology of Aging, 23*, 921–939.

McEwen, B. S. (2003). Early life influences on life-long patterns of behavior and health: Mental retardation and developmental disabilities. *Research Reviews, 9*, 149–154.

McEwen, B. S. & Wingfield, J. C. (2003). The concept of allostasis in biology and biomedicine. *Hormonal Behaviour, 43*, 2–15.

Meltzoff, A. N. (1995). Understanding the intentions of others: Re-enactment of intended acts by 18-month-old children. *Developmental Psychology, 31*, 838–850.

Merker, B. (2004). Cortex, countercurrent context, and dimensional integration of lifetime memory. *Cortex, 40*, 559–576.

Merker, B. (2005). The liabilities of mobility: A selection pressure for the transition to consciousness in animal evolution. *Consciousness and Cognition, 14*, 89–114.

Miall, D. S. & Dissanayake, E. (2003). The poetics of babytalk. *Human Nature, 14*, 337–364.

Nadel, J. & Muir, D. (Hrsg.) (2005). *Emotional development.* Oxford: Oxford University Press.

Nadel, J. & Pezé, A. (1993). Immediate imitation as a basis for primary communication in toddlers and autistic children. In J. Nadel & L. Camioni (Hrsg.), *New perspectives in early communicative development* (S. 139–156). London: Routledge.

Nadel, J. & Tremblay-Leveau, H. (1999). Early perception of social contingencies and interpersonal intentionality: Dyadic and triadic paradigms. In P. Rochat (Hrsg.), *Early social cognition: Understanding others in the first months of life* (S. 189–212). Mahwah, NJ: Erlbaum.

Nagy, E. & Molnar, P. (2004). Homo imitans or Homo provocans? Human imprinting model of neonatal imitation. *Infant Behaviour and Development, 27(1)*, 54–63.

Nelson, K. (1996). *Language in cognitive development: Emergence of the mediated mind.* New York: Cambridge University Press.

O'Keefe, J. & Nadel, L. (1978). *The hippocampus as a cognitive map.* Oxford: Oxford University Press.

Panksepp, J. (2000). Affective consciousness and the instinctual motor system: The neural sources of sadness and joy. In R. Ellis & N. Newton (Hrsg.), *The caldron of consciousness, motivation, affect and self-organization.* Advances in Consciousness Research (Bd. 16; S. 27–54). Amsterdam: John Benjamins.

Panksepp, J. (2003). Feeling the pain of social loss. *Science, 302,* 237–239.

Panksepp, J. (2004a). Affective consciousness and the origins of human mind: A critical role of brain research on animal emotions. *Impulse, 3,* 47–60.

Panksepp, J. (2004b). Altruism and helping behaviors, neurobiology. In G. Adelman & B. H. Smith (Hrsg.), *Encyclopedia of neuroscience, Third Edition, on CD-Rom.* Amsterdam: Elsevier.

Panksepp, J., Nelson, E. & Bekkedal, M. (1997). Brain system for the mediation of social separation-distress and social reward. Evolutionary antecedents and neuropeptide intermediaries. In C. S. Carter, I. I. Lederhendler & B. Kirkpatrick (Hrsg.), *The integrative neurobiology of affiliation. Annals of the New York Academy of Sciences* (Bd. 807; S. 78–101). New York: The New York Academy of Sciences.

Panksepp, J. & Burgdorf, J. (2003). »Laughing« rats as the evolutionary antecedents of human joy? *Physiology and Behavior, 79,* 533–547.

Papoušek, H. (1967). Experimental studies of appetitional behaviour in human newborns and infants. In H. W. Stevenson, E. H. Hess & H. L. Rheingold (Hrsg.), *Early behaviour: Comparative and developmental approaches* (S. 249–277). New York: John Wiley.

Papoušek, M. (1996). Intuitive parenting: A hidden source of musical stimulation in infancy. In I. Deliège & J. Sloboda (Hrsg.), *Musical beginnings: Origins and development of musical competence* (S. 88–112). Oxford: Oxford University Press.

Petitto, L. A. & Marentette, P. F. (1991). Babbling in the manual mode. Evidence for the ontogeny of language. *Science, 251,* 1492–1496.

Preston, S. D. & de Waal, F. (2002). Empathy: Its ultimate and proximate bases. *Behavioral and Brain Sciences, 25,* 1–72.

Reddy, V. (2003). On being the object of attention: Implications for self-other consciousness. *Trends in Cognitive Sciences, 7,* 397–402.

Reddy, V. & Morris, P. (2004). Participants don't need theories: Knowing minds in engagement. *Theory and Psychology, 14(5),* 649–667.

Reddy, V. & Trevarthen, C. (2004). What we learn about babies from engaging with their emotions. *Zero to Three, 24 (3),* 9–15.

Rizzolatti, G., Fogassi, L. & Gallese, V. (2001). Neurophysiological mechanisms underlying the understanding and imitation of action. *Nature Reviews Neuroscience, 2,* 661–670.

Rock, A. M. L., Trainor, L. J. & Addison, T. L. (1999). Distinctive messages in infant-directed lullabies and play songs. *Developmental Psychology, 35,* 527–534.

Rogoff, B. (2003). *The cultural nature of human development.* Oxford: Oxford University Press.

Rogoff, B., Paradise, R., Arauz, R. M., Correa-Chávez, M. & Angelillo, C. (2003). Firsthand learning through intent participation. *Annual Review of Psychology, 54,* 175–203.

Rolls, E. T. (1999). *The brain and emotion.* Oxford: Oxford University Press.

Rovee-Collier, C. & Gerhardstein, P. (1997). The development of infant memory. In N. Cowan (Hrsg.), *The development of memory in childhood* (S. 5–39). Sussex (UK): Psychology Press.

Sapolsky, R. M. (2000). Glucocorticoids and hippocampal atrophy in neuropsychiatric disorders. *Archives of General Psychiatry, 57,* 925–935.

Schore, A. N. (1996). The experience-dependent maturation of a regulatory system in the orbital prefrontal cortex and the origin of developmental psychopathology. *Development and Psychopathology, 8(1),* 59–87.

Selby, J. M. & Bradley, B. S. (2003). Infants in groups: A paradigm for study of early social experience. *Human Development, 46,* 197–221.

Smith, A. (1976). *Theory of moral sentiments.* Oxford: Clarendon Press (Original erschienen 1759).

Smuts, B. (2001). Encounters with animal minds. In E. Thompson (Hrsg.), *Between ourselves: Second-person issues in the study of consciousness* (S. 293–309). Charlottesville, VA/Thorverton, UK: Imprint Academic.

Sroufe, L. A. (1996). *Emotional development: The organisation of emotional life in the early years.* New York: Cambridge University Press.

Stambak, M., Ballion, M., Breaute, M. & Rayna, S. (1985). Pretend play and interaction in young children. In R. A. Hinde, A.-N. Perret-Clermont & J. Stevenson-Hinde (Hrsg.), *Social relationships and cognitive development* (S. 131–148). Oxford: Clarendon Press.

Stern, D. N. (2000). *The interpersonal world of the infant: A view from psychoanalysis and development psychology* (2. Aufl.). New York: Basic Books.

Stern, D. N. (2004). *The present moment in psychotherapy and everyday life.* New York: Norton.

Thompson, E. (2001). *Between ourselves: Second-person issues in the study of consciousness.* Charlottesville, VA/Thorverton, UK: Imprint Academic.

Trevarthen, C. (1979). Communication and cooperation in early infancy: A description of primary intersubjectivity. In M. Bullowa (Hrsg.), *Before speech: The beginning of human communication* (S. 321–347). Cambridge (UK): Cambridge University Press.

Trevarthen, C. (1984). How control of movements develops. In H. T. A. Whiting (Hrsg.), *Human motor actions: Bernstein reassessed* (S. 223–261). Amsterdam: Elsevier.

Trevarthen, C. (1985). Neuroembryology and the development of perceptual mechanisms.

In F. Falkner & J. M. Tanner (Hrsg.), *Human growth* (2. Aufl.; S. 301–383). New York: Plenum Press.

Trevarthen, C. (1986). Development of intersubjective motor control in infants. In M. G. Wade & H. T. A. Whiting (Hrsg.), *Motor development in children: Aspects of coordination and control* (S. 209–261). Dordrecht: Martinus Nijhoff.

Trevarthen, C. (1988). Universal cooperative motives: How infants begin to know language and skills of culture. In G. Jahoda & I. M. Lewis (Hrsg.), *Acquiring culture: Ethnographic perspectives on cognitive development* (S. 37–90). London: Croom Helm.

Trevarthen, C. (1990). Signs before speech. In T. A. Sebeok & J. Umiker-Sebeok (Hrsg.), *The semiotic web 1989* (S. 689–755). Berlin: Mouton de Gruyter.

Trevarthen, C. (1993a). The function of emotions in early infant communication and development. In J. Nadel & L. Camaioni (Hrsg.), *New perspectives in early communicative development* (S. 48–81). London: Routledge.

Trevarthen, C. (1993b). The self born in intersubjectivity: The psychology of an infant communicating. In U. Neisser (Hrsg.), *The perceived self: Ecological and interpersonal sources of the self-knowledge* (S. 121–173). New York: Cambridge University Press.

Trevarthen, C. (1994). Infant semiosis. In W. Noth (Hrsg.), *Origins of semiosis* (S. 219–252). Berlin: Mouton de Gruyter.

Trevarthen, C. (1998a). The concept and foundations of infant intersubjectivity. In S. Bråten (Hrsg.), *Intersubjective communication and emotion in early ontogeny* (S. 15–46). Cambridge (UK): Cambridge University Press.

Trevarthen, C. (1998b). The nature of motives for human consciousness. *Psychology: The Journal of the Hellenic Psychological Society 4 (3, Special Issue),* 187–221.

Trevarthen, C. (1999a). Musicality and the intrinsic motive pulse: Evidence from human psychobiology and infant communication. *Musicae Scientiae,* 157–213 (Special issue: Rhythms, musical narrative, and the origins of human communication).

Trevarthen, C. (1999b). Intersubjectivity. In R. Wilson & F. Keil (Hrsg.), *The MIT Encyclopedia of Cognitive Sciences* (S. 413–416). Cambridge, MA: MIT Press.

Trevarthen, C. (2001). Intrinsic motives for companionship in understanding: Their origin, development and significance for infant mental health. *Infant Mental Health Journal, 22(1–2),* 95–131.

Trevarthen, C. (2002a). Frühe Kommunikation und autobiographisches Gedächtnis. *BIOS, 2,* 213–240.

Trevarthen, C. (2002b). Origins of musical identity: Evidence from infancy for musical social awareness. In R. MacDonald, D. J. Hargreaves & D. Miell (Hrsg.), *Musical identities* (S. 21–38). Oxford: Oxford University Press.

Trevarthen, C. (2004a). Infancy, mind in. In R. L. Gregory (Hrsg.), The *Oxford companion to the mind* (2. Aufl.; S. 455–464). Oxford/New York: Oxford University Press.

Trevarthen, C. (2004b). How infants learn how to mean. In M. Tokoro & L. Steels (Hrsg.), *A learning zone of one's own* (S. 37–69). Amsterdam: IOS Press.

Trevarthen, C. (2004c). Brain development. In R. L. Gregory (Hrsg.), The *Oxford companion to the mind* (2. Aufl.; S. 116–127). Oxford/New York: Oxford University Press.

Trevarthen, C. (2004d). Language development: Mechanisms in the brain. In G. Adelman

& B. H. Smith (Hrsg.), *Encyclopedia of neuroscience,* 3. Ausg., auf CD-Rom. Amsterdam: Elsevier.

Trevarthen, C. (2005a). Action and emotion in development of the human self, its sociability and cultural intelligence: Why infants have feelings like ours. In J. Nadel & D. Muir (Hrsg.), *Emotional development* (S. 61–91). Oxford: Oxford University Press.

Trevarthen, C. (2005b). Stepping away from the mirror: Pride and shame in adventures of companionship: Reflections on the nature and emotional needs of infant intersubjectivity. In C. S. Carter, L. Ahnert, K. E. Grossmann, S. B. Hrdy, M. E. Lamb, S. W. Porges & N. Sachder (Hrsg.), *Attachment and bonding: A new synthesis* (S. 55–84). Cambridge, MA: MIT Press.

Trevarthen, C. (2005c). First things first: Infants make good use of the sympathetic rhythm of imitation, without reason or language. *Journal of Child Psychotherapy, 31(1),* 91–113.

Trevarthen, C. (2006). Human nature before words. In M. Jeeves, M. Steel, R. Byrne, A. Torrance, A. Whiten & D. Myers (Hrsg.), *Human nature 2005.* Edinburgh: Royal Society of Edinburgh.

Trevarthen, C. & Aitken, K. J. (2001). Infant intersubjectivity: Research, theory, and clinical applications. *Annual Research Review. The Journal of Child Psychology and Psychiatry and Allied Disciplines, 42(1),* 3–48.

Trevarthen, C. & Aitken, K. J. (2003). Regulation of brain development and age-related changes in infants' motives: The developmental function of regressive periods. In M. Heimann (Hrsg.), *Regression periods in human infancy* (S. 107–184). Mahwah, NJ: Erlbaum.

Trevarthen, C. & Hubley, P. (1978). Secondary intersubjectivity: Confidence, confiding and acts of meaning in the first year. In A. Lock (Hrsg.), *Action, gesture and symbol: The emergence of language* (S. 183–229). New York: Academic Press.

Trevarthen, C. & Logotheti, K. (1989). Child and culture: Genesis of cooperative knowing. In A. Gellatly et al. (Hrsg.), *Cognition and Social Worlds* (S. 37–56). Oxford: Clarendon Press.

Trevarthen, C. & Reddy, V. (2006). Consciousness in infants. In M. Velmans & S. Schneider (Hrsg.), *A companion to consciousness* (in Vorb.). Oxford: Blackwell.

Trevarthen, C. & Schögler, B. (2006). Musicality and the creation of meaning: Infants' voices and jazz duets show us how, not what, music means. In C. M. Grund (Hrsg.), *Cross disciplinary studies in music and meaning* (in Vorb.). Bloomington: Indiana University Press.

Trevarthen, C., Aitken, K. J., Vandekerckhove, M., Delafield-Butt, J. & Nagy, E. (2006). Collaborative regulations of vitality in early childhood: stress in intimate relationships and postnatal psychopathology. In D. Cicchetti & D. J. Cohen (Hrsg.), *Developmental psychopathology, second edition* (S. 65–126). New York: Wiley.

Trevarthen, C., Kokkinaki, T. & Fiamenghi, G. A. Jr. (1999). What infants' imitations communicate: With mothers, with fathers and with peers. In J. Nadel & G. Butterworth (Hrsg.), *Imitation in infancy* (S. 127–185). Cambridge (UK): Cambridge University Press.

Trevarthen, C., Murray, L. & Hubley, P. (1981). Psychology of infants. In J. Davis & J. Dobbing (Hrsg.), *Scientific foundations of clinical paediatrics* (S. 235–250). London: William Heinemann Medical Books.

Tronick, E. Z. (2005). Why is connection with others so critical? The formation of dyadic states of consciousness: Coherence governed selection and the co-creation of meaning out of messy meaning making. In J. Nadel & D. Muir (Hrsg.), *Emotional development* (S. 293–315). Oxford: Oxford University Press.

Tucker, D. M. (2001). Motivated anatomy: A core-and-shell model of corticolimbic architecture. In G. Gainotti (Hrsg.), *Handbook of neuropsychology: Emotional behavior and its disorders* (Bd. 5, 2. Aufl.; S. 125–160). Amsterdam: Elsevier.

Tulving, E. & Markowitsch, H. J. (1998). Episodic and declarative memory: Role of the hippocampus. *Hippocampus, 8,* 198–204.

Turner, M. (1996). *The literary mind: The origins of thought and language.* New York/Oxford: Oxford University Press.

Tzourio-Mazoyer, N., De Schonen, S., Crivello, F., Reutter, B., Aujard, Y. & Mazoyer, B. (2002). Neural correlates of woman face processing by 2-month-old infants. *NeuroImage, 15,* 454–461.

van Rees, S. & de Leeuw, R. (1993). Born too early: *The kangaroo method with premature babies.* Video by Stichting Lichaamstaal, Scheyvenhofweg 12, 6093 PR, Heythuysen, The Netherlands.

Volterra, V. (1981). Gestures, signs and words at two years: When does communication become language? *Sign Language Studies, 33,* 351–362.

Watson, J. S. (1972). Smiling, cooing and the game. *Merrill-Palmer Quarterly, 18,* 323–339.

Watt, D. F. (2000). The centrencephalon and thalamocortical integration: Neglected contributions of periaqueductal gray. *Emotion and Consciousness, 1,* 93–116.

TILMANN HABERMAS

»Kann ich auch ganz, ganz am Anfang anfangen, als ich noch ganz klein war?« Wie Kinder und Jugendliche lernen, Lebenserzählungen zu eröffnen und zu beenden[1]

Die klassische Gedächtnisforschung beschäftigt sich vor allem mit Gedächtnisleistungen, also Fragen von richtigem bzw. falschem Erinnern. Unter dem Titel »autobiographisches Gedächtnis« hat sich die Forschung erst vor zwanzig bis dreißig Jahren dem Gedächtnis für Selbsterlebtes zugewendet. Auch hier geht es oft um die Veridikalität der Erinnerung an Erlebnisse, zum Beispiel darum, ob Antworten in Umfragen zutreffend und Zeugenaussagen glaubhaft sind, oder ob Erinnerungen von Opfern eine Tat richtig wiedergeben. Im Alltag ist die Frage nach der historischen Wahrheit einer Erinnerung selten nebensächlich, denn ob etwas so oder anders war, ist entscheidend für die Zuschreibung von Verantwortung und Schuld (Bieri, 2001). Zugleich erwarten wir von Erinnerungen, daß sie zu unseren anderen Erinnerungen passen, daß sie dem Common Sense nicht grob widersprechen und nicht zuletzt, daß sie sich in das Bild einfügen, das wir von anderen und uns selbst haben (Conway, Singer & Tagini, 2004; Habermas, 2005a).

In diesem Beitrag geht es mir nicht um die Veridikalität von Erinnerungen, sondern darum, wie Erinnerungen in den Kontext des eigenen Lebens gestellt werden, wie nämlich eine Lebensgeschichte so erzählt werden kann, daß das Leben als zusammenhängend und motiviert erlebt wird. Diese Frage möchte ich entwicklungspsychologisch stellen: Wie lernen Kinder, zusammenhängende Lebensgeschichten zu konstruieren? Im Gegensatz zu neueren Versuchen in der Pädagogik, Kinder zu biographischen Subjekten zu erklären, die bereits über ihre Biographie verfügen und

---

[1] Die diesem Beitrag zugrunde liegenden Arbeiten habe ich mit Christine Paha begonnen und mit Susan Bluck und Cybèle de Silveira fortgeführt. Die Lebenserzählungen wurden von Cybèle de Silveira, Verena Diel und Martha Havenith im Rahmen eines von der DFG geförderten Projekts erhoben. Das Zitat im Titel stammt von einem achtjährigen Jungen aus der hier berichteten Studie.

sie gestalten (z. B. Behnke & Zinnecker, 2001), zeige ich hier, daß Kindern wesentliche Mittel fehlen, um eine zusammenhängende Lebensgeschichte zu konstruieren und mithin autobiographisch urteilen zu können. Der weitere Hintergrund meiner Frage sind die Forschungen Katherine Nelsons sowie Arbeiten zur Entwicklung der Fähigkeit, einzelne Geschichten im Kindesalter zu erzählen (Nelson & Fivush, 2004; Peterson & McCabe, 1983). Allerdings untersuche ich die Entwicklung einer komplexeren Praxis, die auf der Fähigkeit, einzelne Geschichten zu erzählen, aufbaut.

Konzentrieren werde ich mich auf eine bestimmte Form, Kohärenz in Lebenserzählungen herzustellen, nämlich auf eine in unserer Kultur als angemessen geltende Weise, *Lebenserzählungen zu eröffnen und zu beenden*. Dafür werde ich den Begriff der Lebensgeschichte und den der biographischen Kohärenz einführen.

Biographische Kohärenz

Erik Erikson (1968) hat die Entwicklung einer lebensgeschichtlich gefaßten Identität in der Adoleszenz beschrieben (vgl. McAdams, 1985). In der Lebensgeschichte fließen zwei Entwicklungslinien zusammen. Das Personenkonzept bzw. Selbstkonzept wird historisch, und das Erinnern wird identitätskonstitutiv (Habermas & Bluck, 2000). Die Entwicklung des Erinnerns, die sowohl die Entwicklung des Gedächtnisses im engeren Sinne wie die des Erzählens umfaßt, verknüpft sich in biographischen Zusammenhängen mit der Entwicklung des Selbstverständnisses. Erinnern weist zwar immer schon einen Selbstbezug auf, denn man erinnert sich an eigene Erlebnisse, und dieser Selbstbezug beeinflußt auch schon im Kindesalter die Erinnerung im Sinne einer selbstwertdienlichen Verzerrung (vgl. Habermas, 2005a), aber eine explizite Verknüpfung zwischen Selbst und persönlicher Geschichte im Sinne einer biographischen Selbstdeutung ergibt sich erst, wenn zusammenhängende Lebensgeschichten erzählt werden können. Zentral dafür sind also eine Verknüpfung zwischen eigenen Vorlieben, Werten und Persönlichkeitseigenschaften einerseits und Ereignissen und Handlungen andererseits. Die Verknüpfung kann sowohl aus einem motivierten Zusammenhang im Sinne eines *Lebensplans* oder *Lebensthemas* bestehen, bei dem frühere Motivlagen spätere Handlungen und Reaktionen motivieren, wie auch umgekehrt aus *lebensgeschichtlichen Einflüssen*, bei denen frühere Erfahrungen spätere Entwicklungen bedingen. Motivierte Zusammenhänge vermitteln den Eindruck, daß der Erzähler seinem Leben eine Richtung zu geben versucht hat, während lebensgeschichtliche Einflüsse heutige Besonderheiten wie beispielsweise Motive und Persönlichkeitseigenschaften verständlich werden lassen. Beide Formen von Zusammenhängen helfen, die Entwicklung des erzählten Lebens sinnvoll und verständlich zu machen.

Als literarisches Vorbild dient der persönlichen *Lebensgeschichte* die geschriebene Autobiographie. Als deren Prototyp gilt die Entwicklungsautobiographie des ausgehenden 18. Jahrhunderts, in der die eigene Persönlichkeit aus ihrer Entwicklung erklärt wird (Holdenried, 2000; Lejeune, 1975/1994). Als Lebensgeschichte bezeichne ich ein Gebilde, das vergangene Ereignisse und Umstände mit gegenwärtigen und zukünftigen Ereignissen und Umständen sowie mit der Person und ihren Motiven und Eigenschaften in Vergangenheit, Gegenwart und Zukunft integriert. Die Lebensgeschichte kann sich unterschiedlich manifestieren. Sie kann einmal als rudimentäres Wissensschema konzipiert werden, das das Erinnern strukturiert (Bluck & Habermas, 2000; Conway, Singer & Tagini, 2004). Sie kann sich im *autobiographischen Urteilen* (Habermas & Bluck, 2000) manifestieren, also in einem Nachdenken über Erinnerungen, das diese mit anderen Teilen des Lebens und der eigenen Persönlichkeit und Entwicklung verbindet. Am vollständigsten jedoch manifestiert sich die Lebensgeschichte in *umfassenden Lebenserzählungen*. Solche Lebenserzählungen dürften nicht unerheblich variieren, je nachdem, wem man sie wozu unter welchen Umständen erzählt. Obwohl solche umfassenden Lebenserzählungen, im Unterschied zum autobiographischen Urteilen und zum Erzählen einzelner Geschichten, im Alltag kaum vorkommen dürften, eignen sie sich besser für die empirische Untersuchung der Lebensgeschichte, weil sie dem Erzähler normativ abverlangen, Zusammenhänge in seinem Leben herzustellen. Wenn ich in der Folge von Lebenserzählungen spreche, meine ich immer solche Erzählungen, die das gesamte Leben abdecken, im Unterschied zu einzelnen Alltagserzählungen bzw. Geschichten, die sich nur auf ein Ereignis beziehen.

Im Folgenden werde ich verschiedene Arten von Kohärenz unterscheiden. Als übergeordneten Begriff führe ich den der *biographischen Kohärenz* an, der sich auf den Gesamtzusammenhang einer Lebensgeschichte bezieht. Unter biographischer Kohärenz verstehe ich eine spezifische Form der Textkohärenz. Es geht mir dabei um Zusammenhänge, die in einem Text hergestellt werden und über einzelne Sätze und einzelne Geschichten hinausgehen. Erstens ist biographische Kohärenz in mündlich erzählten oder geschriebenen Lebensgeschichten am deutlichsten, wo sie *globale*, den gesamten Text umfassende Kohärenz ist – im Unterschied zu verschiedenen Formen der lokalen Kohärenz, beispielsweise zwischen Sätzen oder Episoden. Zweitens bezeichnet biographische Kohärenz einen *Zusammenhang*. Sie ist zu unterscheiden von Kohärenz im Sinne von Stimmigkeit oder Konsistenz, deren Abwesenheit beispielsweise im *Adult Attachment Interview* als Inkohärenz erhoben wird (Main, Kaplan & Cassidy, 1985). Mangelnde biographische Kohärenz bezeichne ich mit Linde (1993) als »biographische Diskohärenz«, die sich als Eindruck eines unzusammenhängenden Lebens beim Hörer manifestiert. Drittens unterscheidet sich spezifisch *biographische* Kohärenz von anderen Formen globaler Textkohärenz durch ihren Bezug auf ein menschliches Leben.

Bei biographischer Kohärenz lassen sich verschiedene Aspekte unterscheiden, die alle zur Gesamtkohärenz beitragen. Zum einen kann es sich um *explizite* Kohärenz handeln, die im Text ausdrücklich hergestellt wird, zum anderen um *implizite* Kohärenz, die vom Hörer aufgrund seines Wissens um naheliegende Zusammenhänge konstruiert wird. Beispielsweise wird explizite kausale Kohärenz durch Kausalkonjunktionen hergestellt wie in »Weil meine Eltern sich stritten, lag ich weinend im Bett«, implizite kausale Kohärenz durch additive Verknüpfungen, die eine Kausalbeziehung nahelegen, wie in »Meine Eltern stritten miteinander, und ich lag weinend im Bett«. Explizite Kohärenz ist im Text zu finden, implizite stellt der Hörer her. Zur Untersuchung der Kohärenz kann man dementsprechend entweder die Wirkung auf den Hörer erfassen, so wie beispielsweise Fiese und Kollegen (1999) globale Kohärenz durch geschulte Hörer auf Schätzskalen erfaßt haben. Oder man analysiert am Text, welche Komponenten zur biographischen Kohärenz beitragen. So haben wir an Lebenserzählungen Jugendlicher die relative Häufigkeit verschiedener lokaler Indikatoren bzw. Kontributoren von globaler biographischer Kohärenz festgestellt, unter anderem temporale Bestimmungen, die eine zeitliche Orientierung innerhalb des Lebens ermöglichen, Kausalverknüpfungen, die sich auf längere Zeitabschnitte oder gar die Persönlichkeit beziehen, Vergleiche zwischen dem, wie etwas früher war und wie es heute ist, oder auch spezifisch biographische Argumente wie die der biographischen Prägung, der Lebensweisheit oder dem Lernen aus Lebenserfahrungen (Habermas & Paha, 2001; vgl. Bluck & Glück, 2004). Diese Indikatoren tragen meines Erachtens zur zeitlichen, zur motivationalen und thematischen Kohärenz von Lebenserzählungen bei. Diese Analysen werden zur Zeit an einer großen Stichprobe, über die gleich noch zu berichten sein wird, überprüft (Habermas & de Silveira, 2006). Ein gewisser Nachteil dieser Maße ist jedoch, daß sie lokale Elemente sind, ihr Beitrag zur globalen Kohärenz mithin nicht unmittelbar evident sein mag. Deshalb stelle ich in diesem Beitrag eine weitere Form der expliziten biographischen Kohärenz vor, die weniger elementar ist, da sie aus der Makrostruktur der Lebenserzählung resultiert, und damit dem holistischen Charakter der biographischen Kohärenz näherkommt.

Narrative Kohärenz

Als *narrative Kohärenz* wird der Zusammenhang bezeichnet, der durch die Makrostruktur einer Geschichte entsteht. Im Laufe der Ontogenese wird die Form von Ereignisrepräsentationen immer komplexer. Während Säuglinge sich Ereignisfolgen merken können, am einfachsten im Falle der »verzögerten Nachahmung« (Bauer, 2002; Hayne, 2004 und in diesem Band), erlernen Zwei- bis Dreijährige Skripte, also standardisierte Drehbücher für soziale Situationen, die das Erinnern strukturieren, während dann Vorschulkinder im Gespräch mit Erwachsenen die Fähigkeit erwerben, selbständig Geschichten über erlebte Ereignisse zu erzählen (Nelson & Fivush, 2004), die bis zum Ende des Grundschulalters weitgehend vervollkommnet wird (Peterson & McCabe, 1983). Über diese Fähigkeit hinaus, einzelne Geschichten zu erzählen, entwickelt sich in der Adoleszenz die Fähigkeit, biographisch bedeutsame Geschichten mit der eigenen Persönlichkeitsentwicklung zu einer Lebensgeschichte zu verbinden. Es lassen sich dabei grob zwei Schritte unterscheiden. Als erstes entwickelt sich mit 10 bis 12 Jahren die Fähigkeit, Lebensereignisse zeitlich eindeutig zu ordnen, und die dazwischenliegenden Ereignisse mittels zusammenfassender ›Chroniken‹ (Linde, 1993) zu überbrücken. Außerdem lernen Präadoleszente, das eigene Leben an einem konventionellen Lebenslaufschema zu orientieren. In der mittleren Adoleszenz beginnt dann die Lebenserzählung mehr den Charakter einer Erklärung der eigenen Entwicklung und der eigenen Lebensthemen anzunehmen.

Narrative Kohärenz in einzelnen Erzählungen wird primär über die Vollständigkeit der normativen Komponenten hergestellt. So lassen sich in Anlehnung beispielsweise an Labov und Waletzky (1967) Erzählankündigung *(abstract)*, Orientierung, Komplikation, Lösungsversuche, Lösung (oder Scheitern) und Ausleitung *(coda)* unterscheiden, die von ›externen‹ Evaluationen begleitet werden, bei denen der Erzähler aus dem Erzählstrom heraustritt. Fehlen eine oder mehrere dieser Komponenten, wirkt die Erzählung unvollständig bis unverständlich. Die Vollständigkeit von Erzählungen läßt sich sowohl entwicklungspsychologisch wie differentialpsychologisch beschreiben. Erst im Laufe des Grundschulalters werden Geschichten zusehends vollständig erzählt. Bei Erwachsenen korreliert die Vollständigkeit von autobiographischen Erzählungen mit Wohlbefinden und nichtvorhandener Depressivität (Baerger & McAdams, 1999).

Da die (einzelne) Erzählung eine grundlegende Form der Alltagskommunikation ist, die (vollständige) Lebenserzählung hingegen weder universell noch alltäglich, finden sich für Lebenserzählungen keine vergleichbar klar definierten und universellen Komponenten wie für einzelne Geschichten. Dennoch meine ich, daß es auch für Lebenserzählungen typische Elemente gibt, die allerdings historisch und kulturell spezifischer ausfallen als die Komponenten von Erzählungen.

Lebenserzählungen haben in der Regel keine Ankündigung, da sie normalerweise nur auf Aufforderung hin erzählt werden. Die Orientierung, der Hintergrund, kann hingegen ausgebreitet sein. Zum Hintergrund gehören die historische und familiäre Vorgeschichte ebenso wie die soziale Lage und die Familienkonstellation, in die der Erzähler hineingeboren wurde. Sie bilden wesentliche Hintergründe, die erst einmal die sich entwickelnde Persönlichkeit prägen, bevor man sich dann im Laufe der Adoleszenz mit Hilfe der Konstruktion einer Lebensgeschichte reflexiv zu diesen Bedingungen verhalten kann. Zum Hintergrund einer Lebenserzählung gehören aber auch diejenigen Teile des Lebens, an die man sich nicht erinnert, sondern die vom Hörensagen bekannt sind. Im weiteren Sinne gehört für Erwachsene vielleicht auch noch die ganze Kindheit zum Hintergrund des eigenen Lebens, zur persönlichen Vorgeschichte.

Lebenserzählungen enthalten nicht notwendigerweise ein Analogon zur Komplikation, die bei einzelnen Geschichten den Erzählanlaß bietet. So sind ganz unterschiedliche Typologien für Lebenserzählungen entworfen worden, beispielsweise nach dem Ausmaß der Selbst- versus Fremdbestimmung (Schütze, 1982), dem evaluativen Auf und Ab der Lebenslaufkurve (Gergen & Gergen, 1987) oder dem Unglück nach einem glücklichen Anfang bzw. dem Verwandeln unglücklicher Ausgangsbedingungen in ein glückliches Leben (McAdams et al., 2001). Bei manchen kann es eine Komplikation relativ spät im Leben geben, bei manchen stellt die Ausgangssituation bereits die Komplikation dar.

Bei aller Diversität von Lebenserzählungen läßt sich, glaube ich, doch sagen, daß es bestimmte Ereignisse gibt, von denen typischerweise im Mittelteil erzählt wird: Dazu gehören normative Übergangssituationen, nichtnormative Wendepunkte, für den Erzähler typische Ereignisse, Kernepisoden (Tomkins, 1978), also Ereignisse, in denen sich viele andere Erlebnisse verdichten, und Ankererlebnisse (Pillemer, 1998), an denen man wesentliche Werthaltungen festmacht.

Der Vergleich mit dem Schachspiel, den Freud (1913) für die Psychotherapie zog, paßt auch auf Lebenserzählungen: Während die Mittelstrecke in ihrer Vielfalt kaum vorherzusehen ist, verfügen Beginn und Ende über eine begrenzte Anzahl von Formvarianten. So scheint es für Lebenserzählungen noch zwingender zu sein als für einzelne Geschichten, am Schluß in der Gegenwart anzukommen. Dies impliziert eine biographische Gesamtevaluation des Lebens in dem Sinne, daß der Erzähler bestimmen muß, an welchem Punkt in seinem Leben er angekommen ist (Rosenthal, 1995). Das erfordert eine Verknüpfung der aktuellen Identität mit ihrer Geschichte und eine Selbstbewertung im Lichte der bis dahin in der Erzählung entfalteten und begründeten Werthaltungen und lebensgeschichtlichen Aspirationen. Schließlich erfordert eine Lebenserzählung auch einen Ausblick auf die Zukunft, die sich aus der aktuellen Selbstbewertung ergibt.

Treffen die soeben genannten Strukturelemente der Lebenserzählung auf eine entsprechende Vorerwartung des Zuhörers, tragen sie gemeinsam dadurch zur narrativen Kohärenz bei, daß sie die Erzählung gemäß einem Genre strukturieren. In einem anderen Kontext habe ich die Elemente der eben skizzierten Grundstruktur von Lebenserzählungen als »kulturelles Biographiekonzept« bezeichnet (Habermas & Bluck, 2000). Diese Bezeichnung hebt einmal die historische und kulturelle Relativität unserer heutigen Erwartung an Lebenserzählungen hervor, zum anderen zeigt sie an, daß mehr als eine grobe Erzählstruktur gemeint ist. In der kulturanthropologischen Forschung wird zwar mit Lebenserzählungen als Forschungsinstrument gearbeitet (Watson & Watson, 1983), doch werden Lebensgeschichten nicht in allen Kulturen erzählt, und wenn, dann oft aus einer reinen Innenperspektive (Röttger-Rössler, 1995; Tonkin, 1992). Zum kulturellen Biographiekonzept gehören beispielsweise auch Vorstellungen darüber, wozu man seine Lebensgeschichte erzählt, wie individualisiert und wie persönlich motiviert sie ausfallen soll, ob sie eine individuelle Entwicklung oder ein rollenkonformes Leben wiedergeben sollte, welche Ereignisse in eine Lebenserzählung gehören und auch, wann im Leben man bestimmte Entwicklungsschritte gemacht haben sollte.

Dieses kulturelle Biographiekonzept wird, so meine These, in der Phase zwischen früher und mittlerer Adoleszenz erworben. So fand sich in einer Studie an insgesamt 102 8-, 12-, 16- und 20jährigen beiderlei Geschlechts, daß das Wissen über zwei Elemente des kulturellen Biographiekonzepts, nämlich über Altersnormen für Übergangssituationen und über normative biographische Signifikanz von Ereignissen, zwischen 8 und 12 Jahren sehr stark anstieg, um mit 16 Jahren Erwachsenenstandards zu entsprechen (Habermas, 2005b).

Die Entwicklung von Eröffnungen von Lebenserzählungen

In derselben Studie wurden die Beteiligten im Abstand von zwei Wochen darum gebeten, jeweils eine Lebensgeschichte von fünfzehn Minuten Länge zu erzählen. Sie sollten zuerst die sieben wichtigsten autobiographischen Erinnerungen auswählen, auf Karten schreiben, und diese zeitlich geordnet vor sich auf den Tisch legen, um sodann ihr Leben zu erzählen und darin auch diese sieben Ereignisse zu integrieren. An je zehn zufällig ausgewählten Lebenserzählungen aus jeder Altersgruppe habe ich exploriert, wo und wie sich im Laufe der Adoleszenz die Art und Weise verändert, wie Lebenserzählungen ein- und ausgeleitet werden. Dabei gehe ich davon aus, daß die narrative Kohärenz desto größer ist, je vollständiger dem Genre der Lebenserzählung entsprechend die Erzählungen ein- und ausgeleitet werden.

Aus jeder Altersgruppe habe ich ein typisches Beispiel ausgewählt. Beginnen wir mit dem achtjährigen Tom:[2]

---

[2] Die Erzählungen wurden wortwörtlich nach einer vereinfachten Fassung des Gesprächsanalyti-

Also was ich am allerschlimmsten fand,
was ich jetzt immer noch gut finde,
als mich, als meine Eltern sich getrennt haben.
Weil die haben sich da die ganze Zeit gestritten
und (-) ich (-) habe oft im Bett gelegen und geweint,
weil sie sich so gestritten haben, und (---)
das war auch immer so laut da,
das haben die auch abends gemacht
da war ich morgens, hab ich, war ich meistens nie aufzuwecken,
weil es immer so laut war
und ich erst, meistens bin ich erst um (--) so um (---) acht eingeschlafen,
weil früher bin ich schon immer so um sieben ins Bett gegangen, und [...]

Tom beginnt irgendwann in der Mitte seines noch jungen Lebens. Er fängt mit dem wichtigsten Ereignis seines Lebens an, der Trennung der Eltern. Ganz anders eröffnet der zwölfjährige Paul seine Lebenserzählung:

Also ähm ich wurde 1991 im Sankt Gertrauden Krankenhaus in Wilmersdorf geboren,
und ähm hab in Wilmersdorf auch in der Weimarer Straße gewohnt,
und war da auf der Birger-Forell Grundschule,
und ähm dann sind wir aber umgezogen,
und dann mußte ich auf die ähm Sakura-Grundschule gehen,
die ist auch hier im Westend,
und ähm da hab ich dann auch schnell Freunde kennengelernt,
aber ich kam dann Mitte der dritten Klasse in diese Klasse,
und ähm ja und dann kam ich ja hier in die Bettina-Schule [...]

Paul beginnt mit seiner Geburt und gibt, wie für ein Behördenformular, die objektiven Daten seines Lebens an. Er gibt Geburtsjahr und -ort sowie seine ungefähre Adresse an. Auch die 16jährige Lisa beginnt mit den genauen Angaben zu ihrer Geburt:

schen Transkriptionssystems (GAT) transkribiert. Pausen werden durch einen Strich pro Sekunde in Klammern markiert – wenn sie länger als 3 Sekunden dauern, durch das Wort »Pause«. Lange Dehnungen werden durch ;;; markiert. Der Text ist in Propositionen eingeteilt, um ihn besser lesbar zu machen.

Ähm am 26. 3. 1986 bin ich in Pinneberg geboren,
ähm da ist mir immer wichtig,
wenn ich davon Leuten erzähle,
das ist einfach (--) das war kein Krankenhaus
sondern das war so n wie so ne private Geburtsklinik,
also das war (-) meine Eltern sind noch (-) also meine Mutter ist auch gleich nach der Geburt dann nach Hause gefahren mit meinem Vater
und ähm das war halt nicht so ne Krankenhausatmosphäre [...]

Lisa gibt sogar ihren genauen Geburtstag an, geht aber über die lebenslaufartig aufgelisteten, objektiven biographischen Daten Pauls hinaus, indem sie die besonderen Umstände ihrer Geburt schildert, wie um zu belegen, wie sich ihre Eltern über die Konventionen hinausgehend Mühe gegeben haben, eine gute Geburt hinzubekommen. Der 20jährige Max schließlich löst sich wieder von der Chronistenpflicht, genaue historische Angaben zu machen, was er mit einer fast poetisch vage klingenden Formel hervorhebt:

Ähm, ja ich bin vor gut 20 Jahren in München geboren,
ähm ich hab immer mit meinen Eltern in Schwabing gewohnt, ähm erst in ner kleinen Wohnung und dann,
als mein kleiner Bruder geboren wurde
und fünf Jahre alt war,
sind wir dann, ha'm meine Eltern dann nen Haufen Schulden gemacht
und sind, ha'm ein Haus gekauft, auch in Schwabing, und ähm (-),
ja irgendwie äh hab ich das auf jeden Fall als schöne Kindheit in Erinnerung, ähm mit Riesenschrebergärten und Sommerfest,
und halt durch das große Haus waren bei uns immer mhm keine Ahnung, nach so (-) in der Grundschule, dann nach der Schule hab ich immer alle möglichen Leute mit nach Hause gebracht zum Essen,
und ähm (-) äh ja so hab ich mich durch die Grundschule gewurstelt,
und ähm das mit der Schule hat auch ähm immer gut geklappt eigentlich [...]

In Tabelle 1 habe ich die Anfänge der vierzig Lebenserzählungen in sechs Kategorien eingeteilt: eine Kategorie für den Beginn der Erzählung vor der eigenen Geburt (hier mit Geburt bzw. Tod älterer Geschwister), drei Kategorien für den Beginn bei der Geburt, je nach Präzision der raumzeitlichen Bestimmung der Geburt, eine Kategorie für einen Beginn irgendwann vor dem 4. Geburtstag, und eine für einen Beginn nach dem 4. Geburtstag.

Tabelle 1 Wann setzen Lebenserzählungen ein?

Alter	8	12	16	20
Vor eigener Geburt	—	—	—	1
Geburt mit Zeit und Ort	—	4	4	4
Geburt mit Zeit oder Ort	—	3	2	4
Geburt ohne Zeit und Ort	3	—	1	—
In ersten Lebensjahren	1	3	2	—
Mitten im Leben	6	—	1	1
Summe	10	10	10	10

Die Achtjährigen organisieren ihre Lebenserzählung noch nicht durchgehend chronologisch. Viele von ihnen beginnen die Erzählung irgendwann in den ersten Lebensjahren. Ganz anders die Zwölfjährigen, die in ihrer großen Mehrheit mit der Geburt beginnen und diese auch näher zeitlich und räumlich bestimmen, um sich so auszuweisen. Sie halten eine chronologische Reihenfolge ein und haben bereits einen Begriff von einem schematischen Lebenslauf in Form einer Liste institutionell relevanter Übergänge erworben. So listet Paul in einem ersten Anlauf zu seiner Lebenserzählung erst einmal Geburt, Umzüge und Schulwechsel auf. Er kann sich in der Gesellschaft aufgrund biographischer Daten ausweisen und verorten.

Die 16jährige Lisa beginnt auch mit den korrekten Angaben zur Geburt, individualisiert diese aber über eine Schilderung der Umstände der Geburt, die ein Thema vorgeben, nämlich wie bemüht und unkonventionell-aufwändig sich ihre Eltern um sie kümmerten. Lisa greift das Thema im unmittelbaren Anschluß in einer Schilderung ihrer frühen Kindheit wieder auf:

Dann hab ich zwei Jahre, ähm war ich dann noch, bis ich zwei Jahre alt war,
da hat, da hat meine Tante auf mich aufgepaßt, aber auch sehr viel mein Vater,
also meine Eltern ha'm sich's so eingeteilt,
daß ähm mein Vater hat da in der Klinik gearbeitet
und dann hat ist er hat erst um zwei angefangen
und meine Mutter hat bis zwei gearbeitet
und dann war es halt glaube ich für sie sehr stressig
aber mir ging's glaube ich immer gut [...]

Implizit zeichnet sich in den beiden Schilderungen Lisas ab, wie sehr sich ihre Eltern um sie bemühten, aber vielleicht auch, wie anstrengend es ist, unkonventionelle Eltern zu haben. Und in der zweiten Schilderung ist bereits angelegt, wie Lisa später zwischen beiden Eltern nach deren Trennung hin- und herpendeln würde. Es ist ein gebräuchliches literarisches Mittel, ein Lebensthema in der Geburtsszene zu verdichten und möglicherweise zu legitimieren. Laurence Sterne (1972) läßt den Ich-Erzähler Tristram Shandy die Geburtsumstände ausführlichst so schildern, daß die dabei eingetretene Beschädigung der Nase und Verstümmelung des Namens die zukünftig zu erleidenden Unglücksfälle ankündigen und bedingen. Ähnlich verfährt die ebenfalls 16jährige Nora, die die metaphorische Einführung eines Lebensthemas allerdings mit einer realistisch daherkommenden Rhetorik verbirgt:

Also ich wurde geboren (-),
Soll ich auch Aspekte mitbringen,
die ich, an die ich mich nicht mehr erinnern kann,
aber die mich geprägt haben?
[Interviewerin: Wenn Du findest, daß es in Deine Lebensgeschichte reingehört.]
Gut, ja. Also ich wurd halt geboren
da ging's meiner Mutter oberscheiße,
weil mein Vater sie die ganze Zeit betrogen hat
und deswegen hatten die auch nie ein gutes Verhältnis zueinander
und ich mein, da kann ich mich nicht mehr dran erinnern,
aber ich hab das ja mitbekommen,
daß ich im Kindesalter, zum Beispiel meine Mutter, an meinem ersten Geburtstag
ist sie nicht aus dem Bett raus gekommen und so,
weil es der so scheiße ging […]

Ereignisse aus der nicht erinnerbaren Frühgeschichte werden mitunter als realiter erinnerte, prägende Begebenheiten angeführt, ein Stilmittel, das es erlaubt, thematische Kohärenz herzustellen und eine stringente biographische Erklärung späterer Widerfahrnisse und Handlungen zu geben.

Die Eröffnung der Lebenserzählung des 20jährigen Max schließlich wirkt wie eine literarische Anleihe, und zwar nicht nur wegen des Anklangs an die ungefähre Zeitangabe in Märchen: »Es war einmal vor langer, langer Zeit …«. Nun wird auch die Kindheit selbst fiktionalisiert und literarisiert. Aus der Distanz des Erwachsenen werden weniger zeitlich aufeinanderfolgende spezifische Ereignisse denn durch den Erinnerungsakt distanzierte, dem Zeitfluß enthobene Stimmungsbilder evoziert. Max schildert ein nostalgisch verklärtes und überhöhtes Bild als Begründung für die pauschale Bewertung der eigenen Kindheit als glücklich.

Der Beginn von Lebenserzählungen, das legen die vierzig hier analysierten nahe, wird bei Achtjährigen noch überwiegend nach der Bedeutsamkeit von Ereignissen bestimmt. Während der Adoleszenz werden zusehends soziale (Lebenslauf) und hochkulturelle (literarische) Formen übernommen, um die Individualität des eigenen Lebens auf kulturell akzeptierte Weise darzustellen. Hier zeigt sich ein sozialisatorischer Prozeß der Autobiographisierung des eigenen Lebens, dessen ›Innenseite‹, die Individualisierung, durch seine ›Außenseite‹, die kulturell angebotene Form, ermöglicht wird, wie das schon Bernfeld (1931) für ein anderes autobiographisches Format der Adoleszenz, das Tagebuch, beschrieben hat.

Gesamtstruktur und Beendigungen von Lebenserzählungen

Die Gesamtstruktur der Lebenserzählungen ist schwieriger zu charakterisieren. Hier wähle ich das Verfahren, die einzelnen Teilgeschichten der Lebenserzählungen mit ihrer jeweils ersten Zeile exemplarisch anzuführen und dahinter jeweils in Klammern das Thema des Abschnitts anzugeben, um dann die recht unterschiedlichen Beendigungen zu beschreiben. Von den Schlußteilen habe ich meist nur die letzten Zeilen wiedergegeben. Die Erzählung des achtjährigen Tom besteht aus folgenden Einzelthemen:

Also was ich am allerschlimmsten fand, [...] [Trennung der Eltern]
[...]
Am schönsten fand ich bis jetzt meinen achten Geburtstag, [...]
[8. Geburtstag]
[...]
Und was ich auch sehr schön fand [...] [Geburt des Bruders]
[...]
was ich aber auch sehr schön fand mein, [...] [7. Weihnachten]
[...]
und dann habe ich mich total gefreut, [...] [1. Schultag]
[...]
was mir einmal ganz Schlimmes passiert ist [...] [Unfall]
[...]
was ich auch sehr schön fand, [...] [2. Silvester]
[...]
Und was ich auch gut fand, [...] [1. Mal Schiff fahren]

[...]
Und ich fand auch gut, [...] [1. Tag im Hort]
[...]
Was ich auch gut fand ... [1. Mal Krankenhaus]
[...]
Als ich mein Fahrrad gekriegt habe [Neues Fahrrad]
das war zwar nicht an einem Geburtstag
aber ich habe, ich hab mich so gefreut auf das Fahrrad,
weil mein altes, das war mir schon viel zu klein
und ich wollte
daß ich jetzt endlich ein größeres Fahrrad kriege
und das hat auch drei Gänge. Und (Pause) Hm (Pause) hm (Pause)

Die Erzählungen sind offensichtlich nicht zeitlich, sondern nach einem evaluativen Prinzip geordnet: Er erzählt, was für ihn am schönsten und am schlimmsten war. Auch gibt es bei Tom keine Beziehung zwischen den einzelnen Geschichten, er zählt sie lediglich auf. Und er produziert kein geformtes Ende, sondern erzählt so lange, bis ihm die Luft ausgeht, ihm also keine heraussteched guten oder schlimmen Erinnerungen mehr einfallen. Vielen der anderen Erzählungen von Achtjährigen gehen ebenfalls eine klare zeitliche Ordnung und ein Ende ab.

Paul liefert das, was Linde (1993) eine Chronik nennt, also einen zusammenfassenden Bericht von Ereignissen, die nicht im engeren Sinne ausführlich erzählt werden:

Also ähm ich wurde 1991 im Sankt Gertrauden Krankenhaus in Wilmersdorf geboren, [Geburt, Ort, Zeit]
und ähm hab in Wilmersdorf auch in der Weimarer Straße gewohnt, [Adresse]
und war da auf der Birger-Forell Grundschule, [Schule]
und ähm dann sind wir aber umgezogen, [Umzug]
und dann mußte ich auf die ähm Sakura-Grundschule gehen, [Schulwechsel]
die ist auch hier im Westend,
und ähm da hab ich dann auch schnell Freunde kennen gelernt, [Freundewechsel]
aber ich kam dann Mitte der dritten Klasse in diese Klasse,
und ähm ja und dann kam ich ja hier in die Bettina-Schule [...] [Schulwechsel]

Ja, für mich war der Wechsel eigentlich nicht so schön […]
[Vergleich alte/neue Adresse]

[…]
Wie gesagt, ich spiel halt im Fußballverein […] [alter/neuer Fußballverein]
[…]
Wenn wir immer in den Urlaub fahren. [Sommerurlaub, Geschichte über Namensgeber]

[…]
und seitdem ich oft jetzt in den Skiurlaub fahre, [Winterurlaub]
kann ich auch sehr gut fahren,
meine Eltern meinen,
ich fahr am besten aus der Familie, aber, na ja. (Pause) Ja.

Als Paul merkt, daß er mit dem Auflisten von institutionellen Übergängen der ihm gestellten Aufgabe, nämlich eine Viertelstunde lang zu erzählen, nicht gerecht wird, wendet er sich erst zwei Vergleichen zwischen der Zeit vor und nach dem Umzug zu, ohne damit die chronologische Abfolge zu verletzen, um sich anschließend mit einem wiederholten Ereignis, den üblichen Sommerurlauben, zu beschäftigen und dabei auf seine Geburt, genauer auf die Verleihung seines Namens »Paul« durch einen Freund der Familie zurückzukommen. Ganz am Schluß springt er von den Sommer- zu den Winterurlauben, um mit der Andeutung einer biographisch abgeleiteten Selbstcharakterisierung zu enden, nämlich daß er aufgrund der vielen Skiurlaube jetzt gut Ski fährt. Bis auf die beiden letzten sind alle Themen durch das grobe Muster eines institutionellen Lebenslaufs miteinander verknüpft. Die beiden letzten Themen scheinen kein geplantes Ende der Erzählung zu sein, sondern mehr eine Notlösung. Man mag hier den Versuch herauslesen, sich eine Geburtslegende zu entwerfen und seine aktuelle Persönlichkeit biographisch zu erklären, aber im Grunde handelt es sich um zwei Urlaubsnennungen, mit denen die Lebenserzählung abbricht, ohne ganz in die Gegenwart zu gelangen.

Die 16jährige Lisa hingegen erzählt von Beginn an einzelne Geschichten, die sie durch Chroniken, also Kurzbeschreibungen von Ereignissen, miteinander verbindet:

Ähm am 26. 3. 1986 bin ich in Pinneberg geboren, [Geburt]
[…]
dann hab ich zwei Jahre, ähm war ich dann noch, bis ich zwei Jahre alt war,
[Betreuung]

[…]	
und mit zwei kam ich dann in den Kinderladen,	[Kinderladen]
[…]	
dann bin ich auf die Claudiusschule gekommen mit mein' ähm mit vielen Freunden aus der aus der Kita	[Schuleintritt]
da::: hm als ich in der dritten Klasse war	[Trennung der Eltern]
[…]	
Ähm ähm ich hab in der dritten Klasse eine feste so ne ganz ganz also meine beste Freundin gehabt	[neue Freundin]
[…]	
als ich dann auf die Bettinaschule kam	[neue Freundin]
[…]	
in der sechsten Klasse	[Eltern kommen wieder zusammen]
[…]	
meinen Urlaub mit zwölf Jahren	[mit Freundin auf Jungensuche]
[…]	
Ähm als ich fünfzehn, nee als ich vierzehn war,	[erster Freund]
[…]	
hm mit der Schule war eigentlich nie ein Problem,	[schulische Leistungen über die Zeit]
[…]	
was jetzt vor kurzem passiert ist,	[Umzug]
[…]	
und meine Eltern, die haben das Beste in der Erziehung gegeben	
[…]	[Erziehung der Eltern im Rückblick …]

wir schreien uns halt sehr sehr oft an,
wir sind sehr ähnlich,
ich bin ziemlich wie meine Mutter geworden,
ich ich werd sofort laut
und raste dann aus
und dann schmeißen wir uns gegenseitig irgendwelche Sachen an den Kopf,
und mein Vater ist da eher der Ruhige,
der der einfach alles machen läßt hm und ähm, (---)
ja das war's

Lisa erzählt chronologisch eine Reihe von Ereignissen, die sich meist um das Knüpfen und Lösen von Beziehungen drehen, wobei das anfängliche Thema des von zugleich besorgten und angestrengten und getrennten Eltern versorgten Kleinkindes wieder anklingt. Gegen Ende der Erzählung tritt sie aus der Zeit heraus und spricht über ganze Lebensbereiche, nämlich ihre Schulleistungen und vor allem ihre gegenwärtige Beziehung zu ihren Eltern. Die heftigen Streitereien mit der Mutter, die ihre Gegenwart prägen, interpretiert sie biographisch: Sie ist wie ihre Mutter geworden, eine, die leicht aus der Haut fährt. Damit konstatiert sie einen biographischen Einfluß der Mutter auf sich, bzw. ihre aktive Identifizierung mit der Mutter. Max erzählt sein Leben um einige wenige Entwicklungen herum:

> *Ähm, ja ich bin vor gut 20 Jahren hier in München geboren,*
> [Kindheit Haus]
> *[…]*
> *Und ähm (-) ja so hab´ ich mich durch die Grundschule gewurschtelt*
> [Schule]
> *[…]*
> *und mein Vater arbeitet bei Eduscho* [5 Jahre Ecuador]
> *[…]*
> *meinen kleinen Bruder besser zu verstehen* [Beziehung zu Bruder]
> *[…]*
> *irgendwie hatte ich da das Gefühl* [Haltungsänderung: Rauchen, Drogen, Mädchen]
> *[…]*
> *ja und das nächste* [Tod des Großvaters, neue Bedeutung der Familie]
> *[…]*
> *ja und das nächste besondere Ereignis war,* [Unfall, neue Bedeutung von Gesundheit]
> *[…]*
> *ja und dann in der Schule ging's dem Ende zu* [Abitur, Studium Biologie, um mit Hilfsorganisation zurück nach Ecuador zu gehen]
> *und dann hab ich gedacht,*
> *okay, dann studier ich Biologie,*
> *um dann vielleicht doch noch mit ´ner NGO da nach Ecuador gehen zu können,*
> *ähm ja*
> *dann hab ich mich beworben,*
> *und jetzt studier ich seit vier Wochen,*

und gefällt mir noch viel besser,
als ich erwartet hatte,
und ja jetzt mach ich erstmal das Studium,
und dann weiß ich aber noch nicht (---), ja (-)
das war's auch schon eigentlich.

Ereignisse erzählt Max oft als Beispiele oder Auslöser von Veränderungen seiner Haltung gegenüber dem Bruder, sinnlichen Verlockungen, Familie und Gesundheit. Die thematische Klammer seiner Lebenserzählung ist der Aufenthalt in Ecuador, den er für die Datierung von Ereignissen benutzt und der vor allem die Studienwahl und Zukunftsperspektive motiviert. Die Lebenserzählung beendet er mit einem abgehobenen Schlußteil, der sich um seine berufliche Zukunft dreht. Seine Zukunftsperspektive begründet er biographisch.

In Tabelle 2 findet sich eine Klassifizierung der Beendigungen der vierzig Lebenserzählungen. In die erste Kategorie fallen Lebenserzählungen, die wie bei Tom und auch noch Paul am Ende einfach abbrechen und nicht in der Gegenwart ankommen, was hingegen in der zweiten Kategorie der Fall ist. In der dritten Kategorie wird mit Bemerkungen über die Zukunft geschlossen, während in der vierten Kategorie wie bei Lisa der letzte Abschnitt aus einer urteilenden Betrachtung der zentralen Werthaltungen, des gegenwärtigen Lebens oder der gegenwärtigen Persönlichkeit und der sie prägenden biographischen Einflüsse besteht.

Berücksichtigt man, daß sich die Zwölfjährigen, wenn es um Zukunft geht, auf konkrete Ereignisse wie die nächsten Ferien beziehen, die 20jährigen aber wie Max auf die gesamte Lebensplanung, dann ergibt sich ein klarer Alterstrend. Was sich in keiner dieser Lebenserzählungen findet, ist ein wertender Rückblick auf das gesamte Leben, wie er für das Alter beschrieben wird. Dafür halten unsere Erzähler ihr Leben wohl noch für zu kurz bzw. erwarten, den Großteil davon noch vor sich zu haben. Das paßt zu Befunden, daß junge Erwachsene, im Unterschied zu älteren Erwachse-

Tabelle 2 Wie werden Lebensgeschichten beendet?

Alter	8	12	16	20
bricht ab	8	5	2	—
in Gegenwart	2	2	2	3
Ausblick Zukunft	—	3	—	3
Resümee	—	—	6	4

nen, keine konsistente Bewertung ihres vergangenen, gegenwärtigen und zukünftigen Befindens vornehmen (Staudinger, Bluck & Herzberg, 2003).

Die Entwicklung der individuellen Lebensgeschichte zwischen Biologie und Kultur

Die Analyse von Eröffnungen und Beendigungen ist deskriptiv geblieben, insofern sie typische Altersunterschiede in der narrativen Konstruktion von Lebenserzählungen aufgezeigt hat, ohne nach Wirk- und Lernmechanismen zu fragen. Es ist davon auszugehen, daß die hier beschriebene Entwicklung die neuronalen Grundlagen des autobiographischen Erinnerns und, spezifischer, des Erzählens (Marini, Carlomagno, Caltagirone & Nocentini, 2005; Rubin & Greenberg, 2003) nutzt. Offensichtlich ist auch, daß die Formelemente, die zum Eröffnen und Beschließen der Lebenserzählungen verwendet werden, historisch spezifische, kulturelle Formen des Selbsterzählens sind, der beschriebenen Entwicklung also biologische Funktionen wie kulturelle Formen zugrunde liegen (Welzer & Markowitsch, 2005). Schwieriger ist anzugeben, wie die autobiographische Kompetenz genau erworben wird. Robyn Fivush (vgl. Nelson & Fivush, 2004) konnte zeigen, wie Vorschulkinder die Fähigkeit des Geschichtenerzählens in den Erinnerungsgesprächen mit ihren Müttern erwerben *(memory talk)*. Führen Eltern mit ihren präadoleszenten und adoleszenten Kindern analog Gespräche über deren Leben und über biographische Zusammenhänge und Motive? Sowenig dies untersucht ist, so sehr wäre das jedoch aufgrund prinzipieller Überlegungen (Pasupathi, 2001) zu erwarten. Zusätzlich könnten der Schulunterricht, eigenständige Lektüre und vielleicht auch das Hören von Liedern zur Übernahme kultureller autobiographischer Formen motivieren und sie ermöglichen.

Literatur:

Baerger, D. R. & McAdams, D. (1999). Life story coherence and its relation to psychological well-being. *Narrative Inquiry, 9*, 69–96.

Bauer, P. (2002). Early memory development. In U. Goswami (Hrsg.), *Blackwell handbook of childhood cognitive development* (S. 127–146). Malden, MA: Blackwell.

Behnke, I. & Zinnecker, J. (2001). Die Lebensgeschichte der Kinder. In dies. (Hrsg.), *Kinder, Kindheit, Lebensgeschichte* (S. 16–32). Seelze: Kallmeyer.

Bernfeld, S. (1931). *Trieb und Tradition im Jugendalter. Kulturpsychologische Studien an Tagebüchern.* Leipzig: J. A. Barth.

Bieri, P. (2001). *Das Handwerk der Freiheit.* Frankfurt am Main: Fischer.

Bluck, S. & Glück, J. (2004). Making things better and learning a lesson: Experiencing wisdom across the lifespan. *Journal of Personality, 72*, 543–572.

Bluck, S. & Habermas, T. (2000). The life story scheme. *Motivation & Emotion, 24*, 121–147.

Conway, M., Singer, A. & Tagini, A. (2004). The self and autobiographical memory: Correspondence and coherence. *Social Cognition, 22*, 491–529.

Erikson, E. H. (1968). *Identity, youth, and crisis.* New York: Norton; dt. (2003): *Jugend und Krise. Die Psychodynamik im sozialen Wandel*, 5. Aufl., Stuttgart: Klett-Cotta.

Fiese, B. H., Sameroff, A. J., Grotevant, H. D., Wamboldt, F. S., Dickstein, S. & Fravel, D. L. (1999). The stories that families tell: Narrative coherence, narrative interaction, and relationship beliefs. *Monographs of the Society for Research in Child Development, 64(2)*, 1–162.

Freud, S. (1913). Zur Einleitung der Behandlung. In ders., *Studienausgabe, Ergänzungsband* (S. 181–204). Frankfurt am Main: Fischer.

Gergen, M. & Gergen, K. J. (1987). The self in temporal perspective. In R. Abeles (Hrsg.), *Life-span perspectives and social psychology* (S. 121–137). Hillsdale, NJ: Erlbaum.

Habermas, T. (2005a). Autobiographisches Erinnern. In H. Filipp & U. Staudinger (Hrsg.), *Entwicklung im Erwachsenenalter* (Band 6, Serie V der Enzyklopädie Psychologie, S. 687–713). Göttingen: Hogrefe.

Habermas, T. (2005b). How to tell a life: The development of the cultural concept of biography. Unveröff. Manuskript.

Habermas, T. & Bluck, S. (2000). Getting a life: The development of the life story in adolescence. *Psychological Bulletin, 126*, 748–769.

Habermas, T. & Paha, C. (2001). Die Entwicklung biographischen Denkens. In I. Behnken & J. Zinnecker (Hrsg.), *Kinder, Kindheit, Lebensgeschichte* (S. 84–99). Seelze: Kallmeyer.

Habermas, T. & de Silveira, C. (2006). The development of global coherence in life narratives across adolescence. Unveröff. Manuskript.

Hayne, H. (2004). Infant memory development: Implications for childhood amnesia. *Developmental Review, 24*, 33–73.

Holdenried, M. (2000). *Autobiographie.* Stuttgart: Reclam.

Labov, W. & Waletzky, J. (1967). Narrative analysis: Oral versions of personal experience. In I. Helm (Hrsg.), *Essays on the verbal and visual arts. Proceedings of the 1966 Annual Spring Meeting of the American Ethnological Society* (S. 12–44). Seattle, WA: University of Washington Press.

Lejeune, P. (1994). *Der autobiographische Pakt.* Frankfurt am Main: Suhrkamp (Original erschienen 1975).

Linde, C. (1993). *Life stories.* Oxford: Oxford University Press.

Main, M., Kaplan, N. & Cassidy, J. (1985). Security in infancy, childhood, and attachment: A move to the level of representation. In I. Bretherton & E. Waters (Hrsg.), Growing points of attachment research. *Monographs of the Society for Research in Child Development, 50(1–2)*, 66–104.

Marini, A., Carlomagno, S., Caltagirone, C. & Nocentini, U. (2005). The role played by the right hemisphere in the organization of complex textual structures. *Brain & Language, 93*, 46–54.

McAdams, D. P. (1985). *Power and intimacy.* New York: Guilford.

McAdams, D. P., Reynolds, J., Lewis, M., Patten, A. H. & Bowman, P. J. (2001). When bad things turn good and good things turn bad: Sequences of redemption and contamination in life narrative and their relation to psychosocial adaptation in midlife adults and in students. *Personality & Social Psychology Bulletin, 27*, 474–485.

Nelson, K. & Fivush, R. (2004). The emergence of autobiographical memory: A social cultural developmental theory. *Psychological Review, 111*, 486–511.

Pasupathi, M. (2001). The social construction of the personal past and its implications for adult development. *Psychological Bulletin, 127*, 651–672.

Peterson, C. & McCabe, A. (1983). *Developmental psycholinguistics: Three ways of looking at a child's narrative.* New York: Plenum.

Pillemer, D. B. (1998). *Momentous events, vivid memories.* Cambridge, MA: Harvard University Press.

Röttger-Rössler, B. (1995). Autobiography in question: On self presentation and life description in an Indonesian society. *Anthropos, 88*, 365–373.

Rosenthal, G. (1995). *Erlebte und erzählte Lebensgeschichte.* Frankfurt am Main: Campus.

Rubin, D. C. & Greenberg, D. L. (2003). The role of narrative in recollection: A view from cognitive psychology and neuropsychology. In G. D. Fireman, R. J. Gingold & T. E. McVay (Hrsg.), *Narrative and consciousness: Literature, psychology, and the brain* (S. 53–85). London: Oxford University Press.

Schütze, F. (1982). Narrative Repräsentation kollektiver Schicksalsbetroffenheit. In E. Lämmert (Hrsg.), *Erzählforschung* (S. 568–590). Stuttgart: Metzler.

Staudinger, U. M., Bluck, S. & Herzberg, P. Y. (2003). Looking back and looking ahead: Adult age differences in consistency of diachronous ratings of subjective well-being. *Psychology & Aging, 18*, 13–24.

Sterne, L. (1972). *Tristram Shandy.* Stuttgart: Reclam (Original erschienen 1760).

Tomkins, S. S. (1978). Script theory: Differential magnification of affects. *Nebraska Symposium on Motivation, 26*, 201–236.

Tonkin, E. (1992). *Narrating our past: The social construction of oral history.* Cambridge (UK): Cambridge University Press.

Watson, L. & Watson, M.-B. (1983). *Interpreting life histories. An anthropological inquiry.* New Brunswick, NJ: Rutgers University Press.

Welzer, H. & Markowitsch, H. J. (2005). Towards a bio-psycho-social model of autobiographical memory. *Memory, 13*, 63–78.

WOLF SINGER

»Was kann ein Mensch wann lernen?«[1]

Gerade in den hochentwickelten Industrienationen, die sich als Wissensgesellschaften und Wissen als ihren wichtigsten Kultur- und Wirtschaftsfaktor begreifen, wird immer häufiger über Bildungssysteme und Bildungsreformen nachgedacht, diskutiert und gestritten. Kaum nachvollziehbar ist aber, daß dabei stets Fragen zur Ausbildung jenseits der Pubertät des Menschen im Mittelpunkt des Interesses stehen. Frühe Phasen des Lernens werden nicht nur selten angesprochen, sondern stellen weithin eine Terra incognita dar. Aber gerade hier besteht dringender Aufholbedarf. Denn: Ein falsches oder fehlendes Verständnis von Lernprozessen in frühen Lebensphasen kann zu Versäumnissen in der Erziehung führen, die später kaum mehr durch Bildungssysteme, wie optimiert sie auch sein mögen, wettgemacht werden können. Im Folgenden möchte ich diese Terra incognita vermessen helfen und einige Kernfragen beantworten: Über welche Mechanismen gelangt Wissen ins Gehirn? Wann kann was erlernt werden? Welchen Einfluß haben Deprivation und intensives Training auf die Hirnentwicklung des Menschen? Und schließlich: Wie wichtig ist Kommunikation für die Entwicklung des Gehirns?

Gehirnentwicklung und Umwelt

Bis in die jüngste Vergangenheit wurde entweder die Position vertreten, die Hirnentwicklung sei vollkommen genetisch determiniert, oder die entgegengesetzte, das Menschenhirn komme als frei instruierbare Tabula rasa zur Welt und sei in seiner Entwicklung somit allein von seiner Umwelt abhängig. Heute neigen viele zu der Annahme, daß sowohl Gene als auch die Umwelt für die Entwicklung des Gehirns eine Rolle spielen – ohne freilich die Gründe dafür und deren Ein-

[1] Der Text ist die gekürzte Fassung eines Vortrags, den Wolf Singer anläßlich des 1. Werkstattgesprächs der Initiative »*McKinsey bildet*« 2001 in der Deutschen Bibliothek, Frankfurt am Main, gehalten hat. Die ungekürzte Fassung ist erhältlich unter: www.mpih-frankfurt.mpg.de/global/Np/Pubs/mckinsey.pdf

fluß nennen zu können. Wie sieht nun die wissenschaftlich fundierte Position zum Verhältnis von Genen und Umwelt aus? Werfen wir zunächst einen Blick darauf, wie sich aus Eizellen Embryonen, aus diesen Babys und schließlich erwachsene Menschen entwickeln.

Gene sind stets in eine Umwelt eingebettet. Die Signale aus dieser Umwelt initiieren das Auslesen der genetischen Information und koordinieren die Entwicklung vom Ei zum Organismus. Diese setzt ein, weil molekulare Signale auf das Genom einwirken und das Auslesen der ersten Gene veranlassen. In der Folge kommt es zur Synthese neuer Eiweißmoleküle, die zum einen Strukturänderungen realisieren und zum anderen zur Auslese weiterer Gene führen. Die Zellen teilen und differenzieren sich und informieren sich durch Austausch chemischer Signale über die sich ständig wandelnden Nachbarschaftsbeziehungen. Dadurch verändert sich das molekulare Milieu in den Zellen, was wiederum unterschiedliche Genauslesemuster zur Folge hat. Ein sich selbst organisierender Prozeß vollzieht sich, der zur Bildung zunehmend komplexer Strukturen führt. Schließlich beginnen bestimmte Zellen damit, just jene Gene zu exprimieren, die die Synthese von Bausteinen steuern, die für Nervenzellen charakteristisch sind. So entstehen die ersten Nervenzellen. Welche Zellen diesen Weg gehen, bestimmt also deren Umgebung.

Die Nervenzellen entwickeln Dendriten und Axone – Fortsätze für den Empfang und die Weiterleitung elektrischer Signale –, nehmen miteinander Kontakt auf und beginnen, lokale Geflechte zu bilden, wobei sie ihre Partner über molekulare Signalsysteme identifizieren und finden. Schließlich werden diese Nervenzellen elektrisch aktiv. Damit eröffnen sie eine neue Kommunikationsform, durch die sie Signale schnell und mit großer räumlicher Präzision über weite Entfernungen austauschen und miteinander verrechnen können. Diese elektrischen Signale übernehmen eine zentrale Funktion bei der Steuerung der weiteren Entwicklung des Nervensystems. An den Kontaktstellen zwischen den Nervenzellen werden die elektrischen Impulse in chemische Signale umgesetzt. Diese erfüllen eine Doppelfunktion: Zum einen werden sie von den nachgeschalteten Zellen wieder in elektrische Signale umgewandelt, die als Grundlage für informationsverarbeitende Prozesse dienen. Zum anderen wirken sie auf die Genauslese ein. Damit eröffnen sich neue Optionen für die Selbstorganisation. Über neuronalen Signalaustausch kann jetzt ein Ereignis an einer Stelle des Embryos Zellen an entfernten Orten veranlassen, ganz bestimmte Gene zu exprimieren. So läßt sich das Ausdifferenzieren von Organismus und Gehirn über große Entfernungen hinweg koordinieren. Die tragende Rolle spielt dabei zunächst die selbsterzeugte Aktivität, mit der sich die Nervenzellen mitteilen, ob sie benachbart sind oder weit voneinander entfernt liegen, wer sie sind, mit welchen Muskeln oder Sinnesorganen sie verbunden sind etc. In dem Maße, in dem die Sinnesfunktionen ausreifen, werden diese selbsterzeugten Aktivitätsmuster dann zunehmend von Sinnesreizen moduliert. Damit gerät die Steuerung der Genauslese bzw. der Strukturentwicklung unter den Einfluß außerkörperlicher Faktoren. Das Milieu, das auf Entwicklungsprozesse einwirken kann, weitet sich. Vor der Geburt beschränken sich die Einflüsse jedoch auf das wenige, was »in utero« rezipiert werden kann. Zudem ist das Nervensystem beim Menschen zum Zeitpunkt seiner Geburt noch sehr unreif – lediglich die Basisfunktionen zum Aufrechterhalten von Lebensprozessen sind ausgebildet.

Mit der Geburt vollzieht sich ein dramatischer Sprung in der Hirnentwicklung. Die Sinnesorgane können nun Signale aus der Umwelt aufnehmen. Der Selbstorganisationsprozeß – das Wechselspiel zwischen diesen Signalen und den Genen – wird jetzt plötzlich von Aktivitätsmustern bestimmt, die von der Umwelt mitgeprägt werden. Alles, was auf die Sinnesorgane des Babys einwirkt, nimmt fortan Einfluß auf die weitere Entwicklung des Gehirns.

Worauf beruht diese aktivitäts- und nach der Geburt auch erfahrungsabhängige Ausreifung von Hirnstrukturen? Die Nervenzellen sind zum Zeitpunkt der Geburt im wesentlichen angelegt, aber in bestimmten Bereichen des Gehirns, z. B. in der Großhirnrinde, noch nicht miteinander verbunden. Viele Verbindungen bilden sich erst jetzt aus, ein großer Teil wird jedoch bald wieder vernichtet. Ein stetiger Umbau von Nervenverbindungen vollzieht sich, wobei nur etwa ein Drittel der einmal angelegten erhalten bleibt. Welche dies sind, hängt von ihrer Aktivität ab. Die Ausbildung der funktionellen Architektur der Großhirnrinde wird somit in erheblichem Umfang von Sinnessignalen und damit von Erfahrung geprägt. Genetische und epigenetische Faktoren stehen in einem engen Wechselverhältnis zueinander. Eine strenge Unterscheidung zwischen Angeborenem und Erworbenem ist damit unmöglich.

Der erste Beleg für die große Bedeutung dieses erfahrungsabhängigen Selektionsprozesses kam aus der Klinik: Früher litten Neugeborene häufig an Augeninfektionen, die sie sich bei der Geburt zuzogen. Die Folge waren Trübungen der Hornhaut oder gar der Linse. Die Kinder erblindeten und konnten nur noch diffuse Helligkeitsschwankungen wahrnehmen. Als es dann möglich wurde, Linse und Hornhaut zu transplantieren, erwartete man – da dem Gehirn selbst ja nichts fehlte –, mit solchen Operationen die Sehfähigkeit wiederherstellen zu können. Entsprechend groß war die Enttäuschung, als diese spät operierten Patienten blind blieben. Zwar hatten sie jetzt funktionstüchtige Augen, konnten aber mit den neuen Informationen nichts anfangen. Viele Patienten empfanden das, was sie jetzt plötzlich wahrnehmen konnten, nicht als visuelle Eindrücke, sondern als Geräusche, als etwas Schmerzhaftes, nicht näher Beschreibbares. Sie lernten nicht, sich in der Sehwelt zu orientieren,

Räume auszumessen oder Objekte zu identifizieren. Der Grund für diesen Fehlschlag lag in Folgendem: Wenn visuelle Signale in bestimmten Entwicklungsphasen nach der Geburt ausbleiben, werden wichtige Verbindungen als sinnlos interpretiert und irreversibel eingeschmolzen. Dem Auswahlmechanismus fehlen die richtigen Signale, er misinterpretiert Verbindungen, die im Grunde funktionstüchtig sind, als sinnlos und vernichtet sie. Dieser Vorgang ist irreversibel. Wenn die kritische Phase für die Entwicklung von Verbindungen in der Sehrinde durchlaufen ist – und sie beginnt beim Menschen kurz nach der Geburt und klingt im Laufe der ersten Lebensjahre ab –, dann kommt Hilfe zu spät.

Warum aber läßt sich die Natur auf das Risiko ein, daß vorübergehende Störungen in der Signalaufnahme zu so katastrophalen Veränderungen von Hirnfunktionen führen? Sind mit der Einbeziehung von Umwelteinflüssen in den Entwicklungsprozeß Vorteile verbunden, die alle Nachteile wettmachen? Dies scheint der Fall zu sein. Der Mensch kann Funktionen ausbilden, die auf Verschaltungsmustern beruhen, die durch genetische Instruktionen allein nicht zu realisieren wären. Ein Beispiel ist das beidäugige Sehen. Wir messen die Entfernung von Objekten durch den Vergleich der leicht verschiedenen Bilder, die in den beiden Augen entstehen. Dadurch können wir getarnte Objekte vom Hintergrund abgrenzen und mit präzise gesteuerten Bewegungen greifen. Wie aber die hierfür notwendige Verschaltung realisieren? Hier hilft die funktionelle Validierung. Faserverbindungen von korrespondierenden Netzhautorten müssen ähnliche Aktivitätsmuster aufweisen, da sie *per definitionem* Signale von gleichen Bildpunkten vermitteln. Es genügt also, über eine Korrelationsanalyse herauszufinden, welche Fasern immer gemeinsam aktiv sind, und diese dann an den jeweiligen Zielzellen zu konsolidieren. Die Auswahlregeln sind einfach: »Neurons wire together, if they fire together«. Verbindungen zwischen Neuronen, die oft zusammen aktiv sind, werden bestätigt und bleiben erhalten – eine der Grundlagen von assoziativem Lernen.

Der Auswahlprozeß kann seinen Zweck jedoch nur erfüllen, wenn die aktivitätsabhängige Identifikation von Verbindungen einer zusätzlichen internen Bewertung unterzogen wird. Die Signale beider Augen sind nur dann korreliert, wenn das Baby beide Augen koordiniert bewegt und auf das gleiche Objekt richtet. In allen anderen Fällen entstünden unweigerlich Fehlverschaltungen. Deshalb sind alle erfahrungsabhängigen Selektionsprozesse einem zusätzlichen Kontrollmechanismus unterworfen, der die Adäquatheit der Aktivierungsbedingungen überprüft und nur den Aktivitätsmustern erlaubt, Veränderungen zu verursachen, die als geeignet identifiziert wurden. Das Nervensystem tastet die Umwelt aktiv ab, sucht nach Mustern, die den Selektionsvorgang unterstützen können, und erlaubt diesen Aktivitäten nur dann Verschaltungen zu verändern, wenn sie in einem weiteren Kontext als adäquat identifiziert wurden. Offenbar hat die Natur jedoch nicht mit Augeninfektionen gerechnet, denn hier versagt diese interne Bewertung.

Das Gehirn entscheidet, gesteuert von seinen eigenen Bewertungen, welche Aktivitätsmuster Veränderungen der Verschaltung bewirken dürfen. Das dazu benötigte Vorwissen ist in der funktionellen Architektur der Bewertungssysteme gespeichert und genetisch festgelegt. Ein verwandter Mechanismus sorgt ferner dafür, daß Sinnessignale nur dann strukturierend auf die Entwicklung einwirken können, wenn sie Folge aktiver Interaktionen mit der Umwelt sind, bei denen die Initiative vom noch jungen Organismus ausgeht. Diese Erkenntnis geht auf einen frühen Versuch von Hind und Held am Massachusetts Institute of Technology zurück. Die Forscher setzten zwei Kätzchen in ein Karussell. Das eine hatte die Pfoten auf dem Boden und konnte durch sein Laufen das Karussell bewegen. Das andere saß in der Gondel und wurde passiv transportiert. Beide sahen genau das Gleiche, nur zu verschiedenen Zeiten. Die spätere Bestimmung der kognitiven Leistungen der beiden Tiere zeigte jedoch, daß nur das aktive Tier gelernt hatte, das nur beobachtende war nahezu blind und hinsichtlich seiner visu-motorischen Koordination schwer gestört. Nur zuzuschauen genügt also nicht. Selbermachen ist entscheidend, weil nur so der interaktive Dialog mit der Umwelt einsetzen kann, der für die Optimierung von Entwicklungsprozessen unabdingbar ist.

Kritische Phasen

Verschiedene Bereiche der Hirnrinde entwickeln sich mit unterschiedlicher Geschwindigkeit, was sich in der sequentiellen Ausreifung kognitiver Leistungen widerspiegelt. Entsprechend benötigt das Gehirn in verschiedenen Phasen unterschiedliche Informationen aus der Umwelt, um seine Entwicklung optimieren zu können. Die elementaren Verschaltungen in der Sehrinde beispielsweise werden sehr früh ausgebildet und dann erfahrungsabhängig optimiert: Bei Kätzchen dauert diese kritische Phase circa sechs Wochen, bei Primaten einige Monate, und beim Menschen einige Jahre. Dabei sind Plastizität und auch Verletzlichkeit der neuronalen Architekturen zu Beginn der kritischen Phasen am höchsten und nehmen dann ab.

Kommen wir zu den kognitiven Leistungen. Die Erstsprache wird mühelos erlernt, wenn die Interaktionen mit einer sprachkompetenten Umwelt im richtigen Zeitfenster erfolgen, also während der ersten Lebensjahre. Die Zweitsprache, die meist erst im Schulalter angeboten wird, lernt sich sehr viel schwerer und ganz anders als die Erstsprache. Lernen erfolgt jetzt regelbasiert und unter Kontrolle des Bewußtseins. Entsprechend bilden sich unbewußt ablaufende Automatismen für die Decodierung und Produktion von Sprache nur noch unvollkommen aus. Die Zweitsprache erreicht deshalb selten die Perfektion der Erstsprache. Deren Akzent und Melodie hingegen prägen sich so stark und irreversibel ein, daß sie die Sprecher ein Leben lang begleiten und meist auch später erlernte Sprachen durchdringen.

Eine wichtige Voraussetzung für das Sprachverständnis ist die Fähigkeit, den Sprachfluß zu segmentieren. Gesprochene Sprache besteht aus einem kontinuierlichen Strom von Lauten. Das Gehirn muß also zunächst lernen, diese Laute – man spricht auch von Phonemen – zu unterscheiden und zu Worten zusammenzufassen. Erst dann kann Wissen über die sprachspezifische Syntax gebildet werden. Die Fähigkeit, Phoneme und Worte als Einheiten zu identifizieren, wird für die Muttersprache sehr früh erworben, und die entsprechenden Verarbeitungsprozesse vollziehen sich nahezu automatisch, mühelos und sehr schnell. Für die Zweitsprache bilden sich diese Automatismen nur noch unvollkommen aus.

Aber auch höhere kognitive Leistungen, wie zum Beispiel die Abstraktionsfähigkeit, scheinen prägbar zu sein. Dies folgt aus Untersuchungen von taubstummen Kindern, die Zeichensprache erlernt haben. Es gibt verschiedene Arten von Zeichensprachen: zum einen die American-Sign-Language (ASL), die auf den gleichen syntaktischen und grammatischen Regeln aufbaut und ähnlich abstrakte Symbole verwendet wie die gesprochene Sprache. Hier ersetzen lediglich die Hände die Sprachwerkzeuge und die Augen die Ohren. Diese Sprache wird in den gleichen Hirnstrukturen analysiert und produziert wie die gesprochene Sprache. Es gibt aber auch Zeichensprachen, die sich mehr abbildender, mimetischer Strategien bedienen. Hier also läßt sich überprüfen, ob das Erlernen unterschiedlich abstrakter Sprachen Einfluß auf die Entwicklung kognitiver Fähigkeiten hat. Die Antwort darauf lautet ja. Kinder, die mimetische Sprachen erlernt haben, tun sich schwerer, logische Zusammenhänge höherer Ordnung zu durchschauen. Offenbar kann man also durch den übenden Umgang mit einer differenzierten Sprache, die abstrakte Konstrukte auszudrücken erlaubt, erlernen, solche Konstrukte auch zu denken und sich vorzustellen. Aus diesem Grunde werden mimetische Sprachen nicht mehr gelehrt.

Daß es auch sensible Entwicklungsphasen für den Erwerb motorischer Fertigkeiten gibt, ist Gemeingut der Alltagspsychologie. Fahrradfahren bietet ein gutes Beispiel dafür: Erwachsene haben in der Regel größte Schwierigkeiten, im Sattel zu bleiben, wenn sie das Fahrradfahren nicht als Kinder erlernt haben. Auch das Spielen von Musikinstrumenten muß früh erlernt werden, wenn Virtuosität das Ziel ist. Schließlich gibt es Hinweise darauf, daß geschlechtsspezifische Verhaltensweisen und gewisse soziale Kompetenzen früh eingeprägt werden und dann nur noch schwer, wenn überhaupt, veränderbar sind. Die Identifikation der neuronalen Grundlagen für diese sozialen Prägungs- und Lernvorgänge steht allerdings noch aus. Vermutlich beruht auch die Prägung dieser komplexeren Verhaltensdispositionen auf erfahrungsabhängigen Veränderungen neuronaler Architekturen in den jeweiligen Verarbeitungszentren.

Diese Beispiele für frühe Prägungsphasen sollen jedoch nicht den Blick dafür verstellen, daß sich die Hirnentwicklung bis zum Abschluß der Pubertät hinzieht und daß es – aufgrund der langsamen Ausreifung des Präfrontalhirns – sehr späte sensible Entwicklungsphasen gibt. Auf dessen Funktionen beruhen komplexe kognitive Leistungen des Menschen wie die Fähigkeiten, die eigene Existenz in der Zeit zu begreifen, Handlungen aufzuschieben und von vorausgehenden Überlegungen abhängig zu machen, ein Konzept vom eigenen Ich zu entwickeln und sich in soziale Wertgefüge einzuordnen. Die Entwicklung dieser Fähigkeiten korreliert direkt mit der späten Ausreifung präfrontaler Hirnstrukturen. Werden diese Prozesse behindert, z. B. durch Verletzungen in den entsprechenden Hirnrindenregionen, kann die Entwicklung dieser kognitiven Leistungen irreversibel geschädigt werden. Dies kann Probleme bei der Ausbildung sozial angepaßten Verhaltens und moralischer Verbindlichkeiten zur Folge haben.

Deprivation und Training

Was geschieht aber im Gehirn, wenn visuelle oder akustische Signale ausbleiben, die während der entsprechenden sensiblen Entwicklungsphasen benötigt werden? Die Nervenzellen schrumpfen, ihre Dendriten, mit denen sie Signale von anderen Zellen aufnehmen, bilden weniger Verzweigungen aus, und die Zahl der Synapsen zwischen den Nervenzellen nimmt dramatisch ab. Auch die Fläche der für eine bestimmte Funktion zur Verfügung gestellten Bereiche der Großhirnrinde kann sich verringern, wenn diese Funktion nicht trainiert oder nicht gebraucht wird. Bei früh Erblindeten kann es vorkommen, daß Hirnrindenareale, die eigentlich mit der Verarbeitung visueller Signale befaßt sind, die Auswertung taktiler oder akustischer Signale übernehmen. Die Funktionen von Hirnrindenarealen sind also durch Deprivation in Grenzen verschiebbar.

Konträre Veränderungen lassen sich durch intensives Training oder durch Überexposition auf bestimmte Sinnesreize erzielen. Wer früh anfängt, intensiv Geige zu üben, kann erreichen, daß die Repräsentation der die Saiten greifenden Hand in der Großhirnrinde mehr Platz eingeräumt bekommt. Ob dies auf Kosten anderer Funktionen geschieht, ist unbekannt. Da es im Gehirn aber keine Leerstellen gibt, sollte sich die eine nur auf Kosten der anderen ausbreiten können. Übertraining und Deprivation gehen oft zusammen, weil Zeitfenster und Lernfähigkeit begrenzt sind.

Training bewirkt somit das Gegenteil von Deprivation. Die Zahl der Kontakte zwischen Nervenzellen nimmt zu, die für die geübten Funktionen zuständigen Areale dehnen sich aus und die neuronalen Antworten spezialisieren sich auf die trainierten Inhalte. Während gesichert ist, daß Deprivation die optimale Ausbildung neuronaler Architekturen einschränkt, ist weit weniger klar, ob die strukturelle Komplexität durch Üben über das normale Maß hinaus gesteigert werden kann. Auch läßt sich im Einzelfall nie angeben, inwieweit ein bestimmtes Verbindungsmuster von genetischen oder erfahrungsbedingten Faktoren geprägt ist. Hirnstrukturen sind das Ergebnis eines steten Dialogs zwischen genetischen und epigenetischen Faktoren – beide Einflüsse wirken auf dieselben Mechanismen der Strukturbildung ein. Was Ursache für eine fehlende Verbindung ist, läßt sich nicht festlegen.

Konsequenzen für die Erziehung

Kein Kind kann dem anderen gleichen, weil im Laufe der Entwicklung zahllose Verzweigungen durchlaufen werden müssen und Entscheidungen darüber, welche Gabelung gewählt wird, oft von kleinen, mitunter zufälligen Fluktuationen der Umgebungsbedingungen abhängen. Wegen unterschiedlicher Anlagen und Entwicklungsgeschwindigkeiten ist kaum damit zu rechnen, daß Kinder gleichen Alters gleiche Bedürfnisse und Fähigkeiten haben. Dies stellt das fast ausschließlich altersorientierte Klassensystem in Frage.

Die Existenz zeitlich gestaffelter sensibler Phasen für die Ausbildung verschiedener Hirnfunktionen führt zu dem Postulat, daß das Rechte zur rechten Zeit verfügbar sein oder angeboten werden muß. Es ist nutzlos und womöglich sogar kontraproduktiv, Kinder mit Inhalten zu konfrontieren, die nicht adäquat verarbeitet werden können, weil die entsprechenden Entwicklungsfenster nicht offen sind. Da bislang nur wenige Daten darüber vorliegen, wann das menschliche Gehirn welche Informationen benötigt, ist wohl die beste Strategie, sorgfältig zu beobachten, wonach die Kinder fragen. Selbst Babys können im vorsprachlichen Stadium durch Lachen, Weinen und differenzierte Mimik signalisieren, was für sie richtig und wichtig ist.

Wie läßt sich also das Angebot optimieren? Natürlich müssen ausreichend Umweltreize vorhanden sein, aber dies dürfte in aller Regel der Fall sein. Wenig hilfreich dürfte es sein, die Kleinen mit Angeboten zu überschütten. Hier vermischt sich oft Elternehrgeiz mit mißverstandenen Botschaften über die Bedeutung kritischer Entwicklungsphasen. Es macht keinen Sinn, Entwicklungen forcieren zu wollen. Die

Kinder werden aufgezwungene Angebote nicht annehmen, unnütz Zeit mit deren Abwehr verbringen und es schwerhaben, das für sie Wichtige herauszufiltern. Wichtig ist es vielmehr, Deprivationen zu vermeiden bzw. der Gefahr vorzubeugen, daß das Rechte nicht zur rechten Zeit angeboten wird.

Kompetenz zur Kommunikation

Abschließend möchte ich noch zwei Aspekte hervorheben, an denen mir ganz besonders gelegen ist: Die differenzierte Entwicklung kognitiver Funktionen hängt ganz wesentlich von den Kommunikationsfähigkeiten und -möglichkeiten der Kinder ab. Autismus wird unter anderem darauf zurückgeführt, daß es den Kindern nicht gelingt, emotionale Signale ihrer Bezugspersonen in deren Mimik und Gestik zu dechiffrieren. Über diese nichtsprachliche Kommunikation wird den Kindern vermittelt, wie ihre Aktionen und Fragen von ihrem sozialen Umfeld bewertet werden. Diese Information scheint für die Einbindung in das soziokulturelle Umfeld und alle damit verbundenen Lernprozesse von herausragender Bedeutung zu sein. Wenn die Kinder nicht in der Lage sind, diese bewertenden Signale zu dechiffrieren, führt dies zu sozialer Isolation und zu gravierenden Fehlentwicklungen aller höheren kognitiven Funktionen. Der Dialog mit der Umwelt bricht ab und Entwicklungsprozesse werden somit fehlgeleitet. In diesem Fall liegt eine pathologische Störung der Kommunikationsfähigkeit vor. Dieses Beispiel belegt, wie außerordentlich wichtig kommunikative Prozesse für die Hirnentwicklung sind.

Zweitens möchte ich für einen verstärkten Einsatz nichtrationaler Ausdrucksmittel plädieren. Wir setzen derzeit in der Kommunikation vor allem auf die rationale Sprache. Sie ist von allen Ausdrucksmitteln das einzige, das unser Erziehungssystem mit Nachdruck ausbildet. Ein großer Teil der vermittelten Information wird aber über Mimik, Gestik und Intonation transportiert. Durch bildnerische, musikalische, mimische, gestische und tänzerische Ausdrucksformen lassen sich Informationen transportieren, die sich in rationaler Sprache nur sehr schwer fassen lassen, z. B. überzeugende Schilderungen widersprüchlicher Gestimmtheiten. Die nichtrationalen Kommunikationstechniken können gerade solche Inhalte hervorragend vermitteln, weil sie nicht an binäre Logik gebunden sind. Nahezu alle Kinder möchten diese nichtrationalen Kommunikations- und Ausdrucksmittel nutzen, vernachlässigen sie aber zugunsten der Ausbildung der rationalen Sprache. Hier liegt auch ein Fall von Deprivation vor. Insofern müssen wir uns damit begnügen, uns mit dem relativ jämmerlichen Vehikel rationaler Sprachen zu verständigen. Doch just die Informationen, die bei der Stabilisierung sozialer Systeme eine so wichtige Rolle spielen, lassen sich selbst bei hoher Sprachkompetenz nur sehr unvollkommen transportieren. Vielleicht läge aber gerade darin der Schlüssel zu interkulturellen Dialogen und dauerhaften Konfliktlösungen.

ULRICH SEIDL, HANS J. MARKOWITSCH & JOHANNES SCHRÖDER

Die verlorene Erinnerung: Störungen des autobiographischen Gedächtnisses bei leichter kognitiver Beeinträchtigung und Alzheimer-Demenz

Gedächtnisfunktionen können unter verschiedenen Gesichtspunkten betrachtet werden. So erfolgt eine Untergliederung nach zeitlichen Aspekten (Kurz- oder Langzeitgedächtnis), nach der Qualität (deklarativ oder prozedural) oder nach der Art des Erwerbs (explizit oder implizit). Eine weitere Einteilung berücksichtigt, ob die Umstände des Lernens respektive des Erlebens lebendig und detailliert erinnert werden, was als episodisches Gedächtnis bezeichnet wird, oder ob es sich um allgemeines Faktenwissen handelt, das den Inhalt des semantischen Gedächtnisses repräsentiert (Tulving, 1972). Die Bedeutung dieser Unterteilungen spiegelt sich nicht nur in den Ergebnissen der Kognitionsforschung, sondern zeigt sich auch in den Befunden der Neurowissenschaften (Brand & Markowitsch, 2003; Markowitsch, 2002, 2003a, 2003b). Autobiographische Gedächtnisinhalte zeichnen sich zudem durch eine subjektive zeitliche Zuordnung des Erlebten sowie durch das Gefühl der Zugehörigkeit zur eigenen Person aus und sind eng mit emotionalen Qualitäten verknüpft (Markowitsch, 2003c; Tulving, 1983, 2005; Tulving & Markowitsch, 1998).

Störungen der Gedächtnisfunktionen bilden das Achsensymptom dementieller Erkrankungen, insbesondere der Alzheimer-Demenz als häufigster Demenzform (Schröder et al., 2004). Die Störung des autobiographischen Gedächtnisses mit zunehmendem Verlust des Wissens um die eigene Person wurde, trotz ihrer zentralen Stellung bei dieser Erkrankung, bisher nur selten untersucht. Derartige Studien sind jedoch nicht nur für das Verständnis der Alzheimer-Demenz, sondern auch für die Modellbildung zu Aufbau und Entwicklung des autobiographischen Gedächtnisses von Bedeutung. Tatsächlich stellen diese Studien besondere methodische Anforderungen, die sich aus der Individualität des erinnerten Materials und dem Charakter dementieller Erkrankungen ergeben. Die Individualität autobiographischer Erinnerungen macht ausreichend lange, strukturierte Interviews erforderlich, da eine bloße Abfrage lebensgeschichtlicher Daten auf die semantischen Anteile des autobiographischen Gedächtnisses beschränkt bliebe, ohne die subjektiv entscheidenden – episodischen – Anteile zu berücksichtigen. Andererseits werden Patienten mit Alzheimer-Demenz durch derartige umfangreiche Interviews rasch überfordert. Wir haben uns deshalb bei unseren Untersuchungen zum autobiographischen Gedächtnis bei Alzheimer-Demenz für ein zweistufiges Vorgehen entschieden und zunächst ausschließlich Patienten mit leichter kognitiver Beeinträchtigung, d. h. im putativen Vorstadium der Alzheimer-Demenz (Schönknecht et al., 2005), bzw. beginnender Alzheimer-Demenz untersucht. Sie wurden zu fünf verschiedenen Lebensabschnitten befragt. Zur Überprüfung der Befunde bei Patienten mit ausgeprägter Alzheimer-Demenz haben wir in einer zweiten Studie autobiographische Erinnerungen an die Schulzeit erhoben. Mit dieser Beschränkung wurde die Explorationsdauer erheblich verkürzt, so daß auch schwerer Erkrankte die Untersuchung bewältigen konnten. Zudem bot der ausgewählte Lebensabschnitt den Vorteil, daß er biographisch scharf definiert und – dies zeigten die Ergebnisse der ersten Studie – mit besonders stabilen Erinnerungen verknüpft ist.

Im Folgenden werden zunächst wichtige klinische Charakteristika der Alzheimer-Demenz im Hinblick auf Störungen der Gedächtnissysteme, insbesondere des autobiographischen Gedächtnisses, zusammengefaßt. Es folgt ein Abriß unserer Untersuchungen zu den Fragen, ab wann bei der Alzheimer-Demenz autobiographische Gedächtnisdefizite nachweisbar sind, wie sich die Störungen entwickeln und welche Qualitäten des autobiographischen Gedächtnisses besonders betroffen sind.

Alzheimer-Demenz und autobiographisches Gedächtnis

Demenzen sind häufige Erkrankungen, die trotz aller Fortschritte in Diagnostik und Therapie noch bei der überwiegenden Zahl der Patienten in chronische Verläufe mit zunehmender Hilfs- und Pflegebedürftigkeit münden. Der wichtigste Risikofaktor ist das Lebensalter: Beträgt die Häufigkeit dementieller Erkrankungen etwa 1 % bei den 70jährigen, so steigt sie von etwa 5 % bei den über 75jährigen auf über 10 % bzw. 20 % bei den über 80- bzw. über 85jährigen. Etwa zwei Drittel aller Demenzerkrankungen entfallen auf die Alzheimer-Demenz; die nächsthäufige Demenzform, die vaskulären (von Durchblutungsstörungen im Gehirn verursachten) Demenzen, kommt in etwa 10 bis 15 % der Fälle vor. Andere Demenzformen sind zum Teil erheblich seltener (Übersicht in Schröder et al., 2004).

Eingeleitet wird die Alzheimer-Demenz von einer zunächst noch subklinischen Symptomatik mit diskreten Störungen der Merkfähigkeit und anderen kognitiven Defiziten. Häufig ist eine ratlos-gedrückte Stimmungslage; sobald die Defizite die

Lebensführung im Alltag beeinträchtigen, wird nach den gängigen Kriterien eine Demenz diagnostiziert. Gerade dieser Zeitpunkt variiert mit dem individuellen Ausgangsniveau, da Defizite in Abhängigkeit von den jeweiligen Ressourcen noch unterschiedlich lange kompensiert werden können. Der weitere Krankheitsverlauf ist durch zunehmende kognitive Defizite charakterisiert; zudem sind psychopathologische Symptome wie Apathie, Depression, Wahnbildungen, Wahrnehmungs- und Antriebsstörungen, aber auch Verhaltensauffälligkeiten häufig. Nach einer Zeit von durchschnittlich sieben bis neun Jahren beeinträchtigt die Alzheimer-Demenz alle höheren psychischen und kognitiven Funktionen bis zu deren Erlöschen und führt damit zu weitgehender Pflegebedürftigkeit. Klinisch werden allgemein ein beginnendes, ein mittelgradiges und ein schweres Stadium unterschieden und wird das Initialstadium mit noch diskreten Defiziten als »leichte kognitive Beeinträchtigung« bezeichnet. Neuere Studien beschrieben bei der leichten kognitiven Beeinträchtigung bereits eine Reihe von neurobiologischen Veränderungen, die typischerweise bei Patienten mit manifester Alzheimer-Demenz beobachtet werden. Demgegenüber belegen klinische Längsschnittstudien ein eher langsames Fortschreiten der neuropsychologischen Defizite (Schönknecht et al., 2005). Die leichte kognitive Beeinträchtigung steht deshalb nicht nur mit Blick auf eine mögliche Früherkennung und -behandlung der Alzheimer-Demenz im Mittelpunkt des wissenschaftlichen Interesses, sondern auch wegen der hier offenbar noch wirksamen Kompensationsmechanismen.

Schon früh im Verlauf sind bei der Alzheimer-Demenz Substrukturen des mittleren Temporallappens – insbesondere Amygdala und Hippocampus – atrophisch verändert, während Areale der Hirnrinde erst später betroffen sind (Braak & Braak, 1996). Diese Veränderungen können mit bildgebenden Verfahren, etwa der Magnetresonanztomographie, schon bei Patienten mit beginnender Alzheimer-Demenz bzw. leichter kognitiver Beeinträchtigung nachgewiesen werden (Pantel et al., 1997, 1998, 2003, 2004). Bildgebende Verfahren haben sich deshalb in der klinischen Routinediagnostik und gerade in der Früherkennung der Alzheimer-Demenz weithin etabliert.

Störungen des autobiographischen Gedächtnisses werden in der Begegnung mit den Patienten schon in den Anfangsstadien der Alzheimer-Demenz auffällig. Klinisch betreffen die Defizite primär Erinnerungen an Selbsterfahrenes einschließlich prägender Lebensereignisse, während äußere Lebensdaten noch lange abrufbar bleiben. Grundsätzlich gehen jüngere Erinnerungen eher verloren als ältere und folgen dabei dem Ribotschen Gradienten (Ribot, 1881). Störungen des autobiographischen Gedächtnisses berühren so zentrale Konstituenten der Identität und beeinträchtigen Erleben und Empfinden auch subjektiv nachdrücklich.

In klinisch-neuropsychologischen Studien wurden autobiographische Gedächtnisstörungen bisher vor allem im Hinblick auf die betroffenen Qualitäten, aber auch im Vergleich zu anderen mnestischen Defiziten untersucht. Kopelman (1989) erhob bei je 16 Korsakow-Patienten, 16 Alzheimer-Demenz-Patienten in leichten bis mittleren Stadien und 16 gesunden Kontrollpersonen das autobiographische Gedächtnis und andere neuropsychologische Leistungen. Neben semantischen Leistungen (Beantwortung von Fragen bzw. Zuordnung von Bildern zu zeitgeschichtlichen Ereignissen und berühmten Personen) wurden in einem halbstrukturierten Interview (»Personal Semantic Memory Schedule«) semantische Details aus vier Bereichen der eigenen Biographie erfaßt (familiärer Hintergrund, Kindheit, junges Erwachsenenalter und neuere Ereignisse) und im »Autobiographical Incidents Schedule« einzelne Ereignisse aus Kindheit, Jugend und der jüngeren Vergangenheit erfragt. Bewertet wurden dabei die Originalität und die Spezifität der Erinnerungen. Dabei zeigte sich, daß die Alzheimer-Demenz-Patienten in allen untersuchten Bereichen deutlich beeinträchtigt waren, wobei die Defizite dem Ribotschen Gradienten folgten und sowohl beim freien Abruf als auch beim Wiedererkennen zu beobachten waren. Sowohl Korsakow- als auch Alzheimer-Demenz-Patienten konnten Ereignisse nur ungenau zeitlich zuordnen. Die Defizite waren jedoch nicht oder nur schwach mit Hinweisen auf Störungen des Frontalhirns in Zusammenhang zu bringen. Der Befund, daß Korsakow- und Alzheimer-Demenz-Patienten beim Wiedererkennen bessere Leistungen erbrachten als bei freier Reproduktion, wurde als Hinweis auf einen bei beiden Erkrankungen gestörten Abruf der Gedächtnisinhalte gewertet.

In einer Studie mit 40 leicht- bis mäßiggradig erkrankten Alzheimer-Demenz-Patienten und 40 gesunden Probanden untersuchten Dorrego et al. (1999) die Erinnerung an berühmte Personen und Ereignisse über vier Dekaden hinweg mit der »Remote Memory Scale«. In einer zweiten Studie wurde eine Teilstichprobe von 25 Alzheimer-Demenz-Patienten und 20 gesunden Kontrollpersonen zu semantischen autobiographischen Gedächtnisinhalten befragt. Die hierzu eingesetzte »Autobiographical Memory Scale« beinhaltete 39 Fragen zu fünf Lebensabschnitten (Kindheit, Adoleszenz, Jugend, Erwachsenenalter und jüngere Vergangenheit), die sowohl frei als auch unter Vorgabe von je drei Optionen (einer richtigen Lösung und zwei semantischen Distraktoren) beantwortet wurden. Bereits in sehr frühen Phasen der Erkrankung war bei Alzheimer-Demenz-Patienten im Vergleich zu Gesunden das Wissen über öffentliche Personen und Ereignisse der Vergangenheit reduziert. Alzheimer-Demenz-Patienten ließen zudem ausgeprägte Defizite in der Reproduktion semantischen Wissens erkennen, das einerseits entsprechend dem Ribotschen Gradienten vor allem jüngere Erinnerungen betraf, andererseits bei freiem Abruf ausgeprägter war als beim Wiedererkennen. Diese Ergebnisse sprechen wiederum dafür, daß ein gestörter Abruf der Erinnerungen ursächlich für die untersuchten Gedächtnisdefizite bei Alzheimer-Demenz ist.

In einer Untersuchung an 62 Patienten mit beginnender Alzheimer-Demenz setzten Kazui et al. (2003) den »Family Line Test« zur Erfassung semantischer autobiographischer Erinnerungen ein. Dabei wurden in einem halbstrukturierten Interview Patienten und ihre Bezugspersonen zu äußeren Lebensdaten (Geburt des ältesten Kindes, Enkels etc.) befragt. Das episodische Gedächtnis wurde mit der »Wechsler Memory Scale-Revised« und das semantische Wissen mit dem entsprechenden Subtest der »Wechsler Adult Intelligence Scale-Revised« erfaßt. Dabei zeigte sich ein signifikanter Zusammenhang zwischen Demenzschwere, Störung des semantischen autobiographischen Gedächtnisses, aber auch anderen semantischen und episodischen Gedächtnisleistungen; letztere waren unabhängige Prädiktoren für das semantische autobiographische Gedächtnis. Die Autoren folgerten daraus, daß semantisches autobiographisches Wissen sowohl episodische als auch semantische Anteile aufweist und daß sich das semantische aus dem episodischen Gedächtnis entwickelt.

Nach den zitierten Studien werden autobiographische Gedächtnisstörungen schon in den Anfangsphasen der Alzheimer-Demenz beobachtet. Kopelman (1989) und die Arbeitsgruppe um Dorrego (1999), aber auch Hodges (1998) sowie Greene et al. (1995) beschrieben sowohl Defizite der semantischen als auch der episodischen Qualitäten, konnten jedoch die Veränderungen im Krankheitsverlauf in den untersuchten Stichproben nicht näher differenzieren, da Patienten mit leichter kognitiver Beeinträchtigung oder schwerer Alzheimer-Demenz unberücksichtigt blieben. Wir haben deshalb in unseren eigenen Studien Störungen des autobiographischen Gedächtnisses differenziert nach semantischen und episodischen Qualitäten mit einem einheitlichen Instrument, dem »Bielefelder Autobiographischen Gedächtnisinventar« (BAGI), bei Patienten in allen Stadien der Alzheimer-Demenz und bei gesunden Probanden untersucht.

Untersuchungen mit dem »Bielefelder Autobiographischen Gedächtnisinventar«

Die Erinnerung an die eigene Lebensgeschichte wurde in unseren Untersuchungen mit dem BAGI als semistrukturiertem Interview exploriert. Das BAGI erfaßt autobiographisches Wissen zu fünf verschiedenen Lebensabschnitten, nämlich zur Vorschulzeit, Schulzeit, weiterführenden Schule bzw. Ausbildung, zu Berufstätigkeit sowie den vorangegangenen fünf Lebensjahren. Erfragt werden sowohl semantische Inhalte, beispielsweise Adressen und Namen von Schulkameraden oder Arbeitskollegen, als auch episodische autobiographische Erinnerungen. Letztere werden über »frei« erinnerte Episoden erfaßt; dabei wird ihre Einzigartigkeit beurteilt, also festgestellt, ob es sich um singuläre Erlebnisse, regelmäßig wiederkehrende Ereignisse oder Gesamteindrücke aus einem Lebensabschnitt handelt. So wird etwa der detaillierte Bericht über einen Fahrradunfall in der Kindheit einschließlich seiner Begleitumstände wie Umgebungsbeschreibung, Angaben über das Wetter und anwesende Personen oder die eigenen Gedanken und Gefühle als singuläre Episode gewertet und die Genauigkeit entsprechend dem Detailreichtum gesondert erfaßt.

Der 72jährige, nicht demente Herr Z. berichtete: »Damals, ich war so etwa neun Jahre alt, bin ich beim Fahrradfahren schwer gestürzt. Ich bin mit zwei Freunden auf der Strecke von Wilhelmsfeld nach Schriesheim den Berg herabgerast, ich weiß das noch genau, die Sonne schien, es war ein warmer Frühlingstag. Plötzlich lag hinter der einen spitzen Kurve ein Stein auf der Fahrbahn. Ich war so schnell, daß ich nicht bremsen oder ausweichen konnte, und bin mit dem Vorderrad hängengeblieben und über den Lenker ›gesegelt‹. Auf dem Asphalt habe ich mir eine Platzwunde über dem rechten Auge zugezogen. Meine Kameraden haben mich nach Hause begleitet und ich hatte Angst, daß die Mutter schimpfen würde. Die hat sich dann aber furchtbare Sorgen gemacht, weil alles voller Blut war und sie gedacht hat, ich hätte das Auge verloren. Sie hat die Wunde dann mit Jod gereinigt, das hat furchtbar gebrannt, aber ich habe nicht geweint.«

Regelmäßig wiederkehrende Ereignisse, beispielsweise der wöchentliche Gang zur Klavierstunde oder das gelegentliche Fußballspiel, werden geringer bewertet.

Der 85jährige, mittelgradig demente Herr H. berichtete: »Wir haben als Kinder immer Fußball auf dem Hof gespielt, da haben wir uns aus Stangen ein Tor gebaut. Der Ball war da auch kein richtiger Ball, das gab es damals nicht, und ein Netz für das Tor hatten wir auch nicht.«

Die 74jährige, mittelgradig demente Frau F. berichtete: »In der Schule haben wir oft Streiche gespielt. Manchmal haben die Lehrer uns dann nachsitzen lassen, oder Schläge gab es auch, mit dem Lineal auf die Hände, bis die ganz dick waren.«

Am geringsten zählen allgemeine Angaben zum jeweiligen Lebensabschnitt.

Die fortgeschritten demente, 87jährige Frau W. berichtete: »Damals war es in der Schule ja auch ganz streng, da mußte man ganz still sitzen, das war nicht schön, und die Lehrer waren auch ganz alt. Ja, das war so, das können Sie sich gar nicht mehr vorstellen.«

Die 84jährige, schwer demente Frau S. berichtete: »In der Nachbarschaft waren viele Kinder, mit denen mein Bruder und ich gespielt haben, und im Sommer sind wir dann auf die Felder gegangen, eine gute Zeit war das.«

Durch dieses Vorgehen erhalten auch jargonhafte Antworten im Sinne eines »fassadären Verhaltens« weniger Gewicht. Letzteres bezeichnet ein zunächst intakt erscheinendes Auftreten, das mit Hilfe von Floskeln und Stereotypien Gedächtnisdefizite übersehen läßt. Die einzelnen Qualitäten des autobiographischen Gedächtnisses werden für jeden Lebensabschnitt getrennt beurteilt; insgesamt werden für das semantische Wissen maximal fünf Punkte vergeben, für frei berichtete Episoden höchstens sechs und für die Detailinformationen höchstens elf. Die Werte werden für jeden Lebensabschnitt zu einem Summenscore addiert; pro Abschnitt können somit bis zu 22 Punkte erzielt werden. Alle Lebensabschnitte werden schließlich in einem Gesamtscore zusammengefaßt.

Bei der Konzeption unserer Untersuchungen zum autobiographischen Gedächtnis bei leichter kognitiver Beeinträchtigung und Alzheimer-Demenz war vor allem die verminderte Belastbarkeit der Patienten in fortgeschrittenen Demenzstadien zu berücksichtigen. Um dennoch alle Schweregrade der Erkrankung einbeziehen zu können, sind wir in zwei Schritten vorgegangen. In einer ersten ausführlichen Untersuchung wurde bei leicht kognitiv Beeinträchtigten und Alzheimer-Demenz-Patienten in frühen Phasen sowie gesunden Probanden das komplette BAGI mit allen fünf Lebensabschnitten erhoben, während eine zweite, auf die Schulzeit fokussierte Studie Patienten mit leichter kognitiver Beeinträchtigung und Alzheimer-Demenz aller Schweregrade sowie Gesunde einschloß.

Die 52 Probanden der ersten Untersuchung, 30 Frauen und 22 Männer im Alter von durchschnittlich 70 Jahren, wurden an der Gedächtnisambulanz der Sektion Gerontopsychiatrie der Psychiatrischen Universitätsklinik Heidelberg rekrutiert. 19 litten an leichter kognitiver Beeinträchtigung gemäß dem Konzept des »Age-Associated Cognitive Decline« (AACD; Levy, 1994), bei 12 bestand eine »wahrscheinliche« Alzheimer-Demenz nach den Kriterien von McKhann et al. (1984). Zusätzlich wurden 19 gesunde Angehörige als Kontrollgruppe rekrutiert. Die Untersuchungen der ersten Studie beinhalteten neben dem kompletten BAGI auch Testbatterien zur Alzheimer-Diagnose (Folstein et al., 1975) sowie Tests zur Wortflüssigkeit und Wortfindung und, als Maß für eine depressive Symptomatik, das »Beck Depressions-Inventar«. In der zweiten Studie wurden bisher 133 Altenheimbewohner,

98 Frauen und 35 Männer, untersucht, die im Durchschnitt etwa 78 Jahre alt waren und sich in Heimen in Heidelberg und in Münster (Westfalen) befanden. Die Untersuchung von Heimbewohnern gewährleistete aufgrund der jeweils ähnlichen Lebensumstände eine bessere Vergleichbarkeit der Ergebnisse; die Befragung von Probanden aus zwei verschiedenen Regionen zielte auf die Vermeidung regionaler Effekte. 100 Bewohner litten unter einer leichten kognitiven Beeinträchtigung oder unter einer »möglichen« oder »wahrscheinlichen« Alzheimer-Demenz, 33 waren kognitiv nicht beeinträchtigt. Die zweite Untersuchung erforderte, da hier auch schwerer Erkrankte einbezogen wurden, die Adaptation der Testbatterie nicht nur mit der Konzentration des BAGI auf die Abfrage der Schulzeit, sondern auch mit vereinfachter Testung. Zudem wurden bei allen Bewohnern psychiatrische Begleitsymptome wie Depressivität, Apathie, Erregung oder Verhaltensauffälligkeiten über das »Neuropsychiatric Inventory« (Cummings et al., 1994) in der Pflegeheimversion erfaßt und, als Maß für die globale Beeinträchtigung, die »Global Deterioration Scale« (Reisberg et al., 1982) erhoben.

Die Ergebnisse der ersten Studie veranschaulicht Abbildung 1. Hier zeigt sich, daß der Verlust autobiographischer Erinnerungen bei den Alzheimer-Demenz-Patienten im Vergleich zu leicht kognitiv Beeinträchtigten und Gesunden in erheblichem Ausmaß das lebendige Wissen um lebensgeschichtliche Episoden betrifft. Im semantischen autobiographischen Wissen unterschieden sich die Gruppen kaum. Zwar konnten die Alzheimer-Demenz-Patienten in allen Lebensabschnitten tendenziell weniger semantische Informationen wiedergeben als die beiden anderen Gruppen, doch erreichten die Unterschiede nur im fünften Lebensabschnitt Signifikanzniveau. Ein gravierender Unterschied betraf dagegen das episodische Wissen; hier wiesen die Patienten mit Alzheimer-Demenz beim freien Abruf von Episoden aus allen Lebensphasen erhebliche Defizite auf, die mit Ausnahme des vierten Abschnitts (Berufstätigkeit) hochsignifikant waren. Nochmals stärker ausgeprägt waren die Einbußen im Detailreichtum der geschilderten Episoden als Maß für die Präzision und Lebendigkeit der jeweiligen Erinnerung. Hier unterschieden sich Patienten mit leichter kognitiver Beeinträchtigung nicht signifikant von Gesunden, während die Demenzkranken in allen Lebensabschnitten weitaus weniger Details berichten konnten.

Die in der zweiten Studie zu ihren Erinnerungen an die Schulzeit befragten dementen Altenheimbewohner wurden entsprechend der Erkrankungsschwere drei verschiedenen Gruppen zugeordnet und den nicht dementen gegenübergestellt. Dabei zeigte sich, daß die autobiographische Gedächtnisleistung insgesamt mit zunehmender Demenzschwere deutlich abnahm, bis hin zu einem fast vollständigen Verlust des Wissens um die Schulzeit bei den schwer Dementen (Abb. 2). Bei dif-

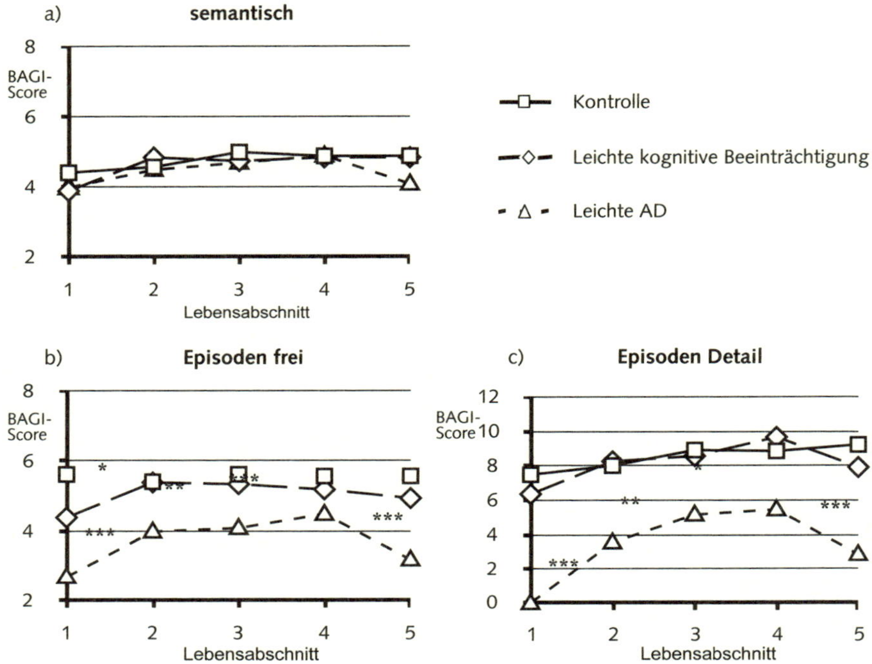

*Abb. 1: Untersuchungen von gesunden Kontrollpersonen, Patienten mit leichter kognitiver Beeinträchtigung und solchen mit beginnender Alzheimer-Demenz mit dem BAGI über fünf Lebensabschnitte (1: Vorschulzeit, 2: Grundschule/Volksschule, 3: weiterführende Schule/Berufsausbildung, 4: Berufstätigkeit, 5: jüngere Vergangenheit). Während das semantische Wissen der Alzheimer-Demenz-Gruppe lediglich im 5. Lebensabschnitt signifikant vermindert ist (a), ist das episodische Wissen gemessen an der Einzigartigkeit frei berichteter Erlebnisse (b) oder deren Detailreichtum (c) in allen Lebensabschnitten bis auf die Berufstätigkeit drastisch reduziert (*p < 0,05; **p < 0,01; ***p < 0,001).*

ferenzierter Betrachtung der einzelnen Gedächtnisqualitäten (Abb. 3) wurde ein langsamer, stetiger Verlust des semantischen autobiographischen Wissens mit signifikanten Unterschieden zwischen beginnender und mittlerer sowie mittlerer und schwerer Demenz deutlich. Anders verhielt sich das episodische Gedächtnis, das sprunghaft beim Übergang von beginnender zu mittelgradiger Demenz verlorenging. Dieser Unterschied war nicht nur für die frei berichteten Episoden hochsignifikant, sondern zeigte sich besonders drastisch im Detailreichtum der erzählten Geschichten. So waren bereits mittelgradig Demente kaum mehr in der Lage, detailliert über ihre Erlebnisse zu berichten.

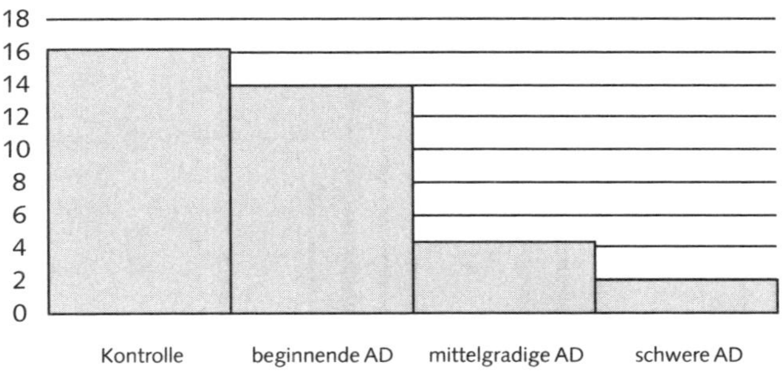

*Abb. 2: BAGI-Gesamtscore (Mittelwerte mit Standardabweichungen) im Lebensabschnitt 2 (Schulzeit) bei an Alzheimer-Demenz (AD) erkrankten Heimbewohnern und gesunden Kontrollpersonen. Die Abnahme des BAGI-Summenscores erreicht im Übergang von leichter zu mittelgradiger Demenz Signifikanzniveau (***p < 0,001).*

Unsere Untersuchungen zeigen, daß das autobiographische Gedächtnis schon in frühen Phasen der Alzheimer-Demenz nachhaltig beeinträchtigt ist. Die Defizite betreffen zunächst den Abruf episodischer Inhalte, verstärken sich jedoch im weiteren Verlauf, um zunehmend auch semantische Inhalte zu erfassen. Schon Patienten mit beginnender Alzheimer-Demenz zeigten ausgeprägte Defizite des episodischen Gedächtnisses, die bei mittelgradiger oder schwerer Alzheimer-Demenz fortbestanden. Patienten mit leichter kognitiver Beeinträchtigung waren allenfalls von milden Defiziten betroffen. Die Erinnerung an episodische autobiographische Gedächtnisinhalte verschlechterte sich demnach sprunghaft mit der klinischen Manifestation der Demenz. Demgegenüber gingen semantische autobiographische Gedächtnisinhalte graduell verloren, so daß weitreichende Defizite erst bei mittelgradig, wenn nicht schwer Dementen entstanden. Diese Dissoziation zwischen weitreichenden Verlusten episodischer Erinnerungen bei noch lange erhalten bleibenden semantischen autobiographischen Gedächtnisinhalten entspricht einer Semantisierung autobiographischer Erinnerungen, wie sie von anderen Autoren, etwa Eustache und Mitarbeitern (2004), beschrieben wurde. Dieser Befund stellte sich nicht nur testpsychologisch dar, sondern wurde auch in der Begegnung mit den Alzheimer-Demenz-Patienten offenkundig, bei denen die Lebenserinnerungen mit Fortschreiten der Erkrankung auf ein dürres semantisches Grundgerüst reduziert erschienen.

Allgemein folgen die autobiographischen Gedächtnisverluste dem bereits erwähnten Ribotschen Gradienten, d. h. jüngere Erinnerungen sind im Verlauf früher betroffen als weiter zurückliegende. Dieser Effekt wurde in klinischen Studien bestätigt, die jedoch vor allem das semantische (Dorrego et al., 1999) und erst in zweiter Linie das episodische autobiographische Gedächtnis (Kopelman, 1989)

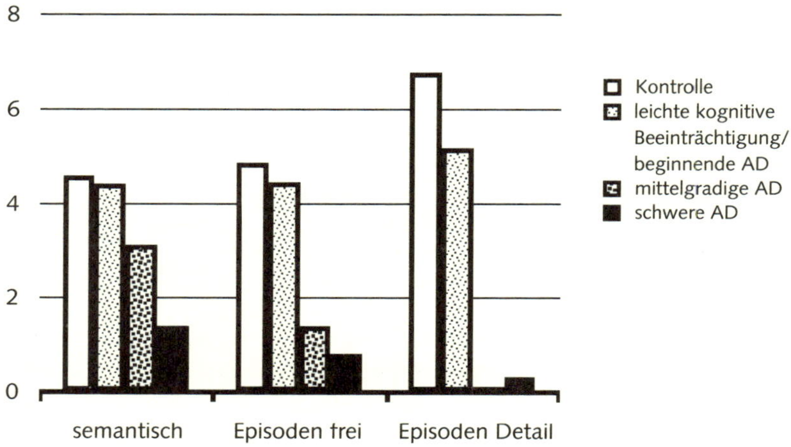

*Abb. 3: Differenzierte Darstellung der BAGI-Scores (Mittelwerte mit Standardabweichungen) für Lebensabschnitt 2 (Schulzeit) bei demenzkranken Heimbewohnern und gesunden Kontrollpersonen. Während das semantische autobiographische Wissen von beginnender zu mittelgradiger und von mittelgradiger zu schwerer Alzheimer-Demenz (AD) signifikant abnimmt, gehen episodische autobiographische Gedächtnisinhalte sprunghaft beim Übergang von beginnender zu mittelgradiger Alzheimer-Demenz verloren; der Verlust erreicht hier Signifikanzniveau (***$p < 0,001$). Beachte: Die maximal erreichbaren Punktzahlen in den einzelnen Domänen sind jeweils unterschiedlich (semantisch: 5, Episoden frei: 6, Episoden Detail: 11).*

untersuchten. In unseren Untersuchungen waren entsprechende Verluste bei beginnender Alzheimer-Demenz nachweisbar, wobei das episodische noch vor dem semantischen autobiographischen Wissen aus den vorangegangenen fünf Jahren deutlich beeinträchtigt war. Man mag einwenden, daß auch das episodische Wissen aus der Vorschulzeit entsprechenden Veränderungen unterlag, da es im Vergleich zu Gesunden ebenfalls signifikant vermindert war. Diese Beobachtung wird jedoch dadurch verständlich, daß es sich bei der Vorschulzeit um einen vergleichsweise kurzen Lebensabschnitt handelt, in dem sich das autobiographische Gedächtnis gerade erst entwickelt. Es liegt daher nahe anzunehmen, daß ein Abruf von Episoden aus dieser an Erinnerungen insgesamt armen Zeit generell erschwert ist.

Der sprunghafte Verlust episodischer autobiographischer Gedächtnisinhalte in frühen Stadien der Alzheimer-Demenz korrespondiert mit den erwähnten Veränderungen von Substrukturen des medialen Temporallappens in diesen Phasen der Erkrankung. Hinsichtlich der Funktion des Hippocampus für autobiographische

Gedächtnisleistungen wird eine zeitlich begrenzte Beteiligung diskutiert, bei der Gedächtnisinhalte im Laufe der Zeit in neokortikale Areale überführt und damit vom Hippocampus unabhängig werden (Teng & Squire, 1999; Squire, 1992). Diese zeitabhängige Funktion des Hippocampus wird als »Standardmodell« bezeichnet und korrespondiert mit dem Verlust deklarativer Gedächtnisinhalte entlang dem Ribotschen Gradienten bei dementiellen Erkrankungen, die – wie die Alzheimer-Demenz – primär den Hippocampus betreffen. Tatsächlich wird bei anderen Demenzformen, etwa den semantischen Demenzen, die den Hippocampus zunächst verschonen, eine Umkehr des Ribotschen Gradienten beschrieben (Piolino et al., 2003). Zudem wird das Standardmodell durch Studien mit bildgebenden Verfahren gestützt. Auch die Ergebnisse neuerer Arbeiten zum wohl bekanntesten amnestischen Patienten, H. M. (Markowitsch, 1985), sprechen eindeutig für das Standardmodell (O'Kane et al., 2004) und gegen die als »multiple trace theory« bekannte Alternativhypothese, die von einer lebenslangen Bedeutung des Hippocampus für den Abruf episodischer Erinnerungen ausgeht (Nadel & Moscovitch, 1997; Ryan et al., 2001). Auch der Verlust der emotionalen Tönung autobiographischer Erinnerungen bei der Alzheimer-Demenz korrespondiert mit der zunehmenden Atrophie des Hippocampus, der aus physiologischer Sicht die Integration kontextueller Informationen gewährleistet (Eustache et al., 2004). Semantisches autobiographisches Wissen bleibt nach dem Standardmodell länger erhalten, da es unabhängig von der Hippocampusfunktion in neokortikalen Arealen gespeichert ist, die erst später im Laufe der Demenz betroffen sind. Entsprechend zeigten Patienten mit leichter kognitiver Beeinträchtigung, bei denen der Hippocampus noch weitgehend intakt ist, allenfalls leichte episodische autobiographische Gedächtnisdefizite. Die klinische Manifestation der Alzheimer-Demenz dagegen ist mit einer deutlichen hippocampalen Atrophie und einem sprunghaften Verlust episodischer autobiographischer Gedächtnisinhalte verbunden. Offenbar können diskrete Veränderungen der medialen Substrukturen also zunächst noch gut kompensiert werden, bis die Überschreitung eines kritischen Wertes zur raschen Dekompensation führt.

Die Ergebnisse unserer Studie unterstreichen nicht nur die Bedeutung des Hippocampus gerade für die episodische Qualität, sondern betonen auch die Differenzierung von semantischem und episodischem autobiographischen Gedächtnis, wie sie in Läsions- und Bildgebungsstudien vorgenommen wurde (Übersicht in Levine, 2004). So fand die Gruppe um Levine (Levine et al., 2004) in einer Studie mit funktioneller Magnetresonanztomographie heraus, daß episodische im Gegensatz zu semantischen autobiographischen Erinnerungen bei gesunden Probanden mit einer Aktivität im medialen temporalen Kortex, im posterioren Cingulum und in diencephalen Arealen einhergehen.

Der Verlust des autobiographischen Gedächtnisses bei Alzheimer-Demenz, bei der das Episodische vor dem Semantischen und das später Gelernte vor dem früher Erworbenen verlorengeht, stellt in seinem zeitlichen Ablauf eine Umkehr des phylogenetischen Entwicklungsprozesses dar. Die Ausbildung des autobiographischen Gedächtnisses in der Kindheit wiederum steht in engem Zusammenhang mit der Entwicklung nicht nur der Temporal-, sondern auch der Frontallappen. Die entsprechenden Substrukturen, die sich auf die Persönlichkeit, das Bewußtsein der eigenen Person und die Fähigkeit beziehen, sich selbst in Beziehung zu anderen zu setzen, entwickeln sich auf neuronaler Ebene bis weit in die Adoleszenz hinein. Die Ausbildung des Selbstkonzepts und des autobiographischen Gedächtnisses kann als Periode einer langen Entwicklung der differenzierten Selbst- und Fremdwahrnehmung begriffen werden. In diesem Differenzierungsprozeß spielt die soziale Interaktion eine Hauptrolle (Trevarthen, 1998, in diesem Band). Zweijährige Kinder mögen zwar über episodische Erinnerungen verfügen, das autobiographische Gedächtnis aber setzt die Fähigkeit voraus, sich selbst sprachlich in der jeweiligen Situation zu repräsentieren und damit interpretieren und verstehen zu können. Der Übergang vom episodischen zum autobiographischen Gedächtnis vollzieht sich, wenn Kinder lernen, ihren Erinnerungen eine bestimmte Erzählstruktur zu geben (Nelson, 1996; Nelson & Fivush, 2004). Bei Alzheimer-Demenz verläuft der Prozeß offenbar in umgekehrter Weise: Schon sehr früh geht die Fähigkeit verloren, die Umwelt interpretierend zu verstehen, was mit einer grundlegenden Unsicherheit einhergeht. Die Fähigkeit, einzelne Episoden zu reproduzieren, bleibt zwar zunächst erhalten, ist jedoch mit einem Verblassen und einem »Unpersönlich«-Werden der jeweiligen Erinnerung verbunden, bis nur das semantische Grundgerüst zurückbleibt, das schließlich ebenfalls erlischt. Inwieweit dieser Prozeß tatsächlich auch auf cerebraler Ebene einer Umkehr der Entwicklung entspricht, wird Gegenstand weiterer Untersuchungen sein.

Defizite des autobiographischen Gedächtnisses spiegeln sich nicht nur in den testpsychologischen Befunden, sondern werden auch in der klinischen Exploration offenkundig. Die mit dem BAGI gewonnenen Daten objektivieren den klinischen Eindruck, daß bei Demenzkranken bereits in frühen Phasen die Erinnerungen an die Lebensgeschichte farbloser werden. Dieser Umstand wird häufig von den Betroffenen selbst beklagt und kann bei einem Teil der Patienten in eine depressive Verstimmtheit münden. Tatsächlich sind jedoch die Werte für Depressivität in unseren beiden Studien nicht mit den Leistungen im autobiographischen Gedächtnis korreliert. Dieser Befund kann zwar darauf zurückgeführt werden, daß die depressive Symptomatik im Einzelfall subklinisch oder atypisch ausgeprägt ist und deshalb nicht in den einschlägigen Skalen erfaßt wird. Er spricht jedoch deutlich gegen Depressivität als notwendige Folge autobiographischer Gedächtnisdefizite. Demgegenüber stand Apathie, gemessen über den entsprechenden NPI-Subscore, in Zusammenhang mit dem Verlust des autobiographischen Gedächtnisses. Apathie kann als primärer Motivationsverlust verstanden werden (Marin, 1991), der von Depressivität zu trennen ist (Marin et al., 1993). Charakteristisch sind der Interessenverlust und die mangelnde Ansprechbarkeit der Betroffenen. Hypothetisch kann der Verlust des lebendigen Wissens um die eigene Vergangenheit dazu führen, daß auch die Antizipation der persönlichen Zukunft erschwert ist, was dann klinisch als Interesselosigkeit und »mangelnder Schwung« erscheint.

Unsere Studien belegen, daß das autobiographische Gedächtnis bei Alzheimer-Demenz früh und differenziert beeinträchtigt ist. Das episodische Wissen verschlechtert sich sprunghaft beim Übergang von beginnender zu mittelgradiger Alzheimer-Demenz, während das semantische Gedächtnis graduell verlorengeht. Patienten mit leichter kognitiver Beeinträchtigung dagegen unterscheiden sich in autobiographischen Gedächtnisleistungen kaum von gesunden Probanden, was auf Kompensationsmechanismen in Vorstadien der Alzheimer-Demenz verweist, zumal letztere gerade durch eine zeitliche Stabilität der Befunde charakterisiert sind. Der zeitliche Ablauf des autobiographischen Gedächtnisverlustes bei Alzheimer-Demenz kann schließlich als Umkehr der Gedächtnisentwicklung verstanden werden. Ein genaueres Verständnis dieser Zusammenhänge bei Alzheimer-Demenz trägt nicht nur dazu bei, die Erkrankung und ihre Symptome besser zu kennen, sondern ist wesentlich für ein vertieftes Wissen über die physiologischen Gedächtnisfunktionen.

Danksagung

Die Autoren danken Frau Dipl.-Psych. Elke Ahlsdorf, Sektion Gerontopsychiatrie der Psychiatrischen Universitätsklinik Heidelberg, für die freundliche Unterstützung bei der Durchführung der neuropsychologischen Testungen.

Literatur:

Braak, H. & Braak, E. (1996). Evolution of the neuropathology of Alzheimer's disease. *Acta Neurologica Scandinavica Supplement, 165*, 3–12.

Brand, M. & Markowitsch, H. J. (2003). The neuroanatomy of memory. In T. E. Feinberg & M. J. Farah (Hrsg.), *Behavioral neurology and neuropsychology* (2. Aufl.; S. 431–443). New York: McGraw-Hill.

Cummings, J. L., Mega, M., Gray, K., Rosenberg-Thompson, S., Carusi, D. A. & Gornbein, J. (1994). The Neuropsychiatric Inventory: Comprehensive assessment of psychopathology in dementia. *Neurology, 44*, 2308–2314.

Dorrego, M. F., Sabe, L., Garcia Cuerva, A. et al. (1999). Remote memory in Alzheimer's disease. *The Journal of Neuropsychiatry and Clinical Neuroscience, 11*, 490–497.

Eustache, F., Piolino, P., Giffard, B. et al. (2004). ›In the course of time‹: A PET study of the cerebral substrates of autobiographical amnesia in Alzheimer's disease. *Brain, 127*, 1549–1560.

Folstein, M. F., Folstein, S. E. & McHugh, P. R. (1975). »Mini-mental state«. A practical method for grading the cognitive state of patients for the clinician. *Journal of Psychiatric Research, 12*, 189–198.

Greene, J. D., Hodges, J. R. & Baddeley, A. D. (1995). Autobiographical memory and executive function in early dementia of Alzheimer type. *Neuropsychologia, 12*, 1647–1670.

Hodges, J. (1998). *The amnesic prodrome of Alzheimer's disease*. Oxford: Oxford University Press.

Kazui, H., Hashimoto, M., Hirono, N. & Mori, E. (2003). Nature of personal semantic memory: Evidence from Alzheimer's disease. *Neuropsychologia, 41*, 981–988.

Kopelman, M. D. (1989). Remote and autobiographical memory, temporal context memory and frontal atrophy in Korsakoff and Alzheimer patients. *Neuropsychologia, 27*, 437–460.

Levine, B. (2004). Autobiographical memory and the self in time: Brain lesion effects, functional neuroanatomy, and lifespan development. *Brain and Cognition, 55*, 54–68.

Levine, B., Turner, G. R., Tisserand, D., Hevenor, S. J., Graham, S. J. & McIntosh, A. R. (2004). The functional neuroanatomy of episodic and semantic autobiographical remembering: A prospective functional MRI study. *Journal of Cognitive Neuroscience, 16*, 1633–1646.

Levy, R. (1994). Aging-associated cognitive decline. Working Party of the International Psychogeriatric Association in collaboration with the World Health Organization. *International Psychogeriatrics, 6*, 63–68.

Marin, R. S. (1991). Apathy: A neuropsychiatric syndrome. *The Journal of Neuropsychiatry and Clinical Neuroscience, 3*, 243–254.

Marin, R. S., Firinciogullari, S. & Biedrzycki, R. C. (1993). The sources of convergence between measures of apathy and depression. *Journal of Affective Disorders, 28*, 117–124.

Markowitsch, H. J. (1985). Der Fall H. M. im Dienste der Wissenschaft. *Naturwissenschaftliche Rundschau, 38*, 410–416.

Markowitsch, H. J. (2002). *Dem Gedächtnis auf der Spur. Vom Erinnern und Vergessen*. Darmstadt: Primus Verlag.

Markowitsch, H. J. (2003a). The functional anatomy of learning and memory. In P. Halligan, U. Kischka & J. C. Marshall (Hrsg.), *Handbook of clinical neuropsychology* (S. 724–740). Oxford: Oxford University Press.

Markowitsch, H. J. (2003b). Memory: Disturbances and therapy. In T. Brandt, L. Caplan, L. Dichgans, H. C. Diener & C. Kennard (Hrsg.), *Neurological disorders. Course and treatment* (2. Aufl.; S. 287–302). San Diego: Academic Press.

Markowitsch, H. J. (2003c). Autonoetic conciousness. In A. S. David & T. Kircher (Hrsg.), *The self in neuroscience and psychiatry* (S. 180–96). Cambridge (UK): Cambridge University Press.

McKhann, G., Drachman, D., Folstein, M., Katzman, R., Price, D. & Stadlan, E. M. (1984).

Clinical diagnosis of Alzheimer's disease: Report of the NINCDS-ADRDA Work Group under the auspices of Department of Health and Human Services Task Force on Alzheimer's Disease. *Neurology, 34*, 939–944.

Nadel, L. & Moscovitch, M. (1997). Memory consolidation, retrograde amnesia and the hippocampal complex. *Current Opinion in Neurobiology, 7*, 217–227.

Nelson, K. (1996). *Language in cognitive development: The emergence of the mediated mind.* Cambridge (UK): Cambridge University Press.

Nelson, K. & Fivush, R. (2004). The emergence of autobiographical memory: A social cultural developmental theory. *Psychological Review, 111*, 486–511.

O'Kane, G., Kensinger, E. A. & Corkin, S. (2004). Evidence for semantic learning in profound amnesia: An investigation with patient H. M. *Hippocampus, 14*, 417–425.

Pantel, J., Schröder, J., Schad, L. R. et al. (1997). Quantitative magnetic resonance imaging and neuropsychological functions in dementia of the Alzheimer type. *Psychological Medicine, 27*, 221–229.

Pantel, J., Schröder, J., Essig, M. et al. (1998). In vivo quantification of brain volumes in subcortical vascular dementia and Alzheimer's disease. An MRI-based study. *Dementia and Geriatric Cognitive Disorders, 9*, 309–316.

Pantel, J., Kratz, B., Essig, M. & Schröder, J. (2003). Parahippocampal volume deficits in subjects with aging-associated cognitive decline. *American Journal of Psychiatry, 160*, 379–382.

Pantel, J., Schönknecht, P., Essig, M. & Schröder, J. (2004). Distribution of cerebral atrophy assessed by magnetic resonance imaging reflects patterns of neuropsychological deficits in Alzheimer's dementia. *Neuroscience Letters, 361*, 17–20.

Piolino, P., Desgranges, B., Belliard, S. et al. (2003). Autobiographical memory and autonoetic consciousness: Triple dissociation in neurodegenerative diseases. *Brain, 126*, 2203–2219.

Reisberg, B., Ferris, S. H., de Leon, M. J. & Crook, T. (1982). The Global Deterioration Scale for assessment of primary degenerative dementia. *American Journal of Psychiatry, 139*, 1136–1139.

Ribot, T. (1881). *Les maladies de la mémoire.* Paris: Germer-Baillière.

Ryan, L., Nadel, L., Keil, K. et al. (2001). Hippocampal complex and retrieval of recent and very remote autobiographical memories: Evidence from functional magnetic resonance imaging in neurologically intact people. *Hippocampus, 11*, 707–714.

Schönknecht, P., Pantel, J., Kruse, A. & Schröder, J. (2005). Prevalence and natural course of aging-associated cognitive decline in a population-based sample of young–old subjects. *American Journal of Psychiatry, 162*, 2071–2077.

Schröder, J., Pantel, J. & Förstl, H. (2004). Demenzielle Erkrankungen – ein Überblick. In A. Kruse & M. Martin (Hrsg.), *Enzyklopädie der Gerontologie* (S. 224–239). Bern: Verlag Hans Huber.

Squire, L. R. (1992). Memory and the hippocampus: A synthesis from findings with rats, monkeys, and humans. *Psychological Review, 99*, 195–231.

Teng, E. & Squire, L. R. (1999). Memory for places learned long ago is intact after hippocampal damage. *Nature, 400*, 675–677.

Trevarthen, C. (1998). The concept and foundations of infant intersubjectivity. In S. Braten

(Hrsg.), *Intersubjective communication and emotion in early ontogeny* (S. 15–46). Cambridge (UK): Cambridge University Press.

Tulving, E. (1972). Episodic and semantic memory. In E. Tulving & W. Donaldson (Hrsg.), *Organization and memory* (S. 381–403). New York: Academic Press.

Tulving, E. (1983). *Elements of episodic memory*. Oxford: Clarendon Press.

Tulving, E. (2005). Episodic memory and autonoesis: Uniquely human? In H. Terrace & J. Metcalfe (Hrsg.), *The missing link in cognition: Evolution of self-knowing* (S. 3–56). New York: Oxford University Press.

Tulving, E. & Markowitsch, H. J. (1998). Episodic and declarative memory: Role of the hippocampus. *Hippocampus, 8*, 198–204.

HANS J. MARKOWITSCH

Emotionen, Gedächtnis und das Gehirn. Der Einfluß von Streß und Hirnschädigung auf das autobiographische Erinnern

Erinnerungen sind der Stoff, der unsere Persönlichkeit zusammenhält. Schon vor 130 Jahren hat Ewald Hering (1870), ein Physiologe, der für seine Gegenfarbentheorie oder den Hering-Breuer-Reflex bekannt ist, die These aufgestellt, daß das Gedächtnis die unzähligen Einzelphänomene zu einem Ganzen vereint und daß unser Bewußtsein ohne seine Bindekraft in genauso viele Fragmente zerfallen würde, wie es Augenblicke zählt. Während man damals das Gedächtnis noch als Einheit betrachtet hat, wurde wenig später die Unterscheidung zwischen einem Kurzzeit- (»Online-«) und einem Langzeitgedächtnis eingeführt (s. Abb. 1; zur Übersicht vgl. Markowitsch, 1992), der Baddeley (2001) vor nicht allzu langer Zeit mehrere Versionen seines »Arbeitsgedächtnisses« *(working memory)* hinzugefügt hat. Dieser Begriff bezieht sich auf die aktive Verarbeitung von kurzzeitig erworbener Information, schließt aber auch den Prozeß mit ein, in dem bereits langfristig abgespeicherte Information während des Abrufs wieder zugänglich gemacht wird.

Unterstützt wird die These von der Existenz einzelner Kurzzeit- und Langzeit-

Abb. 1: Schematische Darstellung der Beziehungen zwischen Gedächtnisstärke und -dauer für die zwei zentralen zeitbezogenen Gedächtnissysteme, das Kurzzeit- und das Langzeitgedächtnis.

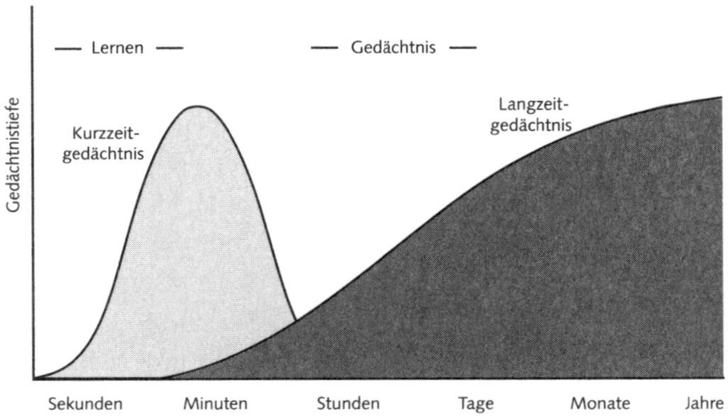

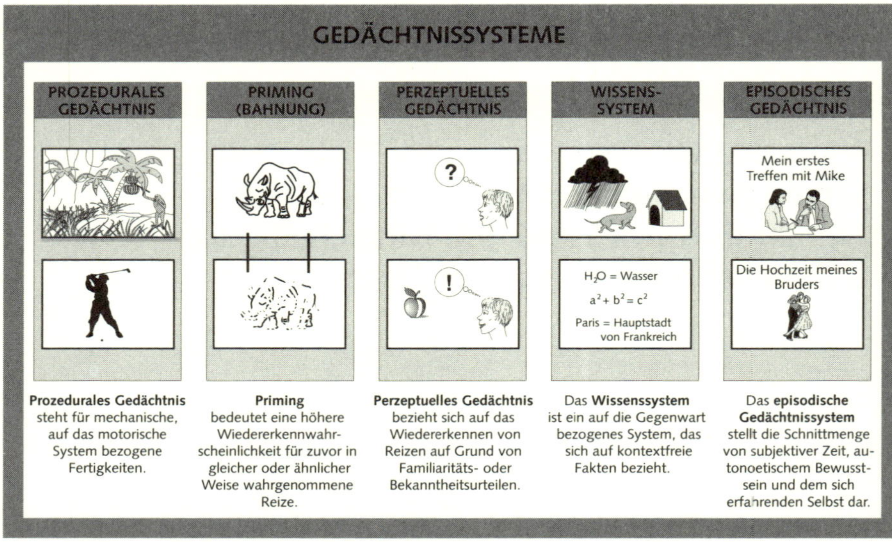

Abb. 2: Die fünf für die Informationsverarbeitung beim Menschen wichtigsten Gedächtnissysteme. Das episodische Gedächtnissystem ist kontextspezifisch in Hinblick auf Zeit und Ort. Es erlaubt mentale Zeitreisen. Beispiele dafür sind der letzte Urlaub oder das Abendessen am Tag vorher. Das semantische Gedächtnis ist kontextfrei und bildet allgemeine Fakten ab. Es wird auch als Wissenssystem bezeichnet. Das prozedurale Gedächtnis umfaßt vor allem motorische Fähigkeiten, schließt jedoch auch sensorische und kognitive Fertigkeiten (»Routinen«) ein. »Priming« meint die höhere Wahrscheinlichkeit, zuvor wahrgenommene Reize wiederzuerkennen.

gedächtnissysteme vor allem durch Untersuchungen an Patienten mit Schädigungen eines örtlich begrenzten Hirnbereichs, deren Fähigkeit, Information in einem Zeitrahmen von Sekunden bis Minuten zu erinnern, intakt ist (Cowan, 2000), die jedoch nicht langfristig Informationen abspeichern können. Der Patient H. M., dem bei einem neurochirurgischen Eingriff beidseitig Bereiche im medialen Schläfenlappen entfernt wurden, ist das bekannteste Beispiel dafür (Corkin, 2002; Scoville & Milner, 1957). Richards (1973) hat ein interessantes Experiment mit H. M. durchgeführt, das auch Implikationen für die Unterscheidung zwischen Kurzzeit- und Langzeitgedächtnis hat. Richards bat H. M., Zeitintervalle zwischen 1 und 300 Sekunden zu reproduzieren. In einem Zeitrahmen bis zu 20 Sekunden (»Kurzzeitgedächtnis«) waren die Schätzungen von H. M. ziemlich genau; er unterschätzte jedoch alles, was darüber lag (»Langzeitgedächtnis«), woraus Richards schlußfolgerte, daß für H. M. eine Stunde mit ungefähr drei Minuten gleichzusetzen sei (oder ein Jahr mit 3 Stunden).

Eine weitere sachliche und inhaltliche Unterscheidung entstammt der Arbeit von Endel Tulving (1972, 1983, 2005a und in diesem Band) mit Menschen, und der von Mishkin und Petri (1984) sowie Squire und Zola-Morgan (1988) mit Tieren (obwohl erste Versuche schon früher gemacht wurden; vgl. zur Übersicht Markowitsch, 1992). Wir unterscheiden gegenwärtig zwischen fünf Langzeitgedächtnissystemen (Abb. 2). Diese werden als hierarchisch geordnet betrachtet, angefangen mit dem *prozeduralen Gedächtnis* auf der untersten Ebene und dem *episodischen* (oder *episodisch-autobiographischen*) *Gedächtnis* auf der obersten Ebene. Der Begriff des *prozeduralen Gedächtnisses* steht für Fertigkeiten, die motorisch ausgeführt werden (etwa Autofahren, Fahrradfahren, Schwimmen, Karten- oder Klavierspielen), *Priming* ist gekennzeichnet durch die größere Wahrscheinlichkeit, Reize wiederzuerkennen, die zuvor auf dieselbe oder ähnliche Weise (nicht- oder unbewußt) wahrgenommen wurden. Der Begriff des *perzeptuellen Gedächtnisses* bezieht sich auf den Umstand, mit einem Reiz aufgrund von präsemantischen Merkmalen vertraut zu sein, einen Apfel z. B. deswegen zu erkennen, weil man schon viele Äpfel gesehen hat, und somit ohne Zuhilfenahme sprachlicher Reize Äpfel sicher von Birnen oder Pfirsichen unterscheiden zu können. Faktische, kontextfreie Information wird im *semantischen Gedächtnissystem* repräsentiert. Tulving (in diesem Band) betrachtet das episodische Gedächtnissystem als die Verbindung von subjektiver Zeit, autonoetischem Bewußtsein und dem sich erfahrenden Selbst; es ist häufig affektgebunden. Tulving (2005b) definiert das episodische Gedächtnis wie folgt:

> »Das episodische Gedächtnis ist ein evolutionär junges, sich spät entwickelndes und früh beeinträchtigtes ›neurokognitives‹ (sowohl im Gehirn wie im Bewußtsein angesiedeltes) Gedächtnissystem. Es ist vergangenheitsorientiert, anfälliger als andere Gedächtnissysteme für neuronale Dysfunktionen und wahrscheinlich nur bei Menschen anzutreffen. Es ermöglicht eine mentale Zeitreise durch die subjektive Zeit – Vergangenheit, Gegenwart und Zukunft. Diese mentale Zeitreise erlaubt es dem ›Besitzer‹ des episodischen Gedächtnisses (dem ›Selbst‹), durch das Medium der autonoetischen Bewußtheit seine früheren ›durchdachten‹ Erfahrungen zu erinnern sowie seine möglichen zukünftigen Erfahrungen zu ›durchdenken‹. Die Verfahrensweisen des episodischen Gedächtnisses bauen auf dem semantischen Gedächtnis auf, gehen jedoch darüber hinaus. Um Informationen aus dem episodischen Gedächtnis abzurufen (›Erinnerung‹), muß eine spezielle mentale Haltung etabliert und bewahrt werden, die man als episodischen ›Abrufmodus‹ bezeichnen kann. In neuraler Hinsicht besteht das episodische Gedächtnis aus einem breiten Netzwerk kortikaler und subkortikaler Hirnbereiche, die sich mit den Netzwerken, die andere Gedächtnissysteme unterstützen, überlappen, aber auch darüber hinausgehen. Im

Kern ist das episodische Gedächtnis die Verbindung dreier Konzepte – des Selbst, der autonoetischen Bewußtheit und der subjektiven Zeit.«

Sowohl das prozedurale Gedächtnis wie auch Priming operieren hauptsächlich auf der un- oder vorbewußten Ebene, während die anderen drei Gedächtnissysteme das bewußte Verarbeiten von Information voraussetzen. Bei Personen mit Hirnschädigungen oder solchen, die großem Streß oder (psycho-)traumatischen Situationen ausgesetzt waren, können Teile des Gedächtnisses in zwei zeitliche Richtungen beeinträchtigt sein – nach vorne (»anterograde Amnesie«) und zurückgewandt (»retrograde Amnesie«) (Abb. 3).

Emotionen sind ein zentraler Teil des autobiographischen Gedächtnissystems: Ereignisse, die uns zu Herzen gehen oder uns den Magen umdrehen, werden als jene betrachtet, die sich unseren Gehirnen einbrennen und unsere zukünftigen Entscheidungen beeinflussen (Welzer & Markowitsch, 2005). Das episodisch-autobiographische Gedächtnissystem wird folglich als etwas angesehen, das unsere Persönlichkeit bestimmt und unsere Geschichte als Individuum reflektiert (Tulving & Markowitsch, 1998). Wenn Ereignisse als integrierte, ganzheitliche Einheit abgerufen werden, werden sie als Amalgam emotionaler und kognitiver Anteile erinnert (*ecphorized*; Tulving, 1983, hat den Begriff »Ekphorie« benutzt, um den Prozeß zu beschreiben, in dem Abrufreize mit gespeicherter Information so interagieren, daß eine aktualisierte Vorstellung oder eine Repräsentation der Information entsteht). Ist eine Person jedoch in einer überaus erregten oder sehr gedrückten (»patholo-

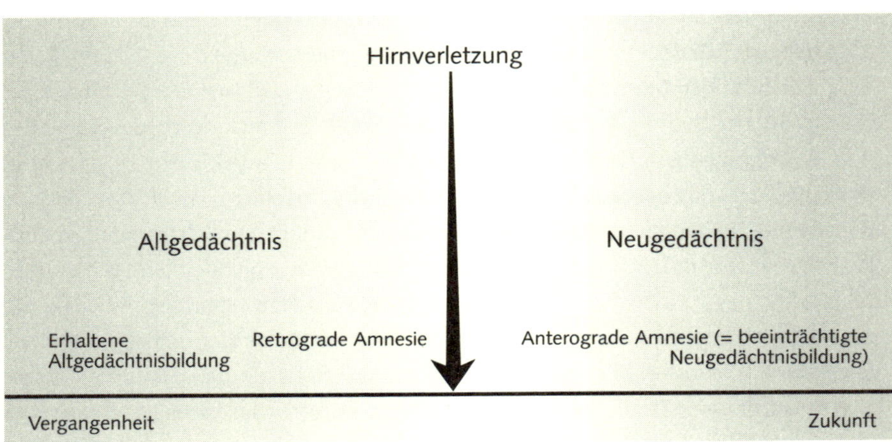

Abb. 3: Mögliche Konsequenzen einer Hirnverletzung für das Alt- und Neugedächtnis.

gischen«) Stimmung oder führt ein bestimmtes Ereignis zu einem abrupten Gefühlsumschwung, dann laufen emotionale und kognitive Anteile im Prozeß der Erinnerung nicht mehr synchron, sondern der eine dominiert und unterdrückt den anderen.

Diese Prozesse sind schon früh beschrieben worden (Baetz, 1901) und sind sowohl bei Patienten mit distinkter Hirnschädigung beobachtet worden (Burns & Swerdlow, 2003; Cahill, Babinsky, Markowitsch & McGaugh, 1995; Hornak et al., 2003; Kim, 2002; Kim & Choi-Kwon, 2000; Markowitsch et al., 1994; Porter & Birt, 2001; Siebert, Markowitsch & Bartel, 2003; Weniger & Irle, 2002; auch bei Patienten mit weniger deutlich abgegrenzter fokaler Hirnschädigung, vgl. Philippot et al., 1999; Townshend & Duka, 2003; Troisi et al., 2002) als auch bei Patienten, die psychischen Streß und traumatische Situationen erlebt haben (Bremner, 2002; Foa & Hearst-Ikeda, 1996; Folkman & Moskowitz, 2000; Kaplan & Klinetob, 2000; Sapolsky, 2000a). Nichtsdestotrotz werden bei diesen Patienten Veränderungen auf der neuralen Ebene offensichtlich, wenn funktionelle bildgebende Verfahren eingesetzt werden (Markowitsch, 1999a; Markowitsch, Kessler, Van der Ven, Weber-Luxenburger & Heiss, 1998; Markowitsch, Kessler, Weber-Luxenburger, Van der Ven & Heiss, 2000a) oder volumetrische Messungen bestimmter Hirnstrukturen durchgeführt werden (Lange & Irle, 2004; Minhas, Liotti, Hull, Alexander & Venneri, 2004; Sapolsky, 2000a, 2000b; Sapolsky, Krey & McEwen, 1985; Winter & Irle, 2004). Psychischer Streß und Traumata während der Kindheit gehören zu den häufigsten Ursachen für solche Veränderungen (De Bellis & Thomas, 2003; McDermott & Cvitanovich, 2000; Markowitsch et al., 1997a, 1998, 2000a), die sich höchstwahrscheinlich als Syndrom manifestieren, das sich als »Mnestisches Blockadesyndrom« bezeichnen läßt (Markowitsch et al., 1999c).

Folglich gehe ich, wie im weiteren ausgeführt wird, zusammen mit anderen Forschern (Joseph, 1998; Joseph & Masterson, 1999; Markowitsch, 1996, 1999a; Pietrini, 2003) davon aus, daß sich Umwelteinflüsse auf die Psyche auch auf Hirnebene manifestieren und zu kognitiven Veränderungen führen, vor allem zum Mnestischen Blockadesyndrom (Markowitsch, 1998, 2002).

Gedächtnis, Gehirn und Emotion

Versuche, Verbindungen zwischen Hirnregionen und spezifischen psychischen Funktionen herzustellen, gibt es seit den Zeiten von Griechen und Römern; sie fanden ihren Höhepunkt zu Beginn des 19. Jahrhunderts mit Galls (1825) Phrenologie (Markowitsch, 1992). Die Phrenologen glaubten, daß bestimmte »Fakultäten« (Fähigkeiten oder Funktionsbereiche) mit bestimmten Hirnregionen (»Organen«/

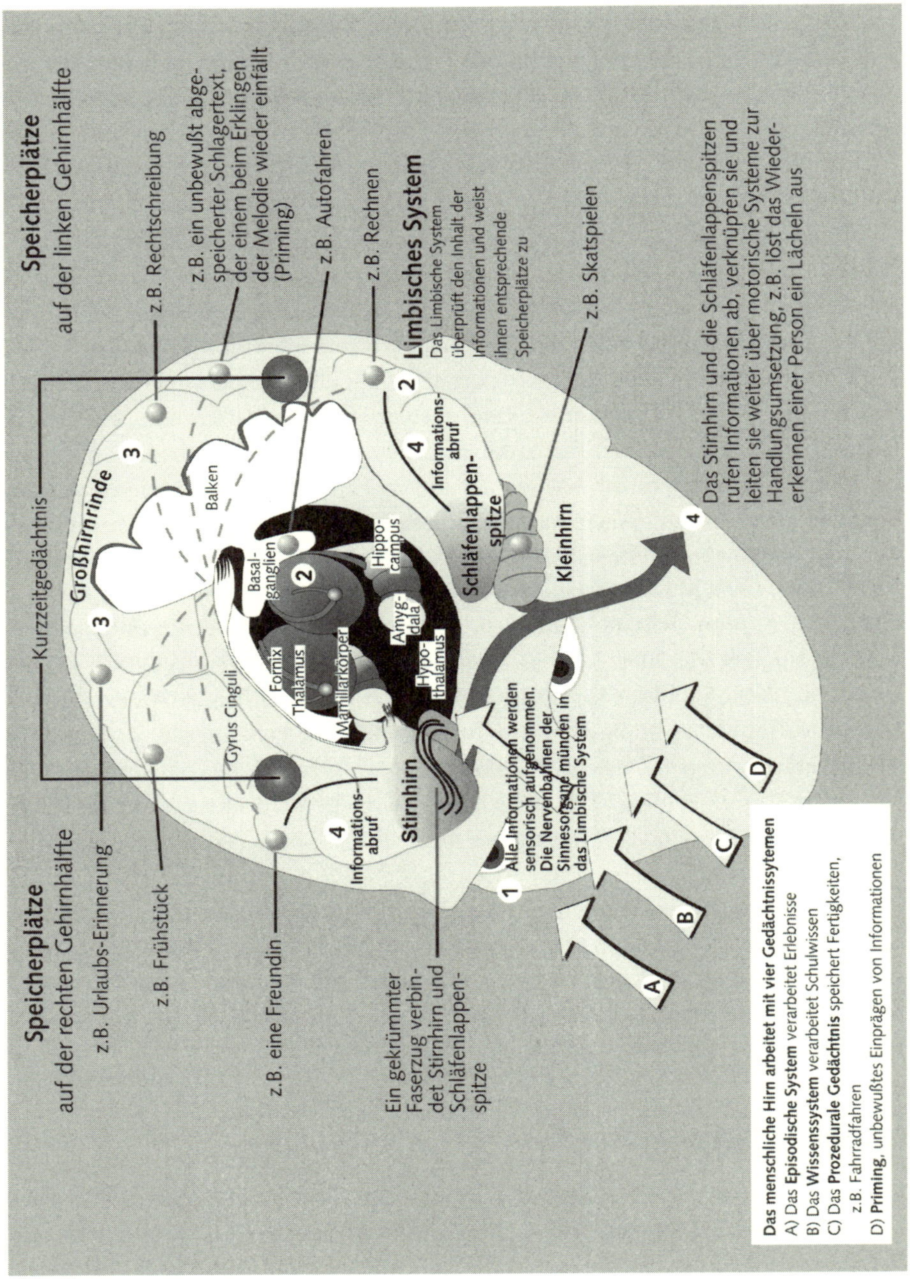

Abb. 4: Schematische Darstellung der Informationsverarbeitung im menschlichen Gehirn.

»Modulen«) verbunden sind. Selbst aus der Inspektion der Außenansicht des Schädels sollte auf Fähigkeiten und deren Ausmaß rückgeschlossen werden können. Inzwischen geht man von einer gleichzeitig seriellen und parallelen Verarbeitung im Gehirn aus. Abbildung 4 stellt die Informationsverarbeitung im menschlichen Gehirn dar – angefangen bei der Einspeicherung von Information bis hin zum Informationsabruf.

Ich gehe im großen und ganzen davon aus, daß das Kurzzeitgedächtnis in Regionen des (hauptsächlich linken) seitlichen Scheitellappens und vielleicht auch in Teilen des dorsolateralen präfrontalen Kortex angesiedelt ist. Diese These stützt sich auf Patientendaten (Markowitsch et al., 1999a), auf Ergebnisse von Studien mit funktionellen bildgebenden Verfahren (Todd & Marois, 2004), auf elektrophysiologische Studien mit gesunden Personen (Babiloni et al., 2004; Vogel & Machizawa, 2004) und Tierstudien (Goldman-Rakic & Friedman, 1991; Fuster, 1997). Es scheint, daß bei den ›einfacheren‹ Gedächtnissystemen – prozeduralem Gedächtnis, Priming- und perzeptuellem Gedächtnis – während der Einspeicherung, Konsolidierung, Ablagerung und dem Abruf von Informationen dieselben Hirnregionen aktiv sind. Beim prozeduralen Gedächtnis sind dies große, mit dem motorischen System verbundene Regionen (Basalganglien, prämotorischer und supplementär motorischer Kortex und vermutlich auch Teile des Kleinhirns), beim Priming unimodale (sich auf die Verarbeitung einer Sinnesmodalität beschränkende) und assoziative Bereiche der Großhirnrinde, und für das perzeptuelle Gedächtnis unimodale wie polymodale sensorische und assoziative Rindenbereiche.

Beim semantischen und episodischen Gedächtnis werden unterschiedliche Regionen beim Einspeichern, Ablagern und Abrufen von Information aktiviert. Beim Einspeichern und Transfer der Information ins Langzeitgedächtnis werden Strukturen des limbischen Systems benötigt. Die Strukturen des sogenannten erweiterten limbischen Systems (*expanded limbic system*; Nauta, 1979; Nieuwenhuys, 1996) sind jene, die die Verbindung zwischen Wahrnehmung, Emotion und Gedächtnis herstellen (Gray, Braver & Raichle, 2002; Markowitsch, 1999c). (Die Erweiterung besteht vor allem aus Hirnrindengebieten, die im unteren Stirnhirnbereich [orbitofrontal] und in der Spitze des Schläfenlappens [temporopolar] liegen.) Gemeint sind hier Strukturen, die vor allem dazu da sind, die biologische und soziale Bedeutung der ankommenden Information zu bewerten – die Amygdala und die Septumkerne –, Strukturen, die Information für kurze Zeit aufnehmen, um sie dann an weitflächige neokortikale Netzwerke zur Langzeitspeicherung weiterzugeben – die Hippocampusformation und sie umgebende Bereiche des Allokortex (phylogenetisch alte Hirnrinde) –, sowie Strukturen, die in Hinblick auf die Bewertung von Information zeitliche und Bewußtseins-Aspekte miteinander verbinden – die dorsomedialen

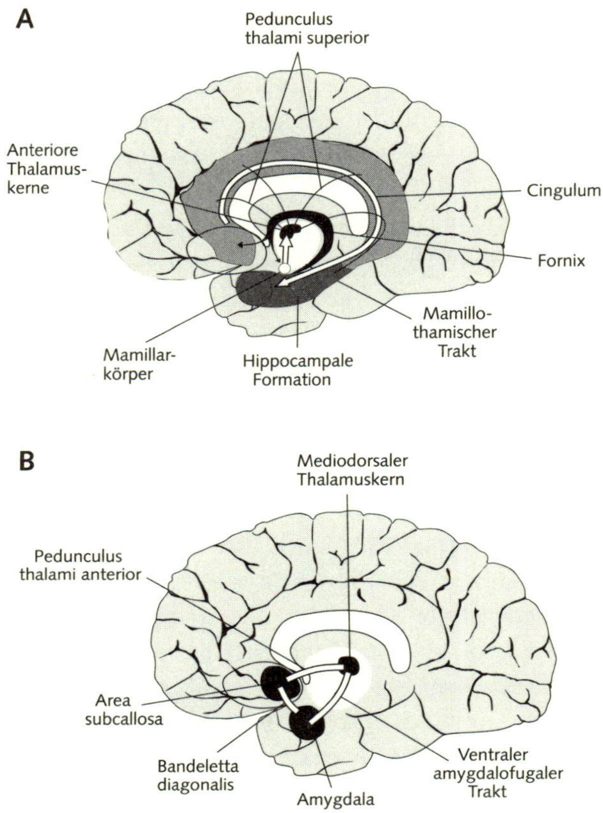

Abb. 5: Der Papezsche und der basolateral-limbische Schaltkreis. Der Papezsche Schaltkreis ist vermutlich für die kognitiven Akte der Verarbeitung von Erinnerungen, der basolateral-limbische Kreis für die affektive Bewertung von Information von größerer Bedeutung. Beide Schaltkreise interagieren.

und die Mittellinienkerne des Thalamus. Diese Strukturen zusammengenommen bilden zwei Schaltkreise, die eine gemeinsame Verarbeitung von kognitiven und emotionalen Aspekten von Ereignissen ermöglichen: den sogenannten Papezschen Schaltkreis (s. Abb. 5; Papez, 1937) und den basolateral-limbischen Schaltkreis (Livingston & Escobar, 1971; Sarter & Markowitsch, 1985a, 1985b).

Der Papezsche Schaltkreis ist der ältere, der ursprünglich als »Mechanismus der Gefühle« bezeichnet wurde. Heutzutage wird diese Rolle jedoch in einem noch höheren Maße dem basolateral-limbischen Kreis zugeschrieben. Innerhalb dieses Schaltkreises ist es die Amygdala, die als jene klassische Struktur angesehen wird, die das Gedächtnis emotionsabhängig moduliert. Dennoch sollte der Beitrag der anderen Strukturen zum emotionalen Gedächtnis – des dorsomedialen Thalamuskerns (Markowitsch, 1988; Markowitsch, Kessler & Denzler, 1986; Markowitsch, von Cramon & Schuri, 1993b) und der Septumkerne bzw. des basalen Vorderhirnbereichs (von Cramon & Markowitsch, 2000) – nicht übersehen werden.

Repräsentation von Information *(storage)* im episodischen und semantischen Gedächtnis wird vor allem als Angelegenheit der Großhirnrinde betrachtet. Die Richtigkeit dieser Aussage läßt sich mit Ergebnissen von Studien an Patienten mit beträchtlichen Schädigungen der Großhirnrinde belegen (Kessler et al., 1999; Markowitsch, Weber-Luxenburger, Ewald, Kessler & Heiss, 1997b). Im Hinblick auf das episodische Gedächtnis scheinen zusätzlich limbische Strukturen von Belang zu sein (Markowitsch, 2005). Wie in Abbildung 4 gezeigt, wird des weiteren angenommen, daß die rechte Hirnhälfte – die auch als »emotionale Hirnhälfte« betrachtet wird (Schore, 2002; Van Lancker, 1991) – vor allem für episodisch-autobiographische Erinnerungen und die linke für semantische Erinnerungen von Bedeutung ist.

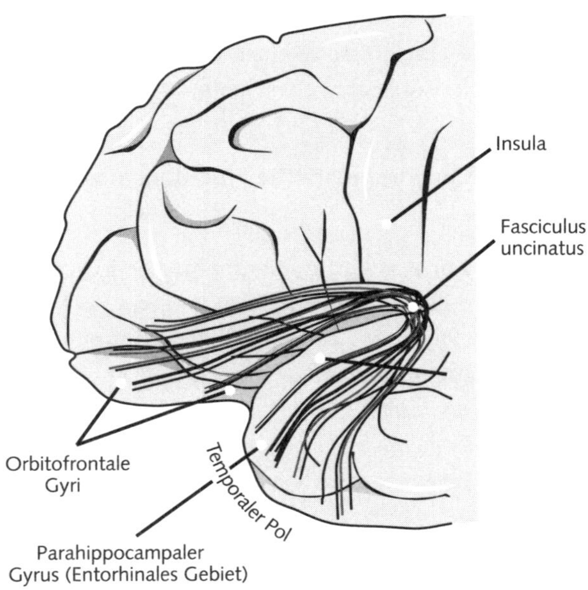

Abb. 6: Schematische Ansicht der vorderen seitlichen Hälfte der menschlichen Großhirnrinde, die die Lage der temporofrontalen Region zeigt, welche beim Abruf von Episoden (rechte Hemisphäre) und Fakten (linke Hemisphäre) von Bedeutung ist.

Lange Zeit wurde angenommen, daß Beeinträchtigungen beim Abruf von Information immer mit Beeinträchtigungen bei der Einspeicherung einhergehen. Diese Sichtweise war widerlegt, nachdem mehrere Patienten beschrieben wurden, die an selektiver (episodischer) retrograder Amnesie litten, jedoch weiterhin die Fähigkeit zur Langzeitspeicherung neuer Information besaßen (Kroll, Markowitsch, Knight & von Cramon, 1997; Markowitsch et al., 1993a). Durch den Umstand, daß alle Patienten an derselben Art von Hirnschädigung litten, lag die Hypothese nahe, daß Strukturen des inferolateralen präfrontalen Kortex und des temporo*lateralen* Kortex notwendig sind, um den Abruf alter Erinnerungen auszulösen (Markowitsch, 1995). Aufgrund von Untersuchungen bei Patienten mit schweren Schädigungen dieser Strukturen in einer Hirnhälfte wurde zudem die These vertreten, daß diese Regionenkombination der rechten Hirnhälfte für den Abruf autobiographischer Episoden von Bedeutung ist, während dieselben Bereiche der linken Hirnhälfte für den Abruf semantischer Erinnerungen wichtig sind (Abb. 6). Ergebnisse von Untersuchungen mit bildgebenden Verfahren bei Personen ohne Hirnschädigungen stützen diese Sichtweise nachdrücklich (Fink et al., 1996; Markowitsch, Fink, Thöne, Kessler & Heiss, 1997a). Sie verweisen auch auf die Bedeutung der temporofrontalen kortikalen Bereiche des erweiterten limbischen Systems, die emotionale und kognitive Aspekte autobiographischer Ereignisse vereinen (Piefke, Weiss, Zilles, Markowitsch & Fink, 2003; Markowitsch, Vandekerckhove, Lanfermann & Russ, 2003).

Durch psychischen Streß und traumatische Situationen verursachte Gedächtnisstörungen

Die Erkenntnis, daß der Abruf alter autobiographischer Erinnerungen vor allem ein Aktivierungsmuster im Bereich von Stirnhirn und Schläfenlappenspitze (»temporofrontal«) der rechten Hirnhälfte zur Folge hatte, ermutigte uns, mehrere Modifikationen dieses Paradigmas zu untersuchen. Zunächst ging es uns darum, herauszufinden, was passieren würde, wenn gesunde Personen quasi-episodische Erinnerungen *(episodic-like memories)* erfinden und zusammen mit wahren autobiographischen Erinnerungen abrufen würden. Zumindest für nichteingeweihte Zuhörer waren die erfundenen Erinnerungen von den wahren nicht zu unterscheiden; auch sie waren erheblich affektgeladen und komplex. Trotzdem aktivierten die fiktiven Erinnerungen beim Abruf nur den Präcuneus (das ist jene Region im menschlichen Kortex, die als Auge des Bewußtseins – *the mind's eye*; Fletcher et al., 1995 – bezeichnet wurde), nicht aber jene Regionen des rechten temporofrontalen Kortex, die während der Erinnerung an wahre autobiographische Episoden aktiviert waren. Diese Regionen und die rechte Amygdala waren beim Abruf wahrer langfristig abgespeicherter autobiographischer Erinnerungen aktiviert (Markowitsch et al., 2000b).

In weiteren Studien wurden die neuralen Aktivierungen beim Abruf von positiven (zum Beispiel glücklichen) gegenüber negativen (etwa traurigen) autobiographischen Episoden mit funktioneller Magnetresonanztomographie untersucht (Markowitsch et al., 2003; Piefke et al., 2003). Gesunde Personen wurden gebeten, sich an Episoden aus ihrer Vergangenheit zu erinnern und diese in Hinblick auf ihre affektive Wertigkeit einzustufen. Zwei Vergleiche waren dabei besonders interessant: positive versus negative und negative versus positive Erinnerungen. Die Studien ergaben zwei distinkte Aktivierungsbereiche im Stirnhirn für die beiden Arten emotionaler retrograder Erinnerungen: Als negativ (im Gegensatz zu positiv) eingestufte emotionale Episoden aus der Vergangenheit führten zu symmetrischen, im seitlichen unteren Stirnhirn (lateral orbitofrontal) liegenden Aktivierungen, während positiv (im Gegensatz zu negativ) eingestufte Episoden mit im mittleren unteren Stirnhirn (medial orbitofrontal/subgenual) liegenden Aktivierungen einhergingen. Zudem war die linke Hippocampus-Region beim Abruf von positiven Episoden aktiviert. Diese Ergebnisse legen die Annahme getrennter basaler Stirnhirnfoci nahe, die als Verbindungsstücke innerhalb von größeren und hauptsächlich kortikalen Netzen funktionieren, die bei der Erinnerung von alten autobiographischen Episoden positiver wie negativer Art aktiviert sind.

Bei Patienten mit dissoziativen Gedächtnisstörungen – früher als psychogene Amnesie oder psychogener Dämmerzustand bezeichnet – konnten ähnliche neurale Korrelate zu ihren veränderten kognitiven Zuständen nachgewiesen werden. Dissoziative Amnesie wird als ein Zustand betrachtet, in dem nicht oder nur mangelhaft verarbeitete Erinnerungen vom Bewußtsein zurückgehalten werden (»hysterische Neurosen«) und zu Depersonalisation oder anderen Identitätsstörungen führen können (Bremner & Marmar, 1998). Psychogene Dämmerzustände zeichnen sich zudem durch das Verlassen der gewohnten Umgebung und durch den Drang aus, dem eigenen Lebensmittelpunkt zu entfliehen (Markowitsch, 1990).

Bei einigen dieser Patienten, die mit funktionellen bildgebenden Verfahren untersucht wurden, wurde ein verringerter Stoffwechsel in der rechten temporofrontalen Region festgestellt – ähnlich wie bei einer Patientin, die aufgrund eines organischen Hirnschadens unter einer Amnesie für alte persönliche Erinnerungen litt (s. Abb. 7; Markowitsch, 1999a, 1999b; Reinhold, Kühnel, Brand & Markowitsch, 2006).

Ein besonders interessanter Patient war ein 23jähriger Mann, der nach einem Schockerlebnis an einer schweren anterograden Amnesie sowie einer sechs Jahre zurückreichenden retrograden Amnesie litt (Markowitsch et al., 1998, 2000a). Der Patient mußte mit ansehen, wie im Keller seines Hauses Feuer ausbrach; am Morgen

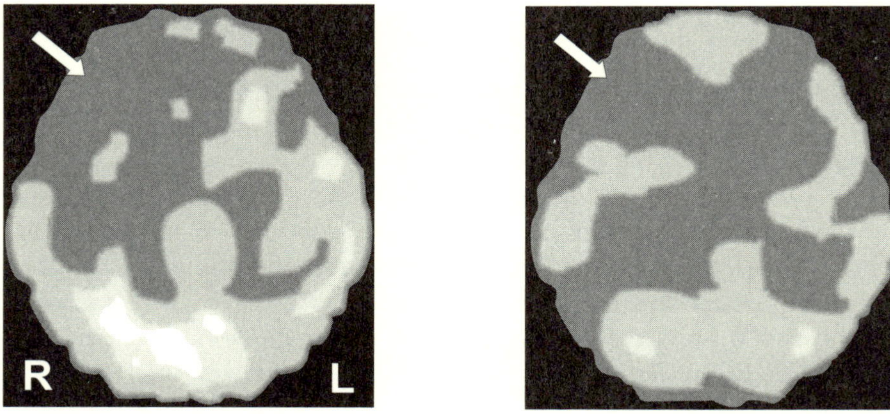

Abb. 7: Horizontalschnitte des Gehirns einer Patientin mit einer organischen Hirnschädigung (links) sowie eines Patienten (rechts), bei dem es keinerlei Hinweis auf eine organische Schädigung gab. Nichtsdestotrotz zeigen sich bei beiden Patienten im rechten temporofrontalen Bereich Zonen mit vermindertem Stoffwechsel (weiß).

danach war er schwer verstört und amnestisch. Dieser Zustand blieb die folgenden etwa acht Monate über unverändert und manifestierte sich als schwere verbale und nonverbale Amnesie, und zwar in anterograder wie retrograder Richtung. Einige Zeit nach dem Schockerlebnis konnte er jedoch berichten, daß er – im Alter von vier Jahren – zusehen mußte, wie ein Mann im Auto verbrannte. Seit damals assoziiert er Feuer mit einer lebensbedrohlichen Situation. Offensichtlich hatte der erneute Ausbruch von Feuer einen plötzlichen und schweren Ausstoß von Glucocorticoiden (Streßhormonen) zur Folge, der zu einer Blockade des normalen mnestischen Informationsflusses führte (Erickson, Drevets & Schulkin, 2003). Nach etwa acht Monaten – und medizinischer und psychotherapeutischer Behandlung – verbesserte sich zwar der kognitive Zustand des Patienten; er war jedoch auch nach zwölf Monaten noch nicht wieder vollkommen gesund – vor allem Probleme mit seinem verbalen Langzeitgedächtnis blieben bestehen. Zwei Fluoro-deoxy-D-Glukose-Positronenemissionstomographien (FDG-PET) wurden durchgeführt: die erste mehrere Wochen nach dem psychischen Trauma, die zweite nach zwölf Monaten. Die erste ergab eine allgemeine Verminderung des Stoffwechsels im Gehirn, verbunden mit einem weiteren Rückgang in den informationsverarbeitenden Regionen des Schläfenlappens und dem medialen Zwischenhirn. Zum Zeitpunkt der zweiten Untersuchung waren die Glukosewerte wieder auf normalem Niveau (Abb. 8).

Dieser Fall demonstriert zum einen, daß Streßfaktoren aus der Umwelt zu massiven Konsequenzen im Verhalten führen können. Zum zweiten zeigt sich daran,

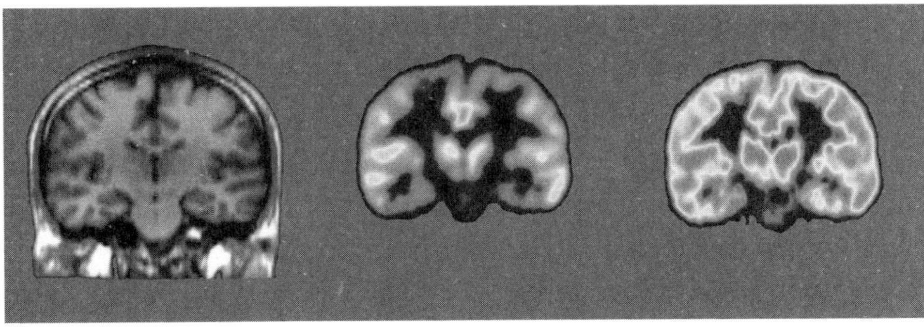

Abb. 8: Querschnitte durch das Gehirn eines 23jährigen Mannes, der nach einem Schockerlebnis an einer schweren anterograden Amnesie und einer die letzten sechs Jahre umfassenden retrograden Amnesie litt (Markowitsch et al., 1998, 2000a). Der linke Teil zeigt einen MRT-Scan auf derselben Ebene wie die beiden FDG-PET Querschnitte (Koronalschnitte) im rechten Teil (medialer Thalamus, Mittelteil des Schläfenlappens). Der linke Teil zeigt den stark reduzierten Glukosestoffwechsel einige Wochen nach dem Ereignis (in dieser Zeit war er schwer amnestisch); der rechte Teil zeigt den wiedererlangten normalen Glukosestoffwechsel nach zwölf Monaten und erfolgreicher Behandlung.

daß psychischer Streß den Stoffwechsel im Gehirn wesentlich und nachhaltig verändern kann – vermutlich aufgrund der anhaltenden Ausschüttung großer Mengen von Streßhormonen (Glucocorticoiden) im Gehirn (O'Brien, 1997). (Die meisten Rezeptoren für Glucocorticoide sind in den Bereichen der Hippocampusformation und der Amygdala; Joëls & de Kloet, 1992). Und drittens demonstriert der Fall, daß eine Wiederherstellung kognitiver Funktionen bei solchen Patienten möglich ist und wahrscheinlich von einer speziellen Kombination von Psychotherapie und antidepressiver Behandlung abhängt (Markowitsch et al., 2000a).

Es sollte betont werden, daß es bei solchen Patienten fast immer Lebensereignisse gab – für gewöhnlich bereits während der Kindheit und Jugend –, die mit schwerem Streß einhergingen und die wiederum aus unserer Sicht zu einer Veränderung in der Rezeptorenstruktur im Gehirn führten, zu einer Überempfindlichkeit für exzitatorische Neurotransmitter (erregend wirkende Überträgerstoffe zwischen Nervenzellen) und einer unausgewogenen Verarbeitung von Streßhormonen auf Hirnebene (Bremner, 2002; McEwen, 1999). Diese Veränderungen beeinflussen in der Folge auch kognitive Funktionen (Lupien & McEwen, 1997), vor allem die Erinnerung an Ereignisse, die sowohl kognitive wie affektive Aspekte mit dem ursprünglichen Ereignis gemeinsam haben (Fujiwara & Markowitsch, 2005; Markowitsch, 2003a). Vor kurzem haben wir herausgefunden, daß die Kortisol-Reaktion bei Patienten mit schweren amnestischen Syndromen als Folge einer Herzattacke und damit verbundenen organischen Veränderungen ebenfalls modifiziert ist (Wolf, Fujiwara, Luwinski, Kirschbaum & Markowitsch, 2005). Tierstudien bestätigen zudem die Annahme, daß Streß das Neuropil (Geflecht dendritischer und axonaler Verästelungen) schädigt und verheerende Auswirkungen auf späteres Verhalten hat (Magarinos, McEwen, Flügge & Fuchs, 1996; Mirescu, Peters & Gould, 2004).

Aus den vorgestellten und ähnlich gelagerten Fällen (Driessen et al., 2004; Fujiwara et al., 2004, 2006; Markowitsch, 2003b; Reinhold et al., 2006) schließen wir, daß man ein »Mnestisches Blockadesyndrom« als Folge von großem Streß und Traumata beschreiben kann (Markowitsch, 1999b, 2002; Markowitsch et al., 1999c). Bei Patienten mit diesem Syndrom – und folglich einer funktionalen (psychischen, psychosomatischen) Form von Amnesie – finden sich auf kognitiver Ebene Ähnlichkeiten zu Patienten mit organischer Amnesie: Sie sind zu sozial angepaßtem Verhalten fähig, haben ein normales Kurzzeitgedächtnis, die Möglichkeit, neue Information langfristig abzuspeichern (wenn auch mehr auf der semantischen als auf der episodischen Ebene), leiden aber unter einer schweren retrograden Amnesie in Hinblick auf autobiographische Erinnerungen. In diesem Zusammenhang wurden jedoch auch, was seltener vorkommt, Patienten mit einer selektiven anterograden Amnesie beschrieben (Markowitsch, Kessler, Kalbe & Herholz, 1999b). Ähnlich wie die an organisch bedingter retrograder Amnesie leidenden Patienten (Calabrese et al., 1996; Kroll et al., 1997; Markowitsch & Ewald, 1997), zeigen Patienten mit einer funktionalen Amnesie unter Alltagsbedingungen gewöhnlich eine reduzierte oder eingeschränkte Form emotionalen Ausdrucks (Driessen et al., 2004; Markowitsch, 1999a; Porter & Birt, 2001).

Vor dem Hintergrund der vorangegangenen Beschreibungen wird offensichtlich, daß ähnliche Formen von Amnesie – vor allem solche, die die Biographie eines Individuums betreffen – mit und ohne gleichzeitige Hirnschädigung vorkommen können. Man kann daraus schließen, daß intensiver und langanhaltender Streß der Gehirnfunktion tatsächlich Schaden zufügen und sogar zum Abbau von Nervenzellen führen kann. Folglich liegt es nahe anzunehmen, daß psychiatrische und neurologische Krankheitszustände, die zu Amnesie führen, ähnliche Grundlagen im Gehirn haben und daß es von zentraler Bedeutung ist zu lernen, mit Streßsituationen umzugehen.

Danksagung

Die hier vorgestellten Untersuchungen wurden von der Deutschen Forschungsgemeinschaft (Ma 795) und der Volkswagenstiftung gefördert.

Literatur:

Babiloni, C., Babiloni, F., Carducci, F., Cincotti, F., Vecchio, F., Cola, B., Rossi, S., Miniussi, C. & Rossini, P. M. (2004). Functional frontoparietal connectivity during short-term memory as revealed by high-resolution EEG coherence analysis. *Behavioral Neuroscience, 118*, 687–697.

Baddeley, A. D. (2001). Is working memory still working? *American Psychologist, 56*, 851–864.

Baetz, E. (1901). Über Emotionslähmung. *Allgemeine Zeitschrift für Psychiatrie und psychisch-gerichtliche Medizin, 58*, 717–721.

Bremner, J. D. (2002). *Does stress damage the brain?* New York: W.W. Norton & Comp.

Bremner, J. D. & Marmar, C. R. (Hrsg.) (1998). *Trauma, memory, and dissociation* (*Progress in Psychiatry*, Bd. 54). Washington, DC: American Psychiatric Press.

Burns, J. M. & Swerdlow, R. H. (2003). Right orbitofrontal tumor with pedophilia symptom and constructional apraxia sign. *Archives of Neurology, 60*, 437–440.

Cahill, L., Babinsky, R., Markowitsch, H. J. & McGaugh, J. L. (1995). Involvement of the amygdaloid complex in emotional memory. *Nature, 377*, 295–296.

Calabrese, P., Markowitsch, H. J., Durwen, H. F., Widlitzek, B., Haupts, M., Holinka, B. & Gehlen, W. (1996). Right temporofrontal cortex as critical locus for the ecphory of old episodic memories. *Journal of Neurology, Neurosurgery, and Psychiatry, 61*, 304–310.

Corkin, S. (2002). What's new with the amnesic patient H. M.? *Neuroscience, 3*, 153–160.

Cowan, N. (2000). The magical number 4 in short-term memory: A reconsideration of mental storage capacity. *Behavioral and Brain Sciences, 24*, 87–185.

De Bellis, M. D. & Thomas, L. A. (2003). Biological findings of post-traumatic stress disorder and child maltreatment. *Current Psychiatry Reports, 5*, 108–117.

Driessen, M., Beblo, T., Mertens, M., Piefke, M., Rullkötter, N., Silva Saveedra, A., Reddemann, L., Rau, H., Markowitsch, H. J., Wulff, H., Lange, W. & Woermann, F. G. (2004). Different fMRI activation patterns of traumatic memory in borderline personality disorder with and without additional posttraumatic stress disorder. *Biological Psychiatry, 55*, 603–611.

Erickson, K., Drevets, W. & Schulkin, J. (2003). Glucocorticoid regulation of diverse cognitive functions in normal and pathological emotional states. *Neuroscience and Biobehavioral Reviews, 27*, 233–246.

Fink, G. R., Markowitsch, H. J., Reinkemeier, M., Bruckbauer, T., Kessler, J. & Heiss, W.-D. (1996). Cerebral representation of one's own past: neural networks involved in autobiographical memory. *Journal of Neuroscience, 16*, 4275–4282.

Fletcher, P. C., Frith, C. D., Baker, S. C., Shallice, T., Frackowiak, R. S. J. & Dolan, R. J. (1995). The mind's eye – precuneus activation in memory related imagery. *NeuroImage, 2*, 195–200.

Foa, E. B. & Hearst-Ikeda, D. (1996). Emotional dissociation in response to trauma. In L. K. Michelson & W. J. Ray (Hrsg.), *Handbook of dissociation: Theoretical, empirical, and clinical perspectives* (S. 207–224). New York: Plenum Press.

Folkman, S. & Moskowitz, J. T. (2000). Stress, positive emotion, and coping. *Current Directions in Psychological Science, 9*, 115–118.

Fujiwara, E., Brand, M., Kracht, L., Kessler, J., Diebel, A., Netz, J. & Markowitsch, H. J. (2006). Functional retrograde amnesia: a multiple case study. *Cortex* (in Vorb.).

Fujiwara, E., Piefke, M., Lux, S., Fink, G. R., Kessler, J., Kracht, L., Diebel, A., Netz, J. & Markowitsch, H. J. (2004). Brain correlates of functional retrograde amnesia in three patients. *Brain and Cognition, 54*, 135–136.

Fujiwara, E. & Markowitsch, H. J. (2005). Autonoetic consciousness and the brain. In T. Feinberg & J. Keenan (Hrsg.), The self and consciousness (in Vorb.). New York: Oxford University Press.

Fuster, J. M. (1997). *The prefrontal cortex* (3. Aufl.). Philadelphia, PA: Lippincott-Raven.

Gall, F. J. (1825). *Sur les fonctions du cerveau et sur celles de chacune de ses parties* (6 Bde.). Paris: Baillière.

Goldman-Rakic, P. S. & Friedman, H. R. (1991). The circuitry of working memory revealed by anatomy and metabolic imaging. In H. S. Levin, H. M. Eisenberg & A. L. Benton (Hrsg.), *Frontal lobe function and dysfunction* (S. 72–91). New York: Oxford University Press.

Gray, J. R., Braver, T. S. & Raichle, M. E. (2002). Integration of emotion and cognition in the lateral prefrontal cortex. *Proceedings of the National Academy of Sciences of the USA, 99*, 4115–4120.

Hering, E. (1870). *Über das Gedächtnis als eine allgemeine Funktion der organisierten Materie. Vortrag gehalten in der feierlichen Sitzung der Kaiserlichen Akademie der Wissenschaften in Wien am XXX. Mai MDCCCLXX.* Leipzig: Akademische Verlagsgesellschaft.

Hornak, J., Bramham, J., Rolls, E. T., Morris, R. G., O'Doherty, J., Bullock, P. R. & Polkey, C. E. (2003). Changes in emotion after circumscribed surgical lesions of the orbitofrontal and cingulated cortices. *Brain, 126*, 1691–1712.

Joëls, M. & de Kloet, E. R. (1992). Control of neuronal excitability by corticosteroid hormones. *Trends in Neurosciences, 15*, 25–30.

Joseph, R. (1998). Traumatic amnesia, repression, and hippocampus injury due to emotional stress, corticosteroids and enkephalins. *Child Psychiatry and Human Development, 29*, 169–185.

Joseph, S. & Masterson, J. (1999). Posttraumatic stress disorder and traumatic brain injury: Are they mutually exclusive? *Journal of Traumatic Stress, 12*, 437–453.

Kaplan, M. J. & Klinetob, N. A. (2000). Childhood emotional trauma and chronic posttraumatic stress disorder in adult outpatients with treatment-resistant depression. *Journal of Nervous and Mental Disease, 188*, 596–601.

Kessler, J., Markowitsch, H. J., Ghaemi, M., Rudolf, J., Weniger, G. H. & Heiss, W.-D. (1999). Degenerative prefrontal damage in a young adult: Static and dynamic imaging and neuropsychological correlates. *Neurocase, 5*, 173–179.

Kim, J. S. (2002). Post-stroke emotional incontinence after small lenticulocapsular stroke: correlation with lesion location. *Journal of Neurology, 249*, 805–810.

Kim, J. S. & Choi-Kwon, S. (2000). Poststroke depression and emotional incontinence. Correlation with lesion location. *Neurology, 54*, 1805–1810.

Kroll, N., Markowitsch, H. J., Knight, R. & von Cramon, D. Y. (1997). Retrieval of old memories – the temporo-frontal hypothesis. *Brain, 120*, 1377–1399.

Lange, C. & Irle, E. (2004). Enlarged amygdala volume and reduced hippocampal volume in young women with major depression. *Psychological Medicine, 34,* 1059–1064.

Livingston, K. E. & Escobar, A. (1971). The anatomical bias of the limbic system concepts: a proposed reorientation. *Archives of Neurology, 24,* 90.

Lupien, S. J. & McEwen, B. S. (1997). The acute effects of corticosteroids on cognition: integration of animal and human model studies. *Brain Research Reviews, 24,* 1–27.

Magarinos, A. M., McEwen, B. S., Flügge, G. & Fuchs, E. (1996). Chronic psychosocial Stress causes apical dendritic atrophy of hippocampal CA3 pyramidal neurons in subordinate tree shrews. *Journal of Neuroscience, 16,* 3534–3540.

Markowitsch, H. J. (1988). Diencephalic amnesia: a reorientation towards tracts? *Brain Research Reviews, 13,* 351–370.

Markowitsch, H. J. (1990). Transient psychogenic amnesic states. In H. J. Markowitsch (Hrsg.), *Transient global amnesia and related disorders* (S. 181–190). Toronto: Hogrefe & Huber.

Markowitsch, H. J. (1992). *Intellectual functions and the brain. An historical perspective.* Toronto: Hogrefe & Huber.

Markowitsch, H. J. (1995). Which brain regions are critically involved in the retrieval of old episodic memory? *Brain Research Reviews, 21,* 117–127.

Markowitsch, H. J. (1996). Organic and psychogenic retrograde amnesia: two sides of the same coin? *Neurocase, 2,* 357–371.

Markowitsch, H. J. (1998). The mnestic block syndrome: Environmentally induced amnesia. *Neurology, Psychiatry, and Brain Research, 6,* 73–80.

Markowitsch, H. J. (1999a). Functional neuroimaging correlates of functional amnesia. *Memory, 7,* 561–583.

Markowitsch, H. J. (1999b). Neuroimaging and mechanisms of brain function in psychiatric disorders. *Current Opinion in Psychiatry, 12,* 331–337.

Markowitsch, H. J. (1999c). Limbic system. In R. Wilson & F. Keil (Hrsg.), *The MIT encyclopedia of the cognitive sciences* (S. 472–475). Cambridge, MA: MIT Press.

Markowitsch, H.J. (2002). Functional retrograde amnesia – mnestic block syndrome. *Cortex, 38,* 651–654.

Markowitsch, H.J. (2003a). Autonoetic consciousness. In A. S. David & T. Kircher (Hrsg.), *The self in neuroscience and psychiatry* (S. 180–196). Cambridge (UK): Cambridge University Press.

Markowitsch, H. J. (2003b). Psychogenic amnesia. *NeuroImage,* 20, Supplement 1, 132–138.

Markowitsch, H. J. (2005). The neuroanatomy of memory. In P. Halligan & P. Wade (Hrsg.), *The effectiveness of rehabilitation for cognitive deficits* (S. 724–740). Oxford: Oxford University Press.

Markowitsch, H. J., Kessler, J. & Denzler, P. (1986). Recognition memory and psychophysiological responses towards stimuli with neutral and emotional content. A study of Korsakoff patients and recently detoxified and longterm abstinent alcoholics. *International Journal of Neuroscience, 29,* 1–35.

Markowitsch, H. J., Calabrese, P., Liess, J., Haupts, M., Durwen, H. F. & Gehlen, W. (1993a). Retrograde amnesia after traumatic injury of the temporo-frontal cortex. *Journal of Neurology, Neurosurgery, and Psychiatry, 56,* 988–992.

Markowitsch, H. J., von Cramon, D. Y. & Schuri, U. (1993b). Mnestic performance profile of a bilateral diencephalic infarct patient with preserved intelligence and severe amnesic disturbances. *Journal of Clinical and Experimental Neuropsychology, 15*, 627–652.

Markowitsch, H. J., Calabrese, P., Würker, M., Durwen, H. F., Kessler, J., Babinsky, R., Brechtelsbauer, D., Heuser, L. & Gehlen, W. (1994). The amygdala's contribution to memory – a PET-study on two patients with Urbach-Wiethe disease. *NeuroReport, 5*, 1349–1352.

Markowitsch, H. J., Fink, G. R., Thöne, A. I. M., Kessler, J. & Heiss, W.-D. (1997a). Persistent psychogenic amnesia with a PET-proven organic basis. *Cognitive Neuropsychiatry, 2*, 135–158.

Markowitsch, H. J. & Ewald, K. (1997b). Right-hemispheric fronto-temporal injury leading to severe autobiographical retrograde and moderate anterograde episodic amnesia. *Neurology, Psychiatry and Brain Sciences, 5*, 71–78.

Markowitsch, H. J., Weber-Luxenburger, G., Ewald, K., Kessler, J. & Heiss, W.-D. (1997c). Patients with heart attacks are not valid models for medial temporal lobe amnesia. A neuropsychological and FDG-PET study with consequences for memory research. *European Journal of Neurology, 4*, 178–184.

Markowitsch, H. J., Kessler, J., Van der Ven, C., Weber-Luxenburger, G. & Heiss, W.-D. (1998). Psychic trauma causing grossly reduced brain metabolism and cognitive deterioration. *Neuropsychologia, 36*, 77–82.

Markowitsch, H. J., Kalbe, E., Kessler, J., von Stockhausen H.-M., Ghaemi, M. & Heiss, W.-D. (1999a). Short-term memory deficit after focal parietal damage. *Journal of Clinical and Experimental Neuropsychology, 21*, 784–796.

Markowitsch, H. J., Kessler, J., Kalbe, E. & Herholz, K. (1999b). Functional amnesia and memory consolidation. A case of persistent anterograde amnesia with rapid forgetting following whiplash injury. *Neurocase, 5*, 189–200.

Markowitsch, H. J., Kessler, J., Russ, M. O., Frölich, L., Schneider, B. & Maurer, K. (1999c). Mnestic block syndrome. *Cortex, 35*, 219–230.

Markowitsch, H. J., Kessler, J., Weber-Luxenburger, G., Van der Ven, C. & Heiss, W.-D. (2000a). Neuroimaging and behavioral correlates of recovery from 'mnestic block syndrome' and other cognitive deteriorations. *Neuropsychiatry, Neuropsychology, and Behavioral Neurology, 13*, 60–66.

Markowitsch, H. J., Thiel, A., Reinkemeier, M., Kessler, J., Koyuncu, A. & Heiss, W.-D. (2000b). Right amygdalar and temporofrontal activation during autobiographic, but not during fictitious memory retrieval. *Behavioural Neurology, 12*, 181–190.

Markowitsch, H. J., Vandekerckhove, M. M. P., Lanfermann, H. & Russ, M. O. (2003). Engagement of lateral and medial prefrontal areas in the ecphory of sad and happy autobiographical memories. *Cortex, 39*, 643–665.

McDermott, B. M. & Cvitanovich, A. (2000). Posttraumatic stress disorder and emotional problems in children following motor vehicle accidents: an extended case series. *Australian and New Zealand Journal of Psychiatry, 34*, 446–452.

McEwen, B. S. (1999). Stress and hippocampal plasticity. *Annual Review of Neuroscience, 22*, 105–122.

Minhas, S., Liotti, M., Hull, A., Alexander, D. & Venneri, A. (2004). Regional brain atrophy correlates with severity of symptoms in PTSD. *First European Congress of the European Neuropsychological Societies, Abstract Volume*, p. 106.

Mirescu, C., Peters, J. D. & Gould, E. (2004). Early life experience alters response of adult neurogenesis to stress. *Nature Neuroscience, 7*, 841–846.

Mishkin, M. & Petri, H. L. (1984). Memories and habits: Some implications for the analysis of learning and retention. In L. R. Squire & N. Butters (Hrsg.), *Neuropsychology of memory* (S. 287–296). New York: Guilford Press.

Nauta, W. J. H. (1979). Expanding borders of the limbic system concept. In T. Rasmussen & R. Marino (Hrsg.), *Functional neurosurgery* (S. 7–23). New York: Raven Press.

Nieuwenhuys, R. (1996). The greater limbic system, the emotional motor system and the brain. In G. Holstege, R. Bandler & C. B. Saper (Hrsg.), *The emotional motor system.* (*Progress in Brain Research*, Bd. 107; S. 551–580). Amsterdam: Elsevier.

O'Brien, J. T. (1997). The 'glucocorticoid cascade' hypothesis in man. *British Journal of Psychiatry, 170*, 199–201.

Papez, J. W. (1937). A proposed mechanism of emotion. *A.M.A. Archives of Neurology and Psychiatry, 38*, 725–743.

Philippot, P., Kornreich, C., Blairy, S., Baert, I., Dulk, A. D., Le Bon, O., Streel, E., Hess, U., Pelc, I. & Verbanck, P. (1999). Alcoholics' deficits in the decoding of emotional facial expression. *Alcoholism: Clinical and Experimental Research, 23*, 1031–1038.

Piefke, M., Weiss, P. H., Zilles, K., Markowitsch, H. J. & Fink, G. R. (2003). Differential remoteness and emotional tone modulate the neural correlates of autobiographical memory. *Brain, 126*, 850–868.

Pietrini, P. (2003). Toward a biochemistry of mind? *American Journal of Psychiatry, 160*, 1907–1908.

Porter, S. & Birt, A. R. (2001). Is traumatic memory special? A comparison of traumatic memory characteristics with memory for other emotional life experiences. *Applied Cognitive Psychology, 15*, 101–117.

Reinhold, N., Kühnel, S., Brand, M. & Markowitsch, H. J. (2006). Functional neuroimaging in memory and memory disturbances. *Current Medical Imaging Reviews, 2*, 54–75.

Richards, W. (1973). Time reproductions by H. M. *Acta Psychologica, 37*, 279–282.

Sapolsky, R. M. (2000a). Glucocorticoids and hippocampal atrophy in neuropsychiatric disorders. *Archives of General Psychiatry, 57*, 925–935.

Sapolsky, R. M. (2000b). The possibility of neurotoxicity in the hippocampus in major depression: A primer on neuron death. *Biological Psychiatry, 48*, 755–765.

Sapolsky, R. M., Krey, L. C. & McEwen, B. S. (1985). Prolonged glucocorticoid exposure reduces hippocampal neuron number: Implications for aging. *Journal of Neuroscience, 5*, 1222–1227.

Sarter, M. & Markowitsch, H. J. (1985a). The amygdala's role in human mnemonic processing. *Cortex, 21*, 7–24.

Sarter, M. & Markowitsch, H. J. (1985b). The involvement of the amygdala in learning and memory: A critical review with emphasis on anatomical relations. *Behavioral Neuroscience, 99*, 342–380.

Schore, A. N. (2002). Dysregulation of the right brain: A fundamental mechanism of traumatic attachment and the psychopathogenesis of posttraumatic stress disorder. *Australian and New Zealand Journal of Psychiatry, 36,* 9–30.

Scoville, W. B. & Milner, B. (1957). Loss of recent memory after bilateral hippocampal lesions. *Journal of Neurology, Neurosurgery, and Psychiatry, 20,* 11–21.

Siebert, M., Markowitsch, H. J. & Bartel, P. (2003). Amygdala, affect, and cognition: Evidence from ten patients with Urbach-Wiethe disease. *Brain, 126,* 2627–2637.

Squire, L. R. & Zola-Morgan, S. (1988). Memory: Brain systems and behavior. *Trends in Neurosciences, 11,* 170–175.

Todd, J. J. & Marois, R. (2004). Capacity limit of visual short-term memory in human posterior parietal cortex. *Nature, 428,* 751–754.

Townshend, J. M. & Duka, T. (2003). Mixed emotions: alcoholics' impairments in the recognition of specific emotional facial expressions. *Neuropsychologia, 41,* 773–782.

Troisi, E., Peppe, A., Pierantozzi, M., Matteis, M., Vernieri, F., Stanzione, P., Silvestrini, M. & Caltagirone, C. (2002). Emotional processing in Parkinson's disease. A study using functional transcranial doppler sonography. *Journal of Neurology, 249,* 993–1000.

Tulving, E. (1972). Episodic and semantic memory. In E. Tulving & W. Donaldson (Hrsg.), *Organization of memory* (S. 381–403). New York: Academic Press.

Tulving, E. (1983). *Elements of episodic memory.* Oxford: Clarendon Press.

Tulving, E. (2005a). Episodic memory and autonoesis: Uniquely human? In H. S. Terrace & J. Metcalfe (Hrsg.), *The missing link in cognition: Self-knowing consciousness in man and animals* (S. 3–56). New York: Oxford University Press.

Tulving, E. (2005b). Episodic memory and the other 200 kinds. *Vortrag gehalten am 19. 11. 2005 an der Neurologischen Fakultät der Universität Tartu (Estland).*

Tulving, E. & Markowitsch, H. J. (1998). Episodic and declarative memory: Role of the hippocampus. *Hippocampus, 8,* 198–204.

Van Lancker, D. (1991). Personal relevance and the human right hemisphere. *Brain and Cognition, 17,* 64–92.

Vogel, E. K. & Machizawa, M.G. (2004). Neural activity predicts individual differences in visual working memory capacity. *Nature, 428,* 748–751.

Von Cramon, D.Y. & Markowitsch, H. J. (2000). The septum and human memory. In R. Numan (Hrsg.), *The behavioral neuroscience of the septal region* (S. 380–413). Berlin: Springer.

Welzer, H. & Markowitsch, H. J. (2005). Towards a bio-psycho-social model of autobiographical memory. *Memory, 13,* 63–78.

Weniger, G. & Irle, E. (2002). Impaired facial affect recognition and emotional changes in subjects with transmodal cortical lesions. *Cerebral Cortex, 12,* 258–268.

Winter, H. & Irle, E. (2004). Hippocampal volume in adult burn patients with and without posttraumatic stress disorder. *American Journal of Psychiatry, 161,* 2194–2200.

Wolf, O. T., Fujiwara, E., Luwinski, G., Kirschbaum, C. & Markowitsch, H. J. (2005). No morning cortisol response in patients with severe global amnesia. *Psychoneuroendocrinology, 30,* 101–105.

MARIE M. P. VANDEKERCKHOVE, CHRISTIAN VON SCHEVE
& HANS J. MARKOWITSCH

Selbst, Gedächtnis und autonoetisches Bewußtsein

The knowing of the I who knows the bodily me, who has an image of myself and a sense of identity over time.
WILLIAM JAMES, *1890*

Bemerkenswerte Anstrengungen wurden in der Vergangenheit unternommen, um der Natur des menschlichen Bewußtseins auf die Spur zu kommen, doch besteht heute nach wie vor die Notwendigkeit, Phänomene des Bewußtseins und des subjektiven Erlebens und das Verhältnis zwischen Bewußtsein, Selbstbewußtsein und Gedächtnis näher zu bestimmen. Die Erfolgsaussichten sind angesichts der heute zur Verfügung stehenden diagnostischen Methoden sehr gut (Metzinger, 2000). Aufgrund der engen Beziehungen zwischen den genannten Konzepten einerseits und der subjektiven Erfahrung der Welt andererseits bietet es sich an, zunächst der Frage nachzugehen, wie Menschen phänomenale Wahrnehmungen ihrer selbst und Erinnerungen an ihr Selbst als ein in Raum und Zeit verankertes Surrogat spezifischer Eigenschaften und Qualitäten ausbilden.

Wenngleich wir eine abschließende Antwort auf diese Fragen schuldig bleiben müssen, können uns Ergebnisse aus der Entwicklungspsychologie in Verbindung mit den Modellen des semantischen und episodischen Gedächtnisses (Tulving, 1985, 2002, 2005; vgl. auch in diesem Band) zunächst erste Hinweise darauf geben, wie unterschiedliche Entwicklungsniveaus des Selbst in Beziehung zur Ontogenese verschiedener Bewußtseinszustände stehen. Ausgehend von einer Unterscheidung zwischen Bewußtem und Unbewußtem schlagen wir dann im zweiten Abschnitt verschiedene Entwicklungsstufen des Bewußtseins vor: vom rudimentären autonomen Wachzustand als grundlegender adaptiver Funktion des Organismus, über das nicht erkennende *anoetische* Bewußtsein, das auf impliziten, prozeduralen und affektiven Gedächtnisformen beruht, bis hin zum reflexiven Selbstbewußtsein einschließlich einem wissenden Bewußtsein mit zunächst *noetischen*, auf semantischem Wissen aufbauenden, später dann *autonoetischen* Qualitäten, die wiederum Selbstreflexivität und Selbstbewußtsein in zeitlichen Dimensionen voraussetzen.

In Anlehnung an Tulvings (2002, 2005) Konzeptualisierung verwenden wir den Begriff des anoetischen Bewußtseins in Zusammenhang mit prozeduralen und affektiv sensorischen Formen des Gedächtnisses. Noetisch nennen wir eine Bewußtseinsform, die auf semantisch strukturierten Gedächtnisinhalten basiert, jedoch verhältnismäßig unabhängig vom subjektiven Kontext ist. Das autonoetische Bewußtsein wiederum basiert auf dem episodischen Gedächtnis und beruht auf entsprechend vielfältigen, kontextsensitiven und selbstreferentiellen Informationen, die das Selbst in zeitlich bestimmten und emotional konnotierten Situationen verorten. Ergänzend weisen wir auf die Bedeutung des ersten Selbst-Erlebens in Form eines sich in der Ontogenese graduell immer stärker abzeichnenden Selbstbewußtseins hin, das sich bereits während der anoetischen Entwicklungsphase andeutet. Kinder entwickeln bereits früh eine implizite Wahrnehmung ihres Selbst sowie des Einflusses, den sie auf ihre Umwelt auszuüben vermögen. Auch wenn sie noch nicht in der Lage sind, auf ihre eigene Wahrnehmung als Ursprung eines solchen Wissens zu reflektieren, kann man davon ausgehen, daß sie bereits früh in ihrer Entwicklung über ein implizites erfahrungsbasiertes Selbst-Erleben – das anoetische »Selbstbewußtsein« – verfügen.

Entwicklungsperspektiven

Unbewußtheit und unwissendes Bewußtsein

Bereits während der ersten drei Lebensmonate reagieren Säuglinge zuverlässig auf die Gegenwart anderer Personen, insbesondere auf spezifische Charakteristika der primären Bezugsperson, vermutlich jedoch ohne sich dieser Reaktion bewußt zu sein, darüber zu reflektieren oder auch nur zwischen Selbst und Anderem unterscheiden zu können. Säuglinge zeigen bereits wenige Stunden nach der Geburt eine Präferenz für visuelle Reize, die dem menschlichen Gesicht ähneln (Gauthier & Nelson, 2001; Goren et al., 1975): Sie lächeln in Richtung der Mutter und anderer Bezugspersonen und reagieren auf deren Emotionsausdruck, können dabei aber nicht zwischen diesen impliziten Wahrnehmungen und der übrigen Umwelt kategorisch unterscheiden (Gergely & Watson, 1997; Lewis & Brooks Gunn, 1979). Solche ontogenetisch frühen Verhaltensweisen erfolgen allein aufgrund der impliziten Wahrnehmung visueller, auditiver, taktiler oder affektiver sensorischer Informationen (Piaget, 1972b). Erst ab einem Alter von etwa sechs Monaten können Gesichter als distinkte Kategorie wahrgenommen werden (Gauthier & Nelson, 2001; Nelson, 2001).

Vertraute und häufig präsente Reize können Kinder ab einem Alter von etwa drei Monaten – auch bei kurzer Präsentationsdauer – zuverlässig wiedererkennen (Pascalis, de Haan, Nelson & de Schonen, 1998). Aber selbst wenn es sich dabei um Reize von außerordentlicher Bedeutung handelt, wie etwa das Verhalten einer primären Bezugsperson, überschreitet das Bewußtsein davon die anoetischen Kriterien in der Regel nicht und bleibt deshalb ohne jedwede selbstbewußte und reflexive Qualitäten. Kleinkinder in diesem Alter leben demzufolge vermutlich in einem ausschließlich affektiv sensorisch-motorischen Verhältnis zu ihrer Umwelt und können letztlich nicht bewußt auf die eigenen subjektiven Empfindungen Bezug nehmen. Das anoetische Bewußtsein, wie wir es hier definieren und wie es unter anderem auch Thema des zweiten Teils dieses Beitrags sein wird, kann dementsprechend als einfaches primäres phänomenales Bewußtsein des eigenen biologischen Organismus, der Umwelt sowie des eigenen Verhaltens bezeichnet werden und gründet nahezu ausschließlich in unbewußten und impliziten prozeduralen sowie affektiven Lernprozessen.

Bewußtes Erinnern und Bewußtsein

Die Ontogenese führt zu einer zunehmend differenzierten Wahrnehmung der physischen und sozialen Umwelt sowie des eigenen Verhaltens und sozialer Interaktionen, so daß schließlich auch das eigene Selbst zum Gegenstand eines autonoetisch bewußten Erlebens wird (Butterworth, 1995). Ein erstes Anzeichen für die Entwicklung eines solchen Selbstbewußtseins ist beispielsweise die Fähigkeit, ab einem Alter von drei bis acht Monaten das eigene Spiegelbild zu erkennen (Butterworth, 1992; Gallup, 1977; Metzinger, 1994). Dieses Erkennen markiert einen entscheidenden Abschnitt in der Entwicklung eines Selbstkonzepts sowie der Fähigkeit, eben dieses Konzept zum Objekt des eigenen Denkens und Vorstellens zu machen (Butterworth, 1992; Kagan, 1981, 1998; Metzinger, 1994).

Kleinkinder sind sich dabei offenbar nicht nur ihrer eigenen motorischen Bewegungen bewußt, sondern auch ihrer »agency«, also ihres eigenen Wollens und Handelns als Ursache einer motorischen Bewegung. Weitgehend unklar bleibt bislang allerdings die Frage, ob Kleinkinder tatsächlich im herkömmlichen Sinne *wissen*, daß es sich bei ihrem Spiegelbild um ein Abbild ihrer selbst handelt. Von reflexivem Selbstbewußtsein kann in diesem Fall erst dann gesprochen werden, wenn basierend auf dem semantischen Wissen die Schlußfolgerung gezogen wird, daß das Spiegelbild Abbild des eigenen und nicht das eines beliebigen Körpers ist. In diesem Zusammenhang ist mit Wissen folglich die noetisch bewußte Verarbeitung von Inhalten des semantischen Gedächtnisses gemeint, d. h. von memorierten Informationen ohne subjektive zeitliche und kontextuelle Assoziationen (Tulving, 1983, 2005).

In einem Alter von neun bis vierzehn Monaten beziehen sich Kinder stärker intentional auf verschiedene Aspekte der Umwelt und der eigenen Gedankenwelt. Dabei entwickeln sie – vor allem in der Interaktion mit primären Bezugspersonen – in zunehmendem Maße die Fähigkeit zur geteilten *gerichteten Aufmerksamkeit* (»joint attention«), die wiederum als Voraussetzung für emotionale und kognitive Empathie angesehen wird (Slaughter & McConnell, 2003; Tomasello, 1988, 1993). Richtet beispielsweise eine Mutter ihre Aufmerksamkeit auf ihr Kind, wird das Kind diese Aufmerksamkeit in der Regel erwidern. In einem solchen Fall kommt es zu der interessanten Konstellation, daß das Kind zugleich Subjektivität aus der individuellen Innenperspektive erlebt und als Objekt Gegenstand der Aufmerksamkeit anderer ist. Auf diese Weise lernen Kinder verhältnismäßig früh einen Perspektivenwechsel von der Erste-Person-Perspektive zur Dritte-Person-Perspektive vorzunehmen und damit den Kern ihres gerade erst entdeckten Subjektseins – also ihr Selbst – auch als ein *Objekt* zu betrachten, das ebenso wie andere Objekte (und Subjekte) Teil einer gemeinsamen sozialen Umwelt ist (Neisser, 1995; Metzinger, 2000).

Diese Transformation der Qualität des Bewußtseins von der rein erfahrungsbasierten, nicht erkennenden Ebene hin zum wissenden, expliziten Erleben des Selbst als Bestandteil der eigenen Umwelt und als Objekt der Aufmerksamkeit anderer setzt allerdings eine gewisse Fähigkeit zur willentlichen Kontrolle der eigenen Aufmerksamkeit voraus (Posner, 1994). Studien deuten darauf hin, daß etwa ab einem Alter zwischen 13 und 15 Monaten Kleinkinder auch auf die Aufmerksamkeit anderer zugreifen, indem sie diese durchaus erfolgreich zu lenken und zu überprüfen vermögen, etwa durch das Zeigen auf räumlich entfernte Gegenstände (Tomasello, 1999).

Das Selbst und seine Umwelt

Wie bereits angedeutet, beginnen Kinder im Alter von acht bis zwölf Monaten, die kategorischen Eigenschaften ihres Selbst bewußt wahrzunehmen (Butterworth, 1995; Lewis, 1979). Kinder dieses Alters sind zunehmend in der Lage, Dinge der Umwelt bewußt zu erleben, ohne daß diese Dinge Gegenstand der aktuellen sensorischen Wahrnehmung sind (Piaget, 1972a). Sie beginnen, über das Verhältnis der eigenen Körperlichkeit und der Umwelt nachzudenken und artikulieren ihre Möglichkeiten, in der Umwelt Veränderungen hervorzurufen, d. h. sie nehmen intentional Bezug auf ihre Umwelt (Meltzoff, 1988). Diese Entwicklungsstufe korrespondiert unserer Ansicht nach mit der sukzessiv einsetzenden Funktionalität des semantischen Gedächtnisses (Tulving, 2005).

Symbolische Repräsentation Mit etwa einem Jahr finden bemerkenswerte Verschiebungen der mentalen Aktivität in Richtung des Gebrauchs von Sprache statt, mit der sich – wie Kinder in diesem Alter entdecken – effizient Dinge benennen, Absichten formulieren und kommunizieren sowie Motive befriedigen lassen, so daß ab einem Alter von etwa 13 bis 15 Monaten der Sprachgebrauch von Kindern bereits referentiellen Charakter aufweist (Carpenter, Nagell & Tomasello, 1998; Perner & Dienes, 2002). Zwar kann der erste Sprachgebrauch noch als Ausdruck von Imitationslernen und -verhalten angesehen werden, aber die eigenständige Formulierung sinnhafter Sätze ist ein zuverlässiger Indikator für das Vorhandensein von wissendem Bewußtsein (Perner & Dienes, 2002). Zwischen 12 und 24 Monaten schließlich entwickelt sich vollends die Fähigkeit, zwischen dem Selbst und der Umwelt kategorisch zu unterscheiden (Kagan, 1981; Rocha & Striano, 2002). In Freuds Terminologie kristallisiert sich in diesem Zeitraum ein Bewußtsein des eigenen »Ich« heraus (Erikson, 1980; Freud, 1923).

Im Zusammenhang mit dieser besseren Wahrnehmung der Differenz zwischen Selbst und Umwelt entsteht ab etwa einem Alter von 18 Monaten die Fähigkeit, auch unbewegte Abbilder von sich selbst, zum Beispiel Fotografien, zu erkennen (Lewis, 1992). In diesem Alter können Kleinkinder erstmals auch die eigenen Gefühle als etwas merklich Subjektives, Selbstbezogenes und aus dem Selbst Resultierendes empfinden. Für eine stärker werdende Selbstwahrnehmung als intentionaler und autonomer Akteur spricht – obgleich nicht unumstritten – auch die Tatsache, daß signifikante Veränderungen des äußeren Erscheinungsbilds, wie etwa ein geruchloser Klecks Farbe auf der Nasenspitze, im Spiegelbild erkannt (und entfernt) werden (der »Rouge Test«; vgl. Metzinger, 1994). Ebenfalls in diesem Alter wird der eigene Name mit dem sich ausbildenden Selbstmodell in Verbindung gebracht, und die zunehmend unabhängige sowie selbstbestimmte körperliche und räumliche Bewegung in der Umwelt trägt ab etwa einem Alter von 20 Monaten zu einem gesteigerten Selbstbewußtsein als autonom handelndes Subjekt bei (Asendorpf, Warkentin & Baudonniere, 1996; Butterworth, 1995; Neisser, 1995; Lewis, 1992).

Diese sich verstetigende Selbstwahrnehmung als autonomer Akteur führt wiederum zu der Erfahrung, Veränderungen in der Welt herbeiführen und die Effekte des eigenen Handelns erkennen und absehen zu können. Auch definieren und benennen Kinder ab diesem Alter zusehends die in ihrem Selbst liegenden Ursachen des eigenen Verhaltens (»Ich spiele«, »Ich will das alleine machen«) und entwickeln darüber hinaus die Fähigkeit, Wirkungen und Konsequenzen desselben abzusehen und unerwünschte Verhaltensweisen zu unterdrücken (Posner, 2001).

Wissen, Gedächtnis und autonoetisches Bewußtsein

Wissen und Erinnern Mit zunehmendem Alter gewinnt das sprachliche Bewußtsein aufgrund seiner Möglichkeiten an Bedeutung, das Selbst und die Welt zu beschreiben und zu benennen. Insofern belebt das Selbst als Konvergenzpunkt des räumlichen und zeitlichen Erlebens immer stärker die eigene Gedankenwelt. Studien legen nahe, daß ab einem Alter von ungefähr drei Jahren Ereignisse als persönliche Erfahrungen erinnert werden können (Perner & Ruffmann, 1995). Dabei bleibt allerdings die Frage weitgehend unbeantwortet, ob es sich tatsächlich um Erinnern im Sinne des episodischen Gedächtnisses handelt, also um Erinnern im Kontext eines spezifischen subjektiven Zeitausschnitts und einer entsprechenden Selbstreflexion, begleitet von dem, was hier als autonoetisches Bewußtsein bezeichnet wurde.

Perner und Ruffmann (1995) vertreten diesbezüglich die Ansicht, daß Kinder vor dem vierten Lebensjahr nicht in der Lage sind, Informationen episodisch in einem phänomenalen, subjektiven »Erlebensformat« zu speichern, sondern lediglich auf ein semantisches Speichermedium zurückgreifen können, in dem Information auf eine wissende und vom phänomenalen Erleben abgelöste Art und Weise abgelegt ist. Diese Annahme impliziert, daß Kinder vor dem vierten Lebensjahr auch nicht über ein autonoetisches Bewußtsein verfügen, das es ihnen erlauben würde, Geschehenes als subjektiv und aus der Innenperspektive Erlebtes in zeitlicher und kontextueller Verankerung zu erinnern (Wheeler, Stuss & Tulving, 1997). Diese Sichtweise findet in Tulving (1985) einen Fürsprecher, der in diesem Zusammenhang die analoge These vertritt, daß Kinder vermutlich vor dem vierten Lebensjahr nicht in der Lage sind, Ereignisse in episodischer Form zu speichern und zu erinnern. Bis zu einem Alter von vier Jahren mangelt es ihnen an autonoetischem Bewußtsein und somit an der Fähigkeit, das Selbst in Zeit und Raum zu verorten. Das bedeutet jedoch nicht, daß Kinder bis zu diesem Alter nichts von der Vergangenheit und dem Geschehenen wissen. Den Erinnerungen fehlt mit der autonoetischen Bewußtseinskomponente jedoch jeglicher subjektiver Erlebenscharakter.

Ursprünge des Wissens Als Beispiel führt Tulving an, daß ein Kind, das ein anderes, ihm bekanntes Kind sieht, dieses zwar auf der Ebene des semantischen Wissens, aber vermutlich nicht in einem räumlichen und zeitlichen Kontext als Teil einer episodischen Erinnerung erkennen wird (Tulving, 2001; Wheeler et al., 1997). In Übereinstimmung mit Tulvings Sichtweise hat eine Reihe von Einzelfallstudien gezeigt, daß Zwei- bis Dreijährige sich selbst zwar in einer Videoaufnahme erkennen, diese Fähigkeit sich jedoch reduziert, wenn zwischen der Aufnahme und dem Ansehen ein längerer Zeitraum – etwa eine Woche – liegt. Mit zunehmendem Alter erhöht sich jedoch auch bei längeren zeitlichen Abständen die Wahrscheinlichkeit, daß das Selbstbild erfolgreich erkannt wird, bis ab einem Alter von etwa fünf Jahren ein robustes Verständnis des Selbst in Gegenwart und Vergangenheit entsteht. Das Erkennen des eigenen Spiegelbildes stellt vermutlich lediglich den Beginn einer länger andauernden Entwicklung der Wahrnehmung des Selbst in Abhängigkeit von zeitlichen Faktoren dar, bis schließlich ein ursächliches Verständnis der zeitlichen Konsistenz und Beständigkeit des Selbst entstanden ist.

Studien deuten ferner darauf hin, daß die Fähigkeit und die Voraussetzung für autonoetisches Bewußtsein, nämlich vergangene Ereignisse als erfahrungsbasiert und selbst erlebt zu erinnern, sich nicht vor einem Alter von etwa vier bis fünf Jahren entwickelt. Dies wird unter anderem auf ein mangelndes Verständnis der Ontologie des eigenen Erlebens sowie der Wahrnehmungsbasiertheit des eigenen Wissens zurückgeführt und gilt als eine mögliche Erklärung kindlicher Amnesie. Perner und Ruffmann (1995) konnten beispielsweise zeigen, daß erst das Verständnis der Wahrnehmungsbasiertheit des eigenen Wissens bzw. des Ursprungs oder der Quelle des eigenen Wissens autonoetisches Bewußtsein ermöglicht. Autonoetisches Bewußtsein spiegelt folglich die Zusammenhänge zwischen dem erfahrungsbasierten Erleben einerseits und dem Verständnis des eigenen Wissens als wahrnehmungsbasiert andererseits wider (Perner, 1990).

Im Gegensatz dazu schildern Eacott und Crawley (1998, 1999) in Fragebogenstudien zu Erinnerungen an die Geburt jüngerer Geschwister Anzeichen für ein episodisches Gedächtnis bereits bei etwa Zweieinhalbjährigen. Auch unter Berücksichtigung der Möglichkeit, daß das Wissen über diese Ereignisse einen anderen Ursprung als das eigene Erleben hat, konnten sich Versuchspersonen, die bei der Geburt des jüngeren Geschwisters zwei Jahre bzw. zwei Jahre und drei Monate alt waren, signifikant schlechter an die Ereignisse erinnern als Personen, die zu diesem Zeitpunkt zwei Jahre und vier Monate alt waren. Terr (1988) hat in diesem Zusammenhang in einer klassischen Studie gezeigt, daß *verbale* Erinnerungen auch an traumatische Ereignisse erst ab einem Alter von 28 bis 36 Monaten entstehen, vor diesem Alter hingegen präverbal ausgedrückt, d. h. nachgestellt und nachgespielt werden. Gleichwohl läßt sich auch bei diesen Erinnerungen nicht zweifelsfrei bestimmen, ob es sich um semantisches Erinnern ohne autonoetische Bewußtseinskomponente oder um erfahrungsbasierte Erinnerungen handelt (Tulving, 2005; Wheeler et al., 1997).

Zum besseren Verständnis dieser und vergleichbarer Daten erscheint auch der Verweis auf das Phänomen des zustandsabhängigen Erinnerns *(state dependent retrieval)* sinnvoll, demzufolge etwas immer dann besonders gut erinnert wird, wenn die kognitiven und physiologischen Zustände beim Abruf mit den Zuständen zum Zeitpunkt der Einspeicherung übereinstimmen (vgl. Bower, 1981; Markowitsch, 2003; Markowitsch & Welzer, 2005; Tulving, 1983). Selbst wenn Kinder etwa ein Jahr nach einem bestimmten Ereignis noch Erinnerungen daran haben, können sie diese mit fortschreitendem Alter nicht notwendigerweise abrufen bzw. aufrechterhalten, wenn die Umweltvariablen und Rahmenbedingungen beim Abruf sich signifikant von denen bei der Einspeicherung unterscheiden. Vor diesem Hintergrund haben

Studien gezeigt, daß vor allem die verbalen und sprachlichen Fähigkeiten, und damit die Möglichkeiten der semantischen Enkodierung, das (verbale und nonverbale) Langzeiterinnerungsvermögen von Ein- bis Zweijährigen maßgeblich positiv beeinflussen (Bauer & Wewerka, 1995). Eine Reihe von Untersuchungen hat zudem ergeben, daß insbesondere die Imitation von Handlungsabläufen, die mehrere Monate zuvor beobachtet wurden, verhältnismäßig zuverlässig bei Ein- bis Zweijährigen hervorgerufen werden kann (Bauer, Hertsgaard & Dow, 1994; Bauer, Wiebe, Carver, Waters & Nelson, 2003; Bauer, Wiebe, Waters & Bangston, 2001; Mandler, 1990). Meltzoff (1995) konnte beispielsweise zeigen, daß Kinder bereits im Alter von neun Monaten in der Lage sind, beobachtete Handlungssequenzen zu imitieren, die bis zu einem Monat zurückliegen. Bauer und Kollegen haben darüber hinaus demonstriert, daß sich bei Neunmonatigen das Erinnerungsvermögen an Ereignisse, die einen Monat zurückliegen, durch eine zwischenzeitliche Wiederholung deutlich verbessern läßt (Bauer et al., 2001, 2003; Carver & Bauer, 1999, 2001). Collie und Hayne (1999) konnten unter bestimmten Bedingungen gar eine um 24 Stunden verzögerte Nachahmung bei sechs Monate alten Kleinkindern feststellen.

Diese sich zum Teil widersprechenden Ergebnisse zur Art und Ontogenese bestimmter Formen des Erinnerns umreißen bereits die Probleme, die bei dem Versuch entstehen, bestimmte Ausprägungen des Gedächtnisses mittels instruierter Abrufleistungen bestimmen zu wollen. Die Heterogenität der Ergebnisse deutet unserer Ansicht nach darauf hin, daß auf der Verhaltensebene nur wenige Anhaltspunkte existieren, die etwa eine klare Unterscheidung zwischen einem semantischen Abruf von Informationen einerseits und dem episodischen Erinnern andererseits erlauben würden. Selbst wenn einfache Formen der verzögerten Nachahmung auf der nonverbalen Erinnerung eines spezifischen Ereignisses beruhen (aus der Dritte-Person-Perspektive), läßt sich nicht mit Sicherheit sagen, daß diese Art des Erinnerns mit dem Wissen um ein spezifisches, in Zeit und Raum situiertes Ereignis korrespondiert (Hayne, Boniface & Barr, 2000; Nelson, 1995; Knopf, Mack, Kressley-Mba, 2005).

Trotz der heterogenen Forschungslage erscheint es jedoch nicht nur intuitiv wahrscheinlich, daß Kinder, noch bevor sie in der Lage sind, autonoetisches Bewußtsein auszuprägen, neben der semantischen Erinnerung und dem korrespondierenden noetischen Bewußtsein auch über die Möglichkeit verfügen, persönlich Erlebtes auf einer vorstellungs- und erfahrungsbasierten Bewußtseinsebene zu enkodieren, was sich etwa daran zeigt, daß sie bereits früh nach der Geburt bestimmte Erlebnisse der Vergangenheit imitieren können. So geht beispielsweise die kognitive Schema-Theorie davon aus, daß Kleinkinder bereits im Alter von etwa vier Monaten Skripte zur Verhaltenssteuerung ausbilden, die zwar auf vergangenen Erfahrungen mit der

Umwelt beruhen, aber weitgehend generalisiert und standardisiert sind, so daß sie auch in zukünftigen, kategorisch vergleichbaren Situationen mit adaptiver Funktionalität abgerufen werden können (Schank & Abelson, 1977). Kleinkinder, die Geschehenes noch nicht auf einer expliziten Ebene erinnern, verfügen – so unsere These – über imaginative erfahrungsbasierte Erinnerungen, die sich am anoetischen Bewußtsein über die betreffenden Ereignisse orientieren.

Das reflexive Selbstbewußtsein

Mit fortschreitender Entwicklung und zunehmenden deklarativen (»semantischen«, »episodischen«) Gedächtniskapazitäten bilden Kinder zusehends eine größere mögliche Distanz zum eigenen Selbst als Objekt der Reflexion aus, wobei sprachliche Fähigkeiten bei der Beschreibung der eigenen Person und der Umwelt an Bedeutung gewinnen. Während der gesamten Kindheit, d. h. etwa zwischen zwei und zwölf Jahren, tritt die Einzigartigkeit des subjektiven Selbst immer stärker in den Vordergrund und gewinnt immer mehr an Bedeutung, um schlußendlich ihr maximales Ausmaß in der frühen Adoleszenz zu erreichen (Erikson, 1980). Etwa ab diesem Alter stellen wir uns mehr und mehr Fragen an und über das Selbst und unsere Umwelt. Wir werden uns unseres Selbst als Agglomeration verschiedener Persönlichkeitseigenschaften bewußt, die wir in wissender und noetischer sowie in episodisch autonoetischer Weise zu reflektieren vermögen. Das Selbst wird wie auch die Umwelt mehr und mehr zum Gegenstand der Reflexion, basierend auf unterschiedlichen, dem Selbstmodell zugeschriebenen Eigenschaften und Definitionen. Auf dieser Basis ist es dann möglich, Selbstzuschreibungen zu machen wie die, ehrlich, direkt oder ungeduldig zu sein. Eine auf dem episodischen Gedächtnis basierende Beschreibung, die die eigenen Erfahrungen der Vergangenheit stärker expliziert, könnte hingegen lauten: »Ich bin jemand, der eine schöne Kindheit und Jugend hatte, obwohl ich in bestimmten familiären Situationen sehr leicht reizbar war und noch immer bin«. Vor dem Hintergrund der bisherigen Betrachtungen wird nun im folgenden Abschnitt ein Kontinuum des Bewußtseins skizziert.

Konzeptuelle Fragen

Vom nicht erkennenden Bewußtsein zum Wissen über das Bewußtsein

Unbewußtheit Unbewußtheit bezieht sich auf Präferenzen, Handlungstendenzen, Gedanken, Affekte und andere Kognitionen, die nicht Gegenstand der Aufmerksamkeit und des bewußten Erlebens sind. Das postulierte Kontinuum von der Unbewußtheit hin zum Bewußtsein impliziert also eine graduelle Steigerung des Erlebens ursprünglich unbewußter Zustände, wobei der Übergang von Unbewußtheit zu Bewußtheit immer auch durch Selektivität geprägt ist (Arvidson, 2000; Kihlstrom, 1993). Wie Zeman (2001) zusammenfaßt, existieren immer ein »Vorder-« und ein »Hintergrund« des Bewußtseins, die aufgrund der begrenzten Kapazität des Bewußtseins (insbesondere des Arbeitsgedächtnisses) immer nur für einen gegebenen Zeitpunkt festgelegt werden können. Im impliziten Gedächtnis verankerte Erfahrungen, wie zum Beispiel frühe Kindheitserfahrungen, treten möglicherweise niemals ohne weiteres Zutun in den Vordergrund des Bewußtseins, können aber unerwartet etwa durch assoziierte Reize und entsprechende Gedächtnisinhalte reaktiviert werden und dadurch (wieder) in den Vordergrund des Bewußtseins treten. Implizite Prozesse der Informationsverarbeitung, wie sie beispielsweise für die Einspeicherung und den Abruf von Information außerhalb von Wissenssystem und episodischem Gedächtnis (»nichtdeklarative Gedächtnisinhalte«) charakteristisch sind, zeichnen sich durch einen direkten unbewußten Einfluß auf unser Verhalten aus. Diese Prozesse liegen jedweder Änderung im subjektiven Erleben, Denken und Handeln zu Grunde, die auf bereits Vergangenem basiert, so etwa bei Priming-Effekten (Bahnungseffekten), beim vereinfachten Wiedererlernen oder bei proaktiven und retroaktiven Interferenzen (früher gelernte Inhalte behindern später gelernte Inhalte und umgekehrt) (Kihlstrom, 1993; Squire & Zola-Morgan, 1991).

Solche Prozesse lassen sich anschaulich an klinischen Phänomenen zeigen, etwa der Prosopagnosie, d. h. der Unfähigkeit, Gesichter zu erinnern. Charakteristische, unbewußte physiologische Reaktionen auf eigentlich bekannte Gesichter legen die Vermutung nahe, daß in solchen Fällen die Einspeicherung des visuellen Musters intakt ist, es jedoch nicht bewußt erinnert werden kann. Ebenso wie der Abruf bestimmter Gedächtnisinhalte unbewußt erfolgen kann, kann auch die Einspeicherung von Informationen aus der Umwelt oder dem internen Milieu unbewußt vonstatten gehen – oder aber vorhandene Gedächtnisinhalte werden auf diese Weise verstärkt. Solche automatischen unbewußten und impliziten Prozesse lassen sich deutlich von der kontrollierten und bewußten Verarbeitung von Informationen unterscheiden (Bargh & Chartrand, 1999; Sloman, 1996).

Nichterkennendes Bewußtsein Bewußtsein bezeichnet den Grad der (gerichteten) phänomenalen Aufmerksamkeit gegenüber einigen oder mehreren Aspekten des eigenen Seins (Bisiach, 1988). Bewußtsein ist ein mentaler Zustand, der uns das phänomenale Erleben der Welt und unserer selbst ermöglicht. Als ein mentaler Zustand setzt Bewußtsein die Möglichkeit voraus, die Aufmerksamkeit *auf* etwas zu richten, wohingegen Bewußtsein *von* etwas zugleich Manifestation und Ausdruck dieser Fähigkeit zur gerichteten Aufmerksamkeit ist. Bewußtsein ist im Gegensatz zur Aufmerksamkeit nicht (notwendigerweise) gerichtet, d. h. *auf etwas* gerichtet, und bedarf im Gegensatz zur Aufmerksamkeit keiner willentlichen Anstrengung. Charakterisiert durch Integration und Differenzierung, erscheint das bewußte Erleben als einheitliche Erfahrung, die sich innerhalb kürzester Zeit manifestiert (Tononi & Edelman, 1998). Die dem Bewußtsein zugrunde liegende neuronale Architektur verfügt über ausreichend Kapazitäten, unterschiedliche Bewußtseinszustände innerhalb kürzester Zeitabstände zu implementieren. Wie bereits angedeutet, besteht eine mögliche Konzeptualisierung des Bewußtseins in der Annahme eines Kontinuums, das von anoetischen zu noetischen und schließlich zu autonoetischen Bewußtseinsstufen führt. Je höher die Bewußtseinsebene auf diesem Kontinuum angesiedelt ist, desto ausgeprägter ist die Integration unterschiedlicher Sinnesmodalitäten und kognitiv-affektiver Phänomene, wie etwa Vorstellungsvermögen, Planen, Sprache, Fühlen etc. Wie bedeutend die Fähigkeit zur Integration dieser unterschiedlichen Modalitäten ist, zeigen Fälle, bei denen sie stark beeinträchtigt ist, so etwa bei Split-Brain-Patienten (Personen, bei denen aufgrund einer Durchtrennung der Balkenquerbindung beide Hirnhälften für sich arbeiten), bei psychogener Amnesie oder bei anderen dissoziativen Störungen.

Anoetisches Bewußtsein Anoetisches Bewußtsein kann im Kontinuum verschiedener Bewußtseinszustände am ehesten als prozedurales, sensorisches und primäres Bewußtsein bezeichnet werden, das auf Informationen basiert, anhand derer Handlungen initiiert werden können, ohne daß diese Informationen notwendigerweise im Zentrum der gerichteten Aufmerksamkeit stünden (Tulving, 2001). Unsere Erfahrung des Seins ist unmittelbar und intuitiv, ebenso wie unser In-der-Welt-Sein und unser Agieren darin. Als präreflexiver Zustand zeigt sich das anoetische Bewußtsein auch nicht in der unmittelbaren Aufmerksamkeit, sondern ist als Grundlage unseres phänomenalen Erlebens stets als ein Hintergrundphänomen präsent, das als Ergebnis eines kontinuierlichen affektiven sensorischen Inputs angesehen werden kann und so beispielsweise den Unterschied zwischen Wach- und Schlafzuständen kennzeichnet sowie zwischen Erleben und Nicht-Erleben. Als Konglomerat verschiedener neurophysiologischer Prozesse ist uns das anoetische Bewußtsein lediglich als einfacher »Erfahrungsstrom« zugänglich, der durch den unmittelbaren und kontinuierlichen Fluß von Ereignissen bestimmt wird. Dieses phänomenale Erleben gründet sich vor allem in der eigenen physikalischen Beschaffenheit und dem körperlichen Sein in der Welt (James, 1890; Merleau-Ponty, 1966).

Auf ähnliche Weise erleben vermutlich – wie bereits erwähnt – Neugeborene die Welt: als sensorisch-affektive Verbundenheit mit jedoch begrenzter gerichteter Aufmerksamkeit und daher ebenso begrenzten Möglichkeiten, die eigenen autonomen, sensorischen und motorischen Aktivitäten zu kontrollieren. Obgleich diese Annahme Gegenstand kontroverser Diskussionen ist, mag die Umwelt in diesem Alter noch lediglich – zumindest teilweise – als eine Art Extension der eigenen Person angesehen werden, in der Bezugspersonen vor allem als externe Regulatoren des internen anoetischen Bewußtseinszustands fungieren. Neugeborene verfügen ausschließlich über ein primäres Bewußtsein ohne Unterscheidungsfähigkeit zwischen dem Selbst und der Umwelt und ohne jedes deklarative (Fakten-, Erinnerungs-)Wissen über sich selbst. Der mit Abstand größte Teil der Informationsverarbeitung geschieht hier unwillentlich und unbewußt, zumeist initiiert durch sensorischen Input, der wiederum zu einer fortwährenden Änderung des phänomenalen Erlebens und Handelns führt (Baars, 1997; Posner & Raichle, 1994). Auf dieser anoetischen Bewußtseinsebene findet lediglich eine nichtpropositionale Informationsverarbeitung statt, die es um so schwieriger erscheinen läßt, die ablaufenden Prozesse und Zustände verbal wiederzugeben und zu kommunizieren, wie zum Beispiel im Fall spontaner Sympathiegefühle. Ein solch rudimentärer »Bewußtseinsstrom« vermittelt Konstanz und Kontinuität und bedarf im Vergleich zu höheren Bewußtseinsformen keiner reflexiven Bezugnahme auf die externe Welt.

Ab einem bestimmten, obgleich empirisch schwer zu bestimmenden Punkt in der Ontogenese erfahren Kinder sich selbst als eigenständiges und von der Umwelt separates Wesen. Das erste implizite Selbsterleben in der Interaktion mit einer als separat erlebten Umwelt kann dementsprechend in erster Näherung als anoetisches Selbsterleben bezeichnet werden. Anoetisches Selbsterleben basiert auf dem primären, anoetischen Bewußtsein und den körperlichen Eindrücken des In-der-Welt-Seins. Zeman (2001, S. 1266) bezeichnet dieses Phänomen des rudimentären Selbstbewußtseins auch als »Selbstentdeckung« *(self-detection)*, die beispielsweise dann eintritt, wenn externe Reize auf den Organismus treffen und diesen zu kontingenten Verhaltensweisen veranlassen, etwa bei der Wahrnehmung, die ein Insekt verursacht, wenn es sich über die Haut bewegt. Wie bereits angedeutet, wird vermutet, daß sich das Selbst und damit zusammenhängend das anoetische Bewußtsein im Zuge erster affektiver Erfahrungen in der physischen und sozialen Umwelt entwickelt, wobei es sich – als spezifische anoetische Eigenschaft – seiner selbst gerade nicht bewußt ist (Velmans, 1992). Insofern stellt das anoetische Bewußtsein einen stetigen impliziten Erlebensstrom im Hier und Jetzt dar.

Dabei stellt sich die Frage, ob die direkte und unmittelbare Wahrnehmung der Welt zur Genese anoetischer Bewußtheit hinreichend ist. Ob das anoetische Bewußtsein als phänomenale Wahrnehmung die direkte (d. h. nicht auf Gedächtnisinhalte und Repräsentationen zurückführbare) Konsequenz von Informationsverarbeitungsprozessen sowie von perzeptueller Aufmerksamkeit sein kann, ist nach wie vor umstritten. Aber auch wenn die Forschung eine genaue Antwort noch schuldig bleibt, erscheint es zumindest plausibel, daß perzeptuelle Prozesse, die ein bewußtes phänomenales Erleben zur Folge haben, von Prozessen begleitet werden, die eine Rekodierung roher, perzeptueller Daten in Repräsentationen sowie deren Einspeicherung in ein entsprechendes Gedächtnisformat vornehmen (Bargh, Gollwitzer, Lee-Chai, Barndollar & Troetschel, 2001; Marcel, 1983).

Das anoetische Bewußtsein ist Grundlage der umfassenderen phänomenalen Erfahrungen des Subjekts und moduliert dementsprechend den »tone of behavior« (Marcel, 1983). Diese phänomenalen Qualitäten und die Informationsverarbeitungsprozesse, auf denen sie basieren, werden vor allem beeinflußt durch die soziale Umwelt und die entsprechenden Sinnzusammenhänge und Bedeutungszuweisungen (Burns & Engdahl, 1998; Hutchins, 1995). Obwohl das anoetische Bewußtsein vorkonzeptuell ist, lassen sich doch unterschiedliche affektive und sinnhafte Komponenten ausmachen, die jeweils Teil der grundlegenden Informationsverarbeitung sind. Während der Ontogenese ergänzen Gesten und Zeichen, später dann auch die Sprache das Ausdrucksrepertoire und ermöglichen die Kommunikation und die Vermittlung des subjektiven sensorischen und physiologischen (anoetischen) Erlebens, so daß die Beziehung zwischen Selbst und Umwelt in zunehmendem Maße die intersubjektive Dimension des Bewußtseins bestimmt bzw. erst ermöglicht (Natsoulas, 1983). Die symbolische Vermittlung der phänomenalen Erfahrung gegenüber Dritten konstituiert dann einen stetigen Prozeß der Konstruktion und Re-Konstruktion von Erfahrung (Gendlin, 1962).

Reflexives noetisches und autonoetisches Bewußtsein

Das reflexive Bewußtsein Integraler Bestandteil eines reflexiven Bewußtseins ist die Möglichkeit der direkten und gerichteten Aufmerksamkeit auf ein Objekt. Dieses gerichtete und reflexive Bewußtsein, das sich in den phänomenalen Vordergrund drängt, findet sich häufig in bezug auf Objekte oder Situationen in der Umwelt eines Subjekts, auf die nicht oder nur unzureichend mit automatischen, habitualisierten Verhaltensweisen reagiert werden kann. Voraussetzung für eine solche Art des Bewußtseins sind ebenfalls das Vorhandensein und die Aktivierung einer *Repräsentation* des betreffenden Objekts, die eine explizite Verbindung herzustellen vermag zwischen dem bewußten Selbst und dem Objekt, dessen sich das Subjekt bewußt ist. Bewußt verarbeitete Informationen rücken im Gegensatz zu konkurrierenden Informationen in den Fokus der gerichteten Aufmerksamkeit. Bereits im Wachzustand eines Menschen vollziehen sich fortwährend implizite Aufmerksamkeitsprozesse gegenüber Objekten in der Realität, die in der subjektiven Wirklichkeit repräsentiert werden (Baars, 1997; James, 1890; Velmans, 1999).

Jeder bewußte Zustand impliziert zu unterschiedlichen Graden auch Aufmerksamkeitsprozesse, die sich besonders gut im noetischen und autonoetischen Bewußtsein widerspiegeln. Das direkte und reflexive, auf dem episodischen Gedächtnis basierende Bewußtsein gibt Aufschluß über Bewußtseinszustände, die in der Vergangenheit liegen *(retroconsciousness)*. Das autonoetische Bewußtsein zeichnet sich demzufolge durch bewußt reflexives Erleben aus, das im Gegensatz dazu in der Unbewußtheit unter keinen Umständen auftritt (Natsoulas, 1986).

Das noetische Bewußtsein Das Wissenssystem (semantisches Gedächtnis) repräsentiert symbolisch vermitteltes Wissen über die Welt, und obgleich es per definitionem ein gegenwartsorientiertes Gedächtnissystem ist, erlaubt es den Zugriff auf die eigene Vergangenheit betreffende Informationen, allerdings ohne an und für sich Komponenten subjektiven, phänomenalen Erlebens zu speichern. Der Zugriffsmodus auf Inhalte des semantischen Gedächtnisses entspricht vielmehr dem Abruf von in der Vergangenheit erlerntem *Wissen* im Gegensatz zum subjektiven *Erinnern*, so daß es auch ohne die von James genannte »warmth and intimacy« auskommen muß (Gardiner, 1988, 2000; James, 1890; Tulving & Markowitsch, 1997). Das semantische Gedächtnis vermittelt bzw. ermöglicht uns ein faktisches Verständnis der Dinge sowie ein noetisches Bewußtsein der Welt und unseres Selbst. Das Nachdenken darüber impliziert somit ein entsprechendes noetisches Bewußtsein eben dieses Nachdenkens (Tulving, 2002).

Das autonoetische Bewußtsein Im Gegensatz dazu steht das autonoetische Bewußtsein für die Möglichkeit, auch das eigene Selbst und dessen subjektives phänomenales Erleben in zeitlicher Dimension langfristig zu repräsentieren und sich des eigenen subjektiven Zeitempfindens bewußt zu werden (»Chronästhesie«; Tulving, 2001, 2002, 2005). Dabei liegt der prinzipielle Unterschied zwischen autonoetischem Bewußtsein und Chronästhesie im Ursprung des autonoetischen Bewußtseins in den zeitlichen Zusammenhängen des Selbst, wohingegen sich die Chronästhesie durch ein in den Vordergrund tretendes zeitliches Bewußtsein auszeichnet. Subjektives Zeitempfinden befähigt den Menschen zu einzigartigen mentalen Aktivitäten wie zum Beispiel zur Intersubjektivität, zu mentalen Zeitreisen *(mental time travel)* oder bewußt gewählten Haltungen *(intentional stances)*, die vor allem auch in der sozialen Interaktion von Bedeutung sind. Die Befähigung zur zeitlichen Verortung des Selbst anhand eines subjektiven Zeiterlebens ermöglicht schlußendlich die Erfahrung von Kontinuität und subjektiver bzw. persönlicher Historizität (Banks, 1993). Als ein selbstgenerierter und selbstwissender Zustand kann bewußte Aufmerksamkeit grundsätzlich auf (1) die Vergangenheit im retrograden Bewußtsein,

(2) die Gegenwart im Jetztzeit-Bewußtsein sowie auf (3) zukünftige Bewußtseinszustände gerichtet sein. Autonoetisches Bewußtsein ist dementsprechend das explizite und in räumlichen und zeitlichen Zusammenhängen verankerte Selbstbewußtsein und/oder das Bewußtsein von etwas anderem.

Episodisches Gedächtnis Ein Wechsel der gerichteten Aufmerksamkeit von der bewußt erlebten Gegenwart in die Vergangenheit, die anhand des subjektiven Zeitempfindens bewußt wieder erfahren wird, impliziert den Abruf von Informationen aus dem episodischen Gedächtnissystem. Das episodische Gedächtnis kann als vergangenheitsorientiertes und kontextsensitives Erinnerungssystem verstanden werden, das von Tulving als kognitiv, symbolisch und repräsentational definiert wird und das aufgrund seiner Komplexität und seiner multimodalen Integrationsleistungen äußerst störanfällig ist (Markowitsch, Vandekerckhove, Lanfermann & Russ, 2003; Tulving, 1985, 1999, 2002, 2005; Vandekerckhove, Markowitsch, Mertens & Woermann, 2006). Episodisches Erinnern basiert auf der kontextgebundenen Enkodierung und Speicherung von Informationen zu einem bestimmten Zeitpunkt sowie dem Abruf und der Repräsentation dieser Informationen zu einem späteren Zeitpunkt. Die Informationsdichte und Detailliertheit des episodischen Gedächtnisses ist vergleichsweise hoch und integriert Informationen unterschiedlicher Modalitäten, etwa konzeptuelles Wissen und sensorisch-perzeptuelle Informationen (Conway, 2001). Es impliziert die bewußte Erinnerung an Herkunft und Kontext der abgespeicherten Informationen sowie an deren zeitlichen Referenzrahmen, so daß man beispielsweise in der Lage ist, einen bestimmten Zeitpunkt in der Vergangenheit als Referenz zu wählen und zu bestimmen, ob weitere Ereignisse zeitlich vor oder nach diesem Referenzpunkt stattgefunden haben (Robinson, 1986). Das episodische Gedächtnis ist in unserem Modell Kristallisationspunkt der kontinuierlichen Konstruktion und Rekonstruktion von Empfindungen, Emotionen, Gedanken, und Verhalten – und des Selbstbilds.

Autonoetisches Bewußtsein: »The feeling of warmth and intimacy« Für William James hat das (episodische) Erinnern die subjektive Qualität eines Gefühls von »Wärme und Vertrautheit«, die kein Objekt rein semantischen Wissens je erreichen könne: »Remembrance is like direct feeling; its object is suffused with a warmth and intimacy to which no object of mere conception ever attains« (James, 1890, S. 239). James' Sichtweise findet einen modernen Fürsprecher unter anderem in Endel Tulving, der dem episodischen Erinnern und dem autonoetischen Bewußtsein eine grundsätzliche phänomenale Färbung zuspricht (Tulving, 1985, S. 3), die das episodische Erinnern von anderen Arten des Bewußtseins wie etwa dem Wahrnehmen,

Denken oder Vorstellen unterscheidet. Die von James genannte Färbung oder Tönung des Erinnerns wird durch ein spezifisches Gefühl von Subjektivität kanalisiert, das sich aus den internen und externen situationalen Bedingungen der erinnerten Vergangenheit speist, wobei die mit diesen Situationen verbundenen phänomenalen Gefühle des Jetzt-Erlebens der Erinnerung Sinnhaftigkeit und Bedeutung verleihen.

Nichterkennendes Bewußtsein und Wissen über das Bewußtsein: Pole eines Kontinuums

Ausgehend von der eingangs dargestellten Perspektive auf die Entwicklung mentaler Kapazitäten schlagen wir zusammenfassend ein *Bewußtseinskontinuum* vom nichtwissenden Bewußtsein hin zum Wissen über das (eigene) Bewußtsein vor, das sich – analog zur neuronalen, kognitiven und sozialen Ontogenese – durch einen Anstieg von willentlicher Involviertheit, Komplexität, multimodalem Integrationsvermögen, Repräsentationsschärfe und -kapazität, Intensität sowie Gerichtetheit und Objektbezogenheit auszeichnet. Innerhalb dieses Kontinuums postulieren wir eine zunehmende Wahrscheinlichkeit des Auftretens autonoetisch bewußten Erlebens. Das vorgeschlagene Kontinuum läßt sich dementsprechend anhand der folgenden vier Entwicklungsstufen charakterisieren:

(1) Unbewußtheit bezieht sich auf Präferenzen, Affekte und Kognitionen, die nicht Gegenstand des gegenwärtigen bewußten Erlebens sind, dies aber potentiell sein könnten. (2) Anoetisches Bewußtsein spiegelt das präreflexive prozedurale, affektiv-sensorische und viszerale Erleben im Wachzustand wider. »Anoetisches Selbstbewußtsein« impliziert ein primäres Unterscheidungsmerkmal zwischen phänomenalem Selbst und der Umwelt, ohne daß dieses sich direkt durch einen expliziten Inhalt erfassen ließe. (3) Noetisches Bewußtsein schließt den Abruf von Informationen aus dem semantischen Gedächtnis mit ein, zum Beispiel in Form von Faktenwissen, beinhaltet aber nicht den Zugriff auf subjektive Erfahrungen, die mit diesem Wissen verbunden sind. Noetisches Erleben kommt dem Wissen um die semantischen Aspekte des eigenen Selbstmodells gleich, das unter anderem von Persönlichkeitseigenschaften und dem Faktenwissen über die eigene Person gekennzeichnet ist. (4) Das autonoetische Bewußtsein bezieht sich auf die Fähigkeit zur Repräsentation und zum Erleben der kontinuierlichen subjektiven Existenz, die als eingebettet in raum-zeitliche Zusammenhänge mit einer affektiven Einfärbung wahrgenommen wird. Als ein durch das Selbst hervorgebrachter und selbstreflexiver Zustand kann das bewußte Erleben sowohl auf das eigene Selbstbewußtsein als auch auf andere Sachverhalte gerichtet sein.

Danksagung

Wir danken Endel Tulving für hilfreiche inhaltliche Anmerkungen. Diese Arbeit wurde von der Forschungsgruppe »Emotionen als bio-kulturelle Prozesse« am Zentrum für interdisziplinäre Forschung der Universität Bielefeld unterstützt.

Literatur:

Arvidson, P. S. (2000). Transformations in consciousness: Continuity, the self and marginal consciousness. *Journal of Consciousness Studies, 7*, 3–26.

Asendorpf, J. B., Warkentin, V. & Baudonniere, P. (1996). Self-awareness and other-awareness. II: Mirror self-recognition, social contingency awareness, and synchronic imitation. *Developmental Psychology, 32,* 313–321.

Baars, B. J. (1997). In the theatre of consciousness: The workspace of the mind. New York: Oxford University Press; dt. (1998): *Das Schauspiel des Denkens. Neurowissenschaftliche Erkundungen.* Stuttgart: Klett-Cotta.

Banks, W. P. (1993). Problems in the scientific pursuit of consciousness. *Consciousness and Cognition, 2*, 255–263.

Bargh, J. A. & Chartrand, T. L. (1999). The unbearable automaticity of being. *American Psychologist, 54*, 462–479.

Bargh, J. A., Gollwitzer, P. M., Lee-Chai, A. Y., Barndollar, K. & Troetschel, R. (2001). The automated will: Nonconscious activation and pursuit of behavioral goals. *Journal of Personality and Social Psychology, 81,* 1014–1027.

Bauer, P. J., Hertsgaard, L. A. & Dow, G. A. A. (1994). After 8 months have passed: Long term recall of events by 1- to 2-year-old children. *Memory, 2,* 353–382.

Bauer, P. J. & Wewerka, S. S. (1995). One- to two-year-olds' recall of events: The more expressed, the more impressed. *Journal of Experimental Child Psychology, 59*, 475–496.

Bauer, P. J., Wiebe, S. A., Waters, J. M. & Bangston, S. K. (2001). Reexposure breeds recall: Effects of experience on 9-month-olds' ordered recall. *Journal of Experimental Child Psychology, 80,* 174–200.

Bauer, P. J., Wiebe, S. A., Carver, L. J., Waters, J. M. & Nelson, C. A. (2003). Developments in long-term explicit memory late in the first year of life: Behavioral and electrophysiological indices. *Psychological Science, 14,* 629–35.

Bisiach, E. (1988). The (haunted) brain and consciousness. In A. J. Marcel & E. Bisiach (Hrsg.), *Consciousness in contemporary science* (S. 101–120). Oxford: Oxford University Press.

Bower, G. H. (1981). Mood and memory. *American Psychologist, 36*, 129–148.

Burns, T. R. & Engdahl, E. (1998). The social construction of consciousness. Part 2: Individual selves, self-awareness, and reflectivity. *Journal of Consciousness Studies, 5,* 166–184.

Butterworth, G. E. (1992). Origins of self-perception in infancy. *Psychological Inquiry, 3,* 103–111.

Butterworth, G. E. (1995). Self as an object of consciousness. In P. Rochat (Hrsg.), *The self in infancy* (S. 35–51). Amsterdam: Elsevier Science.

Carpenter, M., Nagell, K. & Tomasello, M. (1998). Social cognition, joint attention, and communicative competence from 9 to 15 months of age. *Monographs of the Society for Research in Child Development, 63*, 1–143.

Carver, L. J. & Bauer, P. J. (1999). When the event is more than the sum of its parts: Long-term recall of event sequences by 9-month-old infants. *Memory, 7*, 147–174.

Carver, L. J. & Bauer, P. (2001). The dawning of the past: The emergence of long-term explicit memory in infancy. *Journal of Experimental Psychology, 4*, 726–745.

Collie, R. & Hayne, H. (1999). Deferred imitation by 6- and 9-month-old infants: More evidence for declarative memory. *Developmental Psychobiology, 35*, 83–90.

Conway, M. A. (2001). Sensory-perceptual episodic memory and its context: Autobiographical memory. *Philosophical Transactions of the Royal Society of London, 356*, 1375–1384.

Eacott, M. J. & Crawley, R. A. (1998). The offset of childhood amnesia: Memory for events that occurred before age 3. *Journal of Experimental Psychology: General, 127*, 22–23.

Eacott, M. J. & Crawley, R. A. (1999). Childhood amnesia: On answering questions about very early life events. *Memory, 7*, 279–292.

Erikson, E. H. (1980). *Jugend und Krise.* Stuttgart: Klett-Cotta.

Freud, S. (1923). Das Ich und das Es. In S. Freud, *Gesammelte Werke*, Band III (S. 273–330). Frankfurt am Main: Fischer.

Gallup, G. G. J. (1977). Self-recognition in primates. *American Psychologist, 32*, 329–338.

Gardiner, J. M. (1988). Functional aspects of recollective experience. *Memory & Cognition, 16*, 309–313.

Gardiner, J. M. (2000). On the objectivity of subjective experiences of autonoetic and noetic consciousness. In E. Tulving (Hrsg.), *Memory, consciousness, and the brain: The Tallinn Conference* (S. 159–172). Philadelphia: The Psychology Press.

Gauthier, I. & Nelson, C. A. (2001). The development of face expertise. *Current Opinion in Neurobiology, 11*, 219–224.

Gendlin, E. (1962). *Experiencing and the creation of meaning.* New York: Free Press.

Gergely, G. & Watson, J. S. (1997). The social biofeedback theory of parental affect-mirroring: The development of emotional self-awareness and self-control in infancy. *International Journal of Psychoanalysis, 77*, 1181–1212.

Goren, C. C., Sarty, M. & Wu, P. Y. (1975). Visual following and pattern discrimination of face-like stimuli by newborn infants. *Paediatrics, 56*, 544–549.

Hayne, H., Boniface, J. & Barr, R. (2000). The development of declarative memory in human infants: Age-related changes in deferred imitation. *Behavioral Neuroscience,1*, 77–83.

Hutchins, E. (1995). *Cognition in the wild.* Cambridge, MA: MIT Press.

James, W. (1890). *The principles of psychology.* New York: Macmillan.

Kagan, J. (1981). *The second year: The emergence of self-consciousness.* Cambridge, MA: Harvard University Press.

Kagan, J. (1998). Is there a self in infancy? In M. D. Ferrari & R. J. Sternberg (Hrsg.), *Self-awareness: Its nature and development* (S. 137–147). New York: Guilford Press.

Kihlstrom, J. F. (1993). The continuum of consciousness. *Consciousness and Cognition, 2*, 334–354.

Knopf, M., Mack, W. & Kressley-Mba, R. (2005). Wissen und Erinnern. Zur Genese des episodischen Gedächtnisses bei Säuglingen und präverbalen Kindern. *Psychologische Rundschau, 56,* 113–122.

Lewis, M. (1979). The self as developmental concept. *Human Development, 22,* 416–419.

Lewis, M. (1992). *Shame: The exposed self.* New York: Free Press.

Lewis, M. & Brooks-Gunn, J. (1979). *Social cognition and the acquisition of self.* New York: Academic Press.

Mandler, J. M. (1990). Recall of events by pre-verbal children. In A. Diamond (Hrsg.), *The development and neural bases of higher cognitive functions* (S. 485–516). New York: New York Academy of Sciences.

Marcel, A. J. (1983). Conscious and unconscious perception: Experiments on visual masking and word recognition. *Cognitive Psychology, 15,* 197–237.

Markowitsch, H. J. (2003). Autonoetic consciousness. In A. S. David & T. Kircher (Hrsg.), *The self in neuroscience and psychiatry* (S. 180–196). Cambridge (UK): Cambridge University Press.

Markowitsch, H. J., Vandekerckhove, M. M. P., Lanfermann, H. & Russ, M. O. (2003). Engagement of lateral and medial prefrontal areas in the ecphory of sad and happy autobiographical memories. *Cortex, 39,* 643–665.

Markowitsch, H. J. & Welzer, H. (2005). *Das autobiographische Gedächtnis. Hirnorganische Grundlagen und biosoziale Entwicklung.* Stuttgart: Klett-Cotta.

Meltzoff, A. N. (1988). Infant imitation after a 1-week delay: Long-term memory for novel acts and multiple stimuli. *Developmental Psychology, 24,* 470–476.

Meltzoff, A. N. (1995). What infant memory tells us about infantile amnesia: Long-term recall and deferred imitation. *Journal of Experimental Child Psychology, 59,* 497–515.

Merleau-Ponty, M. (1966). *Phänomenologie der Wahrnehmung.* Berlin: Walter de Gruyter.

Metzinger, T. (1994). Schimpansen, Spiegelbilder, Selbstmodelle und Subjekte. In S. Krämer (Hrsg.), *Geist – Gehirn – Künstliche Intelligenz. Zeitgenössische Modelle des Denkens* (S. 41–70). Berlin: Walter de Gruyter.

Metzinger, T. (2000). Philosophische Perspektiven auf das Selbstbewußtsein: Die Selbstmodell-Theorie der Subjektivität. In W. Greve (Hrsg.), *Psychologie des Selbst* (S. 5–32). Weinheim: Psychologie Verlags Union.

Natsoulas, T. (1983). A selective review of concepts of consciousness with special reference to behavioristic contributions. *Cognition and Brain Theory, 6,* 417–447.

Natsoulas, T. (1986). Consciousness and memory. *Journal of Mind and Behavior, 7,* 463–501.

Neisser, U. (1995). Criteria for an ecological self. In P. Rochat (Hrsg.), *The self in infancy. Theory and research* (S. 35–53). Amsterdam: North Holland.

Nelson, C. A. (1995). The ontogony of human memory: A cognitive neuroscience perspective. *Developmental Psychology, 31,* 723–738.

Nelson, C. A. (2001). The development and neural bases of face recognition. *Infant and Child Development, 10,* 3–18.

Pascalis, O., de Haan, M., Nelson, C. A. & de Schonen, S. (1998). Long-term recognition memory for faces assessed by visual paired comparison in 3- and 6-month-old infants. *Journal of Experimental Psychology: Learning Memory and Cognition, 24,* 249–60.

Perner, J. (1990). Experiential awareness and children's episodic memory. In W. Schneider & F. E. Weinert (Hrsg.), *Interactions among aptitudes, strategies, and knowledge in cognitive performance* (S. 3–11). New York/Berlin/Heidelberg: Springer Verlag.

Perner, J. (1998). The meta-intentional nature of executive functions and theory of mind. In P. Carruthers & J. Boucher (Hrsg.), *Language and thought: Interdisciplinary themes* (S. 270–283). Cambridge (UK): Cambridge University Press.

Perner, J. & Dienes, Z. (2002). Implicit versus explicit representation and intra- versus inter-modular processing. Control and cross-domain mental computation: Evidence from language breakdown. *Computational Intelligence, 18*, 55–58.

Perner, J. & Ruffmann, T. (1995). Episodic memory and autonoetic consciousness: Developmental evidence and a theory of childhood amnesia. *Journal of Experimental Child Psychology, 59*, 516–548.

Piaget, J. (1972a). *Sprechen und Denken des Kindes.* Düsseldorf: Pädagogischer Verlag Schwann (Original erschienen 1923).

Piaget, J. (1972b). Intellectual evolution from adolescence to adulthood. *Human Development, 15*, 1–12.

Posner, M. I. (1994). Attention: The mechanisms of consciousness. *Proceedings of the National Academy of Sciences of the USA, 91*, 7398–7403.

Posner, M. I. (2001). Developing brains: The work of the Sackler Institute. *Clinical Neuroscience Research, 1*, 258–266.

Posner, M. I. & Raichle, M. E. (1994). *Images of mind.* Washington, DC: Scientific American Books.

Rocha, P. & Striano, T. (2002). Who's in the mirror? Self-other discrimination in specular images by four- and nine-month-old children. *Child Development, 73*, 35–46.

Robinson, J. A. (1986). Temporal reference systems and autobiographical memory. In D. C. Rubin (Hrsg.), *Autobiographical memory* (S. 159–188). New York: Cambridge University Press.

Schank, R. & Abelson, R. (1977). *Scripts, plans, goals, and understanding: An inquiry into human knowledge structure.* Hillsdale, NJ: Erlbaum.

Slaughter, V. & McConnell, D. (2003). Emergence of joint attention: Relationships between gaze following, social referencing, imitation, and naming in infancy. *Journal of Genetic Psychology, 164*, 54–71.

Sloman, S. A. (1996). The empirical case for two systems of reasoning. *Psychological Bulletin, 119*, 3–22.

Squire, L. R. & Zola-Morgan, S. (1991). The medial temporal lobe memory system. *Science, 253*, 1380–1386.

Terr, L. (1988). What happens to early memories of trauma? A study of twenty children under age five at the time of documented traumatic events. *Journal of the American Academy of Children and Adult Psychiatry, 27*, 96–104.

Tomasello, M. (1988). The role of joint attentional processes in early language development. *Language Sciences, 10*, 69–88.

Tomasello, M. (1993). On the interpersonal origins of self-concept. In U. Neisser (Hrsg.), *The perceived self* (S. 174–184). New York: Cambridge University Press.

Tomasello, M. (1999). The cultural ecology of young children's interactions with objects and artifacts. In E. Winograd, R. Fivush & W. Hirst (Hrsg.), *Ecological approaches to cognition: Essays in honor of Ulrich Neisser* (S. 153–170). Hillsdale, NJ: Erlbaum.

Tononi, G. & Edelman, G. M. (1998). Consciousness and complexity. *Science, 282*, 1846–1851.

Tulving, E. (1983). *Elements of Episodic Memory.* New York: Oxford University Press.

Tulving, E. (1985). Memory and consciousness. *Canadian Psychologist, 26*, 1–12.

Tulving, E. (1999). On the uniqueness of episodic memory. In L.-G. Nilsson & H. J. Markowitsch (Hrsg.), *Cognitive neuroscience of memory* (S. 11–42). Göttingen: Hogrefe.

Tulving, E. (2001). The origin of autonoesis in episodic memory. In H. L. Roediger, J. S. Nairne, I. Neath & A. M. Suprenant (Hrsg.), *The nature of remembering: Essays in honor of Robert G. Crowder* (S. 17–34). Washington, DC: American Psychological Association.

Tulving, E. (2002). Chronesthesia: Awareness of subjective time. In D. T. Stuss & R. C. Knight (Hrsg.), *Principles of frontal lobe function* (S. 311–325). New York: Oxford University Press.

Tulving, E. (2005). Episodic memory and autonoesis: Uniquely human? In H. S. Terrace & J. Metcalfe (Hrsg.), *The missing link in cognition. Origins of self-reflective consciousness* (S. 3–56). New York: Oxford University Press.

Tulving, E. & Markowitsch, H. J. (1997). Memory beyond the hippocampus. *Current Opinion in Neurobiology, 7*, 209–216.

Tulving, E. & Markowitsch, H. J. (1998). Episodic and declarative memory: Role of the hippocampus. *Hippocampus, 8*, 198–204.

Vandekerckhove, M. P., Markowitsch, H. J., Mertens, M. & Woermann, F. (2006). Bi-hemispheric engagement in the retrieval of autobiographical episodes. *Behavioural Neurology* (in Vorb.).

Velmans, M. (1992). Is human information processing conscious? *Behavioral and Brain Sciences, 15*, 423.

Velmans, M. (1999). When perception becomes conscious. *British Journal of Psychology, 90*, 543–566.

Wheeler, M. A., Stuss, D. T. & Tulving, E. (1997). Towards a theory of episodic memory: The frontal lobes and autonoetic consciousness. *Psychological Bulletin, 121*, 331–354.

Zeman, A. (2001). Consciousness. *Brain, 124*, 1263–1289.

Die Autorinnen und Autoren

ALEIDA ASSMANN hat Anglistik und Ägyptologie in Heidelberg und Tübingen studiert. 1968-1975 Grabungsaufenthalte zusammen mit Jan Assmann in Oberägypten. 1977 Promotion in Anglistik und Ägyptologie; 1993 Berufung auf den Lehrstuhl für Anglistik und Allgemeine Literaturwissenschaft an der Universität Konstanz. Zahlreiche Publikationen, unter anderem »Erinnerungsräume. Formen und Wandlungen des kulturellen Gedächtnisses« (1999), »Das Kulturelle Gedächtnis an der Millenniumsschwelle. Krise und Zukunft der Bildung« (2004), »Verwandlungen. Archäologie der literarischen Kommunikation IX« (2006; zus. mit Jan Assmann).

MARK FREEMAN ist Professor für Psychologie, W. Arthur Garrity, Sr. Professor für Human Nature, Ethics and Society sowie stellvertretender Direktor am College of the Holy Cross in Worcester, Massachusetts. Er ist Autor von »Rewriting the Self: History, Memory, Narrative« (1993), »Finding the Muse: A Sociopsychological Inquiry into the Conditions of Artistic Creativity« (1993) und zahlreichen Artikeln zu Gedächtnis, Selbst, autobiographischem Erzählen sowie zu Kunst- und Religionspsychologie. Gegenwärtig arbeitet er an einem Buch mit dem Titel »Hindsight: The Promise and Peril of Narrative«.

HARLENE HAYNE hat an der Rutgers University promoviert und war Postdoktorandin an der Universität Princeton. Sie ist gegenwärtig Professorin für Psychologie an der Universität Otago in Dunedin, Neuseeland. Sie forscht und publiziert vor allem zur Gedächtnisentwicklung bei Kindern. Sie ist Mitglied der Royal Society of New Zealand und wissenschaftlicher Beirat der Zeitschriften »Psychological Review«, »Developmental Psychology«, »Journal of Experimental Child Psychology«, »Infancy« und »Infant Behavior and Development«.

TILMANN HABERMAS lehrt Psychoanalyse an der Universität Frankfurt am Main. Er hat Psychologie in Heidelberg studiert, ist Psychoanalytiker und hat an der Freien Universität Berlin in der Medizinpsychologie sowie am Max-Planck-Institut für Bildungsforschung Berlin gearbeitet. Zu seinen bisherigen Forschungsgebieten zählen Essstörungen und ihre Geschichte, persönliche Objekte sowie autobiographisches Erzählen und Emotionsverarbeitung durch Erzählen.

HANS JOACHIM MARKOWITSCH hat den Lehrstuhl für Physiologische Psychologie an der Universität Bielefeld inne und ist Direktor am Zentrum für interdisziplinäre Forschung in Bielefeld. Er war Professor für Biopsychologie und Physiologische Psychologie an den Universitäten von Konstanz und Bochum und erhielt Rufe auf Professuren für Psychologie und Neurowissenschaften an australische und kanadische Universitäten. Er kooperiert mit Wissenschaftlern an in- und ausländischen Universitäten und Max-Planck-Instituten. Zu seinen Forschungsgebieten zählen Gedächtnis und Gedächtnisstörungen sowie die Wechselwirkungen zwischen Gedächtnis, Emotion und Bewusstsein. Er ist Autor oder Herausgeber von mehr als einem Dutzend Büchern und mehr als 400 Buch- und Zeitschriftenartikeln.

KATHERINE NELSON ist emeritierte Professorin für Psychologie am Graduiertenzentrum der City University of New York. In ihren Forschungen konzentriert sie sich auf die frühe Sprachentwicklung bei Kindern, auf die Entwicklung des Denkens und des autobiographischen Gedächtnisses sowie auf damit verbundene Themen der Entwicklungspsychologie. Sie ist Autorin, Koautorin oder Herausgeberin von acht Büchern und mehr als 100 Zeitschriftenartikeln. 2006 erscheint bei Harvard University Press ihr Buch »Young Minds in Social Worlds: Experience, Meaning, and Memory«.

MICHAEL PAUEN ist Professor für Philosophie an der Otto-von-Guericke-Universität Magdeburg. Studium in Marburg, Frankfurt und Hamburg. Promotion 1989, Habilitation 1995. Gastprofessor am Institute for Advanced Study in Amherst, Massachusetts, Fellow an der Cornell-University und am Hanse-Wissenschaftskolleg in Delmenhorst, Ernst-Bloch-Förderpreis 1997. Zu seinen wichtigsten Veröffentlichungen zählen »Das Rätsel des Bewusstseins. Eine Erklärungsstrategie« (1999); »Grundprobleme der Philosophie des Geistes. Eine Einführung« (2001); »Illusion Freiheit? Mögliche und unmögliche Konsequenzen der Hirnforschung« (2004); »Neurowissenschaften und Philosophie« (2001, Hrsg. zus. mit Gerhard Roth); »Phänomenales Bewusstsein« (2002, Hrsg. zus. mit Achim Stephan).

CHRISTIAN VON SCHEVE hat Soziologie, Psychologie, Volkswirtschaftslehre und Politische Wissenschaft an der Universität Hamburg studiert, wo er zurzeit zum

Thema »Emotion und soziale Strukturdynamiken« promoviert. Als Mitglied der Forschungsgruppe »Emotionen als bio-kulturelle Prozesse« am Zentrum für Interdisziplinäre Forschung der Universität Bielefeld hat er an der Integration neurowissenschaftlicher, psychologischer und sozialwissenschaftlicher Emotionsmodelle gearbeitet. Veröffentlichungen zu den Themen Emotionen, soziale Strukturen und Künstliche Intelligenz.

JOHANNES SCHRÖDER ist Professor für Klinische Psychiatrie an der Universität Heidelberg und Leiter der Sektion Gerontopsychiatrie. Zu seinen wissenschaftlichen Schwerpunkten zählen Gedächtnisstörungen bei demenziellen Erkrankungen und schizophrenen Psychosen; Epidemiologie und Früherkennung der Alzheimer Demenz und Untersuchungen mit Neuroimagingverfahren, hier unter anderem erste Anwendung der funktionellen Magnetresonanztomographie in der Psychiatrie.

BENNETT SCHWARTZ hat 1993 am Dartmouth College in New Hampshire, USA, promoviert und ist gegenwärtig Professor für Psychologie an der Florida International University in Miami. Seine Forschungen konzentrieren sich auf die Bereiche Gedächtnis und Bewusstsein. Seine humanpsychologischen Arbeiten beschäftigen sich vor allem mit metakognitiven Aspekten; in seinen Forschungen an Tieren geht es um ein dem episodischen Gedächtnis ähnliches Gedächtnis bei Menschenaffen. Er ist Autor oder Herausgeber von drei Büchern und mehr als 30 Zeitschriften- und Buchartikeln.

ULRICH SEIDL hat Humanmedizin an der Universität Heidelberg studiert und ist gegenwärtig Assistenzarzt an der Psychiatrischen Universitätsklinik Heidelberg sowie wissenschaftlicher Mitarbeiter der Sektion Gerontopsychiatrie (Leiter: Prof. Dr. J. Schröder) und des Instituts für Gerontologie (Leiter: Prof. Dr. A. Kruse) der Universität Heidelberg. Seine wissenschaftlichen Schwerpunkte liegen in den Bereichen nicht-kognitive Störungen und autobiographisches Gedächtnis bei demenziellen Erkrankungen.

BRADD SHORE ist Goodrich C. White Professor für Anthropologie und Direktor des Emory University Center for Myth and Ritual in American Life und des Emory Center for International Living. Als Kulturanthropologe hat er sich vor allem mit der Kultur Samoas und den Gesellschaften Polynesiens beschäftigt. Er versucht, die interpretativen Ansätze der Kulturanthropologie mit den Erkenntnissen der Kognitiven Psychologie, der Literaturwissenschaften und der Ethik zu verbinden. So ist der Titel einer seiner Lehrveranstaltungen »Das Ritual bei Shakespeare«. Shore hat eine auf Margaret Meads Nachlass basierende Ausstellung für die Library of Congress in Washington mitorganisiert und war Präsident der Society for Psychological Anthropology.

DANIEL J. SIEGEL hat an der Universität Harvard studiert und ist gegenwärtig Klinischer Professor für Psychiatrie an der University of California at Los Angeles. Dort ist er Mitglied des Center for Culture, Brain, and Development der medizinischen Fakultät. Er ist auch Direktor des Mindsight Institute, das sich der Frage widmet, wie die Entwicklung von Einsicht und Empathie bei Individuen, Familien und Gemeinschaften verbessert werden kann, indem man die Nahtstellen zwischen menschlichen Beziehungen und grundlegenden biologischen Prozessen untersucht. Er ist Autor von »The Developing Mind: Toward a Neurobiology of Interpersonal Experience« (1999) und »Parenting from the Inside Out: How a Deeper Self-Understanding Can Help You Raise Children Who Thrive« (2003).

ENDEL TULVING ist emeritierter Professor und Tanenbaum Chair in Cognitive Neuroscience am Rotman Research Institute of Baycrest an der Univerisität Toronto, Canada sowie Clark Way Harrison Distinguished Visiting Professor of Psychology and Cognitive Neuroscience an der Washington University in St. Louis, Missouri, USA. Er ist Autor, Koautor oder Herausgeber zahlreicher Bücher und Zeitschriftenartikeln und hat mit seinen Forschungen die Gedächtnispsychologie der letzten Jahrzehnte maßgeblich beeinflusst.

WOLF SINGER studierte Medizin in München und Paris, promovierte 1968 an der Ludwig-Maximilians-Universität in München, habilierte sich 1975 an der TU München und ist seit 1981 Direktor am Max-Planck-Institut für Hirnforschung in Frankfurt/Main. Seine Forschung ist der Aufklärung der neuronalen Grundlagen kognitiver Funktionen gewidmet. Zunächst konzentrierten sich die Arbeiten auf die Hirnentwicklung, wobei erfahrungsabhängige Reifungsprozesse im Vordergrund standen. Heute befassen sich die meisten Projekte mit dem so genannten Bindungsproblem. Kognitive Funktionen beruhen auf der gleichzeitigen Verarbeitung einer Vielzahl unterschiedlicher Sinnessignale in weit verteilten Regionen der Hirnrinde. Wie diese Teilprozesse zusammengebunden werden, um kohärente Wahrnehmungen zu ermöglichen, ist eines der zentralen Forschungsthemen.

COLWYN TREVARTHEN ist Neuseeländer und (emeritierter) Professor für Entwicklungspsychologie und Psychobiologie an der Universität von Edinburgh, wo er seit 1971 unterrichtet. Er hat bei Roger Sperry am California Institute of Technology promoviert und zu Gehirnentwicklung, kindlicher Kommunikation, Lernen und emotionaler Gesundheit publiziert. Er beschäftigt sich mit den Grundlagen kulturellen Lernens und den Folgewirkungen von Störungen, beispielsweise des Autismus. Gemeinsam mit dem Musiker Stephen Malloch publiziert er zum Thema »kommunikative Musikalität«. Er erhielt die Ehrendoktorwürde der Universität von Kreta und ist Mitglied der Royal Society of Edinburgh und der Norwegischen Akademie der Wissenschaften und Schönen Künste.

MARIE VANDEKERCKHOVE hat Psychologie an der Universität Gent, Belgien, studiert und im Bereich Physiologische Psychologie an der Universität Bielefeld promoviert. Als Mitglied der Forschungsgruppe »Emotionen als bio-kulturelle Prozesse« am Zentrum für Interdisziplinäre Forschung der Universität Bielefeld hat sie an der Integration neurowissenschaftlicher, psychologischer und sozialwissenschaftlicher Emotionsmodelle gearbeitet. Momentan ist sie Forschungsassistentin an der Universität Antwerpen, Department of Family Practice and Health Sciences, Campus Drie Eiken, D.S5, Universiteitsplein 1, 2610 Wilrijk.

HARALD WELZER ist Direktor des Center for Interdisciplinary Memory Research am Kulturwissenschaftlichen Institut Essen und Forschungsprofessor für Sozialpsychologie an der Universität Witten/Herdecke. Seine Forschungsschwerpunkte liegen in den Bereichen der Erinnerungs- und Gedächtnisforschung, der Gewaltforschung und der Methodologie. Die wichtigsten Veröffentlichungen aus den letzten Jahren sind »›Opa war kein Nazi!‹ Nationalsozialismus und Holocaust im Familiengedächtnis« (2002, zus. mit K. Tschuggnall und S. Moller); »Das kommunikative Gedächtnis. Eine Theorie der Erinnerung« (2005); »Täter. Warum aus ganz normalen Menschen Massenmörder werden« (2005). Bücher und Texte von ihm wurden ins Englische, Französische, Niederländische, Hebräische, Ungarische und Chinesische übersetzt.

Hans J. Markowitsch / Harald Welzer:

Das autobiographische Gedächtnis

Hirnorganische Grundlagen und biosoziale Entwicklung

302 Seiten, 2 Farbtafeln, zahlreiche Abbildungen und Tabellen, gebunden, ISBN 3-608-94406-0

Die Entwicklung des autobiographischen Gedächtnissystems ist erst mit dem Erwachsenenalter abgeschlossen. Seine Entstehung basiert auf einem komplexen Zusammenspiel hirnorganischer Reifungsvorgänge, sozialer Entwicklungsanreize und psychischer Entwicklungsschritte. Weil das Gehirn und mit ihm das Gedächtnis sich selbst erst in der Auseinandersetzung mit seiner physischen und sozialen Umwelt ausbildet und strukturiert, ist die Gehirn- und Gedächtnisentwicklung ein bio-sozialer Prozeß; organische und psychosoziale Reifung sind in der menschlichen Entwicklung unterschiedliche Aspekte ein und desselben Vorgangs.

Die Autoren liefern einen Überblick über die Entstehung des menschlichen Gedächtnisses und einen Einstieg in ein neues Feld der Gedächtnis- und Erinnerungsforschung.

Jean-Yves & Marc Tadié:

Im Gedächtnispalast

Eine Kulturgeschichte des Denkens

Aus dem Französischen von Hainer Kober

316 Seiten, Glossar, Literaturverzeichnis, Register, gebunden, ISBN 3-608-94294-7

Für Wissensdurstige öffnen die Brüder Tadié Schatzkammern im Palast des Denkens. Kenntnisreich und belesen formulieren sie eine Poetik des menschlichen Gedächtnisses: seine entscheidende Bedeutung für die eigene Identität, seine physiologischen Grundlagen und seine Störungen. Eingebettet in eine Kulturgeschichte des Erinnerns von der Antike bis zur Gegenwart mit Belegen aus Philosophie und Literatur. Der sechste Sinn des Menschen entfaltet sich in seiner ganzen Bandbreite. So erklärt sich die Faszination, die auf Künstler und Naturwissenschaftler von den Themen Erinnerung und Vergessen von jeher ausging. Denn: »Das Gedächtnis ist die erste Voraussetzung des Genies« (Balzac).

Klett-Cotta